연행과 한중 문학 교류

책을 펴내며

啓明大學校 韓國學硏究院은 2012年부터 中國 南通大學 中韓文化硏究中心과 學術交流를 시작하였다. 2017年까지 5년간 相互 訪問하면서 지속된 학술교류의 주제는 한문학 및 한중 문화 교류가 그 중심이었다. 兩校에 재직하는 교수가 중심이 되었지만, 같은 분야를 전공하는 여러 대학의 교수들이 발표자로 또는 토론자로 학술대회에 참여하였다. 5년간 학술대회에서 발표된 논문은 풍성하였고, 그 중에서 심사를 거쳐 啓明大 한국학연구원이 간행하는 등재학술지인 『韓國學論集』에 실린 논문도 상당한 양으로 축적되었다. 2015년에는 南通大(徐毅) 啓明大(李潤甲) 共編으로 『淸代中朝文人交流(南京大學出版社)』가 간행되기도 하였다. 계명대 인문국제학대학은 2018년 10월 절강대 한국연구소와 학술교류를 또 시작하였다. 단일 주제로 한국과 중국의 대학 연구소가 지속적으로 학술교류를 갖고 그 성과를 제출한 사례는 아직 많지 않다. 이 즈음에서 논문들을 단행권으로 간행하여, 기왕의 성과를 돌아보고 앞으로 중국과의 학술 교류에 있어서 그 성취를 또렷하게 하는 계기로 삼고자 한다.

연행록과 한중 문인 학술 교류는 1930-31年 『靑邱學叢』에 '事大紀行'이란 題下에 目錄 57種과 『陽谷赴京日記』, 『朗善君癸卯燕京錄』의 全文이 소개되고, 후지츠카 치카시(藤塚鄰)의 東京帝大 博士學位論文 「朝鮮朝에 있어서 淸朝文化의 移入과 金阮堂」이 1935年 제출되면서 본격화되었다. 그후 燕行錄 資料集成으로는 『燕行錄選集』(上·下 2冊, 成均館大 大東文化硏究所, 1960), 『國譯 燕行錄選集』(全12冊, 民族文化推進會), 『朝天錄』(4冊, 臺灣 珪庭出版社, 1978) 등이 刊行되어 한국사 및 중국사 연구자들에게 큰 공헌을 하였다. 하지만 연행록에 대한 관심과 연구는 한동안 저조하다가 2001年 林基中 編 『燕行錄全集』(全100冊, 東國大出版部)이 나오면서 燕行錄과 燕行使에 대한 연구는 더 다양하고 새로운 단계로 진입하였다. 이는 『燕行錄

選集補遺』(3冊, 成均館大 大東文化研究院, 2008), 『燕行錄續集』(林基中 編, 50冊, 2008, 書院), 『韓國漢文燕行文獻選編』(30冊, 復旦大學出版社, 2011) 등으로 자료 추가 수집이 계속 이어지면서 국내외의 관련 연구도 부쩍 늘어났다.

1996년 중국에서 清末 문인인 董文渙의 후손가에 있던 자료들을 중심으로 『韓客詩存』(書目文獻出版社)이란 책이 간행되어 조선과 청 문인 교류의 연구에 큰 계기가 되었고, 조선에 사신으로 다녀가 남긴 명청 문인의 자료들을 모은 『使朝鮮錄』(殷夢霞·于浩 編, 上下 2冊)이 2003년 北京圖書館出版社에서 영인 출판되면서 다시 한번 한중 문인 교류의 쌍방향적 연구가 필요함이 제기되었다.

국내·국외의 한국학의 영역 확장 및 경향 변화와 함께 2000년대 들어 한국 한문학계에서 주목할 새 경향의 하나는 연행록과 한중 문학 교류에 대한 연구다. 본서에 실린 11편의 논문은 주로 18~19세기, 조선과 청의 교유 문학과 문인에 대한 연구이거니와, 한문학 연구의 새로운 경향을 담은 성과이다. 학계에 처음 보고되는 새로운 자료도 많아서 그 자체만으로도 연구자들에게 기여하는 바가 클 것이다. 앞서 말한대로 계명대와 남통대 간의 5년의 학술 교류의 성과와, 새롭게 시작된 절강대와의 교류의 결과로서의 논문들이 대부분이다. 예외적인 것이 두 편인데 김명호 교수의 논문은 우리 학계에 조청 문인 교류라는 새로운 장을 열어준 높은 의의가 있다는 점에서, 임영길 박사의 논문은 현재 이 방면에서 여러 새로운 방법과 내용을 확충해가고 있는 신진의 것이란 점에서 특별히 요청해 싣게 되었다. 문학 또는 문인 교류 외에 박현규 교수의 서화 교류 논문, 허방 교수의 서적 교류 논문 역시 주목을 요한다. 특히 후자의 경우 조청 문인 교류가 19세기 조선의 서적 문화에도 큰 변화를 초래했다는 점에서 그러하다.

이제 한중 양국에서의 朝·淸 文士 交流 硏究는 20년 이상의 성과가 쌓였다. 여전히 資料의 發掘, 整理의 여지가 많지만, 向後의 課題와 展望을 제시해볼 시점도 되었다고 생각한다. 사실상 문사 교류 연구가 연행록 연구에서 기인한 것이 절대적이긴 하지만 일단 가장 많은 연구가 집중된 것은 "兩國 文士 個人間의 交流"이다. 연행록 내용 연구에서도 이제 時期別로 세분해 연구가 필요하듯이 문사교류 연구 역시 시기별로 특화할 필요가 있다. 내용상으로는 學術·文學 교류, 書畫(藝術) 교류, 書籍 교류 등으로 세분될 필요가 있다. 교류 연구의 資料는 燕行錄이 단연 중요하겠지만 이외에 文集, 筆談 등도 있다. 文藝 方面 교류에서 특히 주목되는 것은 17世紀 末 孫致彌로부터 19世紀 末 董文渙, 徐世昌에 이르기까지 淸 文人의 '朝鮮詩選' 編輯이 양국 문사 교류에 큰 役割을 했다는 점이다. 學術 方面 교류에서 주목되는 것은 18~19世紀 金石考證學이다. 최근의 文人 交流 연구에는 文人 系派 및 親筆 尺牘 등이 각광을 받고 있다. 아울러 북경 내 交流 場所 및 觀光 場所의 擴大 등이 활발히 진행되기 시작했다. 전자는 寺刹, 祠堂, 會館(各 省의 北京 內 會館), 書店, 商店(人蔘局 等) 등의 장소가 그것이고 후자는 皇宮, 宣南 地區, 北京 外城 등이 그것이다.

중국의 해당 분야 연구 중 가장 풍성한 것으로는 본서의 필진에도 들어있는 徐毅 교수의 『十八世紀中朝文人交流研究』(中華書局, 2019)를 꼽을 수 있다. 向後 課題로는 韓·中의 學者가 雙方의 資料를 보다 넓게 취할 수 있어야 文士 交流 研究가 深化될 것이다. 아직 한국 학자는 淸 文集 資料의 이용이 광범위하지 못하고(예컨대 『清代詩文集彙編』, 全800冊, 上海古籍出版社, 2010), 중국 학자는 한국에 소장된 淸 文人의 親筆 書簡 및 詩帖 등의 情報에 약하다. 유용한 資料集 및 校點·校註本들이 더 많이 出刊되어야 할 것이다. 旣存에 中國에서 나온 것으로 앞서 말한 『韓客詩存』 외에 『乾淨衕筆談/淸脾錄』(광건행 校點, 上海古籍, 2010) 金昌熙 受信 『譚屑拾遺: 晚淸駐朝鮮使臣總札及詩文稿』, 國家圖書館出版社, 2014, 丁小明 校註), 劉順利 著, 『王朝間的對話-朝鮮領選使天津來往日記導讀』(寧夏人民出版社, 2006)/『朝鮮文人李海應《薊山紀程》細讀』(學苑, 2010) 등이 나왔고, 韓國에서는 『中士寄洪大容簡札帖』, 『古稱燕士』(以上 崇實大 韓國基督敎博物館), 鄭後洙 『韓中文化交流人名辭典』(다운샘, 2015), 정후수역 『北京便紙』(사람들, 2017) 등이 나와 학계에 큰 도움이 되고 있으나 쌍방에서 보다 활

발히 이런 작업들이 진행되어야 할 것이다. 예컨대 "善本燕行錄校註本系列", 柳得恭의 『幷世集』, 朴長馣編 『縞紵集』 등은 특히 긴요한 것들이다.

끝으로, 전근대 異國 지식인 간의 문화 교류와 우정, 지적 자극과 열린 자세 등의 측면을 연구하는 데 본서가 기여할 부분이 클 것이라 기대한다. 향후 동아시아의 보다 바람직한 방향으로의 공존, 상생을 여는 데에 일조가 있기를 바란다.

2020. 1.
金榮鎭

• 차례

清代 中·韓 문인들의 서적교류 연구
- 양국 문인들의 尺牘을 중심으로

徐毅 · 李姝雯

清代 中·韓 문인들의 서적교류 연구
- 양국 문인들의 尺牘을 중심으로 —

徐毅·李姝雯

1. 머리말

서적 교류는 청나라 때 중국과 조선의 문인들이 주고받은 편지에서 자주 언급되는 내용이다. 즉, 서로 자신이 관심 갖는 서적에 대한 문의, 주목하는 서적의 내용 또는 가치에 대한 품평, 소장하고 있는 서적을 선물하는 등등이고, 편지의 말미에는 흔히 기증한 서적의 목록을 첨부하기도 한다. 이처럼 중·한 문사들 간에 이루어졌던 서적 기증과 관련된 내용을 기록한 문헌은 이들이 주고받은 편지에서 가장 많이 보인다. 이는 여타 문헌에서는 별로 살필 수 없는 소중한 자료다. 뿐만 아니라 편지에 담고 있는 내용들은 곧 청나라 때 양국 문사들 간에 행해졌던 서적 교류의 실제 양상이기도 하다. 따라서 서적의 교류는 양국 간 학술교류의 중요한 부분으로, 기증 자료들을 살피는 것은 또한 현존하는 고대 도서의 내원을 탐색하는데 유익한 실마리를 제공해 준다.

중·한 양국의 서적 교류에 관한 연구는 중국에서 張伯偉의 논문「清代詩話東傳略論稿」로부터 시작되었다. 논문에서는 청대 시화가 조선, 일본으로 전파된 수량, 시간, 루트 등을 살피고, 다시 이들 서적들이 조선과 일본에 어떠한 영향 내지 결과를 가져왔는지, 그 공통점과 차이점은 무엇인지를 비교 연구했다. 일본학자 藤塚鄰의 저술『清朝文化東傳の硏究』에서는 매 장절마다에 청나라 문사가 김정희에게 기증한 서적들을 언급했다. 그리고 책의 말미에 부록으로「金阮堂舊藏書目錄一斑」을 첨부했는데,

여기서도 조선에 전파된 중국서적의 대체적인 양상을 객관적으로 기록했다. 신익철 등이 편역한 『18세기 연행록 기사 집성: 서적, 서화편』에서는 18세기 연행록 가운데서 서적과 서화의 교류 양상을 체계적으로 수집, 정리해 놓았다. 김영진의 논문 「朝·淸 문사의 書籍 受贈과 출판문화에 끼친 영향」(『한중인문학포럼 발표논집』, 10집, 2015)에서는 홍석주, 김정희, 이상적을 대표로 하는 19세기 조선의 문사와 청나라 문인들의 서적 기증 양상과 그것이 출판문화에 어떠한 영향을 주었는지를 밝혔다. 이 밖에 관련된 저술과 논문은 한양대학교출판부에서 발간한 책 『조선시기 中國使行과 書冊文化』(2006)가 있으며, 정석원의 논문 「조선의 중국서적 수입과 燕行의 기능」(『중국어문학논집』 4집, 1992) 등이 있다. 전체적으로, 관련 연구가 적지 않게 이루어졌다. 하지만 청나라와 조선 문인들의 서적 교류에서 대해서는 개론적 연구가 많은 반면 구체적인 개별 논의는 별로 살펴볼 수 없었다.

따라서 본고는 청나라 때 중·한 문인들이 척독, 즉 편지를 토대로 서로 간에 서적을 기증하게 된 원인, 특징과 의의 등을 살펴 양국의 서적 전파 양상을 살펴보고자 한다. 그 중 17세기에서 18세기 전기까지 양국 간 교류는 상대적으로 적었다. 따라서 본고에서는 주로 18세기 중기 이후에 내왕한 서신들을 주로 고찰한다. 이 밖에 양국 문인들의 筆談 등 기타 형식의 자료에서도 서적 기증과 관련한 내용을 보이고 있지만, 편폭 상 본고에서는 다루지 않았다.

2. 청대 중·한 문인들이 서적을 주고받은 이유

서적은 실물로 존재하는 것으로 문인들이 아껴서 손에서 놓지 않는다. 책을 보면서 그 사람을 대하기 때문이다. 가령 姜浩溥는 「擧人 白受采

에게 주는 편지(與白擧人受采)」에서, "올 때 中後한테 들러 몇 글자로 이별을 고하면서 『韻考』 한 책을 남겨 마음을 전했습니다. 그 책은 저의 손때가 묻은 것으로 저의 印章이 첫 페이지 위쪽에 찍혀 있습니다. 형께서 매번 책을 펼쳐 볼 때마다 저를 보듯 하실 것입니다."[1]라고 하였다. 또 1813년에 洪敬謨는 자신의 紀行詩를 청나라 陳謹光에게 주면서, "「기행시」 한 책으로 만 리 떨어진 곳에서 그리는 사람의 예의를 갖추고자 하온데, 아름다운 선비께서는 저를 마음에 두시겠습니까?"[2] 하였다. 이 인용문에서 청나라 시기 중·한 문인들 간에 서적을 주고받는 이유를 알 수 있지만, 보다 자세히 살피면 다음 몇 가지로 정리할 수 있다.

1) 벗으로부터 요청을 받고 준 경우

중·조 문인들은 서로 교류할 때, 상대국의 문화, 역사, 학술에 대한 관심에서나 또는 학문을 추구하는 집념에서나 벗의 학문에 대한 깊은 인지나 異國의 시와 산문 선집을 편찬하려는 요구 등의 필요에서, 서적을 보내줄 것을 요구하는 경우가 많다. 예를 들면 1831년에 洪奭周가 阮常生에게 보내는 편지에서 "이번에 가르침을 청하는 의도는 바로 여기에 있습니다. 또 듣자니 芸臺 선생(阮元)께서 『十三經校勘記』를 지으셨다고 하더군요. 만약 한 부를 주셔서 조선에 아름다운 은혜를 베푸신다면 이는 실로 제 평생의 큰 소원입니다"[3]고 하며 간절히 요구했다. 이에 완상생은 회신에서 요구를 들어주었다. "저의 선친께서 지으신 『十三經校勘記』가 아직 한 질이 남아

---

1 姜浩溥與白受采書〈與白擧人受采〉(年月日, 姜浩溥謹奉書獻于庚兄白擧人座下……). 姜浩溥撰. 『桑蓬録』 卷一一. 『燕行録選集補遺』 上. 東亞細亞學術院. 大東文化研究院. 第683-684頁。

2 洪敬謨與陳瑾光書(書紀行詩後奉贈玉士……). 洪敬謨撰. 『耘石山人文選』. 韓國奎章閣藏本。

3 洪奭周與阮常生書(九月望日, 海左鰥生洪某端肅齋沐敬奉書……). 韓弼教撰. 『隨槎録』 卷五. 『燕行録續集』 第131册. 第233-236頁。

있습니다. 오는 사신을 통해 보내드리겠으니, 살펴 받으시기 바랍니다."[4] 周達은 '祕書廿一種'을 李錫汝 편에 김정희에게 보내면서 편지에서 이렇게 말했다. "이석여가 이르기를 형(추사)께서 이 책을 구입하려 하신다기에 집에 소장하고 있던 것을 보내드립니다."[5] 潘曾瑋도 李尙迪에게 보낸 편지에서 "조선에 새로 출간된 시집이 있거든 몇 가지 보내주셔서 저의 견문을 넓혀주시면 다행이겠습니다."[6]라고 적었다. 1818년, 吳兆堂, 章寅이 洪羲瑾에게 보낸 편지에서는 이렇게 요구했다. "저희가 지금 조선 사람의 문집과 詩稿 등을 판각하여 견문을 넓히고자 하오니 귀국의 詩詞 등을 보내 주시기 바랍니다. 보내실 때 저자의 이름, 출처, 선후의 순서도 상세하게 알려주시고 方外와 閨秀들의 작품도 채집하여 보내주시기 바랍니다. 이는 문장으로 나라를 빛내는 일이니만큼 꼭 허락해주리라 믿습니다."[7] 葉志詵은 『周禮漢讀考』를 金正喜에게 기증했다. 그리고 金命喜에게 주는 편지에서 "보내드리는 段玉裁 선생의 『주례한독고』는 그대의 兄이 이전에 찾아달라고 요청한 단옥재 저술 가운데 하나입니다."[8]고 했다. 일부 문인들은 아예 도서의 목록을 나열해서 이국의 지인에게 구해 달라 요구했다. 翁樹琨이 沈象奎에게 보낸 편지에서는 "書目을 함께 보냅니다. 모두 찾아서 보내주시면 정말 고맙겠습니다."[9]고 했다.

---

4 阮常生答洪奭周書(贵大人升启……). 韓弼教撰. 『隨槎録』 卷五. 『燕行録續集』 第131册. 第236-237頁。

5 周達與金正喜書(蒙菊卷、古鏡、紙筆之賜……). 藤塚鄰著. 朴熙永譯. 『秋史金正喜研究』(『추사 김정희의 또다른 얼굴』). 아카데미하우스. 第284－286頁。

6 潘曾瑋與李尚迪書(離筵暢叙……). 『蘭言彙鈔』. 韓國學中央研究院藏本。

7 吴兆棠. 章寅與洪羲瑾書(昨承雅貺, 本擬親謝……). 『晚窩公燕行交友帖』. 韓國國立中央圖書館藏本。

8 葉志詵與金命喜書(山泉仁弟閣下: 連日襆被郊園……). 『尺牘藏弆集』. 韓國首爾大學校奎章閣藏本。

9 翁樹崐與沈象奎書(以斗室提學望重一世……). 藤塚鄰著. 朴熙永譯. 『秋史金正喜研究』. 第185頁: "書目附入, 均求留意專寄, 心祝千萬。"

2) 家學, 師承 및 자신의 학술과 작품을 중국에 소개하거나 벗에게 알리고 이로써 문인들의 서로 아끼는 마음을 전하기 위해서

옹수곤이 李光文에게 보낸 楹聯을 이렇게 썼다. "좁은 방에 막 달빛 청하는 곳을 마련했더니, 오는 손님 하나같이 책을 지은 사람이네(屋窄剛留邀月地, 客來俱是著書人)"[10]. 영련의 내용은 바로 서적의 교류에서 엿볼 수 있는 내밀한 사정이다. 서적을 보내주는 것은 서로를 깊이 알게 하는 중요한 수단이다. 상대가 책을 요구하는 경우도 있고, 자기가 책을 기증하기를 원하는 경우도 있다. 여러 가지 이유로 서적을 요구하는데, 이런 형식이 바로 양국문인 간에 이루어졌던 서적 교류에서의 흔한 방식이다.

1831년에 완상생은 홍석주에게 보낸 편지에서 이렇게 적었다. "보내주신 『豐山世稿』, 『三怡集』과 함께 훌륭한 저술인 『尙書補傳』과 『訂老』 등의 서적을 감사히 받아 삼가 읽었습니다. 학술의 연원과 전승을 갖추어 입증하니, 해동의 명망 높은 선비임에 틀림없습니다. 감격하여 흠모하는 마음을 이길 수 없습니다."[11] 『풍산세고』는 홍석주가 편찬한 책이다. 韓弼敎의 『隨槎錄』 권5에 이와 관련한 홍석주의 말이 실려 있다. 즉 "'世稿'는 내가 작년에 선대 조상들이 남겨놓은 글들을 모아서 찬집한 것이다. 나의 글은 끝에 한 편을 붙였다."[12] 『삼이집』은 곧 『永嘉三怡集』을 가리키는 것으로 홍석주, 洪吉周, 洪顯周의 작품을 실은 것이다. 이와 같이, 서적의 기증이 있었기에 완상생은 홍석주의 학술 내력을 꿰뚫어 볼 수 있었으며, 학문 주장을 투철하게 인지할 수 있었다. 葉誌詵은 옹방강의 일상을 기록한 『家事雜記』를 김명희에게 기증하였다. 그 뜻 또한 김정희, 김명희 형제로 하

---

10 翁樹崐與李光文書(家刻『七言彼詩鈔』一部十八卷⋯⋯). 藤塚鄰著. 朴熙永譯. 『秋史金正喜硏究』. 第183頁。

11 阮常生答洪奭周書(伻至, 奉到惠翰⋯⋯). 韓弼教撰. 『隨槎録』 卷五. 『燕行録續集』 第131冊. 第237-238頁: "乃蒙惠錫『豐山世稿』『三怡集』及大著『尚書補傳』『訂〈老〉』等書, 對使拜讀, 具徵學術淵傳, 爲東海宿儒, 曷勝感謝, 欽佩之至。"

12 韓弼教撰. 『隨槎録』 卷五. 『燕行録續集』 第131冊: "『世稿』 係先代遺 文, 鄙人年前所纂輯, 末附拙文一篇。"

여금 옹방강이 평소 사람을 대하고 일을 처리하는 모습을 보여주기 위함이다. 이와 함께 보낸 편지에서 그는 “저의 스승에게 『가사잡기』 1책이 있는데 연보와 비슷하게 조목조목 표기해 놓았습니다. 이 책은 일찍 제가 여러 벌 필사하여 諸公에게 나누어 드렸습니다. 연일 급하게 하다 보니 모두 필사하지는 못했습니다. 다음 해 오는 사행 편에 다시 보충해서 드리도록 하겠습니다.”[13]고 했다. 1827년, 陳用光은 그의 스승 姚鼐와 관련 있는 『姚先生尺牘』 1책, 『姚先生行狀』 1책을 김명희에게 주었는데, 그 의도는 매한가지이다.[14]

한편, 서적의 기증행위는 序文을 구하거나 품평을 얻기 위한 목적으로 이루어지기도 했다. 가령, 齊佩蓮이 홍양호에게 『黃庄詩稿』를 기증하였는데, 그 목적이 곧 품평을 받으려는 것이었다. 이에 홍양호는 답신(「答檢關齊秀才佩蓮書」)에서 “다시 훌륭한 글을 받아보니, 詩文의 각 체가 찬란하게 눈에 들어옵니다. 해가 갈수록 업적이 넓어져서 옛 훌륭한 작가의 반열에 오를 수 있을 것을 알겠으니, 저절로 감탄을 거듭하게 됩니다. 요구에 따라 삼가 硃點을 더하고 말미에 평어를 붙였는데, 그대의 마음에 어떠실지 모르겠습니다.”[15]고 했다. 1799년 徐瀅修는 紀昀에게 보낸 편지(「與紀曉嵐昀」)에서 “여기 시문 몇 편과 제가 지은 『學道關』 1책을 보내드리며, 序文을 부탁합니다.”고 했다.[16] 이 밖에 홍양호도 『耳溪文集』, 『耳溪文集』을 기윤에게 보냈고, 1854년에 卞光韻도 자신의 저술 2책을 周堂에게 보냈는데, 이들의 기증 목적은 서문이나 題跋을 받으려는 것이었다.

---

13 葉志詵與金命喜書(山泉仁弟閣下: 連日襆被郊園……). 『尺牘藏弆集』. 韓國首爾大學校奎章閣藏本。: “吾師有『家事雜 記』一册, 仿年譜之意, 逐條標記。此書曾經鄙人鈔録數册, 分送諸公。連 日匆促, 胥鈔不及, 俟年便再行補呈, 何如?”

14 陳用光與金命喜書(山泉先生執事: 李汾西來, 承惠書……). 『尺牘藏弆集』。

15 洪良浩與齊佩蓮書〈答檢關齊秀才珮蓮書〉(山川悠邈, 聲塵久隔……). 洪良浩撰. 1982. 『耳溪洪良浩全書』. 民族文化社。: “重以投示盛藁, 詩文各體爛然盈矚, 可見年益富而業益廣, 優入古作者藩牆, 不覺三復嘆賞。謹依勤托隨加硃點, 尾附評語, 未知能當於雅意也。”

16 徐瀅修〈與紀曉嵐(윤)〉(文章本有真千古一脉……). 徐瀅修撰. 『明皐全集』 卷六. 『韓國文集叢刊』 第261册. 第113頁。

양국 문인의 서적 기증 가운데는 자신 또는 자신의 先賢의 저작을 이국에서 간행하여 유전되기를 바라는 경우도 있었다. 전형적인 사례가 곧 李尙迪이 선친의 시집을 필사해서 孔憲彝에게 기증하고 다시 공헌이가 중국에서 간행했던 것이다. 1859년 공헌이는 이상적에게 주는 편지에서 "문집의 필사본과 원본을 교정 보냈습니다. 교정을 마치면 출간하도록 하겠습니다."[17]라는 내용을 담았다. 1868년, 朴珪壽는 선조인 朴瀰, 朴趾源의 저작을 董文渙에게 보내면서 "저의 先祖 汾西公의 『詩鈔』 1책에 조부 燕巖公의 『詩鈔』를 붙여 아울러 보내드리니, 읽어보시고 살펴서 뽑아주시면 어떻겠습니까?"[18]라 했다. 당시 동문환이 조선의 시문을 골라 뽑아서 選集을 엮으려 하던 때에, 박규수가 선친의 시문집을 보내 가려 뽑아 줄 것을 부탁한 것이다.

3) 학술교류 목적의 서적 기증

① 자신의 학술적 입장을 표명하고 해외의 벗에게 유학의 正道를 권유하가 위한 경우. 嚴誠은 洪大容에게 보낸 편지에서 이렇게 말했다. "지난번 보내주신 서책에서 그대의 덕행, 문예와 덕성 및 학문에 관한 말씀은 모두 膏肓을 적중하였습니다. 날마다 좌우에 두고 종신토록 간직하며 그 훌륭함을 따르겠습니다."[19] 1829년 丁泰는 『學蔀通辨』을 朴思浩에게 기증했다. 박사호는 회신(「答卯橋書」)에서 "여러 가지 좋은 물건 감사히 받았습니

---

17 孔憲彝與李尙迪書(日前盛游……). 『蘭言彙鈔』。

18 朴珪壽與董文渙書〈與董研秋文煥〉(研秋仁兄知己閣下: 仲夏有書……). 朴珪壽撰. 『瓛齋集』. 『韓國文集叢刊』 第312册. 第495頁。: "且弟之先祖汾西公 『詩鈔』 一册, 附以王父燕岩公 『詩鈔』 并送呈, 幸收覽, 復加揀選, 如何如何?"

19 嚴誠與洪大容書(不但不得接奉談笑以爲煩鬱……). 洪大容撰. 『乾净筆譚』. 『燕行録全集』 第43册。: "前蒙書册内德行、文藝及德性問學之語, 切中膏 肓, 謹當陳之左右以作終身之佩, 敢不拜嘉。"

다. 그 가운데 『학부통변』은 특히 마음에 와 닿습니다. 이 책을 가지고 돌아가 조선의 유학자들로 하여금 朱陸之辨에 대하여 훤히 알도록 할 것입니다. 이 또한 吾道를 빛나게 하는 것입니다."[20] 청나라 永瑢 등이 편찬한 『四庫全書總目』 권96에 보면 "『학부통변』은 총 12권으로 內府에 소장되어 있으며, 명나라 陳建이 지었다. 大旨는 불가와 陸·王의 학문 三蔀로 전편, 후편, 속편, 종편으로 나눈다. 매 편은 또 상, 중, 하로 나뉘면서 『朱子文集』 『語類』 『年譜』 등 책들로 분별된다. 서두에 嘉定 戊申에 지은 自序에서 말하기를 하나의 사실을 밝히기 위해 三蔀로 나눴다. '전편'에서 주, 육의 사상이 동일하다가 말년에 와서 서로 다르게 됨을 밝혔고, '후편'에서는 陸象山이 겉으로는 유학을 하고 속으로는 불가를 따르는 사실을 밝혔다. '속편'에서는 명나라 불학이 사람들을 현혹하는 것과 가깝다는 사실을 밝혔다. 결국 聖賢의 正學을 마음대로 뜯어고쳐서는 안 된다는 사실을 입증하는 것으로 마무리했다."[21]라는 기록이 있다. 박사호의 답신 내용과 '사고전서'의 도서해제로 볼 때, 정태가 이 책을 기증한 의도는 분명하다. 유학의 正道를 지적했다. 顧蒓은 鄭元容에게 『薛文清集』을 보내 正學을 따르는 의지를 격려했다. 정원용은 그 뜻을 인지하고 답신에서 "보내주신 『설문청집』은 선현의 언행을 실은 책입니다. 격려하는 마음과 두터운 우정을 느꼈습니다."[22] 라고 적었다. 『續文獻通考』에 薛瑄에 대한 소개가 있고 "그의 학문은 실천을 중시하고 공리공담을 반대하는 것으로 이름나 사람들은 그를 '薛夫子'라 불렀다."[23]라는 평가가 있다. 이로 보건대, 고순은 실학을 제창하였기에

20 朴思浩〈答卯橋書〉(鐙下拜教, 青眼頓開……). 朴思浩撰. 『心田稿·玉河簡帖』. 『燕薊紀程』. 韓國首爾大學校奎章閣藏本。: "各種芳件依領感謝, 而其中『學蔀通編』尤感致意之靳靳。歸傳海外, 使東儒洞知朱陸之辨, 則大是 吾道之光也。"

21 (清)永瑢等撰. 『四庫全書總目』卷九六. 中華書局本。: "『學蔀通辨』, 十二卷, 內府藏本, 明陳建撰。大旨以佛與陸、王爲學之三蔀, 分前編、後 編、續編、終編。每編又自分上、中、下, 而采取『朱子文集』『語類』『年 譜』諸書以辨之。前有嘉靖戊申自序, 云: 專明一實, 以抉三蔀。『前編』明朱、陸早同晚异之實。『後編』明象山陽儒陰釋之實。『續編』明佛學近似 惑人之實, 而以聖賢正學不可妄議之實終焉。"

22 鄭元容〈與顧南雅蒓書〉(京師, 天下文章之所聚也……). 鄭元容撰. 『燕槎録』. 『燕行録續集』第131册. 第517-518頁。

조선의 관료 정원용에게 이 책을 기증한 것으로 판단된다.

② 본국의 학술 精華가 해외로 전파되기를 바랐으며, 受贈者에게도 식견을 넓히기를 원했다.

우수한 작품은 고금을 막론하고 모두 기증서 목록에 포함된다. 뿐 아니라 동시대 작가의 서적을 소개하기도 했다. 가령, 1863년 王軒은 이상적에게 『盍戠集』 選本 4책을 기증했다. 『합전집』은 沈秉成이 편집한 『詠樓盍戠集』을 말한다. 왕헌은 「顧齋詩集自序」에서 "戊春, 仲復(심병성) 선생이 당대 명가의 작품을 모아서 『영루합전집』을 엮은 것은 초편에 수록한 것을 다시 2권으로 나누어 출간한 것"이라 했다. 李德懋가 潘庭筠에게 보낸 편지에서 "일찍 湛軒 이전에 栗谷 선생이 편집한 『聖學輯要』를 보내드렸었는데, 선생께서는 어찌 다시 출판하여 널리 유학을 빛나게 하지 않으십니까?"[24]라며 鋟刻을 건의했다. 이것은 조선의 유학자 율곡 李珥의 학술성취가 중국에 전파되기를 바란 것이다. 陳延恩은 스승 姚學塽의 『竹素齋遺集』을 홍경모에게 기증했는데, 그 이유를 편지에서 이렇게 적었다. "책은 이미 편집을 마치고 간행했습니다. 특별히 2부를 기증하니 해외에 전파되어 그 곳 학자들이 그를 알고 높일 수 있다면 큰 다행으로 알겠습니다."[25]

홍대용이 嚴誠에게 보내는 편지에서 이렇게 말했다. "집에 소장하고 있던 舊本을 보내드립니다. 평온한 마음으로 깊이 체득하고 행동에 옮기시길 바라며, 또 이 책을 다시 출간해서 천하에 널리 전파되게 한다면 어찌 동쪽 나라의 영광이 아니겠습니까?"[26] 그리고 반정균은 홍대용에게 『國朝

---

23 (明)王圻撰. 『續文獻通考』 卷一五二. 清文淵閣《四庫全書》本。

24 李德懋與潘庭筠書(初夏修書以後, 翹首西雲……). 李德懋撰. 『青莊館全書』 卷一九. 『韓國文集叢刊』 第257冊. 第262-265頁。: "嘗湛軒年前, 仰饋先生栗谷所著『聖學輯要』, 先生何不開雕廣布以光儒學 耶?"

25 陳延恩與洪敬謨書(冠岩好友細察……). 洪敬謨撰. 『耘石山人文選』。: "玆甫竣工, 適已裝印, 特寄呈二部俾得傳播海外, 使學者咸知推重, 則先師幸甚, 延恩幸甚。"

26 洪大容〈與鐵橋書〉(大容白: 正月初二日……). 洪大容撰. 『杭傳尺牘』. 『韓國文集叢刊』 第248冊. 第108頁。

詩』 1種 16책을 洪葆光에게 전하도록 부탁하였는데, 이 또한 청나라 詩壇을 조선에 소개하려는 뜻에 다름 아니다.[27] 홍대용은 嚴果에게 『農巖雜識』, 『三淵雜錄』, 『聖學輯要』를 보내면서 동봉한 편지에 "이 책들을 읽어보면 혹 문견을 넓히는데 도움이 될 것이다"[28]는 말까지 보탰다. 반정균도 홍대용이 기증한 『東事總要』, 『卜居論』을 받은 후 회신에서 "두 책을 잘 받았습니다. 아주 훌륭한 책으로 식견을 넓히는 자료로 충분합니다."고 평했다.[29]

한편, 鄧師閔은 홍대용에게 『繪聲園詩』를 보내면서 "이것은 저의 동호인들이 친구의 庭園을 읊은 시집입니다. 『唐詩法』 3책 또한 저의 친구가 지은 것입니다. 크게 볼 것이 없다지만 전해진다면 후학에는 도움이 될 것입니다."[30]라 했다. 李璋煜도 김명희에게 『戴東原先生文集』을 기증하며 "유리창에서 찾아도 얻을 수 없는 귀한 책입니다. 집에 소장하고 있던 것인데 그대에게 보내고 나면 저의 書架에는 이 책이 없습니다. 과연 능히 해외로 전파되어 선생의 업을 계승하는 자가 있다면 그것은 제가 소장하고 있는 것보다 나을 것입니다."라고 말했다.[31] 이상의 사례들에서 볼 수 있듯이 중·한 문인들이 서적을 기증하는 목적은 오로지 이들 책들이 해외로 전파되어 그 영향 범위를 확장하기 위함이다.

이 밖에도 孫有義는 홍대용에게 『詩韻』 1책을 기증했고[32] 홍대용은 엄성에게 『성학집요』를 4책을[33], 반정균에게 홍보광의 시집 1권을을 기증

---

27 潘庭筠與洪大容書(庭筠再拜, 謹白湛軒大兄先生禮席……). 『中士寄洪大容手札帖』. 2016. 韓國崇實大學基督教博物館。

28 洪大容與嚴果書〈與九峰書〉(孤子洪大容稽顙再拜, 上九峰先生足下……). 嚴誠撰. 『日下題襟集』. 『鐵橋全集』 第4-5册. 韓國首爾大學校中央圖書館藏本。

29 潘庭筠與洪大容書(庭筠再拜, 謹白湛軒大兄先生禮席……). 『中士寄洪大容手札帖』. 2016. 韓國崇實大學基督教博物館。

30 鄧師閔與洪大容書(戊子、丁亥兩函及珍物、佳章俱收悉矣……). 『薊南尺牘』. 韓國翰林大學校博物館藏本。

31 李璋煜與金命喜書(璋掌刑名, 比來更繁劇……). 藤塚鄰著. 朴熙永譯. 『秋史金正喜研究』. 第348頁。: "璃肆遍搜無其書, 將舊存一部奉贈, 架上遂無此書矣。果能播之海外, 克有傳人, 尚勝於私有之也。"

32 孫有義與洪大容書〈與湛軒書〉(奉違八載, 夢想徒殷……). 『燕杭詩牘』。

33 洪大容與嚴誠書〈與鐵橋書〉(大容白: 正月初二日, 憑曆官回便獲承八月朔日惠書……). 『杭傳尺牘』。

했으며[34] 紀樹蕤는 홍경모에게 紀樹森이 지은『癡說』1부를 기증했다.[35] 박규수는 심병성을 통해 南秉哲이 편찬한 '輯書' 3종을 王軒에게 기증하고[36] 또 董文渙에게 東韓 諸家의『詩鈔』1책을 기증했다.[37] 이러한 도서 기증은 모두 본국의 학술과 문화의 업적을 중국으로 전파하려는 목적의 소산이라 볼 수 있다.

③ 기증한 서적이 受贈者의 학문에 도움을 주다.

1859년, 吳儁은 이상적에게 李兆洛(1769-1841)이 엮은『紀元編』1부를 기증했다.『香港中文大學圖書館中國古籍目錄』史部 "政書類"에서 이 책에 대한 기록을 볼 수 있다. 1831년에 편찬된『기원편』은 한 무제 때부터 청나라 전기에 이르기까지의 政權의 연호를 수록했는데, 짤막한 나라 군주의 연호까지 망라하고 있다. 뿐 아니라 전대의 연호를 기록한 서적들에서 보이는 訛傳과 오류까지 그 진위를 조사해서 밝혀 놓아 학자들에게 검색 기능으로서 중요한 역할을 한다고 했다. 陳蘭滋는 김명희에게『呻吟語』를 보내면서 편지에 "이 책을 기증하니 여가에 읽어보시면 高深에 도움이 될 것입니다."[38]라고 말했다. 또 왕홍은『先正讀書訣』을 李尙迪에게 기증하면서 "周書昌太史가 編輯한『선정독서결』은 저의 선친께서 수십 년 동안 구해서 얻은 것인데, 오늘 뜻을 같이하는 사람들이 추렴해서 출판했습니다. 이 책은 實學을 하는데 도움이 될 것이니 보내드립니다."[39]라고 했다. 실제로 周永年이 편찬한 '선정독서결'은 당송 이래의 이름난 유학자들의 독서경험을

34 潘庭筠與洪大容書(湛軒先生禮席, 庭筠拜上……).『中士寄洪大容手札帖』。

35 紀樹蕤與洪敬謨書(壬辰嘉平念七日, 接奉世兄手翰……).『冠岩山房新編耘石外史』。

36 朴珪壽與王軒書〈與王霞舉軒〉(別後光陰, 更覺流駛……).『瓛齋集』。

37 朴珪壽與董文渙書〈與董研秋文焕〉(研秋仁兄知己閣下: 仲夏有書……).『瓛齋集』。

38 陳蘭滋與金命喜書(惟此時家君視學八閩已閱一載……). 藤塚鄰著. 朴熙永譯.『秋史金正喜研究』. 第293頁。

39 王鴻與李尙迪書(藕船詞兄史席: 癸卯花朝得讀春正廿有三日惠書……).『蘭言彙鈔』。: "周書昌太史輯『先正讀書 訣』, 家大人求數十年始得者, 今與合志諸公刻成, 有裨實學, 奉上青正。"

담고 있는 책으로, 왕홍이 이 책을 기증한 것은 해외의 벗에게 실학을 권유한 것이다. 1834년, 金永爵은 帥方蔚에게 『高麗名臣傳』을 기증하면서 "이 책을 보내니 그대가 舊史를 고증하는데 자료로 쓰이기 바란다."고 했다.[40]

한편, 해외의 벗들이 지니고 있는 학문 성향에 따라 그에 맞추어 서적을 기증하는 경우가 많다. 예를 들면, 조선의 김정희, 김명희, 이상적 등은 금석학에 대한 기호가 있는데, 청나라 문인들은 그들의 기호에 따라 다량의 금석학 서적을 보내준 것이다. 가령, 周達이 김정희에게 『焦山鼎銘稿』 1책을 기증하고[41], 葉名琛이 김명희에게 『桑苧園石刻』 1부를 기증한 것이 그것이다.[42]

또한 자신의 학문경험에 따라 관련 저작들을 기증하며 해당 연구를 권장하는 경우도 있다. 가령, 汪喜孫이 申在植에게 『公羊』을 기증하며 訓詁之學, 實學을 할 것을 권장했다. 그 뒤 1827년에 홍양후에게 보낸 편지에서 "顧亭林은 가장 유명한 유학자로 그가 지은 『日知錄』은 서책가에서 구입할 수 있으니 반드시 읽어봐야 합니다. 그리고 『공양』과 『合意編』은 이미 翠微(신재식)에게 기증했으니 빌려 보시고 같은 학문의 뜻을 보여주시기 바란다."[43]고 말했다. 편지 글에서 알 수 있듯이 왕희손은 홍양후에게 한학에 마음을 잡고 함께 연구하기를 기대하고 있었다.

④ 기증 서적은 문집편찬과 학술연구에 편리를 도모하다.

홍대용은 반정균에게 자신이 편집한 『海東詩選』을 기증한 바 있는데,

---

40 金永爵與帥方蔚書〈朝鮮金邵亭寄帥方蔚書〉(道光十四年二月十二日。去秋碧蹄路上……). 董文渙撰. 李豫. 崔永禧輯校. 1996. 『韓客詩存』. 書目文獻出版社。

41 周達與金正喜書(趙文敏書前後『赤壁賦』 帖二册……). 『清朝文化東傳の研究: 嘉慶道光學壇と李朝の金阮堂』。

42 葉名琛與金命喜書(再启者, 寄上『墨法集要』 一册……). 『清朝文化東傳の研究: 嘉慶道光學壇と李朝の金阮堂』。

43 汪喜孫與洪良厚書(道光七年正月廿七日奉三斯先生足下……). 『中士尺牘』. 韓國高麗大學校圖書館藏本。: "本朝顧亭林第一大儒, 所著文集『日知録』, 書肆所有, 不可不讀。『公羊』已贈翠公, 可取讀也。又『合意編』, 亦呈翠公, 願與同志證之。"

이는 반정균이 조선 시집을 편찬하겠다며 부탁했기 때문이다. 반정균은 책을 받은 후 답서에서 "해동시선 9권은 시 선택이 정밀하고 핵심을 잘 고증하여 일국의 시체를 자세히 갖추어 놓았습니다. 좋은 책을 받으니 마치 구슬 한 배 차고, 산호가 그물 가득한 것 같습니다. 시를 수집하고 편집하는 것은 번거로운 일이고 필사하는 것 또한 쉬운 일이 아니거늘 좋은 친구의 호의를 마음 속 깊이 새기겠습니다. 이 책에 실려 있는 諸家들의 이름이 중국에 전해져 오래오래 남겨지기를 빕니다. 그대는 이 사람의 견문을 넓혀 주었을 뿐 아니라 그대 고향의 선현들에게도 공이 큽니다."[44]고 했다. 이른바 '著述不朽'의 뜻을 실감하게 한다. 1829년 섭지선도 김정희에게 『□氏叢書』를 보내고 동봉한 편지에서 "이 책은 경사 연구에 도움이 된다(亦有裨於經史者)"[45]라며 벗의 학문연구에 편의를 주려는 취지를 밝혔다.

⑤ 서적의 기증은 학술 토론에 편의를 주다.

이렇게 기증되는 서적은 대체로 본인이 저술한 것으로 뜻이 같은 해외의 벗들이 자신의 학문 연구에 문제점을 제기해주기를 바라는 데서이다. 1834년 홍경모는 師方蔚에게 자신이 지은 『丌文』 4책, 『大貫』 2책, 『圖卦發蘊』 1책, 『圖書衍象』 2책, 『玩易大旨』 1책을 기증했다. 그리고 『經說』 1권도 陳延恩, 帥方蔚 등에게 보내주었는데, 그 의도는 자신이 지은 책들에서 말하는 주장으로 상대와 토론을 벌이려는 것이다. 책을 기증한 뒤에도 그는 편지에서 여러 차례 토론을 요청했다. 가령 1835년, 帥方蔚에게 주는 편지에서 "앞서 '경설'을 드렸는데, 제가 품고 있는 의문을 그대에게 질의한 것입니다. 밝은 가르침을 주셔서 창에 가려진 것 같은 어두움을 쫓아 주

44 潘庭筠與洪大容書(庭筠再拜, 白湛軒先生足下……). 『中士寄洪大容手札帖』。: "『海東詩選』九卷持擇甚精, 考據頗核, 一邦雅制, 想已略備。惠然持贈, 不數真珠一船、珊瑚一網也。顧遴選劇繁, 書抄匪易, 良友苦心, 深爲銘感, 從此卷中諸家流傳中土, 永永不朽。足下不特爲故人廣聞見, 并有功於鄉先生不淺也。"

45 葉志詵與金正喜書(秋史翰林閣下: 春初奉布一緘……). 藤塚鄰著. 朴熙永譯. 『秋史金正喜研究』. 第317頁。

신다면, 이는 어찌 先覺이 後覺에게 깨달음을 열어준 까닭이 아니라 하겠습니까? 의향을 여쭙니다."[46] 하였다. 1836년, 홍경모는 또 帥方蔚에게 편지를 보내 "앞서 보내드린 저의 『經說』에서는 혹 새로 밝힌 내용이 보였습니까? 그 책은 상세하기를 표방하였습니다만, 다시 圖版을 만들어 거듭 보내 가르침을 청합니다. 바라건대 선생께서 저의 요청에 대답을 주시기를 저는 손꼽아 기다립니다. 생각건대 외국의 부족한 학자가 다행히 선생의 문하를 찾아가 다만 빛나는 의용을 뵙기는 했습니다만, 결국 학문의 어두움을 밝혀주는 은혜를 입지는 못하고 유감을 품고 귀국합니다."[47] 라고 했다.

4) 서적 기증은 새로운 사귐을 바라며 우정을 이어가려는 강렬한 염원이 담겨 있다.

자신의 내력을 기록해서 보여주는 '行卷' 또는 '投卷'은 문학 대가에게 인정받을 수 있는 효과적인 방법으로 당나라 때부터 이미 유행되었다. 백거이가 '투권'으로 顧況의 인정을 받고 교유했다는 이야기가 줄곧 문단의 미담으로 전한다. 이러한 전통은 지금에 와서도 자신의 시문을 증여하는 것으로 상대의 인정을 받고 서로 사귀는 방식으로 이용되고 있다. 이는 중·한 문인들의 교류 양상을 살펴봐도 마찬가지다. 가령, 1875에 姜瑋가 쓴 편지 「上黃孝僕侍郎鈺書」를 보자. "보내드린 『北游草』는 저의 시집으로, 이를 禮物로 삼아 大賢의 문하에 들고자 할 따름이지 실은 시인으로서 이름을 남기려는 것은 아닙니다."[48] 강위가 보낸 『북유초』는 바로 '贄禮',

46 洪敬謨與帥方蔚書(一席承誨, 三生有緣……). 洪敬謨撰. 『耘石山人文選』。: "前呈『經說』以嘗所起 疑, 仰質於高明者, 如荷剖示, 俾吴蒙得以牖迷而開茅, 則此先覺所以覺後覺也, 未知如何?"

47 洪敬謨與帥方蔚書(石村御史收覽。維暮之春……). 洪敬謨撰. 『冠岩山房新編耘石外史卷』續編. 韓國奎章閣藏本。: "曾呈『經 說』, 間有證明者否? 前書以詳爲標擧, 另圖續寄爲教, 宜先生克副斯言, 予日望之, 仍念海外蒙學幸登先生之門, 只瞻光儀, 仍未承牖迷之恩, 抱恨而歸。"

즉 윗사람을 찾아갈 때 갖추는 예물로 그 역할을 했다. 서적 기증은 상대로 하여금 자신의 글재주를 알게 하는 매체가 된 것이다.

기증한 서적은 그 내용이 곧 해외의 벗들과 사귀고 우정을 쌓았다는 증거가 되기도 한다. 서로 시문을 주고받고, 필담하고 그 내용을 정리하여 책으로 출간해서는 또 서로 기증한다. 이것으로 서로 간에 우정을 나누고 영원할 것을 나타낸다. 가령, 동문환은 이상적에게 보내는 편지에서 "저의 시에 화답한 「秋懷詩」는 가장 늦게 받았습니다. 새로 보충해서 출간한 『唱和集』을 보내드리니, 살펴 받아주시기 바랍니다."[49]라고 말하고 있다. 언급한 『창화집』은 곧 동문환이 편집한 『秋懷唱和集』을 가리킨다. 동문환은 일찍 「秋懷八首」를 지어서 지인들에게 화답을 요구했다. 이 요구가 조선의 문인들에게까지 전해져서 李容肅, 朴永輔 등 5명의 화답시를 받아서 1861년에 출간한 바 있다. 그 뒤에 계속 화답시를 구하여 재차 간행했는데, 여기에 청의 시인 25명, 조선의 문사 6명의 화답시를 수록했다. 동문환은 재간한 『추회창화집』을 이상적에게 기증하면서 아름다운 우정을 이어갈 것을 기대했다. 또 1860년 祁寯藻는 이상적에게 보내준 편지에서 "紫霞의 『論詩絶句』 1권, 石老 선생의 『夢觀詩稿』 1권, 그리고 그대의 근작 『西笑編』 1권 등을 보내주셔서 멀리 안부를 물으니, 마치 만나서 예기를 나누는 듯합니다."[50]라고 했다. 이상적은 당대 최고의 관료문인 기준조에게 신위의 '논시절구'와 李廷柱의 '몽관시고'를 보내 자신의 시학 연원을 알려주고, 자신의 창작 '서소편'을 보내 그와 청 문사들과의 학연과 인맥을 알려주었다. '서소편'은 이상적이 청나라 문인들을 그리며 지은 연작시로 기준조,

48 姜瑋〈上黃孝僕侍郎鈺書〉(某百拜謹陳少司寇黃先生大人閣下……). 姜瑋撰. 『古歡堂未定草』. 韓國精神文化研究院藏本。: "若某所獻『北游草』者, 特欲藉此爲贄, 求一進 於大賢之門, 實非所謂詩道之遺也。"

49 董文渙與李尚迪書(年使至……).『蘭言彙鈔』。: "賜和〈秋懷詩〉, 得之最晚, 補刻『唱和集』中, 茲呈一卷, 望檢入是荷。"

50 祁寯藻與李尚迪書(藕船老詞長……). 『海鄰書屋收藏中州詩』. 韓國首爾大學校奎章閣藏本。: "寄紫霞 『論詩絶句』 一卷、石老先生 『夢觀詩稿』一卷、近著 『西笑編』 一卷, 又寄苔箋、日本銅鏡、漆 杯、山茶, 遠道相問, 恍接晤談。"

섭명풍, 張祥河 등 16인을 읊어놓았다. '서소편'의 서문에서 그는 약 30년간 청나라 문사들과 교유하면서 詩酒를 즐기면서 아름다운 우정을 쌓았는데, 당시 가을을 맞아 옛 친구들을 잊지 못하여 그리는 마음을 시에 담아 읊어 놓았다고 하였다.[51] 청 문사들과 맺어진 아름다운 이야기가 후세에 남겨지기를 원했던 것이 이상적의 서적 기증의 원인이다.

이 밖에, 홍대용은 嚴果에게 『鐵橋詩札』 등본 1책을[52], 엄과는 홍대용에게 『鐵橋遺集』 5책, 遺象 1本, 新舊答書 4函을 보내주었다.[53] 또 홍대용은 朱文藻에게 『乾淨筆談』 3책[54], 기수유와 洪羲俊은 각자 선친의 저서들인 『紀文達公全集』(含遺集)과 『耳溪集』을 서로 기증했다.[55] 方朔은 자신의 舊作 『金臺游學草』, 『枕經堂駢體文』과 『采芎詞』를 徐慶淳에게 기증했고[56] 潘祖蔭은 선친의 작품집을 申錫愚에게 기증했다.[57] 이들은 모두 서로 잊지 말고 우정을 이어가기를 원하는 마음에서 이루어진 기증이다.

이와 같은 서적 기증은 양국 문인들이 우정의 토대로 이루어진 것들이기에 생동하고 감동적이며, 사람의 마음을 움직이는 힘을 갖고 있다. 하여 그 힘의 역할도 뚜렷하다. 예를 들면, 홍경모가 기증한 『이계집』을 받고 진경용은 "사신이 와서, 耳溪公의 유집과 그대의 저작을 보여주었습니다. 삼가 배독하고 보니, 바로 그대 가문과 대대로 이어지는 좋은 인연을 맺은 것이 다만 일면식 뿐만은 아닙니다."라며 감탄했다.[58]

---

51 李尚迪撰. 『西笑編』小序. : "今春余重游日下, 新舊知 交, 競相招邀, 觴詠迭作, 致足樂也。於是有韓齋雅集、春明話雨諸什之見贈者。而時余迫於冗務, 搦管無暇, 未酬諸君子惠好繾綣之意, 心甚怦怦, 東歸後卧疾消夏, 徒增離緒而已。迨乎秋冬之際, 庭柯蕭槭, 霜雁流哀, 尤難爲懷, 輒復作惡, 爰賦斯篇, 遙抒雅契云爾。"

52 洪大容與嚴果書(孤子洪大容稽顙再拜, 上九峰先生足下……). 『日下題襟集』。

53 嚴果與洪大容書(哀子嚴果泣血稽顙, 上書湛軒賢弟先生足下……). 『中士寄洪大容手札帖』。

54 洪大容與朱文藻書〈答朱朗齋文藻書〉(愚兄洪大容頓首, 拜覆朱朗齋先生賢弟足下……). 『杭傳尺牘』。

55 紀樹蕤與洪羲俊答書〈紀茂林樹蕤答書(辛卯)〉(世愚侄紀樹蕤頓首, 謹啓薰谷世叔大人閣下……). 『傳舊』(『추사 김정희의 또다른 얼굴』)。

56 方朔與徐慶淳書(昨於書肆中, 得親芝宇……). 『夢經堂日史』。

57 申錫愚與潘祖蔭書〈與潘少卿祖蔭書〉. 『海藏集』 卷一五。

58 陳瑾光與洪敬謨書(伻來, 蒙以耳溪公遺集及大著見示……). 洪敬謨撰. 『耘石山人文選』。:

5) 일부 서적은 쉽게 구할 수 없는 것을 서로 기증한다.

반정균은 홍대용에게 보낸 편지에서 "상자 속에 『漢隸字源』 1질 6책이 들어있는데, 이 책은 중국에서 쉽게 구할 수 없습니다. 특별히 담헌의 서재에 보내 함께 맑은 감상을 할 수 있기 바랍니다"[59]라고 요구했다. 1850년 費蘭墀가 洪義浩에게 『有正味齋集』을 기증했는데[60], 사실 이 책은 청 吳錫麟의 저술로 유리창에서 구하기 힘든 책이다. 詩集 16권, 시속집 8권, 시외집 5권, 騈體文集 24권, 변체문집 속집 8권, 詞集 8권, 사속집 2권, 사외집 1권, 集後附錄 1권으로 구성되어 있다. 『(民國)重修浙江通志稿』에 "『유정미재집』은 총 73권으로 오석린이 지은 것이다. 이 책에 法式善의 서문이 있는데, 서문에서 말하기를 그의 이름이 해내외에서 높아, 조선의 사신이 와서 금화를 내고 구입하다보니 유리창에서 금방 매진되었다."[61]라는 기록이 있다. 김정희는 주달에게 『八子百選』과 『奎章全韻』이란 책을 기증했는데, 책을 받은 주달은 "종이의 질이 아주 좋다."[62]고 평했다. 徐有壬은 스승 姚學塽의 『四書藝』를 김정희에게 기증하면서 편지에서 이렇게 말했다. "저의 스승 姚鏡塘 선생께서는 실천을 궁행하며 저술로 이름을 남기려 하지 않았습니다. 동문 제자들이 그가 남기신 글들을 모아서 출간했습니다. 저의 집에 그 판본을 소장하고 있는데, 북경에서 3천여 리 떨어져 있어 가져오기 쉽지 않습니다. 기다려주시면 구입해서 다시 보내드리겠습니다. 대신 먼저 『사예서』 2책을 맛보기로 보내드리겠습니다."[63] 왕희손이 權敦

"仟來, 蒙以耳溪公遺集及大著見示, 拜讀之下, 直與君家締世好, 緣非徒一面之雅而已。"

59 潘庭筠與洪大容書(客邸都無長物……). 洪大容撰. 『杭傳尺牘』. 『韓國文集叢刊』 第248冊. 第129頁。: "篋中有 『漢隸字源』 一部共六本, 在中國不 易購。敢致之湛軒齋中, 以供清賞。"

60 洪義浩與費蘭墀書〈寄心谷費編修書〉(季夏仟還, 寵復垂枉……). 『魯庵稿』。

61 (民國)余紹宋纂修『(民國)重修浙江通志稿』. 油印本。: "『有正味齋集』 七十三卷, 清吳錫麟撰。案: 錫麟, 字穀人, 已見經部經解類。此集有法式善序, 謂其名重中外, 高麗使至, 出金餅購『有正味齋全集』, 廠肆一空。"

62 周達與金正喜書(覃溪夫子五言對一副、杭董浦 『道古堂詩文全集』 四套共廿四本……). 『산해관을 넘어, 현해탄을 건너 - 동아시아 지식인의 교유』。

63 徐有壬與金正喜書(有壬頓首秋史仁丈先生執事: 日昨東琛入貢……). 藤塚鄰著. 朴熙永譯.

仁에게 보낸 『蘭亭序帖』은 진귀한 서예자료이다. 권돈인이 1838년에 왕희손에게 보낸 편지에서 "앞서 보내주신 '禊帖' 2本은 옛날 각본입니다. 이 책은 유림의 遺澤으로, 보는 사람마다 보배구슬처럼 받드는 藝林에 전하는 진귀한 물건입니다. 제가 받은 선물이 너무 큽니다."[64]라며 감격하는 마음을 드러내었다. 이 밖에 1837년 萬靑藜가 仿宋本 『文選』 4幀을 李昰應에게 보내 준 것[65] 역시 좋은 판본으로, 쉽게 구하지 못하는 소중한 것이기에 특별히 기증한 것이다.

6) 서적 기증을 통하여 상대에게 異國, 他鄕의 산천과 문화를 소개하다.

반정균은 홍대용, 金在行에게 보내온 편지에서 "편지를 봉한 뒤, 다시 『湖山便覽』 2책 12本을 얻었습니다. 책에는 서호의 명승을 모두 담았습니다. 함께 보내드리니 형제분들께서 나누시면 좋겠습니다."[66] 하였다. 엄성, 반정균이 홍대용에게 『飛來峰畫本』을 보내주어[67] 고향의 아름다운 풍경을 해외의 벗에게 소개했다. 1824년, 이장욱은 고향친구 單可惠가 지은 『白羊山人詩集』을 金魯敬에게 보내주었는데, 이 또한 고향의 유명한 작가를 소개하려는 의도다. 신재식이 지은 『會友錄』에 "月汀이 말하기를 '우리 고향에 시인 芥舟先生이 있는데 이름이 單可惠이다. 나는 그를 스승으로 모신다.'고 했다. 『백양산인시집』은 작년에 처음 출간했는데, 나의 안목으로 봐

『秋史金正喜研究』. 第463頁。: "先師姚鏡塘先生躬行實踐, 不欲以著述名, 門弟子輯其遺 書而梓之。今其板藏於家, 距京師三千餘里, 頗不易得, 容俟購來再行寄上, 玆先呈『四書藝』兩册, 亦足見其一斑。"

64 權敦仁與汪喜孫書(書法之分爲南北兩派……). 汪喜孫編. 2007. 『海外墨緣』 抄本. 『秋史와 韓中交流』. 韓國果川文化館。: "前寄『禊帖』 二本, 舊刻, 況又儒林遺澤, 所及奉如球璧, 爲藝林傳世寶玩, 受貺尤大矣。"

65 萬靑藜與李昰應書(石坡君侯閣下: 春風有信……). 『天雁尺芳』。

66 潘庭筠與洪大容. 金在行書(分袂京華, 音塵遂絶……). 『中士寄洪大容手札帖』。: "封札畢, 復得 『湖山便覽』 兩册, 計十二本, 西湖名勝約略俱備。謹以奉寄, 僉兄分領如何?"

67 洪大容與嚴誠. 潘庭筠書〈與嚴誠潘庭筠書〉(日者, 晚去早來……). 『乾凈筆譚』。

도 비할 바 없이 뛰어나다. 이 분은 유생으로 가난하게 살지만 아직 살아 계신다.'고 했다."[68] 1827년, 왕희손이 홍양후에게 보내는 편지에서 "또 『夢陔堂詩集』이 있는데, 저자는 고향의 시인으로 바르고 깨끗한 선비이다."[69] 고 하였다. 『몽해당시집』은 黃承吉의 작품인데, 이것을 증여한 의미도 마찬가지로 고향의 뛰어난 선비를 해외에 소개하려는 의도다.

3. 清代 중·한 문사들의 서적 기증의 특징

필자가 수집한 약 2429통의 청대 중한문인들의 서신을 살펴본 결과, 서신의 발신자 또는 수신자가 서적을 기증한 회수는 약 300차에 달하며 기증 서적은 약 500여종이 된다. 기증된 서적은 대체로 분량이 많지 않은 문집, 經書註疏, 史書 등이다. 물론 『皇淸經解』, 『二十四史』와 같은 대형 총서를 기증한 일은 서신에서 살펴보기 어렵다. 그 원인을 찾아보면, 대체로 증여자의 재력과 관련이 있고 한편으로 사행길이 험난한 관계로 기증하지 못한 것으로 보인다. 홍대용은 엄성에게 보내는 편지(「與鐵橋書」)에서 이렇게 말했다. "율곡선생 李珥는 동방의 큰 유학자로서 학문 이론을 논한 것은 모두 볼만합니다. 현재 문집 23本이 있는데, 거질이어서 멀리 보낼 수 없습니다."[70] 따라서 양국 간 대형도서의 교류는 대체로 국가적 행위로 이

---

68 申在植與葉志詵. 李璋煜. 王筠. 汪喜孫. 顔懷珠筆談. 申在植. 『會友録』。: "月汀曰: '吾東有詩人單芥舟先生可惠, 僕以師事之。『白羊山人集』昨歲始 刻成, 僕之眼中無甚匹儔, 以諸生潦倒, 現尚健在。'"

69 汪喜孫與洪良厚書(道光七年正月廿七日奉三斯先生足下……). 『中士尺牘』。: "又有『夢陔堂詩集』, 同郡詩人亦雅士, 奉政。"

70 洪大容〈與鐵橋書〉(大容白: 正月初二日……). 洪大容撰. 『杭傳尺牘』. 『韓國文集叢刊』 第248册. 第108-109頁。

루어지는 경우가 많다. 예를 들면, 『淵鑑類函』, 『珮文韻府』, 『全唐詩』 등 서적은 청나라 황제가 조선의 국왕에게 기증하는 방식으로 조선에 전해졌다.

기증 서적의 흐름을 볼 때, 중국 典籍이 조선으로 전해진 것이 많고, 조선에서 중국으로 전해진 전적은 상대적으로 적다. 서적의 제목으로 살피면, 기증된 서적은 경, 사, 자, 집 4대 부류가 망라된다. 청 문사가 조선의 문사에게 기증한 서적은 集部 서적이 가장 많다. 주로 先人 또는 친우의 문집이나 개인적으로 간행한 刊本이다. 다음으로 經部, 史部의 도서가 많고 子部의 도서는 그리 많지 않았는데, 주로 의약 관련 서적에 국한되었다. 가령, 額勒精額은 鮑相璈가 지은 『驗方新編』을 변원규에게 기증했고[71] 조선의 이하응은 『東醫寶鑑』을 樊彬, 陳文田, 姚凱元 등에게 기증했다. 이처럼 의학 서적이 기증 도서로 된 것에 대하여는 樊彬이 이하응이 보낸 '동의보감'을 받고 회신한 내용에서 찾아 볼 수 있다. 즉 "보내주신 『동의보감』을 삼가 받았습니다. 이 책은 오래 전해질만하고 또 가히 養生할 수 있으니, 참으로 衛濟秘方이라 생각합니다."[72] 하였다. 결국, 세상을 구제하고 양생을 돕기 위해 의학 서적을 기증한 것이다.

한편, 조선 문인들이 청 문사에게 기증한 서적은 조선 名人의 名著들인데, 자신과 친우가 창작한 문집 또는 학술서 등이 많다. 그것은 조선의 우수한 문화를 전파하려는 의도이기도 하지만 유가 문화의 계승자이자 전승자로서의 담당 의식을 드러내는 성향도 매우 현저하다. 이 밖에 중·한 문사들 간에 이루어진 서적 기증에서 보이는 특징을 다음 몇 가지로 정리할 수 있다.

---

71 額勒精額與卞元圭書(古雲老兄大人閣下: 昨承枉顧……). 『北雁尺一』。

72 樊彬與李昰應書(外墨刻一封……). 『天雁尺芳』. 韓國延世大學校中央圖書館藏本。: "寄賜『東醫寶鑒』, 謹已拜領。此書既堪壽世, 又 可養生, 洵爲衛濟秘方。"

1) 중·한 문인들 간에 서적 기증은 시간이 흐름에 따라 단계적 특징을 보이다.

18세기 중기 이전의 청나라는 조선 문인들과의 교류가 아주 적었기 때문에 피차간에 서적 기증 행위는 별로 없었다. 현재 살필 수 있는 18세기 서적 기증의 첫 사례는 1712년 북경에서 序班 周仲章이 조선의 閔鎭遠에게 『范忠貞集』 한 질을 기증한 일이다. 그 뒤 55년이 지난 1766년에 조선의 홍대용이 엄성에게 『성학집요』를[73], 반정균에게 『해동시선』을[74] 기증한 사실이 있다.

18세기 후반부터 홍대용, 박제가, 유득공, 이덕무 등이 청 문사들과 교류가 점차 빈번해지면서 서로 간에 서적을 기증하는 사실이 부쩍 늘었다. 하여 『철교유집』, 『성학집요』, 『해동시선』, 『회성원시』, 『농암잡지』, 『삼연잡록』 등 문집이 해외로 전파되었다. 이 시기의 기증된 서적은 주로 문학 창작 작품집이다. 당시 학술 저술을 기증한 사례는 크게 많지 않았다.

19세기 초에서 중기에 이르기까지, 이 때 청나라는 한학(고증학)이 성행하면서 짙은 학술 연구의 분위기를 형성하였다. 하여 당시 저명한 학자 문인들이 중·한 문사들의 교류의 주역이 되었다. 가령, 청나라의 완원, 옹방강, 왕희손, 유희해, 섭지선, 이장욱, 반조음 등이 조선의 김정희, 김명희, 홍경모 등 문사들과 교유했다. 따라서 이 시기는 예전 어느 때보다 서적의 상호 기증이 많이 이루어져 시대 풍조를 이루었다. 대량의 문학 서적이 기증되었는가 하면 학술 서적도 여느 때보다 많이 기증되었다. 五經에 대한 주석서, 금석학 탁본과 전문 학술서가 양국의 문사들 사이에 유통되며 공동으로 향유했다. 한편, 이 시기는 중국의 전적이 조선으로 가장 많이 전파된 시기이기도 하다. 그 원인을 살핀다면, 마땅히 이상적과 김정희 형제 등

73 洪大容與嚴果書〈與九峰書〉(孤子洪大容稽顙再拜……). 『日下題襟集』。
74 洪大容與潘庭筠書(大容白: 去歲七月, 因曆官之行……). 『杭傳尺牘』。

이 북경에서 一群의 청 문사들과 광범위하고 심도 있는 교류를 진행한 것에서 찾을 수 있을 것이다. 청나라 벗들이 수없이 많은 중국의 典籍을 기증했는데, 이 때 보내진 서적의 종류와 수량은 어느 때보다 많았다.

19세기 말기에 들어 양국 문인들의 교유는 여전히 활발했다. 하지만 이 시기 양국 문인들의 관심사는 학술, 문화 등에서 점차 외교, 정치로 바뀌었다. 따라서 서적의 기증이 이전 시기에 비해 훨씬 줄어들었고 經部, 集部의 서적 기증은 별로 많지 않았다. 이에 반해 史部의 지리 서적, 子部의 수학, 군사 등 방면의 과학기술 서적이 주된 기증도서가 되었다. 가령, 卞元圭가 劉含芳에게 조선의 지리서 『道里標』 1책[75]과 조선 지도책을 기증했다.[76] 이는 19세기 중후반에 들어 서양 열강이 중국과 조선을 침략해 오면서, 양국 문사들의 관심사가 정치, 군사, 외교로 옮겨진 것과 무관하지 않다. 지리서가 군사와 밀접한 관련이 있다는 것은 주지의 사실이다. 1881년 변원규는 游智開에게 준 서신에서 "우리나라 지도 1책을 보냅니다. 이 지도의 산천들이 어르신의 顧恤 계획 속에 포함되어 은혜를 입을 수 있다면 더없는 행운이겠습니다."[77] 하였다.

과학 기술, 군사를 발전시키는 것은 부국강병의 필수 과정이므로 지도와 관련된 도서가 당시 양국 인사들의 주목을 받았다. 따라서 관련 도서도 당시 기증 도서 가운데 중요한 종목이 되었다. 1882년 청나라 유지개, 鄭藻如, 周馥 등이 조선의 金允植, 尹駿泰에게 기증한 도서목록에 『製火藥法』, 『氣機發軔』, 『化學鑒原』, 『電學』, 『九數外錄』 등 군사, 과학에 관련된 서적 53부의 책이 들어 있는 것[78]도 마찬가지 이유에서이다.

75 劉含芳與卞元圭書(吉雲仁兄大人閣下: 不晤麈教已經三年……). 『北雁尺壹』。

76 卞元圭與劉含芳書(薌林觀察大人閣下: 昊天弗弔……). 『朝鮮李昰應. 佚名與清文士來往尺牘』。

77 卞元圭與游智開書(藏圖觀察先生大人閣下……). 『朝鮮李昰應. 佚名與清文士來往尺牘』. 私人藏本。: "敝邦地圖一本附 上, 從玆鰈域山河盡入大人顧恤籌畫之中, 永永受賜, 幸莫大焉。"

78 游智開. 鄭藻如. 王筱雲. 許其光. 劉含芳. 周馥與金允植. 尹駿泰書(雲養、石汀尊兄大人執事……). 金允植. 『陰晴史』 下卷. 劉順利著. 2006. 『王朝間的對話』. 寧夏人民出版社. 第144頁。

2) 조선의 도서 기증자는 대체로 燕行使節團의 구성원이다. 또한 청나라 문인들과 가장 많이 서적 교류를 행한 사람은 주로 그들과 깊은 우정을 맺고 있는 조선 문사이다. 청나라 때 양국 문사들의 書簡을 총체적으로 살펴보면, 청 문사와 서적을 많이 주고받았던 조선의 기증자는 홍대용을 비롯한 홍양호, 유금, 박제가, 이상적, 김노경, 김정희, 김명희, 홍희준, 홍경모, 신석우, 박규수, 변원규, 이하응, 김창희 등이다. 이 가운데서도 이상적, 김정희의 기증이 가장 뚜렷하다. 청나라의 기증자는 위로 황제로부터 시작해 조정의 관원, 학단의 名士로부터 보통문인, 스님에 이르기까지 기증자의 폭이 상당히 넓다. 이 중에서도 반정균, 등사문, 이조원, 기수유, 李鼎元, 왕희손, 유희해, 張曜孫, 王鴻, 葉名灃, 韓韻海, 潘曾瑋, 반조음, 옹방강, 진용광, 주달, 섭지선, 옹수곤, 이장욱, 동문환, 만청려, 유지개 등 인물이 기증자 반열에서 단연 돋보인다.

청나라 시기에 들어 양국 문사들의 서적 교류는 명나라 때의 그것과 선명하게 다르다. 명나라 때에는 조정에서 황제의 이름으로 여러 차례에 걸쳐 조선에 도서를 하사했다. 말하자면 조정에서 도서를 기증하는 것이 양국 간 서적 교류의 주된 통로였다. 그러나 청에 들어서는 조정에서 다량의 서적을 하사하는 일이 없어졌다. 대신 민간에서의 서적 교류가 활성화되었다. 특히 양국 문사 간에 서적의 기증이 많아졌고 이것이 당시 서적 교류의 주된 형식이었다. 따라서 위에 나열한 인물들은 양국의 서적 교류사에 큰 공헌을 한 셈이다.

여기서 지적해야 할 것은, 유명 인사의 도서 기증이 보통사람보다 많다는 것이다. 청나라의 紀昀, 潘庭筠, 李調元 등과 조선의 홍양호, 김정희, 김명희, 이상적 등이 그 대표다. 명인들의 도서 기증, 수증 행위는 그 과정에서 投贈者가 좋은 평가나 찬사를 받으면서 그 명성이 쉽게 해외로 전파할 수 있다는 데서 더욱 활발해졌을 것으로 본다. 가령, 1778년 이덕무는 李書九의 『薑山初集』을 들고 북경에 가서 이를 반정균, 이조원, 祝德隣 등에게 나누어 주면서 序文을 구했었고, 1792년 齊佩蓮은 홍양호에게 『黃庄詩稿』를 주면서 발문을 요구했고, 1794년 통문관 교수 金成中은 『李參奉

詩鈔』를 들고 북경에 가서 기윤에게 보이며 서문을 구했다. 1824년 이장욱은 김노경에게 『廉天印譜』 1책을 보내[79] 서문을 지은 다음에 돌려주기를 원했고 1845년 반증위는 이상적에게 『忠愍手迹』 1책을 보내면서[80] 발문을 지어줄 것을 부탁했다.

3) 기증 도서는 자신의 문집, 先人 또는 친구의 문집이 주를 이룬다. 이런 현상이 기증 도서 전체 수량에서 반 이상이다. 그 밖에 명인의 작품이 많은 것도 특징이다. 名著를 즐겨 읽는 것은 고금을 막론하고 마찬가지이므로 당시 명인의 작품이 많이 기증된 것도 당연하다. 가령, 박규수는 청나라 심병성에게 보낸 편지에 도서 구입목록을 적어놓았는데, 여기에 顧炎武의 『下學指南』, 王懋竑의 『白田雜著』 등을 나열하고 있다.[81] 그리고 김정희가 옹방강에게 퇴계, 율곡의 2종 서적을 기증한 것[82], 李鼎元이 朴長馣에게 『道德經注』를 기증한 것[83], 김노경이 朴堧이 지은 『蘭溪先生遺稿』를 청나라 鄧傳密에게 기증한 것[84], 김명희가 李齊賢이 지은 『益齋全集』을 吳崇梁에게 기증한 것[85], 신석우가 최치원의 『桂苑筆耕集』을 王軒에게 기증한 것[86], 馮志沂가 스승 梅曾亮의 『栢硯山房集』을 金尚鉉에게 기증한 것, 吳大澂이 중국번의 『曾文正公鈔』를 박규수에게 기증한 것[87], 姚凱元이 韓愈 문집을 이하응에게 기증한 것, 袁保齡이 劉宗周가 지은 『人譜』를 李載冕에

---

79 李璋煜與金魯敬書(知尊履與時俱瑟, 玉樹森立……). 『清朝文化東傳の研究: 嘉慶道光學壇と李朝の金阮堂』。

80 潘曾瑋與李尚迪書(仲遠所留〈海客琴尊第二圖〉. 乞題數語……). 『蘭言彙鈔』。

81 朴珪壽與沈秉成書(今春貢使回……). 朴珪壽. 『瓛齋集』. 『韓國文集叢刊』 第312册. 第484頁。

82 翁方綱與金正喜書(敬候秋史進士道兄尊禧: 接誦手緘……). 『秋史와 韓中交流』。

83 李鼎元與朴長馣書(小蕤先生足下: 使至, 辱示書……). 『縞紵集』。

84 金魯敬與鄧傳密書(天東金魯敬拜書鄧守之足下: 昨冬朴荳溪之還……). 『秋史와 韓中交流』。

85 吳嵩梁與金命喜書(山泉先生閣下: 即日曼福爲頌……). 『尺牘藏弆集』。

86 申錫愚與王軒書〈興王霞舉(軒)書〉(錫愚獲戾神明, 嗣胤椓喪……). 『海藏集』 卷九。

87 朴珪壽與吳大澂書〈與吳清卿大澂〉(清卿尊兄閣下: 别來周歲……). 『瓛齋集』。

게 기증한 것[88] 등도 마찬가지 이유이다.

한편, 도서 기증자의 신분상 학술유파 또는 학술 경향이 다름으로 인해 기증된 도서에서도 그 특징에 선명하게 드러난다. 그 중에서 해당 학술유파의 대표적 서적들도 적지 않다. 가령, 진용광이 김정희에게 보낸 편지에서 자신의 스승 姚鼐를 소개하면서 요내 편찬의 『古文辭類纂』을 보내고[89], 또 홍희준에게도 「고문사류찬목록」을 보냈던 것[90]도 모두 스승인 요내와 桐城派를 조선에 소개하려는 의도였다. 실제로 진용광은 요내를 스승으로 배운 동성파의 후계문인이다. 그는 조선의 문인들과 교류하면서 누차 상대에게 동성파의 대표 작품들을 추천하고 기증했다. 또 한 가지 사례는 一群의 常州 지역 문인들이 조선의 이상적과 잦은 서신 내왕과 함께 常州詞派의 중요한 이론 서적을 기증했던 것이다. 상주사파 후계문인들인 潘曾瑋가 周濟가 편찬한 『詞辨』 10部를 기증한 것[91], 王鴻이 장요손이 상주사파의 七家詩를 편찬한 『同聲集』을 기증한 것[92], 丁嘉葆가 陽湖文派의 대표 惲敬이 지은 『大雲山房文稿』를 기증한 것[93] 등등은 모두 그들의 속해 있는 학문유파의 대표적 작품들이다. 이처럼 학문의 경향과 風格이 서로 다른 서적들은 그 유파의 학술입장을 표명할 뿐 아니라 객관적으로 각 유파의 이론 주장을 소개하여 조선에 전파되는 역할도 했다.

이 밖에 기증된 서적들 가운데 귀중본 도서들도 들어있었다. 가령, 기윤이 徐瀅修에게 『朱子語類』, 『朱子全書』를 보내준 바 있다. 책을 받은 서형수는 감개무량하며 이렇게 말했다. "辛酉(1801)와 壬戌(1802) 사행의 귀국 편에 보내주신 『주자어류』 建安合刻本과 『주자전집』 閩刻本 등 2질의 책을 차례로 받았습니다. 이 책들이 곧 陳糧道의 편지에서 '閔中의 서책가

88 袁保齡與李載冕書(附上扇一柄, 山谷真迹十二幅……). 『天雁尺芳』。
89 陳用光與金正喜書(唐人詩人, 惟劉方平最貴顯老壽……). 『傳舊』。
90 陳用光與洪羲俊書〈陳學士書〉(薰谷正史閣下: 昨相見……). 『傳舊』。
91 潘曾瑋與李尚迪書(玉照奉呈諸君, 有不及題者……). 『蘭言彙鈔』。
92 王鴻與李尚迪書(藕船詞兄閣下: 乙巳二月吉日……). 『蘭言彙鈔』。
93 丁嘉葆與李尚迪書(藕船仁兄大人執事: 前聞旆從賁臨……). 『蘭言彙鈔』。

에서 구입해 놓았다.'고 한 것임을 알겠습니다. 어른께서 옛 약속을 잊지 않으심이 이와 같으니, 知己에 감격하는 後生의 마음은 더욱 어떠하겠습니까."[94] 1831년, 阮常生이 부친 완원이 지은 『研經室集』을 홍석주에게 주면서 편지에서 이렇게 썼다. "『연경실집』은 명에 따라 남에게 기증하지 않았기에 일찍 많이 인쇄하지 않았습니다. 지금 서재에는 1부만 소장하고 있습니다. 그대의 간곡한 요구에 이것을 기증합니다. 살펴서 간직하시기 바랍니다."[95] 또 金永爵은 程恭壽에게 『國語』 1책을 기증했다. 책을 받은 정공수는 "韋曜(204-273)의 주석본 『국어』를 보내주셨습니다. 교감이 정밀하고 순수하여 영인한 宋本처럼 지극히 소중합니다."[96]라며 감사하는 마음이 비길 데 없다고 했다.

4. 청대 중·한 문사 서적 기증의 意義

중·한 문사들 사이의 서적 기증은 양국의 학술, 문화의 교류와 발전에 중요한 역할을 했다.

---

94 徐瀅修〈與紀曉嵐〉(往歲小車造門……). 徐瀅修撰. 『明皋全集』 卷六. 『韓國文集叢刊』 第261册. 第118頁。: "辛酉壬戌貢使之還, 連 蒙『朱子語類』建安合刻本及全集閩刻本兩帙之寄惠。此知是陳糧道書所云 向閩中書坊買得者, 長者之不忘舊要如此, 後生所以激感於知己也, 尤當如何?"

95 阮常生答洪奭周書(伻至, 奉到惠翰……). 韓弼教撰. 『隨槎録』 卷五. 『燕行録續集』 第131册. 第237-238頁。: "『研經室集』, 奉命不送人, 是以未曾多印, 現在署中祇餘自藏 一部, 承台命諄諄, 謹以奉贈, 希檢入是荷, 常生又啓。"

96 程恭壽與金永爵書(邵亭仁兄閣下: 己未三月五日奉寧遠衛……). 『中朝學士書翰録』. 高麗大學校華山文庫藏本。: "呈貺韋注『國語』, 校刊精粹, 似 影宋本, 極可珍貴, 佳紙梳扇一并拜嘉, 感謝無似。"

1) 서적의 기증으로 상대국의 학술, 문학이 어느 정도 전파가 가능했다. 문화의 보존이라는 시각에서 볼 때, 그 범위를 넓혀서 보존했다고 하겠다. 자국 문화의 精華가 해외에서 전하게 되었고, 작가의 명성 또한 광범위하게 전파되었다. 마치 王懷孟이 「寄韻贈晩窩詩使」에서 "相國어르신 문집을 남기셨으니, 하늘 끝에 있는 친구들 홍씨 가문을 말하네(相國尚留文集在, 天涯友輩説洪家)"[97]라고 말한 것 같다. 홍양호의 문집이 중국에 보내져 중국 문인 사이에서 홍씨 가문에 대한 찬사가 자자함을 예기한 것이다. 彭浚의 「七律贈駱皐, 晶山正之」라는 시에서 "거룩한 청나라는 문장의 淵藪, 해외에 雅頌 소리가 새로이 전하네(盛朝本是文章藪, 海外新傳雅頌聲)"[98]라 했다.[99] 서적의 기증을 통해 청나라의 名士들인 陶必銓, 唐仲冕의 시적 성취가 해외에 전해지게 되었다. 조선의 樂府는 아직 서적 기증이 이루어지기 전에는 청에 알려지지 않았다. 『海東樂府』가 전파되면서 청나라 문사들도 조선의 악부가 어떻게 창작되는지를 알게 되었고 처음으로 조선의 악부에 깊은 인상을 받았다. 가령, 오숭량이 김명희에게 주는 편지에서 이렇게 말했다. "『해동악부』의 작품들은 구절의 글귀가 기이하면서도 아름답고 곡조도 힘차니, 어찌 그리 동쪽 나라의 어진이들 가운데는 뛰어난 이가 많은지?"[100]

서적 기증을 통해 문집이 전해지면서, 일부 異域의 작품들이 타국의 문집에 실리게 되는 경우도 적지 않다. 가령, 홍석모의 편지(「答曹玉水江書」)에서 "저의 집 어르신의 시가 『湖海詩傳』에 실렸습니다. 글도 또 錢侍御에 의해 수록되어 문단에 알려졌습니다. 기리고 칭찬해주시는 성대한 마음에 심심한 사의를 표합니다."[101]고 한 것은 그 하나의 사례다.

97 王懷孟與洪義瑾書(小池囂隱是三槎……). 『晩窩公燕行交友帖』。: "相國尚留文集在, 天涯友輩説洪家。"

98 이 시구에 스스로 붙인 주석에 "駱皐와 晶山이 『陶萸姜先生全集』과 唐陶山선생의 『岱覽』의 두 책을 요구했다."라고 쓰여 있다.

99 彭浚與洪義錫書(箕子遺封舊得名……). 『華人唱和帖』. 私人藏本。

100 吳嵩梁與金命喜書(山泉進士足下: 敬惟侍奉萬福……). 『尺牘藏弆集』. 韓國首爾大學校奎章閣藏本。: "『海東樂府』句語奇麗, 音節亦遒, 何東賢之多杰出也!"

101 洪錫謨〈答曹玉水江書〉(錫謨頓首, 謹啓玉水先生文几……). 洪錫謨撰. 『陶厓集』. 韓國成均

2) 서적의 교류는 타국 문인들의 의지와 절조 등을 이해할 뿐 아니라 수증자로 하여금 안목과 시야를 넓혀준다. 1824년 이장욱이 김노경에게 주는 편지에서 이렇게 적었다. "출간하신 『蘭溪遺稿』를 읽고 朴선생이 관직에 있으며 몸가짐을 바르게 하는 큰 절개를 알았고, 또 그대가 흩어져 없어진 전적을 찾아 정리하시는 정성을 보았습니다."[102] 김노경이 보내준 朴堧의 문집을 읽고 그의 대찬 절개에 찬사를 보낸 것이다. 이처럼 기증된 서적을 통해 조선의 名士가 중국의 문인들에게 알려졌다. 현재까지 살펴볼 수 있는 양국 문인 간에 내왕된 서신에 의하면, 鄧傳密, 이장욱, 오숭량, 조강 등 청나라 문사들이 박연의 『난계유고』를 읽고 그에 대한 평을 남겼다.

한편, 서로 다른 시기에 창작된 서적들이 전파되면서 수증자들로 하여금 상대국의 학문적 특징을 탐지하는데 중요한 자료로 제공된다. 가령, 19세기 중후반에 들어 당시 청에서 유행되던 다량의 經世致用 관련 서적들이 조선에 전파되었다. 조선의 문사들이 이러한 서적을 탐독하며 당시 청나라 학단 또는 문단의 풍조를 살필 수 있었으며, 자국의 사정에 따라 수용했다. 박규수는 중국번의 『曾文正公文鈔』를 읽은 후, "문장과 공적, 학술과 경제 모두를 갖추어 전대에서 찾아보아도 그보다 성대한 사람이 없었다."[103]고 평가했다. 또 彭蘊章이 지은 『文敬公集』을 읽은 후에는 "『문경공집』을 받들고 백번이고 거듭하여 읽었습니다. 그 분의 경제와 문장을 감히 망령되이 논할 수 없지만 마음속으로는 흠모하고 감복해마지 않았습니다. 공은 나라와 백성을 걱정하고 충성과 절의를 다하는 것을 평생대업으로 삼았습니다."[104] 라고 말

館大學校藏書閣藏本。: "僕家大人詩稿至荷采入『湖海傳集』。文稿亦爲錢侍御所 抄選, 傳示詞林, 賞詡表揚之盛意已極銘謝。"

102 李璋煜與金魯敬書(山泉豈弟樂易……). 藤塚鄰著. 朴熙永譯. 『秋史金正喜研究』. 第333頁。: "讀所刊『蘭溪遺稿』, 得稔朴先生居官持身之大節, 又見先生搜羅散亡之素心矣。"

103 朴珪壽與吳大澂書〈與吳清卿大澂〉(清卿尊兄閣下: 別來周歲……). 朴珪壽撰. 『瓛齋集』. 『韓國文集叢刊』 第312冊. 第497頁。: "文章勛業, 學術經濟, 兼全備具, 求之前代, 未有盛焉。"

104 朴珪壽與彭祖賢書〈與彭芍亭祖賢〉(芍亭仁兄知己閣下: 纔得證契……). 朴珪壽撰. 『瓛齋集』. 『韓國文集叢刊』 第312冊. 第497頁。: "『文敬公集』 擎讀百回, 經濟文章, 不敢妄論, 只自欽服無量。憂國憂民, 忠藎盡節, 公之平生大業也。"

하였다. 이로써 알 수 있듯 19세기 후반의 학문은 경세치용이라는 특징을 가지고 있으며, 조선의 문인들은 서적을 통해 이를 인지했다.

여기서 한 가지 지적하고 싶은 것은, 중·한 문인들 간에 기증된 서적은 양국의 서적뿐만 아니라 일본의 한문 전적과 유럽과 미국의 과학기술, 지리와 관련된 번역서도 포함되어 있다는 것이다. 이 점이 양국의 학자들에게 학술, 문학, 과학기술 등에 대한 식견을 넓히고 발전을 촉진하게 됨은 의심할 바 없다. 가령, 1827년 이장욱이 북경에 체류하고 있던 김명희에게 편지를 보내 일본 서적을 요구했다. "일본 사람의 『薦錄』과 시집 등을 형이 갖고 있으시다 들었습니다. 저에게 빌려주시면 베끼고 나서 돌아가는 使臣 편에 보내드리겠습니다."[105] 潘鍾杰도 조선의 지인에게 보낸 편지에서 서양을 서적을 읽으면 시야를 넓힐 수 있다고 지적했다. "『瀛環志略』을 읽어봤습니다. 이 책은 지구상에 있는 여러 洲의 형세를 하나하나 자세히 서술했고, 揣度로 재어서 땅의 원근을 측정했습니다. 이들은 서양(泰西)의 말을 번역한 것인데, 아주 정확합니다. 한 부를 보내 青眼에 바칩니다. 생각건대 사신으로 배를 띄운 사람은, 예로부터 博望侯 한 사람만이 아닌 것 같습니다."[106]

3) 서적의 전파는 책을 새롭게 편찬하는데 유리했고 양국 문인들의 문학창작과 학술연구에 있어서 서로 참조할 수 있었다.

서적의 전파는 문인들이 이역의 문집을 재편집하는 과정에 底本 자료를 확보하도록 했다. 가령, 유희해가 『해동금석원』을 편찬할 수 있었던 것은 조선의 김정희, 김명희, 조인영, 조병구 등으로부터 다량의 관련 탁본자료를 기증받았기 때문에 가능했다. 유희해는 조선의 지인들에게 편지를 보

105 李璋煜與金命喜書(璋掌刑名, 比來更繁劇……). 藤塚鄰著. 朴熙永譯.『秋史金正喜研究』. 第348頁。: "日本人『蕎録』及詩集等, 聞在兄處, 乞假我一抄, 貢使回即帶回也。"

106 潘鍾杰與朝鮮佚名書(自違麈教, 幾閱蟾圓……).『清人尺牘』.『札翰』本. 韓國高麗大學校華山文庫藏。: "卧見『瀛環志略』, 其述各洲情形, 班班可考, 其揣度以測地之遠近, 類皆泰西翻譯, 頗爲精確, 爰奉一部獻青眼。想乘槎浮漢者, 古來當不獨一博望侯也。"

낼 때마다 金石類의 자료를 요구했다. 1830년, 그는 김명희에게 보낸 편지에서 "'해동금석'을 위해 형님과 雲石(조인영)형으로부터 이미 수십 종을 받았었지요. 아직 제 눈으로 직접 보지 못한 것들이 있어 늘 마음에 걸립니다. 모두 눈으로 볼 수 있다면 얼마나 즐겁겠습니까? 저의 이 버릇(癖)은 나날이 심해져 집착이 되어갑니다. 싫증나지 않는 거듭된 요구가 없을 수 없지만, 그래도 목록을 적어드리니 물색해서 보내주시기 바랍니다."[107] 라고 하였다. 훗날 『해동금석원』을 출간하면서 지은 서문에서 그는 "山泉 김명희는 …… 묵향이 배어 있는 금석탁본 300여권을 휴대해 왔다. 우리는 만나서 금방 친숙해져 기이한 文字 연을 맺었고, 배낭에 들고 온 탁본을 기증하며 금석으로 교분을 나눴다."[108]고 했다. 김명희가 그에게 기증한 금석圖冊을 거론했다. 조선 문인의 전격적인 기증에 힘입은 유희해는 『해동금석』을 비롯한 일련의 금석학 저술을 완성했다. 도광 11년에 유희해의 '味經書屋'에서 『書目彙編』 2권(朝鮮書目 1권, 日本所刊書目 1권)을 抄錄했고 도광 29년에는 또 『朝鮮志』 2권, 『箕田考』 1권(조선의 韓百謙이 지음)의 초록을 마쳤다.[109]

서적의 전파는 양국 문사들의 창작과 학술 연구에도 큰 영향을 미쳤다. 도서를 기증한다는 것은 서로의 문단을 이해하는 데 더없이 좋은 원시자료를 제공하는 것이다. 하여 두 나라 문사들은 처음 만나 서먹하던 데로부터 점차 익숙한 사이로 된다. 이러한 과정에서 기증된 서적이 중요한 역할을 한 것은 자연스런 일이다. 또한 상대국의 서적을 읽는다는 것은 필연코 그것을 배우거나 비판하면서 은연 간에 자신의 창작에서 그 영향을 받게 된다. 가령, 청나라 문인들의 창작에서 박제가가 기증한 서적의 내용을 인

107 劉喜海與金命喜書(戊子夏日……). 藤塚鄰著. 朴熙永譯. 『秋史金正喜研究』. 第393頁。: "海東金石, 承吾兄及雲石兄所惠已數十種, 而未經睹目者, 殊耿耿於懷, 以滿覽爲快, 故癖好愈久愈貪, 竟成結習, 不能無無厭之求, 目録一紙附 呈, 望物色得之寄我爲幸。"

108 劉喜海. 1994. 『海東金石苑』. 『叢書集成續編』第75册. 上海書店出版社。: "山泉 金子, ……石墨凝香, 携來百三十卷。相逢傾蓋, 文字結於奇緣; 持贈探囊, 金石投夫雅契。"

109 參見劉昌健撰. 「劉喜海年譜」. 『文獻』. 2000年 4月 第2期。

용한 것에서 이 점을 살필 수 있다. 張超伯이 지은『南滑楛語』권4의 '衚衕' 항과 권5 '金剛條' 항에서 박제가가 지은「城市全圖應令」의 한 구절인 "五城衚衕列次第, 大都宮殿疏源委"와「金剛一萬二千峰再試應令」중의 한 구절 "近海蒼茫元氣積, 滿空飛舞素峰稠"를 인용해서 학술적 근거로 삼았다.[110] 장씨가 참고한 이 두 수의 시는 박제가가 청나 문인들에게 기증한『貞蕤稿略』에 수록되어 있는 제1수, 제2수의 작품이다.[111] 조인영은 자신이 선별하고 주석을 단『海東唐文選』을 유희해에게 기증했다. 유희해는 이 책의 발문에서 "이상, 조선에서 편찬한 唐文 29편은『全唐文』에 미처 수록되지 않은 작품이 많다. 마땅히 채록하여 모자란 부분을 보충해야 한다."[112]고 했는데,『해동당문선』이 학문에 있어서 문헌적 가치가 있다는 점을 분명하게 말하고 있다.

4) 기증된 서적들은 양국 문인들 사이에 새로운 교류관계를 형성했다. 1861년, 신석우가 청나라 王拯에게 준 편지(「與王少鶴拯書」)에서 이렇게 썼다. "지금은 매증량이 타계하시고 김매순도 세상을 하직했습니다. 김매순의 문하 經臺 金尙鉉은 스승의 법통을 이어가는 사람인데, 저의 벗이기도 합니다. 형님께서 경대에게 한 말씀 해주십시오. 그리고 매증량 선생의 문집도 함께 그에게 기증한다면 어찌 양가 門下에서 선대의 연을 이어가는 것이 아니겠습니까? 魯川 풍지기도 인정했습니다."[113] 김상현은 풍지기와

110 蔣超伯. 2002.『南滑楛語』.『續修四庫全書』子部雜家類 第1161册. 上海古籍出版社. 第311頁. 第331頁。

111 朴齊家.『貞蕤稿略』. 韓國國立中央圖書館藏本。

112『海東唐文選』. 中國臺灣故宮博物苑藏本。: "右海東唐文二十有九通, 内多『全唐文』未經著録者。當采之以備拾遺。"

113 申錫愚〈與王少鶴拯書〉(錫愚積殃攸召, 胤嗣云亡……). 申錫愚撰.『海藏集』卷九. 韓國首爾大學校奎章閣藏本。: "今梅公已逝, 臺山亦不在世。臺山門人金經臺尙鉉深得其師門法詮, 而亦弟之友也, 願得老兄一語記授經臺而遺之, 并將梅先生集以贈之, 可續兩門之緣, 魯川首肯。"

만나지 못했다. 하지만 매증량의 문집을 기증하여 서로 간에 학문적 인연을 맺을 수 있음을 말한 것이다. 서적의 기증이 학문적 교류에 중요한 橋梁 역할을 한다는 점을 지적했다.

(번역 : 李春姬, 계명대학교 한문교육과 교수)

참고문헌

韓弼教. 2008.『隨槎録』. 林基中『燕行録續集』第131冊. 尚書院.

洪大容. 2000.『杭傳尺牘』.『韓國文集叢刊』第248冊. 民族文化推進會.

洪大容. 2000.『杭傳尺牘』.『韓國文集叢刊』第248冊. 民族文化推進會.

洪大容. 2001.『乾浄筆譚』. 林基中『燕行録全集』第43冊. 東國大學校出版部.

洪敬謨.『冠岩山房新編耘石外史卷』續編. 首爾大學校奎章閣藏本.

洪敬謨.『耘石山人文選』. 首爾大學校奎章閣藏本.

洪良浩. 1982.『耳溪洪良浩全書』. 民族文化社.

洪錫謨.『陶厓集』. 韓國成均館大學校藏書閣藏本.

姜浩溥. 2008.『桑蓬録』.『燕行録選集補遺』上. 東亞細亞學術院, 大東文化研究院.

姜 瑋.『古歡堂未定草』. 韓國精神文化研究院藏本.

蔣超伯. 2002.『南漘楛語』.『續修四庫全書』第1161冊. 上海古籍出版社.

李德懋. 2000.『青莊館全書』.『韓國文集叢刊』第257冊. 民族文化推進會.

李 豫·崔永禧. 1996.『韓客詩存』. 書目文獻出版社.

劉順利. 2006.『王朝間的對話』(金允植『陰晴史』). 寧夏人民出版社.

劉喜海. 1994.『海東金石苑』.『叢書集成續編』第75冊. 上海書店出版社.

柳得恭.『海鄰書屋收藏中州詩』. 首爾大學校奎章閣藏本.

朴珪壽. 2003.『瓛齋集』.『韓國文集叢刊』第312冊. 民族文化推進會.

朴齊家.『貞蕤稿略』. 韓國國立中央圖書館藏本.
朴思浩.『燕薊紀程』. 首爾大學校奎章閣藏本.
申錫愚.『海藏集』. 首爾大學校奎章閣藏本.
申在植. 1980.『會友録』. 保景文化社.
藤塚鄰著. 朴熙永譯. 1994.『추사 김정희의 또다른 얼굴』(『秋史金正喜研究』). 아카데미하우스.
汪喜孫編. 2007.『海外墨緣』抄本.『秋史와 韓中交流』. 韓國果川文化館.
徐瀅修. 2001.『明皐全集』.『韓國文集叢刊』第261册. 民族文化推進會.
嚴　誠.『鐵橋全集』. 首爾大學校中央圖書館藏本.
鄭元容. 2008.『燕槎録』. 林基中『燕行録續集』第131册. 尚書院.
『朝鮮李昰應, 佚名與清文士來往尺牘』. 私人藏本.
『尺牘藏弆集』. 首爾大學校奎章閣藏本.
『海東唐文選』. 中國臺灣故宮博物苑藏本.
『華人唱和帖』. 私人藏本.
『薊南尺牘』. 韓國翰林大學校博物館藏本.
『蘭言彙鈔』. 韓國學中央研究院藏本.
『清人尺牘』.『札翰』本. 韓國高麗大學校華山文庫藏.
『天雁尺芳』. 韓國延世大學校中央圖書館藏本.
『晚窩公燕行交友帖』. 韓國國立中央圖書館藏本.
『中朝學士書翰録』. 高麗大學校華山文庫藏本.
『中士尺牘』. 高麗大學校圖書館藏本.
『中士寄洪大容手札帖』. 2016. 崇實大學校基督教博物館.
金榮鎮. 2015.「朝・清 文士의 書籍 受贈과 出版文化에 끼친 영향」.『한중인문학포럼 발표논문집』No.10. 110-128頁.
정석원. 1992.「朝鮮의 中國書籍輸入과 燕行의 機能」.『중국어문학논집』No.4. 71-92頁.

18세기 후반 韓中 文人 交遊와 李調元

김윤조

18세기 후반 韓中 文人 交遊와 李調元

—

김윤조

1. 머리말

雨村 李調元(1734-1803)이라는 이름은 조선 후기 한문학 연구자에게는 진작부터 익숙하다. 필자 역시 柳得恭(1748-1807) 詩 연구가 첫 논문이었던 바, 학업의 시작을 그와 함께 한 셈이다. 유득공은 이조원과 긴밀한 관계를 갖고 있다. 이제는 일반적으로 널리 알려진 일이라 새삼스럽지만, 유득공의 叔父인 幾何 柳琴이 李調元과 극히 친밀한 교유를 가졌기 때문이다. 李調元에 대한 연구는 필자에게는 묵은 과제다. 使行을 통해서 교분을 나눈 조선과 중국 문인은 많지만, 柳琴을 비롯한 18세기 후반 북학파 문인들과 李調元의 경우처럼 지속적으로 깊이 있게 교유한 경우는 흔치 않다. 우선, '百度'에서 李調元을 검색하면 다음과 같이 설명되어 있다.

> 중국 청나라의 희곡 이론가, 시인. 자는 羹堂, 호는 雨村 또는 童山. 1734년에 四川省 羅江(지금 德陽)에서 출생. 부친 李化楠은 건륭 연간에 진사하여 관직이 保安 同知에 이르렀는데, 그의 시집인 『萬善堂詩』는 맑고 아름다우며 雍容해서 이름이 한 시대에 떨쳤다. 李調元과 遂寧의 張問陶(張船山)와 眉山의 彭端淑을 清代 四川省의 3대 才子라고 이른다. 그 가운데 張問陶가 제일이어서 袁枚는 그를 일러 "清代 蜀中 詩人의 으뜸"이

라고 하였고, 彭端淑이 다음이지만 詩名은 드러나지 않았고, 李調元이 셋째이다. (중략) 李調元은 明代의 新都狀元 楊升庵의 뒤를 이어서 巴蜀 文壇에서 또 하나의 巨匠이었다.[1]

필자가 雨村 李調元에 대한 연구를 오래도록 묵혀두고 있었던 것은 유득공 등 國內 인물에 대한 연구가 우선이기도 하였지만, 자료를 접하기 어려워서였다. 그러나 이제는 인터넷에서 검색을 하면 아주 다양한 자료들을 볼 수가 있고, 그의 시를 가려 뽑아 주석을 붙인 『李調元詩注』와 그의 生平과 著作을 정리한 『李調元學譜』 같은 저서가 간행되어서, 필자도 얻어 볼 수 있게 되었다. 또한 그의 고향 羅江에는 큰 규모의 李調元紀念館이 건립되어 있고, 雨村의 浮彫뿐만 아니라 中朝友誼亭도 세워져 있음을 확인할 수 있다.[2]

雨村은 1776년 使臣 일행으로 北京을 방문한 43세의 柳琴을 만났다. 柳琴은 처음 이름이 璉, 字는 連玉이었는데, 첫 중국 방문이던 이때 이름을 琴, 字를 彈素로 바꾸었다. 柳琴의 연행은 이후 가깝게는 이덕무, 박제가 등의 연행에, 멀리는 19세기 조선과 청나라 지식인의 교류에 큰 영향을 주었다. 호는 처음에 窄菴, 나중에 幾何라 하였는데, 나중의 號로 알려져 있다. 시가 대부분인 그의 문집도 『幾何室詩藁略』이라는 이름으로 전한다.[3]

柳琴은 1776년 11월부터 이듬해 4월까지, 副使 徐浩修를 따라 연경에 다녀왔는데, 출발하기 전에 이덕무 등 4인의 시를 뽑아 미리 책으로 엮었다. 당시 조선의 新進氣銳로 명성이 높던 네 사람의 詩 각각 100수씩을 뽑

1 中国清代戏曲理论家, 诗人。字羹堂, 号雨村, 别署童山蠢翁。1734年, 李调元生于四川罗江(今属德阳)。父亲李化楠是乾隆年间进士, 官至保安同知(官名), 其诗作『万善堂诗』, 清婉雍容, 名震一时。李调元遂宁张问陶(张船山)、眉山的彭端淑合称清代四川三大才子。其中, 张问陶成就最大, 袁枚称其为"清代蜀中诗人之冠"; 彭端淑次之, 诗名不彰; 李调元第三。(略)李調元是繼明代新都狀元楊升庵之后, 巴蜀又一文壇巨匠. (www.baidu.com)

2 李調元紀念館位于羅江縣城東外玉京山, 占地20余畝。建有門廳、中心廣場、兩個中朝友誼亭、5幅漢白玉浮雕等. (www.baidu.com)

3 계명한문학회가 발간한 『한문학연구』 19집(2005.2)에 영인 자료로 공개되었다.

아 選集을 만들어서 갖고 갔다. 使行 이전에 미리 치밀한 준비를 한 것이었다. 바로 『韓客巾衍集』인데, 李德懋(1741-1793), 柳得恭(1749-1807), 朴齊家(1750-1805), 李書九(1754-1825)의 시 각 100수를 수록하였다.

유금은 시를 남긴 문인으로서 먼저 주목되었지만, 자연과학자로서도 새롭게 조명될 필요가 있다. 그는 기하학에 조예가 깊은 18세기 유수의 수학자였고, 천문학과 역법에 빼어났으며, 정조가 水車 개량을 위해 그를 부르려고 하였을 만큼 빼어난 기술자였다.

예술의 방면에서는 이름을 고쳐 琴이라고 한 데서 알 수 있는바 우선 奚琴에 뛰어난 음악가이고, 한시의 성률에 정통하여 유득공으로부터 歌行體 한시의 창작에 새로운 지평을 열었다고 평가받은 시인이며, 연암 박지원이 기록을 남기고 있는바 篆刻에도 솜씨를 보이고 있다. 그는 四庫全書 편찬 책임자인 紀昀을 비롯하여 祝德麟·翁方綱·潘庭筠·鐵保 등 당대 일류들과 교유를 가졌다.

『한객건연집』 만큼 異本이 많은 책도 드물 것이다. 고서를 수장하고 있는 전국의 도서관에 이 책은 대부분 수장되어 있다. 『한객건연집』은 4권 1책본이 일반적이지만, 4권 2책으로 묶인 경우도 있다. 네 사람의 시가 권을 달리해서 각각 1권씩으로 엮여서, 한 책 또는 두 책으로 묶인 것이다. 버클리대학 소장본이나 일본 天理大學과 關西大學 소장본처럼 각각 4권 4책본도 있다. 제1책 처음에는 李調元과 潘庭均의 서문이 있고, 이어서 각 권의 첫 줄에는 "韓客巾衍集卷之○", 둘째 줄에는 "冽上柳琴彈素抄"라고 쓰였다. 그 서문에서 李調元이 네 사람을 일러 '四家'라고 해서, 이후 이들이 四家詩人으로 불리게 되었다. 李, 潘 두 사람은 서문을 썼을뿐 아니라 각각의 시에 대한 多量의 評을 남겼다.

柳琴으로 인해 촉발된 이조원과 四家의 교유는 그 이전 시기에서는 찾아보기 어려운 특징들을 갖고 있다. 조선과 중국 문인의 교류에서 대단히 중요하고, 주목할 만한 일대 사건이었다. 본고는 양측의 친교를, 특히 四家를 중심으로 한 조선쪽 문인들의 기록을 중심으로 살펴보고자 한다.

2. 李調元과 柳琴 및 柳得恭

李調元은 柳琴과의 交遊에서 産生된 詩篇들을 많이 남기고 있다. 西蜀 최고의 藏書家였던 雨村은 만년에 그 書齋인 萬卷樓가 불에 타버리는 충격적인 일을 당하였다. 白蓮教徒의 亂에 불탄 것이었는데, 이후 2년만에 세상을 떠난 것은 아마도 그 충격과 무관하지 않았을 것이다. 그럼에도 그의 詩文集에는 柳琴이 등장하는데, 朝-淸 문인 교류에서 흔치 않은 일이다.

이조원의 시집에서 유금과의 교유를 언급한 시를 보자. 우촌의 시집에서는 「幾何主人歌」라는 제목으로 실려 있는데, 유득공의 『영재집』에 「次雨村幾何歌韻」이라는 시에 부록으로 전체가 수록되어 있기도 하다.

幾何主人身姓柳, 幾何 주인 자기 성씨 柳氏라는데,
自言一生少朋友. 한 평생 친구가 적었다 하네.
朅來隨使到中華, 사신 따라 중국에 도착을 해서,
獨於余交開笑口. 나를 찾아 사귀면서 웃음을 짓네.
天隔三韓大海東, 하늘 격한 三韓 땅은 큰 바다 동쪽,
衣冠雖異文字同. 의복은 달라도 文字는 같네.
共醉新年椒柏酒, 설날의 椒柏酒에 함께 취해서,
高談落筆生淸風. 고상한 담론 필담에 청풍이 이네.
胸藏萬卷羅星宿, 만 권 책을 간직해서 별처럼 벌리어,
咳唾霏霏如屑玉. 끊임없이 하는 말씀 玉인 듯하네.
可憐語盡意無窮, 말을 마치고도 뜻은 끝이 없는데,
落日已挂西山角. 지는 해는 어느덧 서쪽 산에 걸렸네.
二月春城花亂飛, 이월이라 봄날 도성 봄꽃 휘날려,
天津氷泮黃華肥. 天津에는 얼음 풀려 黃華 살지네.
如此風光欲歸去, 이 같은 풍광 속에 귀국한다니,
薊門烟柳空依依. 薊門의 아지랑이 버들 숲 아스라하네.
幾何子, 歸何速, 幾何子여, 왜 그렇게 빨리 귀국하시나?

人生最苦天一方. 인생에 괴로운 건 멀리 떨어지는 일,
那堪見面情初熟, 어찌 차마 얼굴을 보랴, 갓 정이 들었는데.
幾何子, 歸何遲. 幾何子여, 왜 그리 더디게 돌아가시나?
家有小阮正相憶, 집에 있는 조카가 못내 그려 할 것을.
唱和還應勝此時. 唱和하기 도리어 지금보다 나으리.[4]

유금과 이조원 두 사람은 처음 만났음에도 흉금을 터놓은 막역한 사이가 돼서 그지없이 친밀한 대화를 나누었다는 점을 토로하고 있다. 유금은 조선에서의 자신의 처지에서부터 학문과 풍속 등 온갖 가지 주제에 대해서 우촌과 필담을 나누었다. 이덕무나 박제가가 이조원에게 보낸 편지를 보면 유금과 이조원의 대화 내용을 어렴풋이 떠올릴 수 있다. 우촌은 유금에게 상당히 매료된 듯하다. 작별하고 떠나는 柳幾何를 차마 보내기 어려워하는 마음이 문면에 넘쳐난다.

이조원의 시집인 『동산시집』에 실린 작품과 비교하면 몇몇 글자의 차이가 확인되는데, 그 가운데 제2구의 '一生'이 '樂浪'으로 되어 있고 제5구 '天隔三韓大海東'이 '<u>以指畫地琉璃</u>東'으로 되어 있는 것은 적지 않은 의미를 갖는 것으로 보인다. 제2구의 '樂浪'이란 '조선'과 같은 말이므로, 조선에서 벗이 적었다는 말을 일생 벗이 적었다는 쪽으로 바꾼 것이다. "손가락으로 땅바닥에 글씨를 썼네, 유리창 동쪽에서"라는 말은 유금이 이조원과 처음 만나던 때의 구체적인 정황을 묘사한 것인데, 그것을 조선의 위치에 대한 일반적인 서술로 바꾸어 놓았다.[5]

4 유득공. 『泠齋集』 권2.

5 「幾何主人歌」: 幾何主人身姓柳。自言樂浪少知友。㵣來隨使到中華。獨與余逢開笑口。以指畫地琉璃東。衣冠雖異文字同。試酌新年椒柏酒。頗覺咳唾生淸風。胸蟠萬卷羅星宿。落筆霏霏如屑玉。可憐握手意無窮。落日催過西山角。二月春城花亂飛。天津氷泮黃華肥。如此風光欲歸去。薊門柳色空依依。幾何子歸何速。人生最苦天一方。那堪見面情初熟。幾何子歸何遲。家有小阮正相憶。唱和還應勝此時。(『童山詩集』 권19)

「寄柳幾何」
秋從昨夜來, 입추가 지나 가을이 되니,
擧頭見飛雁. 날아가는 기러기 보이네.
如何春水波, 어찌하여 봄 물 물결이 칠 때
人去長不見. 떠난 사람 영영 볼 수가 없나?
去年籬下菊, 지난해 울밑에 피었던 국화
今復掇其英. 올해 다시 그 꽃을 따는데,
如何白衣人, 어찌하여 흰옷 입었던 그 사람
不復門前迎. 다시는 대문에서 맞을 수 없나?
思君令人老, 그대 생각에 나는 늙어만 가고,
思君令人瘦. 그대 생각에 나는 야위어 가네.
人老尙可支, 늙는 몸이야 지탱할 수 있지만,
人瘦不可救. 여윈 몸은 어찌 해볼 도리가 없지.
故鄕在西蜀, 내 고향은 西蜀에 있으니
時於夢中望. 때로 꿈속에 바라보곤 하지.
及夢翻在東, 꿈이 동쪽 나라로 가기라도 하면
常若來君旁. 언제나 그대 곁에 찾아온 듯해.
風搖梧桐影, 바람이 오동잎 그림자 흔들고
雨動芭蕉葉. 비가 파초 잎 흔들 때마다
謂是君忽來, 그대가 갑자기 찾아왔나 싶지만
不見君步屧. 그대 신발은 보이지 않았지.
只此白硾紙, 편지를 써 보내는 이 白硾紙는
曾爲君所遺. 그대가 내게 선물한 종이.
還以書贈君, 여기에다 편지 써서 그대에게 보내,
寄我長相思. 나의 길고 긴 그리움 부쳐 보내네.[6]

절절한 그리움이다. '思君令人老' 같은 진부한 구절을 그대로 인용한

6 이조원. 1990. 『童山詩集』 권19 및 『李調元詩注』. 羅煥章 注. 巴蜀書舍.

것은 도리어 간절한 그리움을 효과적으로 표현하기 위한 의도적인 장치다. 우촌은 봄에 幾何와 작별한 뒤 그해를 넘겨 그 다음해 초가을에 위 시와 함께 편지를 인편으로 조선에 보냈다. 처음 만났을 때 幾何가 선물한 조선 白硾紙에 시와 편지를 써보내는 마음이 애절하다. 아쉽게도 柳琴의 극히 소략한 시집인 『幾何室詩藁略』에서 우촌과의 관계를 볼 수 있는 기록은 없다.

祝德麟은 이조원과 가장 막역한 친구 사이였는데, 그의 功令 詩賦를 모은 저술인 『悅親樓集』은 유금을 통해서 조선에 들어왔다. 서호수가 연경에 갔을 때 유금을 통해서 『도서집성』을 구입할 수 있었다는 것은 알려진 사실이다. 유금의 문화, 외교적인 역할은 대단히 컸던 것으로 짐작되지만 현재 남아 있는 자료에서 확인하기는 어려운 형편이다.

다음으로 유득공과의 교유를 담고 있는 시를 보자.

우촌이 유금을 대접한 음식과 과실 가운데는 落花生이 있었는데, 유금은 낙화생을 이때 처음 보았다. 우촌은 유금과 그 조카 유득공을 위해 낙화생을 선물하고 아울러 「落花生歌」를 지어 보냈다. 「落花生歌」라는 제목 아래 "柳幾何 및 그 조카 惠風을 위해 짓다"라고 설명을 두었다. 시의 첫 부분에는 落花生의 생육과 특징을 말하였고, 중간에 다음과 같이 이어가고 있다.

此種越蜀賤非貴, 낙화생은 越蜀에서 귀하지 않은데,
北人包裹遺公卿. 북쪽 사람 포장해서 公卿에게 선물하네.
今春柳子來過訪, 올해 봄에 柳彈素가 나를 찾아왔기에
屠蘇正熟相歡迎. 屠蘇酒 익을 때라 반갑게 맞았네.
坐間花菓細辨證, 내놓은 과실들을 자세히도 변증하여,
一一多識吾所兄. 하나하나 식견이 내가 따라 배울 만.
就中獨此詫未覩, 그 중에 낙화생은 본 적이 없다기에,
特與覼縷詮物情. 특별히 자세하게 설명을 해주었네.
褭歸戲載果下馬, 돌아가는 길에 果下馬에 실어 보내니,
要試友輩猜相瞠. 벗들을 샘이 나고 놀라게 해주기를.[7]

이 시를 받고 유득공은 답하는 시를 지었고, 우촌의 본디 시를 덧붙여서 함께 소개하였다.[8] 우촌의 낙화생 선물은 큰 반향을 일으킨 듯하다. 이덕무는 『앙엽기』에 「낙화생」이라는 항목을 따로 두어 우촌이 유금에게 선물한 사실을 기록하고, 낙화생과 관련된 여러 가지 기록들을 채록해두고 있다.

우촌은 유득공에게 따로 6수의 절구를 보냈고, 영재는 다시 차운시를 지어 답을 하였다. 이덕무의 『청비록』에 따르면 우촌이 유금과 작별할 때 준 시라고 한다. 우촌이 보내온 시는 『영재집』과 『청비록』에서 볼 수 있다. 우선 『영재집』 제2권에 우촌의 시로 실린 작품 6수를 원문으로 보이면 다음과 같다. (숫자는 필자)

「雨村和余六首絶句見寄, 復次其韻」

1) 有客飛乘過海車。元談天外乍逢初。自言不學張津老。絳帊蒙頭讀道書。
2) 春筵今日得嘉賓。爛醉壺中竹葉春。携得竹林詩句好。梅夫人比李夫人。梅夫人句。泠菴題輪迴梅作也。故以相况。
3) 平生皮裏有陽秋。時抱虞卿著述愁。誰把詩名傳海外。看雲樓集客來求。
4) 松京首唱是何時。吹笛橋邊雨似絲。寒食人歸簑笠小。捧嚬是否問東施。泠菴松京雜詩。爲卷中絶唱。
5) 元宵前後數盤桓。更出新詩字字韓。不是苦將棃棗布。欲醫島瘦與郊寒。

---

7 이조원. 『童山詩集』 권19. 「落花生歌」(爲柳幾何及其姪惠風作) : 我聞黃梅四祖偈。無人下種花無生。獨此花生卽爲種。花落結實如坻京。其生滋蔓若藤菜。細葉牽露含朝英。金絲飛墮輕無語。沙中甲柝春雷鳴。以花爲媒非爲母。媒卽其母實其嬰。此種越蜀賤非貴。北人包裹遺公卿。今春柳子來過訪。屠蘇正熟相歡迎。坐間花菓細辨證。一一多識吾所兄。就中獨此詫未覩。特與覼縷詮物情。褏歸戲載果下馬。要試友輩猜相瞠。昨者長鬚投翠織。開緘騷句兼屈平。本艸圖經補未備。異邦小阮重留名。目中有果人何在。相思但願身翾輕。可憐困鈍眞老矣。何時再與鷗相盟。『영재집』에 실린 시와 여러 곳에서 차이가 있지만, 여기서 하나하나 밝히지 않음.

8 『泠齋集』 권2. 「落花生歌, 寄李雨村吏部」 및 '附次韻.'

6) 長衫廣袖九街喧。避怪多蒙暫駐軒。他日寄言傳小阮。有詩付雁與吾看。

위의 1)은『청비록』에 실려 있는데, 이덕무는 "張津老는 幾何室主人의 자호이고, 끝 구절은 탄소가 천문과 句股의 학을 좋아하였기 때문에 이른 말이다."라고 설명을 해두고 있다. 유득공은 제목에서 "우촌이 나의 6수 절구에 화답해서 보내왔기에 다시 그 운을 따라 짓는다"고 말했지만, 1)은 유금을 대상으로 한 것이다. 번역을 보이면 다음과 같다.

배 타고 바다 건너오신 손님 / 有客飛乘過海車
처음 만나 현묘한 이치 담론하였네 / 玄談天外乍逢初
배움 없는 장진노라 자칭하나 / 自言不學張津老
붉은 천 머리에 매고 道書를 읽었으리 / 絳帕蒙頭讀道書[9]

위의 3) 역시『청비록』에 실려 있다.

평생에 피리 양추 가지고서 / 平生皮裏有陽秋
때로 우경처럼 저술할 뜻 품었네 / 時抱虞卿著述愁[10]
누가 나의 詩名을 해외에 전했을까? / 誰把詩名傳海外
看雲樓集을 손이 와서 구하다니 / 看雲樓集客來求

우촌의『동산시집』권19에는 위 시 제목이 '漫言'으로, 제1구의 첫 두 자 '平生'도 '漫言'으로 되어 있다. 柳琴을 전별하면서 지은 시를 제목을 바꾸어서 편집해둔 것이다.

4)는 영재의「松京雜絶」을 읽고 화답한 시다. 우촌은 영재의 시 가운데서 특별히「송경잡절」을 칭찬하였다.

---

9 고전번역원의 번역을 인용하였음.
10 제1, 2구는 고전번역원의 번역을 인용하였음.

송경잡절 노래한 것 어느 때인가 / 松京首唱是何時。
吹笛橋 다리 옆엔 실 같은 봄비. / 吹笛橋邊雨似絲。
한식날 삿갓 쓰고 성묘하는 사람들 / 寒食人歸簺笠小。
예쁜지 아닌지 東施에게 물어볼까 / 捧嚬是否問東施。

우촌은 위 시의 뒤에 "泠菴의 松京雜詩는 그의 시집 안에서 絶唱이다"는 주를 붙여두고 있다. 영재의 「송경잡절」은 9수인데, 위 시는 그 韻字를 따르지는 않았다.

마지막 6)은 유금의 이국적인 옷차림새를 말하고, 유득공과 함께 자주 소식을 줄 것을 당부하는 내용이다. 한데 『청비록』에는 시 한 수가 더 실려 있다.[11] 내용으로 보아 같은 자리에서 유금에게 준 전별시다. 사정을 자세히 알 수는 없지만 애초 전별시가 6수 이상이었을 가능성이 있다.

우촌이 유득공에게 준 글 가운데 중요한 것으로 '泠齋集評'을 꼽을 수 있다. 내용을 모두 보인다.

- 영재의 시는 재주와 기운이 종횡무진 書卷에 넘쳐나서 마치 五都의 시장에 들어감에 진기한 해산물이 없는 것이 없는 것과 같다. 게다가 타고난 자질이 남보다 뛰어난데다가 단련해서 기이하게 지었으므로 보는 자의 눈이 현혹되기에 족하다.
- 영재의 여러 가지 체제의 시는 필치가 능숙하고 詩句가 힘이 있으며 古今을 압도하고 깔아뭉개며 맛이 풍부하고 향이 나서 더러운 찌꺼기를 씻어버리지 않는 것이 없다.
- 「낙화생가」 장편은 서술이 씩씩하고 격식이 갖춰져 있다. 낙화생은 본초강목에는 없고 오직 屈翁山의 廣東新語에 이름

---

11 추운 날씨 거센 바람 사창을 치는데 / 天寒風勁撲窓紗
가객과 심중을 토로하며 차를 끓이네 / 佳客論心細煮茶
본국으로 돌아가려 하는데 붙잡을 수 없으니 / 日莫懷歸留不得
누가 내 마음 가져 천애에 전하려나 / 誰將明月托天涯
한국고전번역원의 번역을 인용하였음.

이 있다. 지금 이 시를 얻었으니 낙화생이라는 이름도 그 덕분에 퍼져서 전할 것이다.

- 「松京褉絶」은 처량하고 미혹되게 하며 슬프고도 아름다우니, 千秋의 絶調다. 王漁洋의 「秦淮雜詩」가 훌륭하다는 칭찬을 독차지할 수 없을 것이다.[12]

첫 두 개 조목에서는 영재의 시 전체를 두고 그 특징을 논평하였다. 특출한 시인의 자질을 타고난 데다 부단한 노력이 돋보인다는 점, 여러 가지 체제의 시에 두루 다 뛰어나 자신만의 세계를 구축했다는 점을 지적하였다. 개별 작품으로는 우촌 자신과의 인연에서 창작된 「낙화생가」와 함께 「松京褉絶」을 들었다. 특히 천고의 絶調라고 극찬한 「松京褉絶」을 영재의 시 가운데 최고로 꼽은 것은 이미 널리 알려진 바다. 우촌은 영재의 시를 모두 읽어본 뒤에 시인으로서 자신의 창작의 경험을 바탕으로 평을 가한 것이다. 으레 하는 칭찬이 아니었다.

유득공은 유금과 이조원의 교유에서 찾을 수 있는 문학적인 의의를 말하면서, 歌行體詩의 새로운 기원을 연 것을 특기하고 있다. 그 이전까지 우리나라에서는 근체시만 전공할 뿐 七言歌行體는 그다지 창작하지 못했고, 혹 짓더라도 성운이 맞지 않았음에도 미처 깨닫지 못하는 상태가 지속되었다고 한다. 한데 유금이 이조원과 교유를 한 이후 우촌의 인맥을 활용하여 紀昀, 祝德麟, 翁方綱, 潘庭筠, 鐵保 등과 우리 쪽의 이덕무 등이 만나면서 歌行體에서 四聲을 번갈아 운용하는 방법을 터득하게 되었고, 그 이전의 고루함을 떨치게 되었다고 한다.[13]

12 泠齋集評 : 李雨村調元曰泠齋詩。才氣縱橫。富於書卷。如入五都之市。珍奇海錯。無物不有。加以天姿勝人。鍛鍊成奇。故足令觀者眩目。/ 又曰泠齋諸體。莫不筆酣句健。凌轢古今。味腴褰芳。滌濯滓窳。/ 又曰落花生歌長篇。叙次健而有體。此果本艸無之。惟屈翁山廣東新語有其名。今得此歌。果名亦賴以傳矣。/ 又曰松京褉絶。凄迷哀豔。千秋絶調。王漁洋秦淮雜詩不得擅美于前。

13 『영재집』 권6. 「叔父幾何先生墓誌銘」 : 始東詩人專攻近體。不甚爲七言歌行。或爲之而聲韻不諧。訖未自覺也。公游燕中。與綿州李調元深相交而歸。遇其生朝。掛其像而酹之

이조원은 歌行體 시를 비롯한 장편 고시를 아주 많이 남기고 있다. 어떤 점이 새로워졌는지는 앞으로의 과제가 되겠다. 우촌이라는 작가가 아직도 우리에게 생소한 것은 당송 이전의 문학만 익숙하고 명청의 문학에는 소홀한 오랜 관행 때문일 듯하다. 이조원은 祝德麟이나 鐵保, 袁枚 등과 매우 친밀하였고, 동파와 升菴을 이어 西蜀이 배출한 청대 최고의 문인이었다. 시문뿐만 아니라, 매우 다양한 분야에서 엄청난 저술을 남긴 대저술가이기도 하다.

유득공의 문집인 『영재집』에는 편지가 한 통도 실려 있지 않다. 영재 스스로 자신의 문집을 편집하면서 편지를 싣지 않은 것이다. 우촌이 영재에게 보낸 편지가 없었을 리가 없지만, 지금 볼 수 없는 이유다. 박제가의 『정유집』에는 우촌이 쓴 서문과 함께 편지도 한 통 실려 있다.

서문에서 우촌은 특정 시대와 작가 또는 특정 조류의 작품에 대한 집착을 버리고 다양성의 인정과 통합에서 수준 높은 작품을 산생할 수 있다는 취지의 문장에 대한 생각을 피력하고, 바로 그런 다양성을 갖춘 초정의 글이야말로 천하의 기이한 문장이라고 하였다.[14] 우촌의 이 서문은 전체적으로 劉蛻의 작품을 짜깁기한 것이라는 지적이 있었지만,[15] 다양성과 포괄성이 우촌 시문의 한 특징으로 보인다.

우촌은 1771년 7월 4일자로 초정에게 답서를 보냈다. 그는 초정의 시

酒。聞之者或笑之。調元乾隆進士。翰林轉吏部員外郎。以文章鳴世。尋棄官歸成都。聲伎自娛。天下高之。友人李德懋及同志數輩踵入燕。因吏部之弟中書舍人鼎元。以游乎吏部之友。當世鴻儒紀昀, 祝德麟, 翁方綱, 潘庭筠, 鐵保諸人之間。與之揚扢風雅。始得歌行韻四聲迭用之妙。今之人稍稍聞而爲之。非復前日之陋矣.

14 이조원, 「貞蕤閣集序」: 日月星辰。天文也而餙乎旂裳。昆虫鳥獸。地産也而上乎彝鼎。徐方之土于候社。夏翟之羽于旌旄。登龍于章。升玉于藻。百工婦人。雕礱染練。以供宗廟祭祀之文何者。甘受和白受采也。詩文之道亦然。今之嗤六朝者。率曰綺曰靡。夫所惡乎綺靡者。爲其淫色鼃聲。柔而鮮振也。若啓朝華披夕秀。樹丰骨于選言之路。亦何害乎其綺靡乎。司馬之文如天。以其神全也。班固之文如地。以其氣厚也。朴楚亭東國之麗于文者也。其人短小勁稜。才情蓬勃。上探騷選。旁采百家。故其爲文詞。有如粲如星炏如貝氣如蛟宮之水焉。有如黯如屯雲如久陰如枯腐如熬燥之色焉。有如春陽如華川者焉。逶逶迤迤。有如海運震怒動蕩。怪異百出者焉。豈非天下之奇文哉。(하략)

15 정민 외. 2010. 『국역 정유각집』하. 돌베개. 19면.

문을 모두 열람하지는 못했지만 보내준 작품만으로 볼 때 육조시대의 曹植과 刘楨에 핍근하고, 내려잡아도 盛唐 이상에는 둘만하다고 평하고, 문인 가운데 鶴이자 예원의 鳳이라고 높였다. 이어서 나이 겨우 스물일곱에 시문이나 초서와 예서 글씨나 금석문에서 이룬 성취에 찬사를 보내고 있다.[16]

3. 이덕무 등 북학파 문인과 이조원

柳琴의 경우 자료상의 난관이 있으므로, 같은 시기 四家를 중심으로 조선의 문인들이 남긴 李調元 관계 기록을 검토하기로 한다.

1) 이덕무

이조원에 대해서 가장 풍부한 기록을 남기고 있는 조선 지식인은 이덕무다.

1778년 5월에 박제가와 함께 북경을 방문한 이덕무는 廣東學政으로 나가 있는 雨村을 만나지는 못하지만 그의 종제인 이정원을 만났고, 반정균과 축덕린 등 명사들을 두루 만난다.[17] 박제가는 唐樂宇를 만나는데, 그

16 박제가. 『貞蕤閣文集』 권4, 「附 答書」(李調元) : 足下之詩文。雖未獲窺全豹。而即所寄各種風格。直駕曹劉。近亦在盛唐以上。洵人羣之鶴而藝圃之鳳也。以視世之椎剽而驕揚者。何止雲泥之別耶。(중략) 聞足下善艸隷。及見手書。果名不虛。附僕所著有金石闕文考。惜未得與足下見之。一訂其失也。炯菴言足下爲人短小稜勁。志慕中原。奇氣橫絶。夫豹死留皮。人患不傳耳。足下年甫二十七。而所得已如此。必傳無疑。何中外之云。

17 『청장관전서』 권67, 「入燕記」[下] : 二十三日壬午。熱。留館。○與在先。訪李鼎元, 潘庭筠於潘之寓舍。(중략) 其從兄雨村調元字羹堂。以吏部員外郞。出爲廣東學政。著書工詩。詩有名於世。見其詩卷。贍博宏達。可想其爲人。
二十八日丁亥。大熱。留館。○與在先。往琉璃廠五柳居。閱南船奇書。書狀囑余沽數十

는 이조원과 어려서부터 친구 사이라고 기록하고 있다.[18]

雨村은 이덕무가 지은 『淸脾錄』을 그의 총서인 『函海』에 넣어 간행하고 있다. 국내에서 간행된 李彦瑱의 문집인 『松穆館燼餘稿』는 虞裳을 소개하는 전기를 따로 작성하지 않고 박지원과 金祖淳의 글을 인용한 '本傳' 2편과 이덕무가 쓴 『청비록』의 기록을 그대로 인용하였는데, 『청비록』의 경우 "雨村 李調元의 『函海』에서 인용했다"라고 출처를 밝혀두고 있다.

이덕무는 '우촌의 『粵東皇華集』을 읽고'라는 시에서 우촌에 대해 다음과 같은 주를 붙이고 있다. "우촌은 이름이 調元, 자는 羹堂, 四川 羅江 사람이고 호는 雲龍山人이다. 柳彈素와 서로 잘 아는 사이인데, 『粵東皇華集』과 작은 초상화를 보내왔다. 또 듣건대 그는 『爾雅』의 학문에 깊은 조예가 있다고 하는데, 따로 落花生 한 포대도 보내왔다.[19] 12월 5일은 羹堂의 생신인데, 彈素는 해마다 그날이면 친지를 모아서 서쪽을 향해 술을 드린다."[20]

유금이 귀국한 뒤 이조원은 그를 잊지 못해서 자신이 엮은 『粵東皇華集』과 함께 작은 초상화와 낙화생 한 포대를 보내왔다. 이 일은 당시의 盛事여서, 여러 사람들이 글을 남기고 있다. 생일에 친지들을 모아서 모임을 갖고 서쪽 중국을 향해 술을 드리는 일은 당시의 분위기에서 정녕코 이상한 일이었을 것이다. 이덕무는 우촌이 보내온 『粵東皇華集』에 시를 붙이면서 관련되는 일을 아울러 모아 기록을 남기고 있다. 그 자신 우촌과의 교유

種。其中朱彝尊經解。馬驌繹史。稀有之書。而皆善本也。同在先訪李墨莊。墨莊在魏染衚衕祝編修德麟家。直往祝家。墨莊果在焉。祝時方居母憂。前日因墨莊。見余及在先詩。大加稱賞。評余曰。贍而肆。在先曰。蒼而潤。與墨莊筆話。因請見主人。主人趑趄良久。始出。見素衣皃甚小而精。年今三十七。浙江海塩人。官編修。學右朱子。詩宗香山。文許毛西河。音學從廣韻。盖與程普芳李調元。蔚然有藝林之重望。

18 二十四日癸未。熱。留館。在先訪唐樂宇於琉璃廠畔四川新會館。樂宇字堯春。號鴛港。綿州人。與雨村童稚爲友。今官戶部員外郎。通易理律曆之類。

19 이덕무는 낙화생에 대해서 시와 필기 등 여러 가지 기록을 남기고 있다. 『盎葉記』 5, 「낙화생」

20 『雅亭遺稿』3, 「讀李雨村『粵東皇華集』」: 雨村。名調元。字羹堂。四川羅江人。號雲龍山人。與柳彈素相識。寄其粵東皇華集及小影。又聞公深於爾雅之學。另寄落花生一包。十二月初五。爲羹堂生朝。彈素每集親知。西向瀝酒。

에 크게 흥미를 가졌음을 말할 것도 없다. 그는 柳琴에게서 우촌이 보내온 낙화생을 얻어 맛을 보고는 특별한 풍미라는 점을 특기하여 시를 남겼고,[21] '論詩絶句'에서 우촌의 시를 두고 楊子雲과 李白에 견줄만한 蜀 출신의 名流로, 詩語가 참다운 시인의 뜻을 얻어서 초목충어를 詩作에서 잘 구현하였다고 평가하고 있다.[22] 우촌을 만난 적이 없었던 이서구 같은 경우도 우촌을 그리워하는 시를 짓고, 그 시에 이덕무는 또 차운시를 짓는 것을 보면,[23] 이 시기 북학파 문인학자들에게 우촌은 실로 대단히 중요한 관심 인물이었다.

시가 아니라 편지 등의 문에서는 보다 직접적인 자료를 볼 수 있다. 이덕무는 반정균에게 보낸 편지에서, "전에 역관 李白石이 저의 『雜纂』 1편을 선생에게 드림에 선생은 크게 칭찬하고 高士라고까지 하셨다 하니, 木石같은 사람이 아니고서야 어찌 감동되지 않았겠습니까?"라고 하고, "소식이 끊긴 지 10년 만에 중국을 방문한 柳彈素 편에 雨邨 선생의 「巾衍集評序」를 받아 보았고 또 갑자기 선생의 手筆 評序를 받아 봄에, 멍하니 넋을 잃었습니다."고 한다. 담헌 홍대용 이후로 10년만에 소식이 이어졌다는 말이다. 그는 彈素가 『한객건연집』의 평어와 서문을 받아온 일을 두고 "참으로 <u>만고의 奇事요, 천하의 壯觀</u>입니다."고 감격해하고, "이곳 네 사람은 자리를 같이하고 감격의 눈물을 마냥 흘렸습니다."[24]고 말하고 있다. 이전 사람들의 문투를 감안하더라도 실로 감격적인 일이었을 터이다.

같은 편지에서 이덕무의 왕성한 호기심을 볼 수 있는 자료는 이어진다. 담헌과 각별한 교분이 있었던 엄성의 사후 소식을 반정균에게 질문하

---

21 『雅亭遺稿』3, 「柳彈素琴, 餽李雨村所贈落花生」: 樹有秮含狀外名。辭枝結子落花生。從君手裡傳吾口。別様香津心肺淸。

22 『雅亭遺稿』3, 「論詩絶句, 有懷篠飮, 雨邨, 蘭坨, 薑山, 泠齋, 楚亭」. 제2수 : 蜀産伊來足勝流。楊雲太白亦君儔。命辭眞得詩人意。卉木禽虫筆底收。

23 『雅亭遺稿』3, 「奉和素玩亭懷雨邨之韻」: 消遣閒愁付太空。靈犀秪信烱然通。三秋獨送東方月。萬里長臨北地風。/ 日出漢城占語鵲。天低浿水憶歸鴻。向誰說此纏綿意。暗祝寒宵見夢中。

24 『아정유고』 11. 「반추루 庭筠에게」

고,[25] 반정균의 저술을 묻고 형암 자신의 저술을 소개하고 있다.[26] 또한 당대 문단의 영수이던 袁枚를 소개해달라고 부탁하는가 하면[27] 당대 중국의 書壇 및 畵壇의 소식이나 학계의 동향에도 큰 관심을 갖고 질문을 하고 있다.[28] 특별히 사고전서 편찬에 대해서는 "선생께서 사고전서를 편집할 관원을 충원했다고 하는데, (중략) 편차는 叢書나 稗海와 같이 하고 그 全書를 수록하였습니까? 몇 부 몇 권이나 됩니까? 천하의 서책을 이미 망라하였다면 조선·安南·일본·琉球의 서책도 수록하였습니까? 수록하였으면 그 목록을 보여 주시는 것이 어떻겠습니까?"라고 하여, 편집 방향과 내용, 수록 범위에까지 상세한 관심을 표명하고 있다. 사고전서 편찬은 당시 북학파 지식인들에게 실로 중대한 관심사였다. 모기령에 대해서도 역시 큰 관심을 보여서, 그의 학설을 심복하는 사람이 있는지 물은 다음, "그의 시문은 참으로 대가라, 전할 만하고 읽을 만합니다. 중국의 公議는 어떠합니까?"라고 하여, 중국 지식인들의 모기령에 대한 평가에 큰 관심을 표하고 있다.

『아정유고』 11에 실려 있는 이조원에게 보낸 편지들 역시 비슷한 시기에 쓰였다.

---

25 앞의 책, 같은 곳 : "철교 선생의 遺書는 몇 部나 되며, 간행되어 세상에 유포되었는지요? 그의 尊兄 九峯先生도 무고합니까? 담헌은 늘 철교를 생각하며 상심합니다. 그리고 그의 忌日을 알려고 하니, 선생께서 알려 주시기 바랍니다."

26 앞의 책, 같은 곳 : 선생께서는 학문이 고금에 뛰어나 풍부한 지식이 날로 새로운데 저술한 글은 무슨 이름으로 정하셨는지 모르겠습니다. 저는 문견은 적으나 망령되이 저술한 것이 있습니다. 『士小節』 8권은 이미 탈고되었고, 또한 『靑莊館書種』·『禮記涉』·『仲尼弟子名字解』 등 약간의 저서도 있는데, 大君子에게 질정을 받고 싶으나 거리가 멀므로 그렇게 하지 못하니 한스럽습니다.

27 앞의 책, 같은 곳 : 일찍이 들으니, 袁子才(袁枚) 선생은 文苑의 宗主라 하는데, 선생께서 소개를 하신다면 혹 序記를 얻을 수도 있겠지요? 선생께서는 그 일을 좀 주선해 주십시오.

28 앞의 책, 같은 곳 : 錢香樹 선생의 大夫人 陳氏의 畵法은 元明 이후 어떤 사람에게 비교할 만합니까? 趙文淑과 비교하면 누가 나은가요? 海內의 書林·畵苑 중에 篆書·隸書·楷書·草書는 누가 가장 잘 쓰고, 산수화·인물화·花草畵·翎毛畵는 누가 가장 잘 그립니까? 冷吉臣과 施珏의 그림은 과연 어떤 品에 해당합니까? 지금 학자에 대체로 순수하고 하자가 없기가 李榕村과 陸稼書 두 선생만한 분이 몇 사람이나 있습니까? 陸王(육상산과 왕양명)의 학설은 조금 止息되었습니까? 湯潛菴 선생의 학은 육왕의 학에 조금 빠지는 것이 아닙니까?

柳琴이 『巾衍集』에 서문과 평어를 받아온 일을 첫머리에 기술하는 것으로 시작한 편지는 네 사람 즉 사가시인 각각의 개인적인 면모를 깊이 소개하는 내용으로 이어진다. 반정균에게 보낸 편지보다 한층 더 친밀한 내용이다.

> 柳泠菴은 키가 크고 용모가 아름다우며, 성품이 溫雅하고 욕심이 없이 담백하며 墳索을 연구하는 데 노력하며, 붓을 대기만 하면 모두가 전할 만한 절품이요, 특히 시에 능합니다. 朴楚亭은 키가 단소하나 매우 강직하고 강개한 마음을 가졌으며, 재주와 사상이 풍부하고, 草書와 隷書가 출중하며, 중국을 충심으로 사모하고, 비범한 기상이 특출합니다. 李素玩은 간략하고 담박함으로써 자신을 지키고 정직하고 결백하게 마음을 가지며, 經史에 해박하고, 正論과 異論을 밝게 분별하며, 六書에 밝고 文辭가 절묘합니다. 이들은 다 저의 畏友이므로 항시 사랑하고 공경할 뿐만 아니라, 한 세상에 살게 됨을 다행으로 생각합니다.

이어서 자신의 당호인 '蟬橘堂' 세 글자를 편액으로 써 주고, 『靑莊館集』의 序文과 蟬橘堂의 記文을 지어달라고 부탁하고 있다. 이어서 明나라 때 范欽이 만든 장서루인 天一閣의 장서가 모두 大內로 귀속되었다는 소문의 진위를 묻고, 『讀禮通考』의 속편을 간행한다는 소식, 고염무에 비견될 만한 학자가 있는지 등 학계의 동향에서부터 당시 중국에서 밥을 먹을 때 젓가락만 사용하고 소는 코를 뚫지 않는 풍속은 어느 때에 시작되었는지 등에까지, 수많은 질문을 하고 있다. 그 가운데서 특히, 李漁와 金聖嘆에 대한 관심은 주의를 끈다.[29]

---

29 『別裁集』에 천하의 才子가 총망라되었는데, 李漁 笠翁 같이 훌륭한 재자만이 빠진 것은 무엇 때문입니까? 당시 沈歸愚 또한 말 못할 사정이 있어서 산삭하였습니까? 金聖嘆은 어떠한 인물입니까? 재승박덕한 자인 듯합니다. 결국 무슨 죄를 지어서 주참을 당했습니

또, 중국의 저술들에서 우리나라에 대한 기술에 오류가 많다고 지적하고, 『列朝詩集』과 『名詩綜』 내의 '東國小傳'을 예로 들고 있다. 그래서 이조원에게 "조선의 故蹟에 대해선 저에게 서신으로 질문해 주시면, 종전의 잘못을 모두 바룰 수 있을 것이고 조선에 있어서도 영광됨이 또한 클 것이니, 선생께서는 그것을 생각하십시오."라고 당부하고 있다. 이런 문제의식에서 북학파 문인 학자들은 여러 가지 고증적 저작을 남기고 있다.

이덕무는 북경을 방문하여 우촌을 만나고자 하였지만 李鼎元, 李驥元만 만날 수 있었다. 이조원이 廣東에 가 있었기 때문이었다. 초정과 함께 가서 우촌을 만나지 못한 그는 북경에서 우촌에게 편지를 보내 『청비록』에 서문을 써줄 것을 요청하고, "저는 떠날 기일을 이달 16일로 정했기에 잠깐 시간을 내서 서신을 올리는 바입니다. 6월 10일에 선생이 생각나서 지은 글 한 편이 있으므로 등서하여 부치며 부채 한 자루를 또 드립니다."고 편지를 끝내고 있다.

『청비록』에는 '李雨村'이라는 별도의 항목을 두어서 李調元을 특별히 다루고 있다. 먼저 유금이 북경을 방문해서 이조원을 처음 만난 일을 상세히 기술하고 있다.

> 정유년 봄에 柳彈素가 謝恩使를 따라 연경에 갔었는데, (중략) 端門 밖에서 갱당의 儀容이 매우 단아한 것을 보고서 곧 그의 옷깃을 잡고 교류하기를 청하였는데 언어가 통하지 않으므로 땅에다가 자기의 성명과 字를 써서 보이자 갱당은 단번에 의기투합하여 탄소의 이름과 字가 奇異하다고 칭찬하였다.

이덕무는 거의 20여수 가까운 우촌의 시를 들어 보이고, 그 시가 步武당당하고 편폭이 시원해서 읽을 때마다 가슴이 후련하며 웅장 수려하고 광

까? 그 아들 雍 역시 죽을 죄를 지어 주참을 당했습니까?

활 통달하여 그 끝을 볼 수 없다고 평하였다. 아울러 우촌이 等身의 저술을 이루었다고 하고, 그 가운데서 『看雲樓集』 24권, 『井蛙雜記』 10권, 『制科讕言』 10권, 『尾蔗軒閒談』 10권, 『五代詩話』 1백 권을 들고, 출생지인 蜀과 관련해서 『蜀詩選』과 『蜀巢』를 撰하였는데, 『촉소』는 張獻忠의 일을 기록한 것이라고 설명하고 있다. 요컨대 이덕무는 우촌보다 훨씬 일찍 작고하지만, 우촌의 중요 저술은 대략 접하였던 것으로 생각된다.

2) 박제가

우촌은 박제가의 문집에 붙인 서문에서 詩文의 다양성을 강조하고, "지금 六朝의 시를 비웃는 자들은 육조의 시를 두고 綺靡하다고 한다. 만약 아침저녁으로 새롭게 피어나는 꽃을 열어보고, 시문을 가려 뽑는 방법에 있어서 剛健하고 힘이 있는 风格을 세운다면, 綺靡한 것이 무슨 문제될 것이 있겠는가?"라고 하여 다양성에 바탕을 둔 創新을 주장하고 있다. 박제가의 시야말로 실로 다양하기 짝이 없는 온갖 주제와 제재가 실험된 천지의 奇文이라고 평가한다.[30] 이 같은 우촌의 평가는 박제가의 평소의 문학 관념과 완전히 일치하는 것으로 보인다. 박제가가 쓴 詩選序는 아마도 四家詩選의 서문이었을 것으로 짐작되는바, 유금이 연경에 가기 이전이었을 것으로 생각되기 때문이다. 특정 시대나 작가에 얽매이지 않고 개별 작가의 창신을 중시하는 점에서 우촌과 四家는 서로 만나기 이전부터 공통의 입장을 갖고 있었던 것으로 이해된다.

박제가 역시 柳琴의 연경 방문 이후에 이조원에게 편지를 보내고 있다. 『한객건연집』에 서문을 받아온 일을 두고 실로 필생의 큰 행운이요 不世의 기이한 인연이라고 말하고, 유금에게 들은 『건연집』의 중국 간행 계

30 원문은 앞에서 보였음.

획을 이른 시일 내에 실천에 옮겨주기를 요청하고 있다. 유금은 중국에서 간행된 『건연집』이 조선에 들어오는 경우 물의를 야기할 가능성 때문에 조심스러워하지만 박제가는 전혀 문제될 것이 없다고 하고, 책을 전달할 때 믿을 만한 사람을 통해서 하면 된다고 말하고 있다.[31]

이 편지에 대한 답신에서 우촌은 문장에서 중요한 것은 氣라고 하고, 생기 발발하게 전편에 관철되어 있는 문장은 천지와 함께 장구하게 전해진다고 한다. 역시 創新에 닿아 있는 논리이다. 아울러 『건연집』 출판 문제에 대해서 유금보다 한 걸음 나아간 박제가의 견해에 공감을 표하고 있다.[32]

박제가는 우촌을 대상으로 지은 시편도 적지 않다. 두 차례의 회인시에 우촌이 모두 들어 있고,[33] 병중에 우촌을 그리거나 우촌에게 보낸 시가 있으며, 燕京雜絶 140수 연작에도 우촌이 따로 들어 있다.[34]

---

31 『貞蕤閣文集』 4, 「與李羹堂 調元」 : 朝鮮畸人朴齊家。謹再拜獻書于羹堂李先生門下。齊家海外之鯫生也。季今二十有八歲。家人罕覩其面。鄰里不聞其名。不意今者因敝友柳君彈素所抄巾衍集。見賞於中朝之大人。傾倒淋漓。不啻若合席談而傾蓋遇也。此固畢生之大幸。不世之奇緣也。始而聽之。驚疑失當。以爲此特大君子包容之盛心耳。及觀其評點之語。深入腠理。歷歷有當于心。決非尋常過去之比。然後直欲僊僊輕擧。飛落燕邸。望顔燒香頂禮而返。嗟乎。士爲知己者死。豈其好譽惡短而然哉。亦必有擧國非之而不懼。一人是之而過望者矣。何則寸心之自知。不可以苟欺也。側聞彈素之言曰。先生將欲刊行巾衍集云。若於一二年內。得見其印本。則絶勝於眼前之一杯酒矣。彈素以爲有妨於弊邦之耳目。僕則以爲其不知者則雖賞之不見也。但當擇其心腹之人於傳授之際耳。

32 앞의 책, 같은 곳, 「附 答書(李調元)」 : 調元奉書楚亭先生足下。自得手書。重如拱璧。其中眷眷欵。實不任肝胆之切。尤令人肅然起驚。僕於君非有握手之緣。而以情相歸如此。此亦有緣焉。喁喁之心。何由假翼自馳耶。足下之詩文。雖未獲窺全豹。而卽所寄各種風格。直駕曺劉。近亦在盛唐以上。洵人羣之鶴而藝圃之鳳也。以視世之椎剽而驕揚者。何止雲泥之別耶。僕於文詞。本不甚深。特以性之所近。如候虫時鳥之時或一鳴耳。不謂足下謬見推許。豈心愛者見其好而不見其醜耶。所恨天各一方。未得共酒食之會。文字之歡。相與上下議論。參酌乎金石鼎彝之間耳。
聞足下善艸隷。及見手書。果名不虛。附僕所著有金石闕文考。惜未得與足下見之。一訂其失也。炯菴言足下爲人短小稜勁。志慕中原。奇氣橫絶。夫豹死留皮。人患不傳耳。足下年甫二十七。而所得已如此。必傳無疑。何中外之云。夫天地之所以長留者。以其氣也。爲文之道亦然。有生氣勃勃。貫乎其中者。其文必與天地同壽。古來忠臣孝子之所以不泯者。亦其氣之不泯也。天地有時而傾陷。而此氣必不與之傾陷。何者。有形者易敝而無形者不敝也。足下以爲何如。刻詩之擧。已與彈素言之。彈素兢兢以見怪爲懼。而足下來書。有云不知者雖使之見。亦不見也。此言似較彈素更進一解。(이하 생략)

33 『貞蕤閣初集』, 「戲倣王漁洋歲暮懷人, 李雨邨調元」 : 小照東來洌水堂。松風謖謖讀書牀。天涯詞伯無人識。獨爇名香晝味長。/ 貞蕤閣三集, 懷人詩, 李雨邨 調元 : 羹堂罷官去。多作成都遊。猖狂意殊得。絶似楊用脩。欲聞二三子。須從函海求。

3) 박지원

연암은 『열하일기』에서 세 차례 이조원을 언급하고 있다.

琉璃廠의 六一齋에서 黃圃 兪世琦를 처음 만난 연암은 兪가 潘庭筠, 李調元, 祝德麟, 郭執桓 같은 名士인 줄로 짐작하였다고 하고, 연경 방문 이전에 그들의 이름을 익히 듣고 있음을 밝히고 있다.[35] 연암은 "내가 金鰲와 玉蝀 사이를 이러저리 거닐었다면 우촌 이조원, 추루 반정균, 지당 축덕린 같은 여러 名流를 아마도 만날 수 있었을 것이다"고, 3인에 비견될 명류를 만나지 못한 점을 대단히 아쉬워하고 있다.[36] 그는 또, 당대 북경의 명사를 꼽으면서 축덕린과 함께 이조원을 蜀 출신의 명사로 들고 있다.[37]

4) 그 밖의 기록

徐瀅修는 「憶中州三君子」라는 제목으로 祝德麟, 潘庭筠과 아울러 우촌을 시로 읊고 있다. 또 연경에 가는 李喜經을 전송한 7수의 시에서도 우촌이 언급되고 있고, 따로 李墨莊의 傳을 남기고 있다. 徐有榘는 우촌의 『淡墨錄』에서 사고전서 편찬에 관한 기사를 읽고 있고,[38] 또 그의 생부인 徐浩修 墓表에서 우촌과의 만남을 기술하고 있다.[39]

---

34 『貞蕤閣初集』, 「病中有懷雨村先生」; 『貞蕤閣三集』, 「寄李雨邨」 : 生來不見看雲樓。万里人歸磊落州。蜀道靑天嗟遠別。秦風白露又深秋 / 纔聞宦跡追貽上。還把文章配用脩。留得十年香一瓣。樂浪西畔夢悠悠。/ 『貞蕤閣四集』, 「燕京雜絶。贈別任恩叟姊兄。追憶信筆。凡得一百四十首」

35 琉璃廠中六一齋。初遇兪黃圃世琦字式韓。目淸眉秀。疑其爲潘庭筠, 李調元, 祝德麟, 郭執桓諸名士也。此諸人者。有先余交游者。故名芬牙頰。若數鬚眉。(「피서록」)

36 余嘗徜徉於金鰲玉蝀之間。而雨村 李調元。秋樓 潘庭筠。芷塘 祝德麟。諸名流。庶幾可遇。然郭氏執桓沒已六年矣。(聞執桓死於乾隆乙未八月云) 繪聲集。當有更刻之本。而求之廠中。竟未得。可恨可恨(「피서록」)

37 當今名士 : 當今海內名士。梁國治, 彭元瑞, 紀勻號曉嵐, 吳聖欽, 戴衢亨, 其兄心亨。俱吳人。祝德麟, 李調元。並蜀綿竹人。余有戴心亨所書柱聯一對。當今名士(「구외이문」)

38 『金華知非集』 2, 「上仲父明皐先生論紀曉嵐傳書」

申緯는 우촌의 아우인 墨莊 李鼎元과의 교우를 기술하고 있다.[40] 남공철은 朴山如의 정원인 寄所園亭에서 유득공, 박제가 등과의 만남을 기술한 「寄所軸跋」에서 우촌을 언급하고 있다.[41] 성해응은 영재의 『二十四都懷古詩』가 우촌의 총서인 『函海』에 편입되었다는 점을 특기하고 있다.[42] 또 영재와 초정이 북경에서 목도한 만주인들의 한족에 대한 禁壓 정책을 기록하면서 이조원, 반정균 등의 예를 들고 있다.[43]

4. 맺음말

우촌 이조원과 柳琴의 교유는 이후 18세기 후반 조선 지식인 사회에 적지 않은 영향을 준 사건이었다. 이덕무의 예에서 보거니와, 당시 중국의 학술, 예술, 문화 전반에 걸친 소식을 바로 접하는 계기가 되었다. 우촌과 반정균 등을 접하는 과정에서 조선 문인들은 진취적이고 적극적인 자세를

---

39 『金華知非集』 6, 「本生先考文敏公墓表」

40 『警修堂全藁』 4, 「藕齋續筆 丁丑七月。至十二月」

41 『金陵集』 13, 「寄所軸跋」

42 『研經齋全集』 外集55, 「泠齋二十四都懷古詩」 : 泠齋才調清逸。著『東國二十四都懷古詩』。緜竹李調元刻之『函海』。如咏高麗詩。寒烟四十八王陵。風雨年年暗柒燈。進鳳山中紅躑躅。春來猶自發層層。咏百濟詩。父周開國已千年。公宇山青哭杜鵑。吹笛皐蘭寺裏去。南扶餘樹暮帆前。皆可誦。又送人入燕絶句。紅粉樓頭別莫愁。秋風數騎出邊頭。畫船笳鼓無消息。腸斷淸南第一州。畫船笳鼓。指迎天使時事。讀之黯然纏綿。不勝懷緖。

43 『研經齋全集』 外集60, 「胡性多忌」 : 胡淸都燕。烟火屢萬里。幅員之濶。殆漢唐所未有。然胡性多忌。雖外示寬豁。実內多防察。乾隆庚戌熱河之宴。柳惠風, 朴次修。隨節使在朝房。與蒙古諸王周旋甚熟。有一老王指一少年王曰。此王能畵。惠風曰。明日持東扇來。王試爲我畫。王曰諾。翌日。惠風, 次修各持一扇請之。王掉頭曰不能。後達爾漢王來言惠風。君知王不畫意否。伊時滿洲王在坐。其防漢人尤甚。潘庭筠, 李調元。皆漢學士之秀也。潘杜門佞佛。李罷官家居。其從兄鼎元寄洌上諸子詩曰。自從別後廢吟哦。洌上周旋近若何。幾度夢遊滄海上。醒來猶自惻風波。其危畏如此。嘗見乾隆御集。討金川征準夷。專用索倫兵。自誇滿洲武力之強。輕中土綠旗葸弱。然唐大宗, 明成祖所用。卽非別人。何可輕侮若是。理有乘除。焉可誣哉。

보여준다.

우촌 이조원을 직접 만난 사람은 柳琴이 유일하다. 본고에 보이는 우촌에 대한 기록을 남긴 10명은 모두 인편이나 편지를 통해 간접적인 교유만 가졌다. 그럼에도 마치 직접 만나서 밥 먹고 술 마신 오랜 知己인 양 스스럼없는 적극적인 태도를 보여준다. 선진 문물의 창구로서 중국은 중요하였으나, 18세기 후반 당시 북학파 지식인들의 내재적, 자발적 적극성이 있었기에 그토록 활발한 교류가 가능하였다.

유금에 의한 『한객건연집』의 편찬은 조선과 청조 지식인 사이의 교유, 특히 조선 시문집의 중국 유입에 있어 결정적인 모델이 되었다. 『한객건연집』 이후 가장 주목할 만한 사례는 조선 역관 金奭準(1831~1915)이 편집한 역관 6인의 시선집인 『海客詩鈔』(1868년 편찬), 姜瑋가 엮은 『韓四客詩選』이다.[44] 상기 두 가지 시선집은 모두 『한객건연집』의 직접적인 영향을 받아 편찬되어 중국 문인들의 평어를 받았다.

또한, 역관 李尙迪이 자신의 문집인 『恩誦堂集』을 중국 지인 許宗衡 등을 통해서 淸에서 간행한 것(1859년)이나 그 부친 李廷稷(1781~1816)의 문집 『天籟詩稿』을 淸에서 간행한 것(1858년), 李尙迪의 제자인 金奭準의 주도로 역관 선배인 李彦瑱(1740~1766)의 문집 『松穆館集』과 『松穆館燼餘稿』(1860년)를 중국에서 간행한 사례, 조선 학자 李世輔(1832~1895)가 丁巳年(1857)에 冬至謝恩使로 북경에 갔을 때 조부 李復鉉(1767~1853)의 문집 『石見樓詩鈔』(1857년)를 북경에서 간행한 사례 등을 들 수 있다.[45] 곧, 19세기에 조선과 청나라 지식인 사이의 중요한 교류의 모델로 유금과 이조원의 교유는 큰 의미를 갖는다.[46]

이덕무가 이미 말하고 있듯이 이조원은 저술가로서 성과가 대단한 문

---

44 전자에 대해서는 유정(「『海客詩鈔』연구－필사본을 중심으로」. 2005. 연세대학교 석사논문). 후자에 대해서는 박철상(「古歡堂 姜瑋가 엮은 『韓四客詩選』」. 『문헌과해석』 33호. 2006)의 논문이 있다.

45 김영진. 2005. 「조선후기 중국 사행과 서책 문화」. 『연행의 사회사』. 경기문화재단.

46 심사 과정에서 이 사실을 지적해준 심사자께 감사를 표한다.

인 학자였다. 초면의 유금을 자주 만나서 깊은 친분을 맺은 것은 일차적으로 그의 학문적 호기심이 이유가 아니었을까 한다. 우촌은 학문에서 뿐만 아니라 시에서도 체제건 제재건 극히 다양한 면모를 갖고 있다. 우촌의 시집은 사가시인들에게 읽혔는데, 특히 歌行體詩의 창작에 일정 정도의 영향을 준 것으로 보인다.

조선 쪽의 기록만 대상으로 하자면 우촌의 경우 반정균과 함께 검토되어야 마땅하다. 반정균의 경우 문집이 발견되지 않으므로 애초 따로 분리한 것이었다. 우촌의 경우 문집을 비롯한 수많은 저작이 전하는 바, 이를 모두 검토하여 조선 문인 학자들과의 교유 기록을 보다 치밀하게 확인하는 것이 남은 과제다.

참고문헌

한국고전번역원 고전번역DB.

이조원. 『童山詩集』. 총서집성 및 속수사고전서.

羅煥章 注. 1990. 『李調元詩注』. 巴蜀書舍.

詹杭倫. 1997. 『李調元學譜』. 成都: 天地出版社.

이덕무. 『청장관전서』.

______. 『청비록』.

유득공. 『영재집』.

박제가. 『貞蕤閣文集』.

정민 외. 2010. 『국역 정유각집』하. 돌베개.

오수경. 2003. 『연암그룹 연구』. 한빛.

朴現圭. 1998. 「청 李調元과 조선 李德懋의 『淸脾錄』」. 『漢文學硏究』 13. 계명한문학회.

______. 1998.「朝鮮 四家詩『韓客巾衍集』과 청 李調元『雨村詩話』와의 원문 수록 관계」.『書誌學報』21.

______. 1999.「中國에서 刊行된 朝鮮後四家 著書物 總覽」.『韓國漢文學硏究』24. 한국한문학회.

鄺健行. 2004.「明淸詩話 :『淸脾錄』作者與中國文士潘庭筠. 李調元的情誼和文字交往」.『시화학』5,6. 동방시화학회.

김영진. 2005.「조선후기 중국 사행과 서책 문화」.『연행의 사회사』. 경기문화재단.

鄺健行. 2007.「李調元『續函海』中所收朝鮮人李德懋『淸脾錄』李雨村條書後」.『시화학』8. 동방시화학회.

조선 朴齊家·柳得恭과 청 화가 羅聘의 畵緣

박현규

조선 朴齊家·柳得恭과 청 화가 羅聘의 書緣

—

박현규

1. 머리말

朝·淸 書緣은 조선 문사와 청조 문사 사이에 그림에 얽힌 연분을 지칭한다. 청나라와 외교 관계를 맺은 초창기에 조선은 병자호란의 후유증과 만주족에 대한 반발 의식으로 인하여 청조 인사들과의 문화 교류를 제대로 받아들이지 못하다가, 18세기 후반에 들어와서 청나라에 대한 시각이 일변하면서 적극적으로 받아들었다. 조·청 문화 교류가 활성화된 요인 중에는 조선 선각자들이 사행을 통해 청 문화를 직접 체험한 경험이 커다란 비중으로 차지하고 있다. 조선 선각자들은 사행에서 만주족 통치 속의 중국 문화를 새롭게 인식하고, 청 문사들과의 우호 교류를 적극적으로 추진하였다. 조·청 양국 간에 맺어진 문화 연분은 여러 분야가 있는데, 그 중에서도 그림을 통해 보는 시각의 즐거움과 제화시를 통해 느끼는 문자의 즐거움을 동시에 전해주는 書緣은 문화 교류의 실체를 증명해주는 매우 좋은 사례이다.

朴齊家와 柳得恭은 북학파를 이끌어간 조선의 선각자이다. 1790년(정조 14)에 건륭제 팔순 만수절에 참석한 사절의 종사관으로 참여한 박제가와 유득공은 燕京에서 청나라 천재 화가 羅聘과의 만남이 처음 이루어졌다. 나빙은 揚州八怪 중 나이가 가장 젊은 마지막 화가였다. 그는 파격적인 그림을 내보이며 대담한 화법을 구사했으며, 그림 장르에 있어서도 매죽, 화훼, 산수, 소상, 인물, 불상 등 못 그리는 그림이 없을 정도로 천부적인 재기를 뽐내고 있었다. 조선의 선각자 박제가·유득공과 청나라 천재 화가 나빙의 만남은 그 자체로도 화제를 일으킬만한데, 이들이 맺은 書緣은 조·청 문화 교류사에서 한 페이지를 차지할 정도로 아름답고 찬란한 광채를 내뿜고 있다.

근 10년 전에 필자는 京畿文化財團으로부터 중국 실학과 관련된 문물을 조사하는 작업의 일환으로 揚州八怪紀念館을 찾아 나빙의 관한 자료를 찾아본 적이 있었다. 그 후 대만 고궁박물원에서 나빙 자료, 북경에서 박제가, 유득공과의 만남을 가진 나빙의 觀音閣 처소를 찾아보았다. 국내외 학자들은 박제가와 나빙의 그림에 관해 여러 각도로 분석하여 상당한 성과를 거두었다.[1] 필자도 이 대열에 참여하고자 이들 사이에 맺어진 書緣을 살펴보고자 한다. 본 논문에서는 나빙과 박제가·유득공 사이에 맺은 書緣 자료가 어떤 것이 있으며, 또한 書緣 속에 담겨있는 내용이 무엇인지를 제화시를 중심으로 분석해보려고 한다.

2. 羅聘 그림과 조선 문인 소장 그림

1) 鬼趣圖

나빙은 양주팔괴의 한사람으로 이름을 날리며 많은 작품을 남겼다. 그 중에서도 나빙의 이름이 당대 지식층으로부터 크게 회자된 작품은 바로

1 李鍾振. 1983.「揚州八怪, 羅聘의 生涯와 繪畫 硏究」. 東國大學校 敎育大學院 碩士論文. 1~26쪽 ; 陳金陵撰, 文貞姬譯. 1995.「羅聘의 회화와 조선친구」(원제:「羅兩峯的繪畫藝術與朝鮮友人」).『美術史論壇』2집. 韓國美術硏究所. 347~371쪽 ; 金順愛. 1997.「楚亭朴濟家의 繪畫觀」. 全南大學校 美術學科 碩士論文. 1~166쪽 ; 金鉉權. 2012.「박제가의 對淸회화교류와 청 회화의 인식」.『東國史學』52집. 東國史學會. 115~155쪽.

「鬼趣圖」이다. 「귀취도」는 제목 그대로 귀신의 여러 모습을 그림으로 담아 놓았다. 귀신은 중국 사람들 사이에 널리 얘기되고, 역대 문학 작품에도 자주 등장한다. 청나라 초·중엽에 蒲松齡의 『聊齋志異』가 시중에 널리 유행하였다. 『요재지이』는 기이하고 초자연적인 귀신 이야기를 문자로 기술해 놓았다. 이후 명문장가 紀昀, 袁枚 등도 귀신 얘기를 담은 작품을 내놓아 사회 전반적으로 귀신에 대한 관심이 고조되었다. 나빙은 귀신의 여러 모습을 그림 세계로 담아 「귀취도」를 만들어 당대의 명사와 고관들에게 보여주자, 이들로부터 크게 환영받았다. 이들은 귀신에 대해 많은 얘기를 들었지만, 귀신의 형상을 볼 수가 없어 귀신이 어떤 모습을 하고 있는지에 대해 몹시 궁금해오던 차였다. 이들은 분분히 「귀취도」에 제발 시문을 적었다.

나빙은 「귀취도」를 여러 편 만들었다. 한 작품은 나빙 자신이 오랫동안 간직하다가 아들 羅允纘에게 전달해준 8폭 그림이다. 8폭 그림은 훗날 여러 사람들의 손에 거쳐 오늘날 南海 霍氏(霍寶材)가 소장하고 있다. 제화시문을 단 인물이 무려 1백여 명이나 달한다. 8폭 그림을 논한 전인들의 제화문 가운데 나빙과 교유를 한 張問陶의 논평이 가장 널리 알려지고 있다.[2] 1909년(선통 1)에 上海文明書局에서 단색 琉璃版으로 영인 출판했으나, 일부 내용이 빠졌다. 1970년에 開發股份有限公司에서 컬러판으로 전체 내용을 영인 출판했다.

또 한 작품은 蔣士銓에게 준 16폭 그림이다. 일명 「鬼雄圖」이라고도 한다. 8폭 그림은 제작 시기가 서로 달라서인지 매 화폭의 크기가 각각 다르고, 16폭 그림은 우인에게 증정한 관계로 크기가 일정하다. 이 그림 또한 여러 명의 제화시문이 있다. 16폭 그림은 청말에 일부 유실되어 6폭만 남았다. 여러 소장자의 손에 거쳐 20세기 초 澄觀堂으로 들어갔다. 2007년 11월 6일에 中國嘉德國際拍賣有限公司의 경매에 출품되어 RMB 224萬元

2 張問陶, 『船山詩草』 권11. 「京朝集」 중 「戲題羅聘鬼趣圖」 참조(續修四庫全書本, 책1486, 344~345쪽).

그림 1) 나빙처소 호국관음사(박현규 촬영)

에 낙찰되었다. 이외에 劉作籌가 소장한 連續本(短本), 미국 方聞이 소장한 摺扇本 등이 있다.[3] 또 2003년 11월 19일에 上海信仁拍賣有限公司의 경매에서 나빙의 낙관만 찍힌 「귀취도」가 출품된 적이 있다.

조선 문사들도 「귀취도」를 감상하고 제화시를 남겼다. 1790년(정조 14)에 박제가와 유득공은 進賀副使 徐浩修의 종사관이 되어 북경을 다녀왔다. 박제가와 유득공은 북경에 머물고 있을 때 문물을 감상하고 구입하기 위해 자주 琉璃廠을 갔는데, 이때 유리창에서 나빙과 처음 만났다. 당시 유리창은 청조 지식사회를 대표하는 문화의 거리였다. 나빙은 유리창 觀音閣을 처소로 삼아 그림 활동을 하고 있었다.[4]

여기에 잠시 나빙이 살았던 관음각에 대해 알아본다. 관음각은 琉璃廠東街 동남쪽, 현 행정구획으로 西城區 櫻桃斜街 6號~10號에 소재한 護

3 莊申. 1972.「羅聘與其鬼趣圖; 兼論中國鬼畫之源流」.『中央研究院歷史語言研究所集刊』. 44本 3分. 422쪽.

4 나빙은 「朴齊家小像」에서 자신이 琉璃廠 觀音閣에 머물고 있다고 했고, 유득공의 『灤陽錄』에서도 이와 같은 내용이 확인된다.

國觀音寺를 지칭한다. 청대 유리창 개념은 오늘날 유리창 거리보다 훨씬 더 광범위하다. 20세기 중반에 호국관음사에 민가가 들어서 건물이 많이 훼손되었으나, 山門, 前殿, 後殿 등은 옛 모습을 간직하고 있다. 사찰 입구 상단에는 乾隆 甲申年(29년: 1746)에 중수한 "護國觀音寺"라는 석물이 상감되어 있다. 2009년에 북경 西城區에서 區級 문물로 지정했다.

1790년(정조 14) 9월 그믐날에 박제가와 유득공은 「귀취도」를 감상하였다. 현재 8폭 「귀취도」 그림에는 박제가와 유득공이 감상한 題識가 적혀 있다.

> 乾隆庚戌九月朔日, 朝鮮摛文院檢書朴齊家·仝寮官柳得恭觀.
> (開發股份有限公司本)
> 건륭 경술년 9월 그믐에 朝鮮 摛文院檢書 朴齊家와 동료 柳得恭이 보았다.

이 제사는 정자체로 반듯하게 적혀있다. 그 아래에 박제가의 인장인 「次/修」(朱方印)가 찍혀있다. 유득공의 『灤陽錄』에도 「귀취도」를 본 느낌을 적어놓았다. 유득공은 「귀취도」가 지극히 기이하고, 원매, 기윤, 장사전, 程晋芳, 翁方綱 등 명사들이 제시를 적어놓았다고 했다.[5]

1790년(정조 14)에 박제가는 북경에서 귀국하는 도중에 정조의 명으로 사신이 되어 다시 한 번 북경으로 나갔다. 이때 白景炫은 종사관의 일원이 되어 북경을 다녀오면서 『燕行錄』을 남겼다. 박제가, 백경현 등이 나빙의 처소로 나가 「귀취도」를 감상했다. 『연행록』 권2, 정조 14년 12월 15일 조에서:

5 유득공. 『灤陽錄』 권2. 「羅兩峰」 주: "羅聘, 號兩峯, 又稱花之寺僧, 江南楊州府人. 少年風流, 晩來奉佛, 攜其子允纘, 寓琉璃廠之觀音閣, --- 兩峰爲「鬼趣圖」, 窮極譎怪, 海內名士如袁子才·蔣心餘·程魚門·紀曉嵐·翁覃谿諸人, 莫不題詩."(遼海叢書本. 9ab쪽)

羅聘, 號兩峰, 文章之士也. 朴在先曾與之交, 而每稱道其才, 欲余同往訪之. 余與翼卿從之. 及見羅聘, 殷勤迎入, 輒酒款待. 在先抽案上詩書軸一軸而示余, 題曰鬼趣圖. 余披而觀之, 以水墨依微寫鬼形, 下有序與詩. 余問在先曰: "誰所作也." 在先指羅聘, 曰: "畵與筆皆彼兩峯手中之所出也." 余曰: "無形無聲之謂鬼, 然或有顯英之語, 雜出於古書, 則鬼之形乍無乍有, 未有常定, 無憑模着, 此古人所未爲之事, 而兩峯之才, 可謂出古人所未到之外矣." 羅聘唯唯謙讓. 余見鬼趣圖, 下旁見當世搢紳和韻題咏者多. 而在先之詩文, 亦在其中. 羅聘請余題, 余以不文辭.(燕行錄選集補遺本, 71쪽)

나빙의 호는 양봉이고 문장가이다. 在先 朴齊家가 일찍이 교유를 하였는데, 매번 그의 재기를 칭송하며 나와 함께 방문하기를 바랐다. 나는 翼卿과 더불어 따라 나섰다. 나빙을 만나니 성심껏 맞이하고 술상을 대접해주었다. 재선이 책상의 詩書軸에서 한 축을 뽑아 나에게 보여주었다. 제목은 「귀취도」이다. 내가 이것을 펼쳐보니 水墨으로 귀신의 형태를 희미하게 그려놓았고, 아래에 서문과 시가 있었다. 내가 재선에게 '누구의 작품이냐'고 물었다. 재선은 나빙을 가리키며, '그림과 글씨는 모두 나빙의 손에서 나왔다'고 말했다. 내가 '형태와 소리가 없는 것은 귀신이라 부르고, 혹 이를 나타내는 글이 고서에 섞여 나온다. 그러나 귀신의 형태가 없는 듯 있는 듯하며 일정함이 없고 잡아볼 수도 없다. 이것은 옛 사람들이 나타내지 못한 일이며, 양봉 나빙의 재주는 옛 사람이 이루지 못했던 것을 잘 나타내었다'고 말했다. 나빙은 예, 예하며 겸손했다. 내가 「귀취도」를 살펴보니 그 끝에 당대 벼슬아치들이 화운하거나 제영한 작품이 많이 보였는데, 재선의 시문도 그 가운데 있었다. 나빙이 나에게 제문을 청하였으나, 내가 문장을 못 짓는다며 사양했다.

백경현은 박제가의 권유로 나빙의 처소를 방문했다. 나빙은 박제가 일행을 반갑게 맞이했고, 박제가는 나빙 책상에 놓여있는 「귀취도」를 백경현에게 보여주었다. 이 행동으로 보아 박제가와 나빙 사이가 매우 막역했던 것으로 보인다. 「귀취도」는 수묵화이다. 그림과 글씨는 모두 나빙이 적었다. 백경현은 귀신 얘기가 옛 문헌에도 나오지만 귀신의 모습은 있는 듯 없는 듯 일정하지 않다고 했다. 「귀취도」는 바로 옛 사람들이 나타내지 못했던 것을 새로운 형태로 나타내었다고 높이 평가받았다. 「귀취도」에는

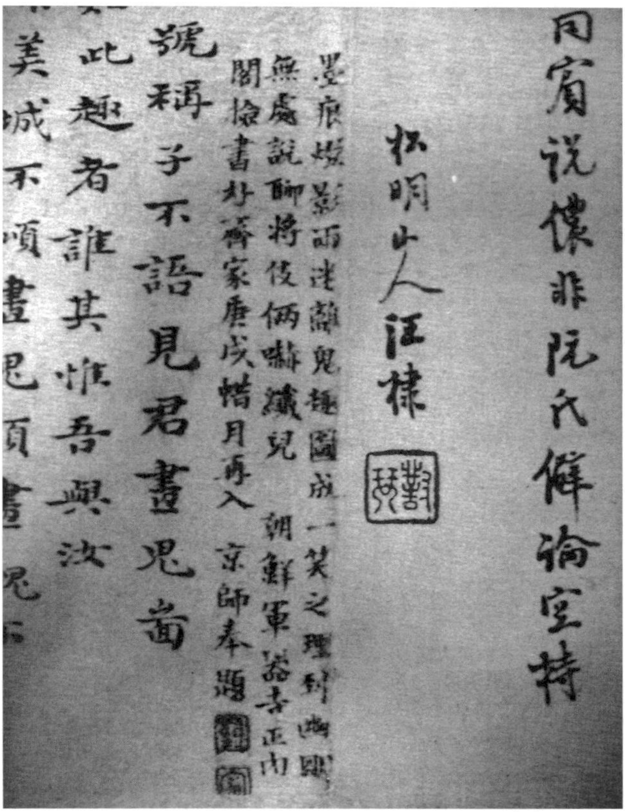

그림 2) 나빙 귀취도(개발공사 영인본)

많은 문인들이 화답한 제화시가 많이 적혀있는데, 박제가의 제사도 포함되었다. 「귀취도」 8폭 그림에는 앞서 박제가와 유득공이 감상한 제사 외에 또 박제가의 제화시 1편이 더 적혀있다.

> "墨痕燈影兩迷離, 「鬼趣圖」 成一笑之, 理到幽明無處說, 聊將伎倆嚇纖兒." 朝鮮軍器寺正內閣檢書朴齊家, 庚戌腊月, 再入京師奉題.(開發股份有限公司本)
> "먹 흔적과 등불 그림자가 둘 다 몽롱한데, 〈귀취도〉를 완성하니 한번 웃어보네. 이치로 幽明을 말할 수 없고, 단지 기량으로 어린애를 놀라게 하네." 朝鮮 軍器寺正 內閣檢書 朴齊家가 庚戌 臘月에 재차 경사에 들어와 제를 받들다.

박제가의 제화시는 袁枚, 汪棣, 徐大榕이 쓴 제화 시문 사이에 기술되어 있다. 행수는 3줄이고, 정자체로 반듯하게 적혀있다. 그 아래에 「齊」(朱方小印), 「家」(朱方小印)가 찍혀있다. 軍器寺正은 정3품으로 이번 사행 때 박제가가 임시로 받은 벼슬이다. 이 시는 박제가의 『貞蕤閣詩集』 권3에 「題羅兩峰先生鬼趣圖卷」이라는 제목으로 수록되어 있다.[6]

박제가는 나빙이 어린아이를 놀라게 할 장난으로 「귀취도」를 그렸다고 해학했다. 귀신의 존재는 원래부터 이치로만 따질 수가 없다. 수묵으로 그린 그림이나 등불 아래의 그림자 모두가 실체를 알아볼 수 없는 것이다. 그래서 나빙이 「귀취도」를 그릴 때 몽환적인 분위기를 연출하는 이미지 기법을 활용했다. 화면을 뿌옇게 그려놓거나 비현실적인 모습을 담아놓아 보는 이로 하여금 더욱 몽롱하게 빠져놓았다. 훗날 法式善은 「귀취도」에서 박제가와 유득공의 기록을 보았고, 또 자신의 시화집인 『梧門詩話』에 박제가의 제화시를 옮겨놓았다. 법식선은 박제가의 제화시가 풍유함이 매우 깊다고 논평했다.[7]

6 『貞蕤閣詩集』 권3. 「題羅兩峰先生鬼趣圖卷」 참조.(亞細亞文化社本. 책1 323쪽)

2) 墨梅花圖

1790년(정조 14) 가을에 박제가와 유득공은 북경에서 나빙과 처음 만났다. 이들은 만나자마자 마치 오랫동안 교제한 우인인 듯 의기투합했고, 그 후 여러 차례 만나 우정을 깊게 다져갔다. 나빙은 박제가의 만남을 소중하게 여기고 그리워하는 마음에서 「墨梅花圖」와 「朴齊家小像」을 그려 주었다.

이 해 겨울에 다시 사행 기회를 얻은 박제가는 나빙으로부터 받은 「묵매화도」와 「박제가소상」을 휴대하고 북경으로 들어갔다. 이듬해 1월 28일 龔协의 집에서 아회가 열렸을 때 나빙이 준 그림을 펼쳐놓고 우인들과 함께 감상했다. 伊秉绶는 화첩 표제에다 "置之懷袖"라고 적었다. 「置之懷袖」 화첩은 박제가 사후에 김정희에게 넘어갔고, 일제강점기에 藤塚鄰에게 들어가 일본열도로 들어갔다. 한때 1945년 미군의 동경 공습 때에 원본이 소실된 것으로 알려졌다가, 최근 일본 전람회와 중국 경매에 잇달아 출품되면서 세상에 다시 드러났다.

「置之懷袖」 화첩의 크기는 22.2 × 26cm이고, 모두 9장으로 되어있다. 본문에서 언급한 「墨梅花圖」와 「朴齊家小像」 외에 1790년(정조 14) 겨울에 汪端光과 龔协이 박제가의 「姜女廟」를 감상한 제발문, 김정희가 화첩을 소유하게 된 제발문 등이 덧붙여있다. 이 화첩은 1991년 1월 18일~23일에 일본 謙慎書道会가 朝日生命ギャラリー에서 개최한 "中國書畵名品展--淸初中期" 주제전에 출품되었다.[8] 2006년 11월 22일에 中國嘉德國際拍賣有限公司가 개최한 경매에서 「置之懷袖」 화첩이 출품되어 RNB 22萬元에 낙찰되었고,[9] 2010년 7월 6일에 절강 항주에서 열린 浙商 2010年春季

---

7 法式善. 『梧門詩話』 권4: "羅兩峯山人自畵 「鬼趣圖」, 裝成長卷, 題者殆遍. 乾隆庚戌腊月, 朝鮮軍器寺正內閣檢書朴齊家再入京師, 與同寮官柳得恭觀覽此圖. 朴題一絶, 曰: "墨痕燈影兩迷離, 鬼趣圖成一笑之, 理到幽明無處說, 聊將伎倆嚇纖兒." 其諷諭者深矣. 朴氏爲朝鮮巨族, 柳得恭現官摛文院檢書."(續修四庫全書本. 책1705. 81쪽)

8 謙慎書道会. 2001. 『中國書畵名品展--淸初中期』. 二玄社. 東京. 47쪽.

藝術品拍賣會에서 다시 출품되었다. 국내에는 「묵매화도」와 「박제가소상」을 찍어놓은 유리판 필름이 남아있다. 2006년에 藤塚明直이 부친 藤塚鄰의 장서를 과천시에 기증했다. 여기에 일제강점기 때 「묵매화도」와 「박제가소상」을 찍어놓은 유리판 필름이 포함되어 있다.

「묵매화도」 그림에는 굵은 가지에 매화가 활짝 피어있는 모습이 그려져 있다. 굵은 가지가 우측 하단에서 좌측 상단을 향해 뻗어나가다 두 갈래로 갈라졌고, 각 갈래마다 여러 잔가지가 이리저리 힘차게 뻗어져있다. 각 가지에는 아름다운 매화꽃이 무성하게 활짝 피어있었다. 굵은 가지와 화려한 꽃은 건장하고 아름다운 풍채를 가진 박제가를 비유하고 있다. 그림 우측에는 나빙의 인장인 「江南叟」(黑底長方印)가 찍혀있다.

그림 3) 나빙 묵매화도(과천문화원 사진본)

9 中國嘉德國際拍賣有限公司. http://auction.artxun.com 검색일: 2012.10.15

우선 그림 하단에 적혀있는 절구시부터 감상해본다.

一枝蘸墨奉淸塵	먹으로 한 가지를 쳐서 옥인을 받드니
花好何妨徹骨貧	아름다운 꽃을 뼈에 사무치는 가난인들 어떠하리
想到薄冰殘雪候	상상컨대 얇은 살얼음 스러지는 눈의 계절이 되면
定思林下水邊人	반드시 林下水邊의 處士를 그리울 것이라 (果川文化院本, 쪽95)

이 절구시 다음에 박제가가 조선으로 돌아가 「묵매화도」를 만들어주며 이별의 뜻을 대신하고자 한다는 문구가 덧붙여있고,[10] 그 아래에 '나빙' 이름과 「兩/峯」(黑底長變印)이 찍혀있다. 이 절구시는 박제가의 『貞蕤閣集』과 유득공의 『並世集』에도 각각 실려 있다.[11] 매화가 피는 시절은 겨울철 마지막이다. 날씨가 여전히 사납고 매서움을 발하고 있고, 얼음이 살짝 얼고 잔설이 남아 있었다. 열악한 여건 속에서도 매화는 꿋꿋이 눈망울을 터뜨리고 꽃을 피워 아름다움을 뽐내고 있었다. 여기의 매화꽃은 귀한 손님인 박제가를 지칭한다. 이때 나빙의 생활은 뼈가 사무칠 정도로 몹시 가난하여 심한 고통을 받고 있었다. 그렇지만 활짝 핀 매화꽃처럼 아름다운 풍채를 가진 박제가가 들어서자 모든 고통이 일순간에 사라져버린 것 같았다. 나빙은 박제가와 이별한 후에 얇은 살얼음과 스러지는 눈의 계절이 되면 박제가를 상징하는 임하수변의 처사를 그리워할 것이라고 했다. 박제가도 나빙과 헤어진 후에 「묵매화도」의 살얼음과 스러지는 눈을 떠올리며 옛일을 떠올렸다.[12]

---

10 「墨梅花圖」 제화문: "次修檢書將歸朝鮮, 作墨梅奉贈, 以當折柳之意"(果川文化院本. 95쪽)

11 박제가의 『貞蕤閣集』 중 「別後寄羅兩峰」 자주에는 「목매화도」의 제화시 후반부만 실려 있다.

12 『貞蕤閣詩集』 권3. 「別後寄羅兩峯」 제4수: "緗簾禪室憶書聲, 夢裡梅花照眼明, 今日登車

나빙은 일생동안 많은 매화를 그렸다. 나빙의 매화도는 당대 사람들에게 회자될 정도로 널리 알려졌고, 조선에서도 박제가와 유득공에게 준 화폭을 통해 널리 이름이 났다. 유득공은 나빙이 그린 紅梅가 아주 곱고 빼어났으며, 시 또한 아름다워 그림에 못지않다고 평했다.[13] 박제가는 나빙의 처소에서 錢東壁을 만났다. 전동벽이 고향 嘉定으로 돌아가자 나빙은 매화를 그린 부채를 선물했고, 박제가는 그 매화 부채에 전동벽과의 이별을 아쉬워하는 시를 썼다.[14]

훗날 김정희는 청조 인사를 통해 나빙이 그린 또 하나의 매화도를 접했다. 하나는 吳嵩梁과 관련된 매화도이다. 吳嵩梁은 일찍이 孤山에서 매화를 심방할 적에 나빙과 朱鶴年에게 부탁하여 각각 澹墨과 濃墨 매화도를 그렸다.[15] 金正喜는 오승량 원고를 차운하면서 나빙과 얽힌 매화도 고사를 읊었다. 또 하나는 나빙의 「梅花幀」을 감상한 시이다. 김정희는 「梅花幀」을 감상한 다음 그림을 통해 삼생의 옛 꿈을 얻었다고 했다.[16]

3) 朴齊家小像

1790년(정조 14) 8월 18일에 나빙은 유리창 관음각에서 박제가를 위해 특별한 선물을 작성했다. 나빙은 전에 박제가에게 「墨梅花圖」를 증정했는데, 이번에 다시 「小像」을 그려주었다. 그림 속의 박제가는 무관 복장

心不快, 薄冰殘雪動離情.」(亞細亞文化社本. 책1. 325쪽)

13 『난양록』 권2. 「羅兩峰」 자주: "又爲「紅梅長幅」, 繁艷可嘉, 詩又韶婉, 不爲畵掩"(遼海叢書本. 9b쪽)

14 『貞蕤閣詩集』 권3. 「題羅兩峰畫梅扇面, 贈錢秀才東壁歸嘉定」: "偶爲看畫出, 蕭寺得佳朋, 人是家家玉, 花仍箇箇冰, 一枝成悵惘, 小別惜瞢騰, 嘉定風流地, 多多屬中興."(亞細亞文化社本. 책1. 319쪽)

15 『阮堂全集』 권9. 「次韻答吳蘭雪藁」: "料量羅朱澹濃中." 자주: "蘭雪於孤山訪梅, 倩兩峯·野雲, 作澹墨·濃墨二本."(民族文化推進會本. 원본 14쪽)

16 『완당전집』 권10. 「題羅兩峯梅花幀」: "朱草林中綠玉枝, 三生舊夢證花之, 應知霧夕相思甚, 惆悵蘇齋畫扇時."(民族文化推進會本. 원본 40~41쪽)

을 하고 서 있다. 박제가는 사행에 나서면서 軍器寺正이라는 벼슬을 임시로 달고 있었기에 무관 복장을 하고 있었다. 머리에는 공작꼬리 깃털을 장식한 戰笠을 쓰고 있다. 전립은 일명 벙거지이며, 주로 돼지털로 만들었다. 박제가가 쓴 전립의 테두리는 조직이 다소 성기진 듯하였다. 전립에 가려진 부분을 보면 이마가 어렴풋이 보인다. 넓은 소매에 옷깃은 완만하고, 몸통 가운데를 끈으로 매었으며, 직령 아래에는 품이 풍성한 袴를 입었다. 신발은 가죽신을 신었다. 얼굴은 풍만한 편이고, 수염이 기다랗게 드리고 있다. 눈썹은 약간 치켜들고 있고, 눈은 무언가를 뚫어지게 보고 있다. 오른손에는 摺扇을 들고 있고, 왼손은 아래로 내리고 있다.

소상 옆에는 절구 2수를 적어놓았다.[17] 제1수를 감상해본다.

그림 4) 나빙 박제가 소상(과천문화원 사진본)

17 「朴齊家小像」 제화 서문: "旣作墨梅花奉贈, 又復爲之寫照, 因作是二絶, 以誌別云. 乾隆五十五年八月十八日, 揚州兩峰道人, 時客京師琉璃廠之觀音閣."(果川文化院本. 94쪽)

相對三千里外人　삼천리 밖의 사람을 마주하고
欣逢佳士寫來眞　흔쾌히 아름다운 선비 모습을 그린다
愛君丰韻將何比　그대의 풍만한 풍채는 무엇에 비할까
知是梅花化作身　이가 매화의 화신임을 알겠네
(果川文化院本, 쪽94)

이 시는 나빙이 박제가를 처음 대할 때 느낌 감정을 담아놓았다. 삼천리 밖에 사는 조선인 박제가를 대하여보니 마치 예전부터 알고 있던 선비처럼 따뜻하게 느껴졌고, 또 아름답고 풍만한 풍채를 가지고 있는 선비의 모습을 그리다보니 예전부터 즐겨 그렸던 매화의 화신이었다는 사실을 깨달았다. 절구 중 제2수는 나빙이 뛰어난 선비 박제가와의 이별을 슬퍼하는 모습을 그렸다.[18] 절구 아래에는 나빙의 인장인 「羅聘/和印」(正方印)과 「兩/峯」(正方印)이 찍혀있다. 화첩의 좌하측에는 「長樂/未央」(圓印)이 찍혀있는데, 소장자의 장서인으로 추측된다.

4) 柳得恭小像

유득공과 박제가는 북경에 있을 때 자주 나빙의 처소에 들러 우정을 나누었다. 여기에 잠시 나빙의 처소에서 흥미로운 일화를 소개한다. 하루는 유득공과 박제가가 나빙 처소에서 張道渥을 만나 詩扇을 받고 서화를 감상했다. 장도악이 유득공과 박제가에게 나가서 술을 대접하겠다고 하였다. 나빙이 자신의 손님을 빼앗아간다며 화를 내고, 장도악도 같이 화를 내어 한바탕 실랑이가 있었다. 실랑이 끝에 유득공은 나빙 처소에 남고, 박제가는 장도악을 따라가면서 마무리했다. 여기에서 나빙이 유득공과 박제가

18 「朴齊家小像」 제화시 제2수: "何事逢君便與親, 忽聞別我話酸辛, 從今淡漠看佳士, 唯有離情最愴神."(果川文化院本. 94쪽)

를 얼마나 귀한 손님으로 여기고 있는지를 엿볼 수 있다.[19]

그러다가 유득공과 박제가가 귀국 채비인지 아니면 모종의 일이 있는지 며칠 동안 나빙의 처소를 들리지 못했다. 나빙은 유득공과 박제가가 자신의 처소를 찾아와주기를 몹시 기다렸으나 오지 않자, 유득공과 박제가의 소상을 그려놓고 그리움을 달래었다.[20] 『병세집』에는 이때 유득공을 위해 그린 소상에 제한 「題泠齋小照三絶送歸」가 수록되어 있다. 이 중에 제3수를 감상해본다.

纔逢欲別意遲遲	만나자 이별해야 하니 뜻은 느릿느릿
後會他生或有期	다음 생애 혹 만남을 기약할 수 있으리
殘月曉風容易散	지는 달과 새벽바람은 쉽사리 사라지고
柳耆卿對不多時	柳耆卿을 대할 날이 멀지 않았다오
	(國立中央圖書館藏 한貴古朝90-4本)

나빙과 유득공의 만남은 애당초 짧을 기간일 수밖에 없었다. 당시 조선 문인이 사절단으로 뽑히기는 무척 힘들고, 설령 사절단의 일원으로 선발되었다하더라도 북경에서 체류할 수 있는 기간은 통상적으로 40~50일 정도에 불과했다. 이들은 짧은 기일 동안에 여러 차례 만나 우정을 다져나갔지만, 각각 마음속에는 머지않아 헤어져야하고 또한 한번 헤어지면 다시 만날 기약을 할 수 없다는 슬픈 현실을 잘 알고 있었다. 그래서 나빙은 이 시에서 유득공을 만나자 이별을 해야 하고, 혹시 다음 생애에서나 만날 수 있을 것이라고 했다.

나빙이 북경에 머물고 있을 동안의 생활은 뼈에 사무칠 정도로 매우

19 『난양록』 권2. 「水屋」 자주: "兩峰處相識, 題扇見贈, 書畫放縱. 請余及次修去飮酒, 兩峰怒以為奪客, 水屋亦怒, 一場大鬨, 餘留而次修去, 以彌縫之."(遼海叢書本. 10ab쪽)

20 『난양록』 권2. 「羅兩峰」 자주: 余與次修屢過兩峰, 偶數日未往, 寫余小照."(遼海叢書本. 9b쪽)

곤궁했고, 심신은 쓰러질 정도로 몹시 지쳐있었다. 나빙은 이 시에서 자신을 쉽사리 사라져버리는 지는 달과 새벽바람에 비유하며 머지않아 저 세상에서 柳耆卿을 만날 것이라고 예견했다. 耆卿은 북송 때 저명한 詞人인 柳永의 자인데, 여기에서는 유득공을 지칭한다. 몇 년 후에 나빙은 북경 생활을 접고 고향 양주로 돌아가 새로운 변화를 도모했지만, 이미 몹시 쇠잔한 심신을 더 이기지 못하고 그의 예견처럼 곧이어 이 세상을 등졌다.

1801년(순조 1)에 유득공과 박제가가 다시 북경으로 나가는 기회를 잡아 유리창 관음각을 찾았으나, 나빙은 이미 저 세상의 사람이 되고 말았다. 유득공과 박제가가 나빙의 관음각에서 지난 흔적을 살펴보며 옛 일을 회상하고 깊은 슬픔에 잠겼다. 박제가가 나빙을 추모하기 위해 돈을 내어 제사를 지냈다. 이 장면을 본 청조 사람들은 이들 사이에 맺어진 우애가 제사를 지낼 정도로 매우 돈독함에 놀랐다. 한 사람이 박제가에게 본국에서도 친우를 위해 돈을 낸 적이 있는가 물으니, 박제가가 인생의 知己는 가장 중한 것인데, 돈을 내고 안 내고를 말하지 마시오라고 대답했다.[21] 박제가는 나빙을 지기로 여겼다.

한편 유득공도 이런 나빙과의 이별을 몹시 안타까워하며 화답시를 남겼다.[22] 화답시 속의 楡關은 가을철이었다. 누런 잎은 마치 이별의 감정을 물들이는 듯하고, 가을비와 바람은 말이 가는 대로 맡겨두었다. 유관은 山海關 아래에 있는 옛 관문이다. 늦가을에 유득공은 귀국하면서 반드시 관문을 지나갔다. 바로 이때 羅昭諫이 柳耆卿을 작별했던 지난 일을 떠올리며 깊은 시름에 빠졌다. 여기의 나소련은 나빙을 지칭하고, 유기경은 유득공을 지칭한다.

또 나빙은 유득공소상 옆에 「折枝梅」를 제하였다.[23] 이 시를 감상해본다.

21 『縞紵集』 권2. 「庚戌辛亥」 나빙조: 「兩峰已沒, 而先君再入燕, 爲設位致祭而哭之. 江南人士參觀在座者相謂曰: 悍鍾情言其交好之深也. 有客戲云: 子在東國曾捐金爲祭友乎? 先君答曰: 人生知己最重, 非所論於金之捐不捐矣.」(하버드 燕京圖書館 영인본. 67쪽)

22 『난양록』 권2. 「羅兩峯」 자주: “兩峯臨別贈詩, --- 余和之云: 楡關黃葉若爲情, 秋雨秋風信馬行, 記取當年腸斷處, 羅昭諫別柳耆卿.”(遼海叢書本. 9b~10a쪽)

驛路梅花影倒垂　거꾸로 드려진 역로의 매화 그림자여
離情別緖繫相思　이별의 정서가 그리움을 매어두었구나
故人近日全疎我　요즘 고인이 온통 나를 멀리하고 있으니
持一枝兒贈與誰　지니고 있는 한 가지를 누구에게 줄꼬
(國立中央圖書館藏本)

이 시는 『병세집』에 「又題折枝梅贈泠齋檢書」라는 제목으로 수록되어 있다. 여기에서 고인은 유득공을 지칭한다. 나빙은 곧 귀국하는 유득공을 위해 이별 선물인 「절지매」를 준비해놓고 유득공이 찾아오기를 기다리고 있었다. 그러나 유득공이 요 며칠 동안 나빙의 처소를 방문하지 못하자, 나빙은 유득공을 향한 그리움이 더욱 사무쳤다. 그저 손으로 「절지매」 그림 속의 매화가지만 어루만지고, 장차 이것을 누구에게 줄 것인가 하며 애틋한 마음만 태우고 있었다.

5) 棘蘭圖

나빙은 자신의 장기인 「난화」 그림을 그려 유득공에게 주었다. 「난화」 그림은 현재 전해오지 않지만, 다행히도 『병세집』에 제화시인 「寫蘭爲柳惠風檢書」가 수록되어 있다. 이 시를 감상해본다.

雪消雲靜墨池芳　눈이 녹고 구름이 고요한 墨池에 꽃이 피고
愛煞窗前葉葉長　사랑스럽게도 창문 앞 잎사귀가 자라났구나
秖爲朝東春得早　동쪽에 있으면 봄이 빨리 찾아오겠지
風吹一夜紫苞香　간밤에 紫苞 향기를 실을 바람이 불어왔네
(國立中央圖書館藏本)

23 『난양록』 권2. 「羅兩峯」 자주: 余與次修屢過兩峰, --- 寫余小照, 旁寫 「折枝梅題」. 云: 驛路梅花影倒垂, 離情別緖繫相思, 故人近日全疎我, 持一枝兒贈與誰."(遼海叢書本, 9b쪽)

그림 속의 날씨는 난이 피는 봄날이었다. 겨울철에 쌓여있던 눈은 어느새 녹아버리고 세찬 기압에 빨리 움직인 구름 또한 고요하게 움직이고 있었다. 자신이 먹을 갈며 사용했던 못에도 꽃이 피어나고, 창가에 있던 초목들도 잎사귀가 자라나기 시작했다. 옛 사람들은 봄의 기운이 동쪽에서부터 찾아온다고 믿었다. 유득공이 살고 있는 한반도에 난초가 잘 자라는 봄의 기운이 먼저 찾아오고, 나빙이 머무는 북경에 늦게 찾아온다. 지난밤에 어디에서 불어오는지는 모르겠지만 난향을 실은 바람이 불어와 나빙의 코끝을 자극했다. 이때 나빙의 마음은 어느새 난초가 핀 봄날로 향해갔다.

유득공과 나빙 사이에는 「棘蘭圖」와 관련된 애달픈 고사가 전해오고 있다. 나빙은 「극난도」를 그리다가 갑자기 붓을 내던지고 가시를 가리키며 장차 그대와 이별한 후에 눈에는 모두 가시뿐일 터인데 하며 슬퍼했다. 유득공이 나빙에게 강남과 강북에 어찌 제자가 없냐고 반문을 하자, 나빙은 머리를 흔들며 없다고 하며 낙심했다.[24] 유득공을 만나는 나빙의 마음은 결코 편치 않았다. 유득공과 이별을 하고나면 자기 주변에 지기나 제자가 없다며 한스러워했다. 그래서 난초 옆에다가 자신의 애달픈 심정을 상징하는 가시를 그려놓았다.

또 나빙은 난을 그린 부채를 유득공에게 주었다. 湘江은 역대 문인들이 많은 시문을 읊었듯이 강남에서 빼어난 경치로 이름이 난 강이다. 그림 속 상강의 강물은 푸르고 끝이 없는 봄날을 펼치고 있었다. 그러나 이내 달콤한 꿈은 깨지고, 난을 캐는 이들을 찾아볼 수가 없었다.[25] 이 시에서도 나빙은 자신을 알아주는 지인이나 계승할 제자가 없다며 서글픈 마음을 담아놓았다. 나빙이 유득공에게 난을 그린 부채를 주었을 때 박제가에게도 함께 주었던 것으로 보인다. 훗날 成海應은 박제가가 일찍이 연행에 나갔을 때 얻은 나빙의 난 부채를 자신에게 주었다고 했다.[26]

---

24 『난양록』 권2. 「羅兩峰」 자주: "又爲余寫蘭添棘, 擲筆指棘曰: "自別君後, 滿目都是此物, 奈何?" 余曰: "大江南北, 豈無桃李?" 兩峰搖手, 曰: "沒有, 沒有."" (遼海叢書本. 9b쪽)

25 『병세집』 권2. 「羅聘」 중 「又題蘭扇贈惠風」: "湘水一夜碧, 湘山無限春, 可憐香夢冷, 不見采蘭人." (國立中央圖書館藏本)

6) 竹圖

나빙은 박제가에게 여러 그림을 증정했는데, 그 중에 「竹圖」도 포함되어 있다. 『병세집』에는 「題自畵雙鉤竹便面, 贈苕翡檢書」로 기술되어 있다. 이 시를 감상해본다.

畵竹有聲風滿堂　대 그리니 소리 나고 풍채가 당에 가득
法從句勒異尋常　법도는 선 윤곽에서 나와 범상치 않도다
鸚哥毛綠羞重染　앵무새 털의 푸름이 짙게 물들여져있고
此是仙都白鳳凰　이것이 바로 仙都의 白鳳凰일세

苕翡는 박제가의 당호이다. 이 시는 나빙이 그린 그림의 특징이 잘 나타나 있다. 대를 그리니 마치 소리가 나는 듯하고, 그 풍채가 집안에 가득 찼다. 법도는 붓으로 그린 선 끝에서 풍겨 나와 여간 심상치 않았다. 대가지 속에 한 앵무새가 그려져 있는데, 푸른 털을 짙게 물들여놓았다. 이 앵무새가 바로 신선이 사는 마을의 백봉황이라고 했다. 나빙은 개성적인 그림을 좋아했다. 화법에 있어 전통적인 속박에서 벗어나 자유를 구하려고 했고, 변형적이거나 탈속적인 모습도 과감하게 도입했다. 박제가가 나빙의 대와 난초 그림을 논하는 대목에서 그림의 묘미는 겉모습에 있지 않는데 있다고 했다.[27] 나빙이 그린 대와 난초 그림은 사람들이 보는 일상의 모습이 아니라 마음속의 逸氣를 개성적인 화법으로 담아놓은 것이라 보는 사람들로 하여금 더 큰 감흥을 주고 있다.

---

26 成海應. 『研經齋全集』 續集책16 「題羅兩峯蘭後」: "朴在先嘗遊燕, 遺余兩峯畵蘭摺扇一." (韓國文集叢刊本. 책279. 412쪽)

27 『貞蕤閣詩集』 권3. 「題兩峰畫竹蘭草二首」 제1수: "道人畫竹時, 還以色相起, 君看竹成後, 妙不在形似."(亞細亞文化社本. 책1. 320쪽)

7) 馬圖

나빙은 재기가 몹시 뛰어나 다양한 장르의 그림을 그렸다. 나빙은 말 그림도 잘 그렸다. 『병세집』에는 「題畵馬」 2수가 수록되어 있다. 이 중에 제2수를 들어본다.

古戰場中數箭瘢　옛 전장에서 화살 상처가 몇 군데
悲凉老馬憶桑乾　슬픈 늙은 말은 桑乾河를 기억하도다
而今衰艸斜陽裏　이제 풀이 시들고 사양 속으로
人作牛羊一例看　사람들은 소와 양처럼 보고 있네

일반 화가들은 말 그림을 그릴 때 말의 체격이 건장하고 늠름한 모습을 하며 앞발을 들고 날뛰거나 들판을 내달리는 형상을 즐겨 그렸다. 그러나 나빙은 파격적인 것을 좋아해서인지 일반 화가와 반대로 늙고 힘없는 말을 그려 넣었다. 그림 속의 말은 예전에 桑乾河를 누비면서 수많은 전쟁터에 나가 싸웠던 늠름한 시절이 있었다. 말의 몸통에는 당시 전투에서 화살을 맞아 부상을 당한 흔적이 여러 군데 남아 있었다. 그러나 이제 나이가 들고 쇠잔하여 마치 서쪽으로 넘어가는 해처럼 생명을 다해가고 있었다. 사람들은 이 말이 예전에 늠름했던 과거사를 잊어버리고, 지금은 들판에 있는 소나 양처럼 하찮은 동물로 쳐다보고 있을 뿐이다.

8) 回紇舞女圖

북경 유리창에서 그림을 그리며 가난하게 살아가고 있는 나빙은 멀리 조선에서 온 귀한 손님 박제가와 유득공이 찾아오자 따뜻한 마음으로 맞이하고 자신이 그리거나 소장하고 있는 고서화를 아낌없이 보여주었다. 이들 모두 그림에 일가견 있는지라 서로 마음이 통하였다. 앞에서 언급했듯이 나빙은 박제가와 유득공에게 자신이 그린 「귀취도」를 펼쳐놓고 마음껏 감상하고 또한 제사를 적도록 했다. 이때 자신이 소장하고 있는 당 韓滉의 「回紇舞女圖」도 함께 보여주었다.

유득공은 권축본으로 된 한황의 「回紇舞女圖」를 감상한 뒤 그림 속의 위그로(回紇) 무녀가 뾰족한 모자를 쓰고 변발을 하고 머리에다 푸른 구슬로 장식하고 있는 모습이 마치 조선의 부녀자와 닮았다고 했다.[28] 한황은 당 貞元 연간에 활동한 문인으로 글씨와 그림을 잘 그렸다. 초서는 張旭의 필법을 얻었고, 그림은 陸探微의 화법을 따랐다. 일찍이 당 변방에서 일어났던 전쟁에 참가한 적이 있어 위그로 종족의 풍속에 대해 잘 알았다.

훗날 「回紇舞女圖」는 조선출신 安岐의 손에 들어갔다. 유득공이 권축본으로 된 「回紇舞女圖」 말미에 조선 안기의 인장이 찍혀있다고 했다.[29] 안기의 자는 儀周이고, 호는 麓邨, 松泉老人 등이다. 청나라 초에 그의 선대가 중국으로 건너가 만주팔기에 편입되었다. 웅정 연간에 天津, 양주 등지에서 소금상을 경영하여 커다란 부를 축적했고, 또한 고서화 감상에 일가견이 있어 위진 시대부터 명대까지의 방대한 고서화를 논평한 『墨緣彙觀』을 남겼다. 나빙은 아마도 양주에서 활동했던 시기에 이 그림을 구했던 것으로 추측된다.

9) 蘆洲雪鴈圖

卷軸 형태로 된 「노주설안도」는 원나라 화가가 그렸던 그림이다. 이

28 成海應. 『硏經齋全集』 續集책16. 「題羅兩峯蘭後」: “柳惠甫觀兩峯所藏唐韓滉 「回紇舞女圖」, 戴尖帽辮髮, 繞首而飾珠翠, 頗似東國婦女.”(韓國文集叢刊本. 책279. 412쪽)

29 成海應. 『硏經齋全集』 續集책16. 「記安岐印記」: “柳惠甫嘗入燕, 訪羅兩峯觀唐韓滉 「回紇舞女圖」, 軸尾有朝鮮安氏印記. 安氏名岐, 號麓村, 系出朝鮮, 是雍正間人. 與弟某有雅致, 在代王府內, 楊州辦塩務. 蓄書畵甚富, 嘗獻于內府, 蒙賜白金一千兩.”(韓國文集叢刊本. 책279. 416쪽)

그림은 많은 기러기가 그려져 있다하여 「百雁圖」라고도 불렸다. 화면 속에는 흰 눈이 쌓인 강가 모래톱에 갈대가 무성히 자라 군락지를 이루고 있고, 그곳에는 1백 마리인지는 모르겠으나 수많은 기러기가 여러 가지 모습을 하고 모여 있다. 어떤 기러기는 하늘을 날거나 울기도 하였고, 어떤 기러기는 잠을 청하거나 먹이를 구하기도 하였다. 필치는 굳세고 거칠면서도 자못 생동감이 있었다.[30] 아쉽게도 오늘날 「노주설안도」의 현존 여부가 알려지지 않아 그림을 자세히 감상할 수 없다.

「노주설안도」는 언제부터인지 조선 땅으로 흘러 들어와 박제가가 소장하게 되었다. 그림 말미에 박제가가 記文을 적어놓았다. 1790년(정조 13)에 박제가는 사행 길에 나서자 청조 우인들에게 보여줄 목적으로 「노주설안도」를 휴대해갔다. 당시 조선과 청조 문인들은 자신들이 소장하고 있던 진귀한 서화를 다른 우인들에게 보여주고 우인으로부터 제화시를 받는 것이 일종의 유행이었다. 청조 우인들은 박제가가 가져온 「노주설안도」를 보고 깊은 인상을 남겼다. 이때 나빙이 지은 「題次修所藏百雁圖」 2수가 유득공의 『병세집』에 수록되어 있다. 여기에서 제1수를 감상해본다.

> 糢糊小印何人筆　흐릿한 작은 낙인은 누구의 필치일고
> 宿食飛鳴百雁具　숙식, 비행, 울부짖는 百雁이 갖추었네
> 展向客窗生遠思　나그네 창문 펼치니 먼 생각 일어나고
> 紙屛竹榻在江湖　종이 병풍, 대 탑상이 강호에 있는 듯

나빙은 「노주설안도」를 그린 화가가 누구인지 몹시 궁금했다. 「노주설안도」 그림에 찍힌 화가의 작은 낙인은 오랜 세월이 지나 인주가 탈색되고 흐릿해 글자를 정확하게 파악하기가 힘들었다. 그림 속의 기러기는 여러 형태의 모습을 담아놓았다. 어떤 기러기는 꾸벅거리며 자고 있거나 음

30 『警修堂全集』. 「覆瓿集」 중 「題元人蘆洲雪鴈圖」 병서: "人有賣元人蘆洲雪鴈圖橫卷, 一稱百鴈圖. 飛鳴宿食, 百態俱備, 筆法勁鬆生活, 洵可實也."(申緯全集本. 책4. 1977~78쪽)

식을 먹고 있고, 어떤 기러기는 창공을 날아다니거나 힘차게 울부짖고 있다. 나빙은 「노주설안도」를 받아 햇살이 드는 창문을 향해 펼쳐놓고 감상하기 시작했다. 그림 속의 풍경을 보니 문득 강호로 돌아가고 싶은 마음이 일어났다. 당시 나빙은 북경 생활에 몹시 지쳐있었다. 유득공은 나빙이 말년에 아들 羅允纘과 함께 유리창 관음각에 살고 있으나 낙심하고 있으며 가련하다고 했다. 나빙은 유득공에게 내년 봄에 북경 생활을 접고 배를 빌려 고향으로 돌아가겠다고 했다.[31] 그러나 이듬해에도 나빙은 여전히 북경에 머물러 있었고, 몇 년 후에야 고향으로 돌아갔다.

옹방강의 『復初齋詩集』 권40에는 「蘆雁圖爲兩峯題所藏高麗人畵」 2수가 수록되어 있다. 이 시의 제목과 본문을 보면 「蘆雁圖」 그림의 작가와 소장자가 도대체 누구인지 애매하기 그지없다. 제목만 보더라도 크게 두 방향으로 풀이할 수 있는 여지를 준다. 한 방향은 고려인이 「노안도」를 그리고 나빙이 이것을 소장한 것으로 풀이할 수 있고, 다른 한 방향은 나빙이 고려인이 소장하고 있던 「노안도」에 제화시를 달았던 것으로 풀이할 수 있다. 또 이 시의 본문에서 나빙이 「노안도」를 다시 묘사했을 풀이가 성립될 수 있다. 이 시의 제2수에서는 나빙이 양주 南書房을 잊지 않고, 창가의 빛 아래에 海苔箋을 문질러 그려냈다고 했다.[32]

여기에 대해 필자의 견해를 덧붙여본다. 옹방강이 말한 「노안도」는 조선 박제가가 소장한 「노주설안도」과 일치한다. 첫째, 그림 제목이 일치한다. 「蘆鴈圖」는 박제가 소장본의 「蘆洲雪鴈圖」의 줄임말이다. 둘째, 옹방강 「蘆雁圖爲兩峯題所藏高麗人畵」의 작성년도는 박제가가 「노주설안도」를 북경으로 가져온 연도와 일치한다. 『복초재시집』의 각 편장은 편찬 시기별로 나누어 편집해놓았다. 『복초재시집』 권40은 「石墨書樓集二」 편장

31 『난양록』 권2. 「羅兩峰」: "晚來奉佛, 攜其子允纘, 寓琉璃廠之觀音閣, 落拓可憐, --- 自言明春買舟南歸."(遼海叢書本. 9ab쪽)

32 『復初齋詩集』 권40. 「蘆雁圖爲兩峯題, 所藏高麗人畵」 제2수: "花之老衲墨參禪, 渚意料量接遠天, 記取城南齋十笏, 窓光對拭海苔箋."(續修四庫全書本. 책1456. 39쪽)

이다. 이 편장은 庚戌 4월에서 10월까지 작성했던 시를 모았다. 따라서 옹방강이 「노안도」를 감상한 시점은 경술년, 즉 1790년(건륭 55; 정조 13)이다. 박제가가 「노주설안도」를 북경으로 가져와 청조 문사들에게 보여준 연도가 바로 이 해이다. 셋째, 「노주설안도」에는 나빙과 옹방강의 제화시가 적혀있다는 기록이 있다. 申緯는 「노주설안도」에 나빙과 옹방강이 적었던 제화시가 있다고 했다.[33] 李裕元도 「백안도」, 즉 「노주설안도」 말미에 옹방강의 詩詞가 적혀있다고 했다.[34] 그러므로 옹방강의 시는 나빙이 조선 박제가 소장 「노주설안도」를 제한 시를 보고 다시 제한 것이다.

신위의 『覆瓿集』은 1842년(헌종 8) 8월에서 이듬해 2월 사이에 작성되었다. 여기에 「노주설안도」와 얽힌 신위의 고사가 수록되어 있다.[35] 1842년(헌종 8) 또는 그 이듬해에 어떤 화상이 나빙과 옹방강이 적은 제화시, 신위가 임신년(1812: 순종 12) 가을에 작성한 발문이 있는 「노주설안도」를 팔러 신위를 찾아왔다. 신위는 「노주설안도」를 펼쳐보고 30년 전에 자신이 발문을 적은 옛 일을 회상하며 잔잔한 추억에 빠졌다. 그는 자신과 연분이 있는 「노주설안도」를 가지고 싶었으나, 가격이 매우 비싸 구입할 수가 없어 절구시 1수를 남기며 아쉬움을 달랬다. 이 시에는 나빙과 옹방강이 고묵화 「노주설안도」 앞에서 그림을 그리거나 글씨를 쓰며 참선 삼매경에 젖어든다는 구절이 있다. 이 구절은 옹방강의 「蘆雁圖爲兩峯題所藏高麗人畵」 제2수에서 따왔다.[36]

1871년(고종8)에 이유원은 지난 일들을 붓이 가는 대로 적어 『春明逸史』를 남겼다. 이 책자에 자신과 얽힌 「백안도」, 즉 「노주설안도」 고사가

33 『경수당전집』. 「覆瓿集」 중 「題元人蘆洲雪鴈圖」 병서: "卷中有羅兩峯, 翁覃溪二公題詩. (申緯全集本. 책4. 1977~78쪽)

34 『林下筆記』 권30. 「春明逸史」 중 「百雁圖說」: "尾有翁潭溪詩詞."(아세아문화사본. 739쪽)

35 『경수당전집』. 「覆瓿集」 중 「題元人蘆洲雪鴈圖」 병서: "是卷宜作碧蘆舫中物, 而價甚高, 猝莫購得, 爲題一詩."(申緯全集本. 책4. 1977~78쪽)

36 『경수당전집』. 「覆瓿集」 중 「題元人蘆洲雪鴈圖」 본시: "花之老衲覃溪叟, 古墨參禪雪鴈洲."(申緯全集本. 책4. 1977~78쪽) ; 『復初齋詩集』 권40. 「蘆雁圖爲兩峯題所藏高麗人畵」 제2수: "花之老衲墨參禪."(續修四庫全書本. 책1456. 쪽39)

수록되어 있다. 吳圭一은 서화를 잘 알아보는 인사인데, 하루는 이유원에게 「노주설안도」를 보여주었다. 이유원은 「노주설안도」가 원나라 사람이 그렸던 것이고, 그림의 품격이 신묘하다며 높이 평가했다. 「노주설안도」에는 옹방강의 시사, 박제가의 기문이 있으며, 글 또한 몹시 화려했다. 이유원은 「노주설안도」의 낙관과 제사를 자세히 살펴본 다음 그림을 가지지 않고 오규일에게 되돌려주었다. 그 이유인 즉, 「노주설안도」는 허물이 있는 물건이다. 마치 세상에 떠돌아다니는 물건처럼 소유주가 자주 바뀌었고, 자신이 이 그림을 가지면 장차 허물이 발생할 것이라고 예견했다.[37] 그래서인지 「노주설안도」는 현재 소장여부가 확인되지 않고 있다.

3. 맺음말

근자에 사회 전반에서 한중 문화교류에 대한 관심이 부쩍 높아졌다. 언론에서 이와 관련된 보도가 연이어 나오고 있고, 국내외 학계에서도 교류의 중요성을 재삼 강조하고 있다. 한중 문화교류는 아주 오래 전부터 시작되었고, 대대로 신속하게 발전되어 교류의 빈도수가 헤아릴 수 없을 정도로 매우 많아졌고, 오늘날에도 그 전통이 계속 이어지고 있으며, 앞으로는 더욱 높은 차원의 교류가 활발하게 전개될 것으로 믿어진다.

본 논문에서는 18세기 말에 조선 선각자 朴齊家·柳得恭과 청나라 천재화가 羅聘과의 書緣을 다루었다. 書緣은 그림을 매개체로 한 문화 교류

37 『林下筆記』 권30. 「春明逸史」 중 「百雁圖說」: "吳尹圭一, 能解書畵者也. 贈余百雁圖, 似是元人所寫, 而畵格神妙, 尾有翁潭溪詩詞·朴楚亭記文, 辭意絢爛也. 細閱數遍, 仍卽還之. 傍人怪問, 余曰: "此尢物也者, 其題辭·圖章, 則飄零變幻, 屢易主, 而轉圜者也. 於此能無戒心乎?" "(아세아문화사본. 쪽739). 「春明逸史」는 신미년(1871) 9월부터 11월 사이에 작성되었다.

를 지칭한다. 「鬼趣圖」는 나빙이 자신의 재기를 마음껏 발휘하여 귀신의 다양한 모습을 그린 그림이다. 현재 홍콩 霍寶材가 소장하고 있는 8폭 「귀취도」 원본에는 당대 문사 수십 명이 제화시문을 남겼는데, 그 속에 박제가와 유득공이 감상한 제사, 귀신의 해학 사실을 풍유한 박제가의 제화시가 들어가 있다.

나빙은 매화의 활짝 핀 모습을 담은 「墨梅花圖」와 박제가의 아름다운 풍채를 담은 「朴齊家小像」을 그려 박제가에게 주었다. 「묵매화도」, 「박제가소상」 원본은 「置之懷袖」 화첩으로 만들어져 청조와 조선 우인들에게 널리 감상되었다. 최근 일본 전람회와 중국 경매에 원품이 출품되었고, 과천시에는 일제강점기 때 찍은 유리판 필름이 소장되어 있다. 「柳得恭小像」, 「棘蘭圖」, 「竹圖」, 「馬圖」는 오늘날 그림이 전해오지 않지만, 이 그림들을 읊은 제화시가 『並世集』, 『灤陽錄』, 『貞蕤閣詩集』 등에 수록되어 있다. 「유득공소상」 제화시는 나빙이 유득공을 그리워하는 마음을 담아놓았다. 「자난도」 고사는 나빙이 유득공을 지인으로 여기고 있었다. 「죽도」와 「마도」는 제화시를 통해 보면 화풍이 전통적인 속박에서 벗어나 파격적인 모습을 띠고 있다.

그림을 좋아하는 조선 박제가, 유득공과 청 나빙은 각자 소장하고 있던 진귀한 고서화를 우인들에게 감상할 수 있도록 아낌없이 내놓았다. 나빙은 자신이 소장한 당 韓滉의 「回紇舞女圖」을 유득공에게 보여주었다. 「回紇舞女圖」는 일찍이 조선인 출신 安岐가 소장했다. 원 화가가 그린 「蘆洲雪鴈圖」는 박제가가 소장하고 있었다. 연행을 갈 때 이 그림을 가지고 가서 나빙, 翁方綱 등 우인들에게 보여주었다. 나빙과 옹방강은 각각 감상 제화시를 남겼다.

역대 한중 문화교류는 우호성과 다양성을 보여준다. 조선 지식인사 박제가·유득공과 청나라 천재화가 나빙과의 畵緣에서도 이러한 특징을 잘 나타내고 있다. 특히 「노주설안도」는 원래 원나라 화가의 작품인데 한반도로 흘러들어왔고, 훗날 조선 문사가 중원으로 가져가 청조 문사들의 감상 시문을 받았고, 조선 문사들은 청조 문사들이 논평한 시문을 다시 감상하는 과정을 거쳤다. 이와 같이 한국과 중국 문사들은 고급문화의 상징물인 그림을 다함께 감상하고 후대에 널리 전하는 아름다운 고사를 창출하고 있었다. 앞으로 한중 문화교류도 조선 문사 박제가·유득공과 청 천재화가 나빙의 書緣처럼 아름다운 고사가 더 많이 생기기를 기대하면서 본 논문을 마치고자 한다.[燁爀之樂室; 己丑冬至後一日 草藁: 壬辰十月十二日 啓明大韓國學硏究院 發表, 同月十五日, 癸巳三月三日 部分修訂][38]

참고문헌

朴齊家撰. 1992.『楚亭全書』. 서울 亞細亞文化社.

柳得恭撰.『泠齋書種』. 古芸書屋鈔本. 國立中央圖書館藏本(한貴古朝90-4본).

柳得恭撰.『灤陽錄』. 民國年間遼海叢書刊本. 家藏本.

白景炫撰. 2008.『燕行錄』(『燕行錄選集補遺』. 冊中). 서울 동아시아학술원 대동문화연구원.

申緯撰. 1983.『申緯全集』. 서울 太學社.

金正喜撰. 1986.『阮堂全集』. 서울 民族文化推進會.

李裕元撰. 1991.『林下筆記』. 서울 亞細亞文化社.

羅聘撰. 1970.『羅聘鬼趣圖卷』. 홍콩 開發股份有限公司.

張問陶撰. 1995.『船山詩草』(『續修四庫全書』 책1486). 上海 上海古籍出版社.

翁方綱撰. 1995.『復初齋詩集』(『續修四庫全書』 책1455~1456). 上海 上海古籍出版社.

38 2009년에 초고본을 마친 이후 본교 내부 검토, 계명대 한국학연구원 발표, 논문 심사 과정에서 많은 이들로부터 도움을 받았다. 이 자리를 빌려 감사드린다.

法式善撰. 1995.『梧門詩話』(『續修四庫全書』 책1705). 上海 上海古籍出版社.

果川文化院編. 2008.『후지츠카의 추사연구자료』. 果川 果川文化院.

李鍾振撰. 1983.「揚州八怪, 羅聘의 生涯와 繪畵 硏究」. 東國大 敎育大學院 碩士論文.

莊申撰. 1972.「羅聘與其鬼趣圖; 兼論中國鬼畵之源流」.『中央硏究院歷史語言硏究所集刊』. 44本 3分.

陳金陵撰. 文貞姬譯. 1995.「羅聘의 회화와 조선친구」.『美術史論壇』2집.

'연암학파'의 일원 遠照軒 尹仁泰의 일생과 燕行

김영진

'연암학파'의 일원 遠照軒 尹仁泰의 일생과 燕行

—

김영진

1. 머리말

燕巖 朴趾源(1737~1805)은 안의현감으로 재직하던 1793년 봄에 처남 李在誠과 사위 李鍾穆과 李謙秀, 金箕懋, 문하생 李喜經·尹仁泰·韓錫祜·梁尙晦 등을 초청하여, 王羲之의 蘭亭 고사를 본떠 술잔을 물에 띄워 흐르게 하고 시를 읊조리며 즐거운 모임을 가진 바 있다.[1] 그동안 학계에서 연암학파와 그 문하생에 대한 고찰이 심화되었으나[2] 윤인태란 인물만은 단독으로 고찰이 이루어진 바 없다. 그의 문집을 비롯한 여타 1차 자료가 발견되지 않았다는 데에 일차적인 원인이 있을 것이다. 윤인태는 청·장년기에 여러 차례 중국에 들어가 청의 문사들과 교제를 맺었고, 篆書에 뛰어난 예술가였으며, 서울의 노·소론 명사들과 밀접한 교유가 있던 인물이다. 본고에서는 청 문인과 조선 명사들과의 교유를 중심으로 윤인태의 생애를 재구해 보고자 한다. '연암학파' 연구의 일환으로서, 또 조·청 문사 교류 방면의 연구에 작은 보탬이 되었으면 한다.

1 朴宗采. 『過庭錄』 권2.
2 오수경. 2013. 『연암그룹 연구』. 월인. 등.

2. 윤인태의 가계

윤인태의 가계에 관해서는 『파평윤씨세보』의 '版圖公派'에서 확인할 수 있다. 윤인태의 9대조 尹任(1487~1545)은 중종의 비 章敬王后의 오빠이자 '大尹'으로 지목되었던 인물로, '小尹' 尹元衡이 일으킨 을사사화의 화를 입었다.[3] 6대조 尹廷俊은 李适의 난 때 옹진현령으로 殉節하여 '忠愍'이란 시호를 받았고,[4] 5대조 尹隮는 1646년 柳濯의 난에 討逆한 공으로 寧國原從에 녹훈되었다. 고조부의 동생 尹之翊은 문과에 급제한 후 지평 등을 지내고, 경신대출척 직후 保社從勳에 참여하였다.[5]

조부 尹休耕(1673~1750, 호 三樂堂)은 신축년(1721) 겨울 朴弼夢과 尹聖時가 연달아 啓辭를 올려서, 血黨을 지어 불순한 모임을 갖고 景宗의 독살을 기획했다고 무고함으로써 유배된 16인 중의 한 사람이었다.[6] 윤휴경은 1725년 영조 등극 후 해배된 뒤에 음직을 제수 받았으나 벼슬길에 나아가지 않았다. 그는 珍原朴氏(竹川 朴光前의 후손)와의 사이에 1남 3녀를 낳았는데 아들 尹錕은 부친이 유배되는 고충 속에 병을 얻어 요절하였다. 사위는 李匡彦(본관 전주), 金偉材(본관 광산), 李漢祥(본관 전주)이다. 윤휴경은 측실에게서 庶子 尹鈐을 두었는데 그의 아들이 바로 윤인태이다.

---

3 윤임의 神道碑銘은 簡易 崔岦이, 行狀은 晦軒 趙觀彬이, 諡狀은 대제학 李鼎輔가 지었다. 윤임의 11대손 尹五榮(호 靭齋)은 을사사화에 관한 여러 자료를 모아 『乙巳消長錄』(15권)을 편했는데 그 손자 尹宗儀(1805~1886, 호는 淵齋)가 다시 재편, 교정하여 18권 18책(1873년 尹定鉉 序)으로 엮었다. 『을사소장록』은 버클리대 동아시아도서관에 소장되어 있다.

4 윤정준의 비문은 浦渚 趙翼이, 행장은 滄洲 金益熙가, 시장은 疎齋 李頤命이 찬했다.

5 金純澤. 『志素遺稿』 제3책(국립중앙도서관 소장). 「司憲府持平尹公墓誌」.

6 16인은 金雲澤, 金民澤, 金祖澤, 李器之, 李天紀, 趙洽, 李德重, 李榮祚, 李正植, 尹休耕, 邢義賓, 趙松, 金盛節, 李秀節, 錢仁佐, 安龜瑞를 말한다(『景宗實錄』 1년 12월 25일). 이들은 모두 睦虎龍의 고변으로 처음에는 유배되었다가 국문을 받던 중 대부분 사망하였다. 국문에서 생존한 朝官은 1725년 해배되었는데 윤휴경은 조관이 아니라는 이유로 누락되었다가 직후에 閔鎭遠의 상소로 풀려났다.

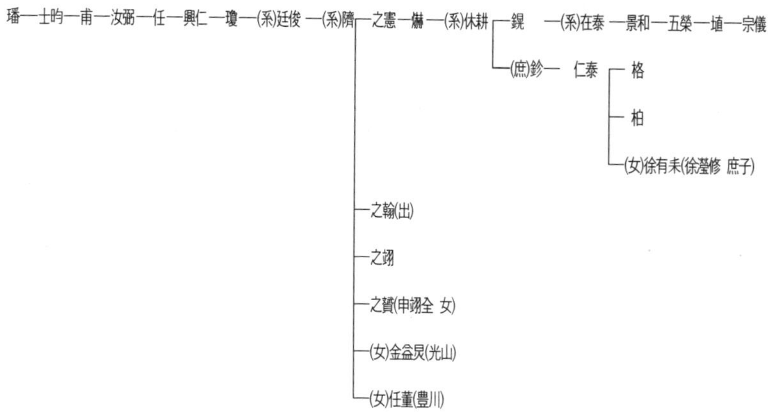

[그림 1] 윤인태 집안 가계도

3. 윤인태의 생애와 연행

윤인태는 庶派인 탓인지 족보에 기재된 사항이 소략하다. 자, 호, 생몰년, 묘소 등이 나오지 않고 오직 장인이 경주김씨 金漢吉(縣令)[7]이란 사실만 기재되어 있다. 다른 자료들을 통해 윤인태의 자가 五一이고, 호는 由齋·遠照軒 등이었음을 알 수 있다.

윤인태의 행적 가운데 특기할 사실로 그가 세 차례 入燕했음이 확인된다. 첫 번째는 1791년 동지사행에 정사 金履素의 수행원으로 따라갔는

7 김한길은 안동권씨 權膺(1675~1743. 세거지 한산)의 사위로 一夢 李奎象의 부친 李思質(본관 한산)과 동서 사이가 된다.

데, 이 때 자제군관으로 참여한 金履度(1750~1813)와 절친한 사이가 된 것으로 보인다. 두 번째는 1794년 진하사행에 정사 朴宗岳의 수행원으로 따라갔는데 이 때도 자제군관인 朴宗善(1759~1819)과 절친한 사이가 되었다. 세 번째는 1799년 동지사행에 정사 金載瓚(1746~1827)의 군관으로 입연하였다.[8] 윤인태는 1795년 김재찬이 평안감사로 있을 때부터 이미 막객으로 친분이 상당하였다.[9]

윤인태의 연행에서 우선 확인할 수 있는 것은 연암 박지원과 관련이 많다는 점이다. 1, 2차 사행의 김이소·김이도 형제, 박종악·박종선 종형제는 연암과 절친했던 인물들이다. 1791년 윤인태가 첫 연행을 하기 직전에 조선에서는 이미 박제가, 유득공, 이희경 등 연암학파 구성원들에 의해 羅聘(1733~1799), 張問陶(1764~1814)를 비롯한 청 문사들과 넓고 깊은 교제가 있었는데[10] 윤인태는 이들의 인맥을 이어나갈 수 있었다. 윤인태는 시,

8 『일성록』에 김재찬의 군관 윤인태 등이 장계를 가지고 먼저 귀국했다는 기사가 있다. 『일성록』 정조 24년(1800) 2월 6일 〈進賀正使 金載瓚과 부사 李基讓이 연경으로부터 출발한다는 내용으로 급히 장계하였다〉, "(전략) 예부의 통지에 따라 이달 21일에 신들 일행은 북경에서 출발하겠습니다. 신의 군관 尹仁泰와 이기양의 군관 孫聖欽, 역관 李時謙에게 장계를 주어 먼저 떠나게 합니다."

9 김재찬의 『海石遺稿』 권8에 「題金君寡悔四戲軸後」("古有墨戲畫戲, 而詩家之有詩戲尤古也. 今所謂「澄淸軸」蓋戲劇, 而謂之詩之戲亦可也. 以寡悔之癖於聲色, 而公然爲一僧, 以雲章之昧於詩律, 而亦能爲五絶句. 且主人簿書鞅掌, 廢閣筆硯久矣, 而今爲寡悔, 作此漫咏者, 都是戲耳. 況尹五一以我謂政成多暇, 多延韻士墨客, 如古節度之迎置溫石二處士者, 尤戲之最戲者也. 寡悔他日歸閱是軸于茅山堂中, 名之曰四戲軸可乎. 乙卯(1795)仲冬, 戲題于澄淸閣.") 등 윤인태 관련 글들이 여럿 보인다.

10 羅聘에 관련한 조선 문인의 시문은 너무 많아 생략하고, 張問陶에 대한 것만 몇 편 소개하면 다음과 같다. 李喜經. 『綸菴集』 권2. 入燕題詠. 「張翰林(問陶船山)席上, 題扇以贈」(일본 천리도서관 소장본). "張公眞雅士, 閉戶日吟哦. 小別思還切, 相逢情更多. 淸談憑不律, 轟音屬無何. 素知臨池興, 慇懃乞擘窠."; 朴齊家. 『貞蕤閣三集』. 「贈張船山歸四川」. "蜀客題詩問碧鷄, 行人驅馬出黏蟬. 相思揔有回頭處, 江水東流日向西(蟬音提, 漁洋誤押先韻, 故今正之.).", 『貞蕤閣文集』 권3. 「洪亮吉傳」. "洪亮吉字稚存, 江蘇陽湖人. (중략) 余得其『卷施閣乙集』, 『吳下英才集』數卷於翰林張問陶, 讀而善之. 張曰: '此人見次修先生詩, 稱之不容口, 方住崇文門外, 間嘗來我, 可候之也.' 余方有事, 謝不能, 書寄'卷施閣'三大字, 後見龔荇莊, 曰: '稚存太史聞次修來, 委候半日, 以次修失期, 悵惘而去. 復因張翰林致『三國疆域志』及府廳州縣志, 自書小篆對聯, 所以贊也.' 其風流弘長如此. (후략)" 등. 柳得恭의 『燕臺再遊錄』에는 장문도의 사촌동생 張問彤(字受之, 號飮杜, 四川遂寧人)과 만나 문답을 한 기록이 있다.

글씨, 술로 북경에서 이름을 떨쳤던바, 그의 주변에는 송원 김이도와 고종사촌인 金斗烈(1735~1781, 號는 藝園) 등 명필이 많이 있기도 하였다. 그의 가계를 보면 노론으로의 정치 성향이 뚜렷하다는 것을 알 수 있다. 윤인태가 자신의 딸을 소론 徐瀅修(1749~1824)의 서자와 혼인시켰고, 또 만년의 知友라고 할 수 있는 紫霞 申緯(1769~1847)가 소론이기는 하지만, 자하와의 교분 역시 김이도를 비롯한 노론 안동김문의 매개가 강하게 작용했다는 점을 간과할 수 없다. 신위와 윤인태의 만남은 만년에야 이루어졌으나 두 사람이 교감을 나눈 정도는 강렬했고, 신위는 윤인태의 과거 행적들까지 많이 남겨놓았다. 우선 신위의 기록을 통해 윤인태의 1791년 1차 사행 때의 특이한 경험을 보자.

> 「내가 遠照老人이 보여준 「李莒州傳」을 읽었다. 莒州와 遠照 집안 忠愍公의 사적에 비슷한 점이 두 가지이니, 나라를 지키느라 죽은 것이 하나요, 노복이 죽음으로 절의를 지킨 것이 둘이다. 忠愍의 후손과 莒州의 후손이 만남을 기약하지도 않고 만났고, 그 만남도 田子泰의 옛터이니 또 어찌 그리 강개하지 않을 수 있겠는가. 田子泰는 세속에서는 子春으로 잘못 알려져 있지만 宋刻 『陶集』에는 子泰로 되어 있어서 『魏志』에 부합한다. 遠照老人이 지은 시문과 松園 金尙書(履度) 등 여러 공의 기술에 대부분 忠愍(尹廷俊-필자)의 일을 언급하지 않은 것은 무엇인가. 내가 두 수의 시를 지어 그 미비함을 보충한다」[11]
>
> 乾隆 신해년(1791) 12월 19일, 나는 玉田縣의 술집에서 혼자 술을 마시고 있었는데 어떤 이가 와서 의자 앞에 섰는데 마치

11 申緯. 『警修堂全藁』 제9책. 『花徑賸墨 三』(1821.8-10). 「余讀遠照老人所示「李莒州傳」, 莒州與遠照家忠愍公事有相類者二, 守土立殣一也, 奴僕死節二也. 忠愍孫與莒州孫, 不期遇而遇, 遇必在于田子泰舊墟者, 又何其慷慨也. 田子泰, 俗僞作子春, 宋刻『陶集』作子泰, 與『魏志』相符. 及讀老人所自爲詩文與松園金尙書履度諸公所記述, 擧皆不及於忠愍事何也. 余爲二詩, 以補其未備」.

부탁할 일이 있는 듯하였다. 나는 즉시 인사를 하고 앉기를 청하고 술을 권했더니 사양치 않고 연거푸 세 번 큰 잔을 기울였다. 내 손을 잡고 말하기를, "田疇의 옛터에 가서 술을 마시겠소?"라고 하기에, 나는 좋다고 하였다. 그 사람은 술집에 큰 술동이를 지참케 하여 나를 끌고 광야의 언덕 위에 이르러 서쪽으로 먼 산을 가리키며 말하기를, "저 곳은 無終山이오. 燕昭王의 무덤이 있소. 지금 우리들이 앉은 곳은 田子泰의 옛터요."라고 하였다. 내가 물었다. "귀하의 성명은 무엇인지요?" 답하기를, "나는 성은 李요 이름은 없소. 사람들이 無名으로 칭했는데 이젠 늙어서 李老라 칭하오. 무명이라 불러도 좋고 노인이라 불러도 좋소."라 하고는 크게 웃고 또 장탄식을 하였다. 술이 대여섯 번 돌자 날이 어두워져 함께 그의 임시 거처로 가서 등을 켜고 다시 술을 마셨다. 李는 주인의 서가에서 『豊潤志』 4책을 꺼내더니 나를 불러 「李莒州傳」을 보여주며 말하기를, "이것은 나의 선조의 사적이오."라고 하였다. 나는 한번 읽기를 마치고 송연히 옷깃을 바로하며 말하였다. "烈이로다! 선생께서는 忠孝家의 名士셨군요. 감히 묻습니다. 무슨 일을 하시는지요?" 李가 말하였다. "나는 豊潤에서 세거하다가 요사이 徽州로 옮겼소. 성품이 산에 노닐기 좋아하여 五嶽에 여러 번 올랐고 내일은 또 친구들과 약속하여 醫巫閭山에 가기로 하였소. 오늘밤 그대와 우연히 만났으니 즐겁소."
李는 나이가 50여 세 정도인데 얼굴이 야위고 검어 肉食하는 기운이 없어 보였다. 밤새 통음하여도 취한 기색이 거의 없었다. 筆譚하는 중에 때로 황홀하여 무슨 말인지 알지 못하겠으니 기이하였다. 닭이 울 때까지 각자 의자에서 잠시 졸았는데 깨보니 李는 이미 없었다. 놀라 주인에게 물었더니 주인은 "客은 떠난 지 조금 됐습니다."라고 하였다. 나는 오래도록 멍하고 슬펐다. 아, 李가 고하지 않고 떠나간 것은 내가 교제하기에 부족하다고 여겨서인가. 나는 「李莒州傳」을 베끼고 또 시를 지어 田疇를 위로하였다.[12]

춘추에 右北平의 무종현 있고	春秋右無終,
장부로 田疇가 있었네	丈夫有田疇.
初平 때 난을 만나	世值初平亂,
유유주(劉虞)에게 몸을 의탁했네	託身劉幽州.
중간에 호원의 가에서 인내함에	中耐虎原邊,
길이 험하고도 멀었지	道路阻且修.
수레와 기병 무리 쓰지 않고	不用車騎衆,
집안에서 장사들을 모았네	壯士家中鳩.
전별 자리에서 귓속말하니	祖席附耳語,
장막 안의 계책 흘리지 말라	密勿帷幄籌.
어렵사리 장안에 도착하니	間關到長安,
천자의 총애가 두터웠네	天子寵靈優.
돌아와 무덤 앞에서 통곡하니	旼來哭基前,
씩씩하도다! 오랑캐에게 전해졌네	壯哉蠻布傳.
한번 깊은 산중에 들어가	一入深山中,
임금 원수 갚겠다 하늘에 맹세했네	誓天復君讐.
연·조의 비분강개한 사내들	燕趙悲歌士,
모두 창을 정비하기를 원했네	咸願修戈矛.
위의와 신의가 변방 고을에 드러나니	威信著邊郡,
북으로 烏桓의 우두머리도 복종했지	北服烏桓酋.
袁紹의 부름 웃으며 사양했으니	笑謝袁家招,

12 申緯. 앞의 글. "乾隆辛亥(1791)十二月十九日, 余在玉田縣酒樓獨酌, 有人來立椅子前, 若屬意焉. 余卽致敬請坐, 勸以酒, 不辭, 連倒三巨觥, 握余手而言曰: '共飮於田疇舊基可乎?' 余曰: '唯.' 伊人命酒家保携大酒, 拉余至曠野邱原上, 西指遙山曰: '此無終山也, 燕昭王之塚在焉. 今吾輩坐處, 是田子泰舊基也.' 余問: '尊姓大名?' 答曰: '我姓李而無名. 人以無名稱之, 今則年老, 人又以李老稱之, 以無名爲名可, 以老爲名亦可.' 仍大笑, 又長太息. 酒至五六巡, 日已曛, 同往其寓館, 剪燈更酌. 李於主人架上, 抽『豊潤志』四冊, 招示「李莒州傳」曰: '此是吾先祖事蹟.' 余一讀訖, 悚然正襟曰: '烈哉! 先生旣是忠孝家名士. 敢問所業.' 李曰: '吾世居豊潤, 近移徽州, 性好遊山, 屢入五嶽. 明日又約同遊, 入毉巫閭, 今夜偶然相逢, 可樂也.' 李年五十許, 而面瘦黑, 無肉食氣, 達夜痛飮, 若無醉痕. 筆譚, 時時恍惚, 不省爲何語, 可異. 鷄喔喔, 各于椅上少睡, 覺來, 李已不在矣. 驚問主人, 主人曰: '客去有頃.' 余惝怳惆悵者久之. 噫! 李之不告別去, 以余爲不足交面然耶. 余手錄「李莒州傳」, 又爲詩吊田疇田."

그가 소인배임을 알아서였다네　　知渠小人鯫.
李廣의 행차 머문 곳　　李廣弭節地,
韓信의 陳倉에서의 계책　　韓信陳倉謀.
어찌 노룡새로　　豈以盧龍塞,
정후 한 자리를 취했겠는가　　買取一亭侯.
초의 신하가 읍을 상으로 준 것 피했고　　楚臣逃邑賞,
제의 선비가 금을 보내준 것도 사양했지　　齊士辭金酬.
임금의 원한 끝내 씻지 못했으니　　主怨終未雪,
이 마음 물고기가 낚싯바늘을 문 듯　　此心魚銜鉤.
마음 저버린 사람은 되지 않았으니　　不作負心人,
그 열렬함 천추를 비추는도다　　烈烈映千秋.

尹仁泰 五一은 題하다

신위는 윤인태의 기사와 시를 함께 적어놓고, 그 아래에 자신의 감회시 두 수를 썼다.

광망한 땅은 옥전현이요　　曠莽玉田縣,
푸른 산은 옛 무종현이라　　青山古無終.
채찍 울리며 자류마 도약하니　　鳴鞭躍紫騮,
행색이 군대를 따라가는 듯했네　　行色似從戎.
술 항아리 옆에 객이 있어　　有客酒罏傍,
이야기 나누다가 영웅을 보는구나　　言談眄睞雄.
특별히 田疇의 유허를 빌려　　特借田疇墟,
슬퍼하며 莒州의 풍모를 기록했네　　悲記莒州風.
그대 끝내 사람 저버리지 않았으니　　君竟不負人,
드러낸 것 무궁히 전해지리라　　發揮傳無窮.
미간에 아직 걸특한 기운　　眉間尙傑氣,
바람과 서리 속 부서진 집에 남아있네　　破屋風霜中.

일찍이 포저(趙翼)의 비명을 읽으니	嘗讀浦渚銘,
충민공(尹廷俊)의 일생을 수습했네	忠愍摭始終.
슬피 (백사의) 철령곡 부르고	悲歌鐵嶺曲,
분노로 반군들 잘라버렸네	憤切伏莽戎.
짚풀에 싸인 歧灘의 役	褁草灘之役,
굳센 넋 귀신의 으뜸되리라	毅魂爲鬼雄.
충민과 거주	忠愍與莒州,
똑같이 백세의 풍도 세웠네	等樹百世凬.
한 붓으로 두 절의 천명했으니	一筆闡二節,
나의 시 무궁하리라	我詩垂不窮.
또한 결과 곽등운	又何抉登雲,
열렬하도다 노복 가운데	烈烈奴僕中.

신위는 자신의 시에 이어 두 편의 글을 附錄으로 적어놓고 있는데, 바로 「李莒州傳」[13](曹鼎望[14])과 「尹忠愍(廷俊)碑文」(節錄二段)[15](浦渚 趙翼)이

13 "或問曹子曰: '李攝州判也, 何吾子以莒州予之也?' 曰: '判攝州而死於莒, 予之以莒, 何不可之有? 至今稱張睢陽, 不聞稱張眞源, 予判以州, 亦猶是矣.' 李諱昌澧, 字於瀾, 豊潤邑巨族也. 博學明大義, 崇禎壬午(1642-필자)冬, 以拔貢授莒州判, 十二月二日抵任. 先是大淸兵入邊牧馬至山東, 將及莒州, 縣牧謀解餉避他所, 委李攝州篆, 視其城上, 惟老弱存, 乃入而語其妻若子曰: '民可逃, 官不可逃, 民不可死, 官不可不死, 我志决矣.' 何氏曰: '君能忠, 妾豈不能節?' 其子爾璇曰: '臣盡忠子盡孝, 兒其何說之辭?' 迨二十六日, 忽傳大兵至, 李衣冠坐堂上, 露刃置印傍, 侍側者, 子與僕郭登雲而已. 數騎至州, 門斧而入, 登雲死門下, 碎其屍, 何夫人自經, 爾璇死於堂側, 衙以內無一存者, 何其烈哉. 考『唐書』, 贈張巡爲揚州大郡都督, 許遠爲荊州大都督, 立雙忠廟以祀之, 而以南霽雲雷萬春配焉. 李之死, 不亞於張許, 登雲更慘於霽雲, 余是以重其人悲其遇, 而以莒州予之, 紀寀也. 癸未(1643)春, 凶聞達豊潤, 其長子光斗徒步走莒州, 尋得其父母與弟屍, 具車輛扶柩, 歸而葬於祖塋, 若光斗者, 亦可爲能子矣. 或聞之, 色駭然歎息而退, 余乃記其問答之辭而爲之傳." 이 원문은 신위 『경수당전고』에 실린 것으로 『풍윤현지』에 실린 「李莒州傳」과는 글자 출입이 많다. 이에 대해서는 별고에서 재론할 예정이다.

14 曹鼎望은 『紅樓夢』의 작자 曹雪芹의 종조부다. 歸巖 李元禎은 1660년 豐潤縣을 지날 때 조정망의 집을 방문했으나 그는 마침 벼슬을 위해 북경에 가고 없었고, 대신 안주인의 접대를 받은 일을 기록으로 남겼다. 이원정, 『연행록』 1660년 4월 7일조, "성 안의 翰林 曹鼎望의 집에 묵었는데 집이 매우 화려하였다. 주인이 마침 學士로 북경에 처음으로 벼슬하게 되어 그의 內助(아내)가 홀로 머무르다가 다음 달에 남편을 따라 북경으로 갈 것이라고 한다. 주인집 奴僕이 그 부인의 명령으로 차를 대접하고 또 술상을 올렸는데 반찬이 아주 맛있었다. 행중에서 禮單을 넉넉히 들여오자 사양한 뒤에야 받았다. 부인의

다. 「이거주전」의 주인공 李昌澻는 풍윤현의 巨族으로 명말에 莒州의 관원으로 나갔다가 청에 저항하며 순절한(가족과 노복도 함께) 인물이다. 윤인태가 옥전현의 술집에서 만난 인물은 이창초의 후손으로서 奇人이자 遺民의 모습으로 잘 형상화되어 있다. 자하가 윤인태로부터 「이거주전」을 전해받았을 무렵 芝山 柳詠(1779~1821)[16] 역시 이 작품을 자신의 시집 끝부분에 베껴두고 있는 것[17]으로 보아 윤인태의 지인들 사이에 「이거주전」이 유통되었음을 알 수 있다. 유화는 윤인태와 절친한 사이로 박지원의 사돈이기도 했다. 조선 사절단에게는 역사적 장소인 풍윤현과 옥전현에서 윤인태가 경험한 명 유민과의 기이한 만남은 조선 지식인들에게 인상적인 이야기가 되었을 것이다.

한편, 윤인태는 2차 사행 때 박종선과 함께 羅聘의 처소에 찾아갔다가 마침 그곳에 있던 張問陶의 시집 한 권을 가지고 귀국하였다. 박종선이 나빙의 처소에 남긴 시에 장문도는 다음과 같은 차운시를 지었다.

> 「정월 18일에 조선 검서관 박종선이 산인 나양봉의 처소로부터 내게 '일찍이 세상에 文昌이 있다고 들었건만/ 인간에 草聖이 전한다 또 말하네. 鷄林의 紙價 올라감을 진중히 여기시오/ 새로운 시 약간 수 사가려 하니'란 시를 보내왔다. 이 때 양봉의 처소에는 마침 나의 최근 시 한 권이 있었기에 박이 포의 윤인태와 드디어 휴대하고 귀국하였다. 박의 자는 능양이고

성은 常氏로, 指揮使의 딸이다. 남편이 없을 때 다른 나라 사람을 館接하면서 예의와 공경이 지극함을 갖추었으니 결코 평범한 부인이 아니다."

15 이 글의 전문은 『浦渚集』 권32에 「通訓大夫甕津縣令贈兵曹判書坡寧君尹公墓碣銘」이란 제목으로 실려 있다.

16 유화에 대해서는 김명호. 『환재 박규수 연구』(창작과비평사. 2008). 32~40면 참조.

17 제42회 화봉현장경매(2017년 3월)에는 柳詠의 시집 '拜五經樓詩集'(내제는 '拜經堂詩集') 필사본 1책이 출품되었는데 저자의 친필 수택본으로 1818년부터 1821년까지의 시 56수가 실려 있었다. 김정희, 김유근, 심상규, 조인영 등의 벗과 창수한 시가 주를 이루고 있는데 책의 후반부에 실린 「李莒州傳」(曹鼎望), 「隋釋智永書」, 「閣帖釋文鈔目」은 타인의 글을 옮겨 적거나 메모해놓은 것이다.

윤의 자는 유재이다. 장난삼아 그 운을 써서 절구를 지어 기록해둔다」[18]

성령을 우연히 시 속에 쏟아내니 性靈偶向詩中寫,
이름이 해외에 전해짐 어찌 막으리오
名字寧防海外傳.
이제 남은 초고는 태워도 무방하리니
從此不妨焚剩草,
울릉도에 남은 시편 있을지니 鬱陵島上有遺篇.

또한 장문도의 친구 劉錫五(1758~1816, 호 澄齋)는 윤인태에게 「遠照軒尹君」[19]이란 시를 주었다. 윤인태의 1792년 1차 사행 때로 박제가가 1791년 북경에 왔다가 돌아간 직후이다.

서기는 소두의 이름 갖는 것이 어떠한가
書記何如小杜名,
거문고와 글씨로 새로 북경 행을 하였네
琴書新作上京行.
만약 酒國에서의 문호를 논한다면 若從酒國論門戶,
노 땅 두 서생은 鼎足하기 어렵겠네[20]
鼎足難爲魯兩生.
지난번 사신으로 왔던 朴次修 奉使前回朴次修,
술집마다 좋은 시 남겼지 旂亭隨處好詩留.

---

18 張問陶. 『船山詩草』 補遺 권4. 「正月十八日, 朝鮮朴檢書宗善從羅兩峰山人處, 投詩於予曰, 曾聞世有文昌在, 更道人將草聖傳. 珍重鷄林高紙價, 新詩願購若干篇. 時兩峰處適有予近詩一卷, 朴與尹布衣仁泰, 遂攜之歸國, 朴字菱洋, 尹字由齋, 戲用其韻作一絶句, 誌之」.

19 이 시는 朴長馣 편. 『縞紵集』 권2에 수록되어 있고, 유석오의 『隨俟書屋詩集』 권9에 「贈朝鮮三使臣」으로 실려있다.

20 原註: 尹君善飮, 金李皆不及也.

그대 통해 그리움의 문자 부치노니

憑君爲寄相思字,

그 때는 무슨 연유로 나를 몰랐던고[21]

當日何緣未識劉.

柳諫는 1799년 세 번째 연행에 나선 윤인태에게 『紀曉嵐集』을 구해다 줄 것을 요청하였다.[22] 이 때 윤인태는 紀昀(1724~1805)을 직접 만나 벗 김이도의 『松園詩草』를 기윤에게 보여주고 題詩를 받았다.[23]

신위의 「遠照老人(尹仁泰)燕京醋飮」[24]은 1818년 지어진 것이긴 해도 그 일화는 20여 년 전 윤인태의 3차 연행 때 북경에서 있었던 일을 쓴 것이다. 酒豪였던 윤인태가 술 대신 초(醋)까지 마셨던 에피소드를 담아내었다.

수백 가지 식품 중 醋는 끝에 위치하니

食品百種醋處末,

좋은 초도 향기 좋고 매운 것 만나기 어렵지

好醋難逢香且辣.

그대에게 연경 남쪽의 五合醋 있으니

君有燕南五合醋,

21 原註: 君與朴爲親串, 故戱及之.

22 柳諫. 『拜經堂詩集』(拜經堂詩小草) 권1(규장각 소장). 「贈尹(仁泰)入燕, 兼求『紀曉嵐昀文集』」. "曉嵐名重壓中州, 見說文章第一流. 定有巾箱呈四庫, 歸時購載浿江舟."

23 申緯. 『警修堂全藁』 제10책. 『花徑賸墨 七』(1823.2-8). 「遠照老人病中檢篋, 得紀曉嵐題松園集八韻詩, 寄示僕, 以僕亦松園客故耳, 感舊次其韻」, 기윤의 原韻과 識, "'屈宋聯鑣後(三代無文章, 而文章著名, 始於屈宋), 文章幾鉅公. 一編今日在, 千載此心通. 客有居圓嶠, 吟多似放翁. 迢遙隨使節, 宛轉寄詩筒. 展卷微哦久, 挑燈對語同. 誰云高寡和, 吾愛淡彌工. 弱水粘天白, 陽氷暎日紅. 成連琴自皷, 遠想海山中.' 『曾茶山集』久不傳, 余編定『四庫』, 自『永樂大典』錄出, 今有刊板矣. 『詩人玉屑』載趙庚夫嘗題其集曰: '淸於月白初三夜, 淡似茶烹第二泉.' 咄咄逼人. 門弟子釰南, 已見一燈傳, 然放翁詩, 與茶山詩不類. 或以爲疑, 不知放翁於排奡奇崛之中, 鍊歸淸淡, 固與邊幅寒窘者異耳. 松園之詩, 眞得放翁之意者, 爲題八韻, 以質東國之作者. 嘉慶庚申(1800-필자)上元, 河間紀昀幷識."

24 申緯. 『警修堂全藁』 제4책. 『戊寅錄』(1817.12-1818.3).

오합의 어미는 1,000말을 생산하네
五合之母産百斛.
오래된 사기그릇에 40년을 묵혀두면서
閉在老, 四十年,
맑은 샘물만 더해주고 술은 더하지 않았지
但繼淸泉不繼麴.
그대 창자 열어보면 술 벌레 있음을 아노니
知君刳腸有酒虫,
초와 승부 겨루다보면 술 벌레 자다 놀랄 듯
與醋決勝虫驚蟄.
갑작스런 한바탕 재채기에 우레가 치는 듯
暴響一嚏雷乃發,
모공을 향해 삽시간에 달려가네 盡向毛孔走一霎.
놀람을 진정시킬 한 말 술 뉘라 금하리오
壓驚斗酒更誰禁,
사지가 마비된 채 사흘을 누워있었지
四體不仁卧三日.
자리에서 손성연 만날까 두려워했는데
逢場怕見孫星淵,
전서 쓸 때 등 뒤에서 누가 끄는듯 했다지
篆筆如從背後掣.[25]
반은 취하고 반은 깬 채로 내게 전서 써주니
半醉半醒爲我篆,
초의 기운인지 술의 기운인지 발한 거라네
是醋是酒氣勃發.
그대 집은 京橋 앞의 물 君家京口橋前水,
해가 흘러가는 건 몰라도 밝은 달빛은 알지
流年不解流明月.

25 原註: 孫淵如篆隷妙一世, 遠照曾在兩峯宅, 乘醉揮毫, 不知淵如之在座, 縱吝酣暢. 人有告以淵如者, 遠照大駭, 擲筆走謝, 淵如徐曰: "這搸寫也自可." 一座爲之大噱.

십오일 살구꽃 아래 주막에서　十五當壚杏花下,
봄날 밤의 일각은 천 냥의 값어치라네
春宵一刻抵千鎰.
아, 나는 세 말의 초를 코로 들이킬 수는 없지만
嗟我不能鼻吸三斗醋,
지팡이 끝에 백 전 걸고서 밤에 나갈 수는 있다오
杖頭百錢堪夜出.

신위와 윤인태는 1819년 겨울 눈 속에 奉元寺에서 하룻밤을 묵으며 시와 글씨를 남기기도 했다.[26] 윤인태가 세상을 떠난 후 신위가 輓詩에서 이 일을 특기할 정도로 두 사람에게 會心의 자리였던 것 같다.

윤인태는 1823년 7개월 여 동안 병을 앓으면서 자신의 상자를 정리하다가 앞서 거론했던 기윤에게 벗 김이도의 『송원시초』를 보여주고 받았던 시고[27]를 찾아 신위에게 편지와 함께 보냈는데 자신의 죽음을 예견했는지 글이 자못 비장하다.

> "저의 병이 7개월에 이어져 귀는 먹고 눈은 어두워져 들리지도 않고 작은 글자를 보지도 못하니 이 편지를 쓰는 것도 겨우 합니다. 기력도 떨어져 앉고 일어나는 것조차 남의 도움을 받으니 밖으로부터의 온갖 어려움은 다 비유할 수가 없습니다. 경신년(1800) 연행 때 曉嵐(기윤-필자)을 만나 『松園詩草』를 보이자 그가 즉석에서 시를 썼는데 연전에 잠시 『紀文達公集』을 열람하였더니 이 시가 또한 간본에 실려 있었습니다. 병으로 칩거하는 중에도 오히려 노쇠한 천리마가 구유에 엎드린 마음

26 申緯. 『警修堂全藁』 제7책. 『碧蘆舫藁 一』(1819.9-12). 「雪中游奉元禪寺, 遠照老人亦至. 一宿而還, 喜而有作」, "不用傳呼報寺知, 蒼松夾道引笻枝. 貯來穿竹尋梅興, 恰趁攀條餵藥時. 香篆雨花天女室, 紗籠素壁雪堂辭. 最堪一段留佳話, 客有詞人劉改之(南宋劉過字改之, 蘄州黃子由尙書, 同胡惠齋游報恩寺, 過雪堂, 惠齋行書「赤壁賦」於壁間, 改之從後題「沁園春」一闋. 後黃知爲劉所作, 厚有饋貺.)." 한편 비슷한 시기에 楓皐 金祖淳 역시 詩社의 벗들과 봉원사에서 노닌바 있다(『楓皐集』 권15. 「記奉元寺遊」).

27 전게 주23 참조.

이 생겨났습니다. 옛 노닒을 묵묵히 생각하니 꿈처럼 희미하군요. 우연히 효람의 이 시를 찾아 혼자 보기에는 아까워 보냅니다. 아울러 한 부 옮겨 써주시면 시운과 묵묘가 천고에 불후할 것입니다. 영원히 상자 속 보배로 삼아 자손에게 주는 것이 지극한 소원입니다. 윤인태는 재배하며 자하집사께서 보아주시기를."

편지의 말과 뜻이 처연 강개하다. 그의 병중의 일념은 벗의 풍아와 그 존망에 대한 절절함이니 훗날 보는 이가 그 사람을 상상할 수 있을 것이다. 계미년(1823) 7월 24일 신위는 跋하다.[28]

甫里(육구몽)의 전등이 남아있고	甫里傳燈在,
河間(기윤)의 옥척은 공정하네	河間玉尺公.
문을 열면 수레 바퀴 합치되고	開門車轍合,
이역에서도 성정은 통하네	異域性情通.
송원 노인(김이도) 잃은 후로	自失松園老,
원조 노인(윤인태) 더욱 가련하네	彌憐遠照翁.
옛 상자에 글은 있건만	有書枝舊篋,
우편 부칠 곳이 없네	無地寄郵筒.
일을 추억하나 누구에게 말하리오	憶事憑誰說,
벗 그리워함은 나와 같네	懷人與我同.
문장은 본디 담박 고아하고	文章元淡古,
품평 또한 정밀하고 빼어나네	題品亦精工.
눈물 흘리노니 가을 구름 하얗고	灑淚秋雲白,

28 申緯. 『警修堂全藁』 제10책. 『花徑賸墨 七』(1823.2-8). 「遠照老人病中檢篋, 得紀曉嵐題松園集八韻詩, 寄示僕, 以僕亦松園客故耳, 感舊次其韻」, "'仁泰病至七朔, 耳聾眼昏, 不聞聲, 不見小字, 書此猶可堪. 寂是氣力奄奄, 坐起皆藉人力, 自外百艱, 不可盡喩. 庚申(1800-필자)燕行時遇曉嵐, 出示『松園詩草』, 曉嵐卽有詩, 年前暫閱『紀文達公集』, 此詩亦載刊本. 病蟄昏昏中, 猶有老驥伏櫪之心, 默念舊遊, 如夢依依, 偶檢得曉嵐此詩, 不堪獨看. 玆用塵覽, 幷乞移寫一本, 詩韻墨妙, 可以千古不朽, 永珍篋笥, 以遺子孫, 不勝至願也. 尹仁泰再拜, 紫霞執事處照.' 尺牘辭旨, 悽然慷慨. 其病中一念, 眷眷於故舊風雅存沒之際, 後之覽者, 可以想其人也. 癸未(1823-필자)七月廿四日, 緯跋."

그윽이 읊조리니 초 그림자 붉네　　幽吟燭影紅.
예전의 風雅의 성함　　向來風雅盛,
시에서 희미하게 볼 뿐　　依約見詩中.

이듬해 윤인태가 졸하자 신위는 다섯 수의 만시를 지어 애도하였다.[29] 첫 수에서는 그의 집안 내력(대윤가, 윤충민공의 순절)과 더불어 윤인태가 포의 신세로 篆書에 뛰어났음을, 둘째 수에서는 윤인태가 사행을 가던 중 옥전현에서 겪었던 奇人과의 만남을, 셋째 수에서는 1819년 겨울 봉원사에서 함께 유숙했을 때의 아취를, 넷째 수에서는 벗 송원 김이도 및 청 기윤과 관련된 일화를 특기함으로써 윤인태에 대한 깊은 애도를 표하였다.

4. 맺음말

본고에서는 '연암학파' 연구, '조청 문사 교류' 연구에서 조명 받지 못했던 원조헌 윤인태라는 인물의 가계와 행적을 정리하여 그 일단을 밝혀보고자 하였다. 1793년 봄 안의현으로 연암을 찾아왔던 인물이자 연암

---

29 申緯.『花徑賸墨 九』(1824.2-7).「哭遠昭老人 五首」
其一: 赫葉挺生大尹家(中廟朝, 尹忠毅任與尹元衡, 俱在戚里, 勢相傾軋, 時人以忠毅爲大尹而別之), 布衣裹骨棄蓬科. 運低戚畹今爲庶, 鬼餒精忠古所嗟(尹忠愍子孫, 久無冠冕). 玉箸鉤鉤工小篆, 荊扉土銼蔓荒蘿. 人間釀色鵞黃似, 欲勸新蒭奈爾何.
其二: 種玉山前貰酒樓, 墟烟野草吊田疇. 悲歌倚和陶彭澤, 逸史拈來李莒州. 蜨散椅間人影杳, 鷄鳴店外月痕留. 證交如此垂千古, 奇絶男兒載贄遊.
其三: 芙蓉闕下玉珂散, 紫翠堆邊蓮社開. 憶昨携君携酒去, 通宵賞雪賞梅迴. 夢追粥皷飛禪閣, 跡共茶烟埽講臺. 歎息劉過難再喚, 雪堂素壁漬青苔(奉元寺賞雪在己卯).
其四: 淡墨欹斜字滿函, 悽然委曲意何堪. 金松園卷留身後, 紀曉嵐詩證劒南. 風雅護持君實有, 存亡付囑我滋慙. 交情更盡人間樂, 雲海遨遊鶴背驂.
其五: 身後凄凉過客嗟, 瓦盆濩落酒人家. 孤兒赤脚行無扉, 處女紅顔髮欲華. 避債臺平封馬鬣, 埋憂地塌送靈車. 吾詩鏤出君心事, 一字青燈一爆花.

학파와 많은 교분이 있었던 윤인태였지만 연암학파의 핵심 성원들에게서 그에 관한 자료는 그다지 발견되지 않는다. 생의 만년에 만난 자하 신위가 그와 관련된 가장 많은 기록을 남기고 있음을 확인할 수 있었다. 윤인태의 세 차례의 연행에서는 나빙, 장문도, 유석오 그룹과의 교분, 그리고 기윤과의 만남이 가장 주목된다. 아울러 옥전현에서 만난 명 遺民이자 奇人인 李氏에 관한 자료는 여러 방면에서 주목할 가치가 있는 자료라고 생각된다. 추후 보완 연구를 기약한다.

참고문헌

『파평윤씨세보』. 목활자본 43권43책. 1832년 刊. 성균관대 존경각.

金載瓚. 『海石遺稿』. 『한국문집총간』 259. 한국고전번역원.

朴長馣 편. 『縞紵集』. 미국 하버드대 옌칭도서관 소장.

朴齊家. 『貞蕤閣集』. 『한국문집총간』 261. 한국고전번역원.

柳得恭. 1960. 『燕臺再遊錄』. 『연행록선집』 상. 성균관대 대동문화연구원.

申　緯. 『警修堂全藁』. 『한국문집총간』 291. 한국고전번역원.

柳　訸. 『拜經堂詩文稿』. 규장각 소장.

李喜經. 『綸菴集』. 일본 천리도서관 소장.

紀　昀. 2010. 『紀文達公遺集』. 『清代詩文集彙編』 354. 上海古籍出版社.

劉錫五. 2010. 『隨俟書屋詩集』. 『清代詩文集彙編』 453. 上海古籍出版社.

張問陶. 2010. 『船山詩草』. 『清代詩文集彙編』 476. 上海古籍出版社.

朴宗采 저. 1997. 김윤조 역주. 『역주 과정록』. 태학사.

李元禎 저. 2017. 김영진 조영호 역주. 『귀암 이원정의 연행록』. 세종대왕기념사업회.

김명호. 2008. 『환재 박규수 연구』. 창작과비평사.

오수경. 2013. 『연암그룹 연구(수정증보판)』. 월인.
김영진. 2007. 「日本 天理大學 天理圖書館 所藏『綸菴集』」. 『고전과 해석』 3. 고전문학한문학연구학회.

心田 朴思浩와 淸朝 文人들의 交流

千金梅

心田 朴思浩와 清朝 文人들의 交流

—

千 金 梅

1. 머리말

조선과 청나라의 문화교류는 18세기에는 북학파 문인들을 중심으로 조선의 사대부들이 적극적으로 청조 문사들과 활발한 교류를 전개하였으며 19세기에 들어서는 김정희와 그의 아우 김명희, 그의 문하 역관 이상적이 활발한 교류를 이어갔고, 북학파의 전통을 계승한 홍대용의 손자 홍양후, 홍양후의 벗 김영작, 신석우, 박규수 등도 연이어 연행에 나서 중국 문사들과 다양한 문화교류를 전개하였다.[1] 수많은 한중 문인들이 적극적으로 교류에 참여하였고 또한 혈연, 학연, 인연 등으로 맺어져 그룹, 학파간의 교류를 형성하는 특징을 나타내기도 하였다.[2] 그동안 18세기의 한중 교류

1 藤塚鄰 저. 1994.『추사 김정희 또다른 얼굴』. 박희영 역. 아카데미하우스; 김명호. 1999.「1861년 熱河問安使行과 박규수」.『한국문화』 23; 이춘희. 2005.『藕船 李尙迪과 晩淸文人의 文學交流 硏究』. 서울대 박사학위논문; 김명호. 2007.「海藏 申錫愚의『入燕記』에 대한 고찰」. 古典文學硏究 32; 김명호. 2008.「金永爵의 燕行과『燕臺瓊瓜錄』」.『漢文學報』 19; 허경진·천금매. 2008.「洪大容 집안에서 편집한『燕杭詩牘』」.『열상고전연구』 27; 천금매. 2010.「金命喜와 清朝 文士들의 尺牘交流 -『尺牘藏弆集』을 중심으로-」.『淵民學志』 13; 천금매. 2011.『18~19세기 조청문인 교류척독 연구』. 연세대학교 대학원 박사학위논문; 김동석. 2012.「帥方蔚과 서신 왕래한 김영작과 홍양후의 교류와 관심사 -『좌해교유록』을 통하여」.『漢文學報』 27; 신로사. 2013.「湛軒의 손자, 洪良厚의 生涯와 그의 燕行에 관한 고찰」.『大東文化硏究』 81.

2 천금매. 앞의 박사학위논문.

에 대한 연구는 매우 많은 성과를 이룩하여 왔지만 19세기에 대한 연구는 그리 많지가 않았다. 사실 19세기의 연행록과 척독집, 시문집 등 한중문인 교류에 대한 자료는 매우 풍부하고, 연구해야 할 과제도 많이 있다.

朴思浩는 이러한 흐름 속에서 연구해야 할 중요한 인물이다. 그는 19세기에 두 차례의 연행을 다녀왔으며 많은 중국 문인들과 교류를 진행하였다. 그의 연행록 『燕薊紀程』과 문집 『心田稿』가 전하고 있는데 모두 그의 연행과 한중교류를 살펴볼 수 있는 자료이다. 현재 학계에서 박사호의 연행록에 대한 언급은 있지만 이에 대한 전문적인 연구는 매우 적다.[3] 그러므로 박사호와 청조 문인들의 교류에 대해 더욱 자세한 연구가 필요하다. 본고는 기존 연구의 기초 위에 우선 박사호의 연행록 『燕薊紀程』을 중심으로 박사호과 청조 문인들의 교류 내용과 특징을 집중적으로 고찰해보고자 한다. 19세기의 대표적 연행록의 하나인 『燕薊紀程』과 저자 박사호에 대한 연구를 통해 19세기의 연행록 연구 및 19세기 한중 문화교류의 전반적인 양상을 연구함에 있어 중요한 보충과 기초를 제공하려고 한다.

2. 박사호와 청조 문인들의 교류 내용

1) 박사호의 연행과 『燕薊紀程』

박사호(1784~1854)의 자는 誠夫, 호는 心田이며, 본관은 密陽이다. 그는 영조 때 사헌부 지평·홍문관 응교를 거쳐 대사간을 지낸 朴天行

3 임영길. 2008. 『心田 朴思浩의 燕行과 韓中文學交流』. 성균관대학교 대학원 석사학위논문; 임영길. 2009. 「心田 朴思浩의 『燕薊紀程』에 대한 일고찰」. 『漢文學報』 第21輯.

(1729~1791)의 서자이다. 박사호는 8세에 부친을 여의고 종형 朴應浩(1760~1826)의 집에서 자랐으므로 박응호와 각별한 관계를 유지하였으며 15세 때 처음으로 파주목사로 부임하는 박응호를 배종하면서 지방관의 幕客으로서의 삶을 시작하게 되었다. 그는 23세에 別試 初試에 합격하였으나 오랫동안 관직을 맡지 못하였고, 1841년, 58세가 되던 해에 처음으로 吏文學官의 관직을 얻게 되었다. 그는 주로 지방관의 막객으로 지내면서 사대부들의 知遇를 입었는데 그 중에서도 특히 徐長輔, 李止淵, 洪起燮, 趙秉鉉 등과 친밀한 사이였다. 박사호는 1816년 순천부사 홍기섭(1776~1831)의 막객으로 3년간 순천에 머물렀었고, 1833년에는 公忠道 관찰사 조병현의 막객로 있다가 이듬해 조병현이 경상도 관찰사로 임명되자 그를 따라 영남으로 갔다. 이러한 인연으로 인해 박사호는 1828년(순조 28)에 동지정사 홍기섭의 군관 신분으로 첫 번째 연행을 다녀왔다. 당시 그의 나이는 45세이었다. 그리고 약 십년 뒤인 1837년(헌종 3)에 奏請兼謝恩使行의 副使 조병현의 비장이 되어 재차 청나라에 다녀왔다. 당시 그의 나이 54세이다.[4]

박사호가 첫 번째 연행을 다녀온 후 작성한 『燕薊紀程』은 연행 도중의 일기, 견문 및 중국 문사들과의 교유 내용을 기록해놓았다. 『燕薊紀程』은 현재 규장각에 한 종이 소장되어 있고 임기중 편의 『연행록전집』 98·99권에 또 다른 한 종이 수록되어 있다. 이 두 이본은 내용과 체제가 동일하다.[5] 『燕薊紀程』은 3권 3책으로 되어 있는데, 그중 권3에 연행 도중 지은 시문과 청나라 학자들과의 필담, 창화시, 척독 등 내용들을 수록하였다. 〈關河詠懷〉에서는 압록강을 건너기 전 조선 경내에서 읊은 시를 묶어놓았고, 〈遼瀋紀行〉에는 책문을 지나 북경에 도착하기까지 도중의 경치와 감상을 읊은 시를 묶어놓았고, 〈東槎酬唱〉에서는 연행 도중에 삼사신 및 반당

4 이상 박사호의 생애와 교유는 임영길 앞의 석사학위논문을 참조하였다.

5 『燕薊紀程』의 내용과 체제, 여러 이본 사이의 차이점에 대해서는 임영길 앞의 석사학위논문에 자세한 기록이 있으므로 본고는 생략한다. 자세한 내용은 임영길 논문을 참조하기 바란다.

들과 수창한 시문을 묶어놓았고, 〈南館題詠〉에서는 북경에 머무는 동안 구경한 곳을 읊은 시를 묶어놓았다. 그리고 〈春樹淸潭〉, 〈楡西館記〉, 〈蘭雪詩龕〉에서는 각각 청조 문인 丁泰, 蔣鉞, 吳嵩梁의 집에서 필담한 내용을 기록하였고, 〈金臺詩集〉에서는 청조 문사들과 수창한 시를 모아 놓았으며 〈玉河簡帖〉에서는 청나라 학자들과 주고받은 편지를 묶어놓았다.

박사호 일행은 1828년 10월 25일에 출발하여 12월 24일에 북경에 도착하였다. 그리고 약 40일간 머문 뒤에 이듬해 2월 4일에 북경을 떠나 귀국길에 올랐다. 박사호는 북경에 도착한 이듬해 즉 1829년 1월 6일부터 귀국하기 전까지 청조 문사들과 여러 차례 만나며 다양한 교류를 전개하였다.

1829년 1월 6일 박사호는 조선의 벗 李壽民(호 靈樵)의 편지를 청조 문인 丁泰에게 전달해주려고 그의 집을 방문하였다. 이수민은 그전 해의 사행을 따라 북경에 왔다가 丁泰, 熊昂碧 등과 교분을 맺었다.[6] 정태의 집에서 박사호는 거기 모여 있던 여러 청조 문사들을 만나 필담을 나누며 밤늦게까지 술상을 벌이고 노닐다가 헤어졌다. 그후에도 여러 차례 모여서 필담을 나누었고 그것을 모아 〈春樹淸潭〉으로 편집하였다.[7] 1월 11일에는 蔣鉞의 별장인 楡西館을 방문하여 그 자리에 모인 여러 청조 문인들과 필담으로 교제하였으며 그것을 〈楡西館記〉로 정리하였다. 또 吳嵩梁의 집을 방문하여 한중 문사들의 학술과 문집에 대해 필담을 나누었고 그것을 〈蘭雪詩龕〉으로 정리해놓았다. 박사호와 청조 문사들은 필담을 통해 역사 지리, 주자학과 양명학, 불교, 과거제도, 서예, 조선의 산수, 조선의 복색, 중국 명대 현인들의 후손에 대한 탐문, 조선 문인과 문집에 대한 평가 등 다

6 『燕薊紀程』 卷3 〈應求漫錄〉. "丁泰, 字叔雨, 號卯橋. (중략) 余持李靈樵書, 往訪之." 『燕薊紀程』 卷3 〈春樹淸潭〉. "中峯曰, 李月汀名璋煜, 鄙人宗兄. 先生曾見其人否? 對: 月汀先生大名, 在弊邦飽聞, 亦有李靈樵信帶來, 故往造未拜而回, 心甚茹悵."; "熊雲客贈詩集一卷曰(중략) 問: 李靈樵昨年來此酬唱, 甚得相讙, 聞其歸在桐廬山中云, 先生歸國後, 須致吾輩眷眷之意否?"

7 『燕薊紀程』 卷3 〈應求漫錄〉. "初見之日, 適江南文士朱其鎭等六人, 會春樹齋, 與卯橋酬唱, 與余結交款洽, 竟夕而罷. 其後又選日約會, 別有春樹淸譚."; 『燕薊紀程』 卷3 〈春樹淸潭〉. "是日也, 自早至暮, 酒食果肴, 絡繹進排."

양한 주제의 대화를 나누었다. 박사호는 중국어가 통하지 않아서 필담으로 대신하는 것에 대해 마치 벙어리와 귀머거리가 된 것 같다면서 답답함을 토로하기도 하였지만 곧 제갈량이 오나라에 가서 '舌戰'을 펼쳤듯이 자신은 하루 종일 '筆戰'을 했다면서 유머러스하게 표현하여 청조 문사들의 웃음과 찬탄을 자아내기도 하였다.[8]

필담과 동시에 박사호는 청조 문사들과 시문 창수도 많이 하였다. 박사호는 정태의 집에서 청조 문사들과 술을 마시면서 즉석에서 시문 창수를 하였는데 박사호가 정태에게 〈丁卯橋席上贈主人〉 3수를 지어주었고, 정태 역시 즉석에서 화답하였다. 그들은 만남의 자리에서 시를 창수하였을 뿐만 아니라 만나지 못하는 날과 귀국한 후에도 서로 시를 지어 보냈다. 예를 들면 정월 보름날 정태는 객관에 쓸쓸히 있을 박사호를 생각하며 위문의 시를 지어 보냈고, 박사호는 이에 화답시를 지어 보냈다.[9] 귀국 후에도 丁泰, 熊昂碧, 厲同勳, 蔣鈁 등에게 시를 지어 보내며 그리움을 전달하였다. 박사호와 청조 문사들이 수창한 시는 『燕薊紀程』 卷3 〈金臺詩集〉에 모두 수록되어 있는데, 〈東海兩生歌 送朴秀才歸國〉, 〈楡西館別席和雲客諸人〉, 〈己丑人日於丁卯橋舍人席上得吟奉心田卽席求和〉, 〈楡西館別席和雲客諸人〉, 〈贈丁卯橋舍人〉 등을 비롯하여 총 31제 54수의 시가 수록되어 있다. 이 중에 귀국 후에 청조 문사들과 주고받은 시문이 13수 있다. 그들은 시를 통해 뜻을 전하고 우정을 표현하였으며 한문학 수준도 과시하였다.

시문 창수뿐만 아니라 박사호와 청조 문사들은 만나지 못하는 날에는 편지를 주고받으며 교류하였다. 예를 들면 박사호는 정태에게 편지를 보내어 며칠간 원명원 잔치에 갔다가 정월 16일에 돌아오는데 18일에 다시 댁으로 찾아뵙겠다는 약속을 하였다. 여동훈에게 보낸 편지에서는 방금전 성

8 『燕薊紀程』 卷3 〈春樹淸潭〉. "余曰: 言語不通, 以筆談代之, 入座以後, 便作啞聾, 甚麽貌樣. 雲客笑曰: 字同音不同, 故也. 余曰: 昔孔明入吳中, 舌戰群儒, 今僕終日搦管, 左酬右應, 役役不暇, 可謂筆戰. 諸人皆笑, 加圈筆戰二字."

9 『燕薊紀程』 卷3 〈金臺詩集〉. 박사호의 〈上元日和卯橋寄語〉 1 수가 있고 그 뒤에 정태의 〈原韻〉이 수록되어 있다.

모퉁이의 길에서 만나 손잡고 따뜻하게 인사를 나누었던 것을 돌이키고 두터운 보살핌에 대한 감격과 더 오래 이야기를 나누지 못한 아쉬움을 표하였다. 그 외에도 여러 청조 문사들에게 편지를 써서 교분을 맺게 된 기쁨과 보내준 선물에 대한 감사의 뜻을 전하였다. 청조 문인도 마찬가지로 답신을 하면서 조선 문사의 풍채를 칭찬하고 이별의 아쉬움과 송별의 선물을 전하였다. 여동훈은 편지에서 박사호의 품성이 단정하고 순박하며 학문이 깊고 순수하니 정주의 정학을 받들어 재상의 재능을 키우고 이름을 명산에 전하고 훗날 다시 사신으로 왔을 때에 또 만나자고 기대를 전하였다.[10] 박사호는 귀국 후에도 정태, 장월, 여동훈, 웅앙벽에게 편지를 보내어 북경에서의 지우의 감동, 이별 후의 그리움, 무사히 귀국한 정황, 그리고 그들이 부탁한 서화를 아직 준비하지 못한 송구함과 향후 사신 편에 또 연락할 것 등의 내용을 전달하였다. 이렇게 주고받은 편지들은 모두 『燕薊紀程』 卷3 〈玉河簡帖〉으로 묶어놓았는데 총 31편이 실려 있다.

박사호는 2차 연행을 다녀온 연행록을 남기지 않았다. 그러나 그의 문집 『心田稿』 속에 2차 연행 때 청조 문사들과 수창한 시문이 실려 있다. 그리고 1837년 사행의 정사인 순조의 부마 東寧尉 金賢根의 연행록 『玉河日記』가 전하고 있어 박사호의 2차 연행 때의 상황을 엿볼 수 있다. 박사호의 문집 『心田稿』는 영남대학교에 9권 9책으로 된 원본이 소장되어 있고, 성균관대학교 대동문화연구원에서 영인 간행한 『연행록선집』 上에 4권 4책이 수록되어 있다.[11] 그외에도 임기중 편 『연행록전집』 제85책에도 『心田稿』가 불분권으로 영인되어 있는데, 내용은 『연행록선집』에 수록된 것과 동일하다.

이상의 자료에 근거하여 박사호와 청조 문사들의 교유의 내용을 파악

---

10 『燕薊紀程』 卷3 〈玉河簡帖〉, 厲同勛 〈寄心田書〉. "第念兩執事品質端純, 聞學淵粹。別後望努力自愛, 本程朱之正學, 儲韓范之相才, 藏之名山, 傳之史册, 他時奉使而來, 僕倘得仍在長安道上, 與兩執事重相把晤, 豈不快哉. 僕當拭目望之."

11 임영길. 2008. 『心田 朴思浩의 燕行과 韓中文學交流』. 성균관대학교 대학원 석사학위논문. 25-26쪽.

할 수 있다. 박사호는 청조 문사들과 시문, 학술, 역사, 지리, 서적, 사회 등 여러 방면의 교류를 진행하였는데 그 주요 내용을 다음 몇 가지로 살펴보기로 한다.

2) 시문 품평과 서화 감상

박사호와 청조 문사들은 만나서 서로 시문을 창수하며 시평을 하기도 하고 자신들이 소장한 서화를 꺼내어 감상하며 품평하기도 하였다.

박사호가 귀국하기 전날에 청조 문사들이 이별연을 베풀고 전별시를 지어 주었는데 당시 熊昂碧이 눈물을 글썽이며 오언 절구 한수를 지었다.

그대 이름 들은 지 오래던 차에	久矣聞君名
그대 왔다가 또 가게 되었네	君來行有日
다시 한 잔 그대에게 권하여	更勸君一巵
총총히 이별을 아끼려 하노라	悤悤將惜別

이에 박사호가 곧 차운하여 화답시를 지어 주었다.

인생은 마음을 알아줌이 귀하니	人生貴知心
백년이 하루와 같다네	百年當一日
온 좌석이 술잔을 멈추고	四座且停盃
내 작별의 노래를 듣는구나	聽我歌遠別

그러자 그 자리에 있던 여러 사람들이 한꺼번에 의자에서 일어서서 한결같이 좋다고 칭찬하며 박사호의 시에다 동그라미를 치고 제각기 품평을 하였다. 李辰豫은 "청고하고 심원하여 참으로 악부 중의 상품이다."라고 평하였고, 熊昂碧은 "원숙하여 마음을 쓰지 않고도 兩漢의 유풍을 터득하였

다."라고 하였다. 蔣鉞은 "지은이의 시가 아름답고 보는 이는 안목이 높으니 紅塵 十丈에 어찌 사람이 없다 하리요?"라고 하였고, 張甘生은 "시가 매우 높고 옛스러워 한나라 사람의 뜻을 터득하였도다."라고 하였다. 그리고 蔣星楡은 "시는 좋은데 화답을 못하니 벌주 한 잔을 받으리라."라고 하였다.[12] 그리고 저마다 화전지를 꺼내어 이 시를 써달라고 청하며 석별의 정을 남기는 자료로 삼기겠다고 하였다. 蔣鉞은 또한 인주함을 내어다가 자기가 손수 새겨서 박사호에게 선사한 도장으로 종이 끝에 각각 찍어 주었다.

박사호는 청조 문사들에게 조선의 친구들의 시문집을 소개하고 비평을 청하였다. 그는 정태의 집에서 오숭량을 처음 만났을 때에 자기의 벗 南允明의 詩稿를 내어 보이며 비평을 청하였다. 그러자 오숭량은 즉각 붓을 들어 小序를 지어 주었다. 그리고 남윤명의 시와 글씨에 크게 가취가 있다고 칭찬하며 남씨들은 어찌 그리 재주가 많은가고 감탄까지 하였다.[13]

박사호는 또 그의 친구 李正履의 古文 1책을 내어 비평하게 하였더니 오숭량이 안경을 내어서 끼고 한참 동안 뒤적이며 손가락을 튀기면서 읊고 읽고 하더니 "일가를 이룬 사람의 글입니다. 뜻이 깊고 넓어 전아한 품이 깊이 고체를 터득하였습니다. 짧은 시간에 비평할 수 없으니, 청컨대 집에 가지고 돌아가서 자세히 감상하고 비평하여 돌려보내겠습니다." 라고 하였다.[14]

박사호는 그후에 오숭량의 집을 방문하였는데 "우리나라의 친구 완산 이정리의 자는 元祥으로, 경학을 널리 읽고 고문 익히기를 좋아하며 시는 唐을 主宗으로 하는데, 그의 시집 한 권이 이미 주인의 책상 위에 있습니

---

12 『燕薊紀程』 卷3 〈楡西館記〉 "諸人一時幷起, 立椅上, 齊聲好好, 加圈於詩上, 各有評品. 淸古淡遠, 眞樂府上乘. 李中峯讀. 天籟于不經心, 得之兩漢之遺. 雲客識. 作者詩佳, 閱者眼高, 紅塵十丈, 何謂無人. 小泉評. 詩甚高古, 極得漢人之意. 小白題. 詩好不和, 反浮一白. 白菴贊."

13 『燕薊紀程』 권3 〈春樹淸潭〉. "余出南允明詩稿, 請批評. 卽刻援筆, 作小序題之. 問曰, 是人詩與筆, 大有佳趣, 金陵之族乎, 何南氏之多才也?"

14 『燕薊紀程』 권3 〈春樹淸潭〉. "又出李深夫古文一冊, 使之批評. 出掛靉靆, 良久繙閱, 彈指吟讀. 讀畢曰, 成家之文也, 淵博典雅, 深得古體, 不可造次批評, 請携歸弊廬, 細玩評奉."

다. 난설 노인과 함께 보시고 비평해 주시지 않으시겠습니까?"라고 정태와 오숭량에게 비평을 구하였다. 이에 오숭량은 이정리의 고문이 매우 높고, 경학이 모두 뛰어난 식견이 있어서 짧은 시간 동안에 망령된 평을 할 수가 없다고 하면서 그의 문집 『元祥集』을 자기에게 남겨 주기를 간청하였다. 박사호는 돌아가서 이정리에게 이야기하여 精本을 부쳐주겠다고 약속하였다.[15]

박사호는 또 자기 가문의 후생 朴定夏가 시학과 글씨 재주가 있다고 자랑하며 연행 올 때에 써준 古詩를 보여 주며 비평을 구했다. 이에 정태와 오숭량 두 사람은 읊어보고 "약관도 채 못 되어 이만하니 그의 진보를 헤아릴 수 없소이다. 하늘이 준 재질이 영민하고 古意가 매우 훌륭합니다."라고 높이 평가해주었다.[16]

청조 문인들도 자신들의 시문집을 적극적으로 박사호에게 보여주었다. 정태는 자신의 시문집 『卯橋草稿』를 내보여 주고 "학문은 그대 능히 주자를 종주로 삼는데, 신시는 계림에서 샀음을 부끄러이 여기노라.(實學君能宗鹿洞, 新詩我愧購鷄林)"라는 柱聯 한 쌍을 붉은 종이에 써서 주었다. 자기 마음의 선물이니 귀국한 후에 서재에 걸어 두고 친구를 보는 듯이 하라고 하였다.

옹앙벽도 자신의 시집 『雲客集』을 주면서 "변변치 못한 시집입니다만 귀국하신 후에 펴 보아 주기를 바랍니다. 그 사람을 그리워하면서도 보지 못할 때는 그 시를 보면 그 사람을 본 것과 같지요."라고 말하였다. 그는 박사호가 귀국 후에도 자신의 시집을 읽으면서 자신을 잊지 않고 생각해주기를 바라는 마음을 표현하였다. 이에 박사호도 "우리나라에 水雲詩社의

---

15 『燕薊紀程』 卷3 〈蘭雪詩龕〉. "蘭雪曰, 此公古文甚高, 曾見其爲人作序. 此冊所論經學, 俱有卓識, 吾輩謏學, 不可造次妄評."; "元祥集苦請留贈. 余曰, 歸國後, 當歸語元祥, 繕寫精本, 奉寄也."

16 『燕薊紀程』 卷3 〈蘭雪詩龕〉. "余曰, 鄙家一後生, 名定夏, 字君保, 號鷹觀. 年未弱冠, 頗有詩學字畫, 來時有別章古詩, 請祈兩公評品. 兩人聚首, 吟誦彈指曰, 未弱冠如此, 其進不可量, 天才警敏, 古意甚佳."

여러 벗들이 있는데, 다 좋은 시인들입니다. 이 귀한 글을 가지고 돌아가 자랑하면 어찌 만장 광염이 아니리까."라고 대답하며 귀국해서 자랑으로 삼겠다는 뜻을 전하였다.

오숭량도 자신의 문집 『廬山詩集』과 그의 소실의 시집 『再生小草』를 박사호에게 선물하였고, 또 그의 아내 琴香閣의 시집 한권도 보여주었다. 박사호는 조선의 이옥봉의 시재와 흡사하고 풍부하고 기민하며 疎朗하기는 그보다 더 낫다고 느꼈다. 이에 그는 "금향각은 타고난 재주와 맑은 덕이 사람으로 하여금 공경하게 합니다." 라고 높이 평가해주었다.[17]

박사호와 청조 문인들은 서화에 대해서도 감상하고 품평하였다. 오숭량은 자기 소실의 서화첩을 꺼내어 보여주며 "이것은 나의 죽은 소실의 서화인데, 죽을 때의 나이가 19세였습니다. 天才가 슬기롭고 밝으며 畫格이 더욱 묘하고 난초를 그린 것에 絶品이 많았는데, 20년 전에 申紫霞가 많이 가지고 갔었지요."라고 하였다.

박사호도 오숭량에게 조선의 雪谷 南浚이 그림을 그린 부채를 보여주며 題詩를 청하였다. 오숭량은 그림을 보더니 "화격이 고아하고 청진합니다. 나에게 남겨 주시어 인풍을 받들어 날리게 해주시기 바랍니다."하고 자기에게 선물해줄 것을 청하였다.[18] 그외에도 박사호는 그 부채의 제시를 여러 청조 문사들에게 청하였고 청조 문사 여동훈, 주기진 등이 박사호의 그림 부채에 제시를 지어 주었다.

이와 같이 박사호는 청조 문사들과 시문, 서화에 대한 교류를 통하여 조선의 시문과 한문학 수준을 널리 소개하여 높은 평가를 얻어내고 이를 통해 조선의 위상을 높였다.

---

17 『燕薊紀程』 卷3 〈應求漫錄〉. "其妻號琴香閣, 詩畫絶品. 有文集. 其小室亦善詩畫, 病後著述, 名曰再生小草, 贈余一卷. 又贈廬山詩集."; 〈蘭雪詩龕〉 "余問蘭雪先生詩詞, 遠播海外, 乞賜一詩, 以賁蓬蓽. 答, 當以刻本一二帙奉贈. 又出示其妻琴香閣詩集一卷. 細玩之, 恰似我國李玉峯詩才, 而贍敏疎朗則過之."; "琴香閣天才淑德, 令人可敬."

18 『燕薊紀程』 卷3 〈蘭雪詩龕〉. "又出一錦帖以示之曰, 此乃鄙人亡姬之字畫, 沒時年十九, 而天才慧朗, 畫格尤妙, 其畫蘭多絶品, 廿年前多爲申紫霞所持去. 余以南雪谷所畫一扇求畫題. 蘭雪曰, 畫格古雅淸眞, 願留贈鄙人, 奉揚仁風."

3) 주자학과 양명학에 대한 토론

박사호는 전형적인 주자학을 숭상하는 조선의 선비로서 양명학을 반대하는 입장에서 청조 문사들을 만날 때에 자주 청조의 양명학 상황에 대해 물어보았다. 그는 정태를 만났을 때에 양명학이 중국에서 불꽃이 일듯이 성하다고 하는데 과연 그러한가고 물었다. 이에 정태는 다음과 같이 대답하였다.

> 양명은 육씨(陸九淵)의 학문을 주종으로 삼는 이로서 그 공업이 천지를 덮어 후인 또한 감히 가벼이 의론하지 못합니다. 다만, 그의 학문을 따르는 이는 禪學에 빠져 들기 쉽기 때문에 그것이 오로지 주자를 주종으로 삼는 것만 못하지요.[19]

정태는 왕양명의 공업이 크다고 인정하는 동시에 양명학을 따르는 자들이 잘못하여 선학 즉 불교의 선종으로 빠져들기 쉬우니 주자학을 따르는 것이 낫다고 하였다.

박사호는 이를 듣고 다음과 같이 말하였다.

> 예부터 호걸스러운 선비들은 총명하고 지혜로움이 지나친 폐단이 흔히 있는데, 양명의 재학이 선학으로 흘러들어가는 것도 고명으로 말미암은 폐단입니다. 우리나라 사람은 성품이 순실하고 주자학을 충실히 지키기에 지나침이 적습니다.[20]

박사호는 조선인이 주자학을 준수하기에 잘못이 적다고 자랑스럽게

---

19 『燕薊紀程』 卷3 〈春樹淸譚〉. "陽明, 宗陸氏之學, 功業蓋天地. 後人亦不敢輕議. 但從其學者, 易涉禪學, 所以不如專宗朱子."

20 『燕薊紀程』 卷3 〈春樹淸譚〉. "自古豪傑之士, 多有高明而過之之弊. 陽明之才, 學流入禪學, 亦因高明而弊之也. 弊邦人性多淳實, 恪守朱學, 所以寡過也."

말하였다. 정태는 이에 『學蔀通辨』[21] 한 질을 주면서 “이것은 곧 주자와 육상산의 차이를 밝힌 책이니 눈여겨보시면 뚜렷해질 것입니다.”라고 알려주었다.[22]

박사호가 蔣星榆에게도 주자학과 양명학의 차이를 물었는데 장성유가 다음과 같이 대답해주었다.

> 주자는 敬을 주로 하고 육자는 靜을 주로 하나, 다 함께 선현이신데 제가 어찌 감히 군더더기 말을 할 수 있겠습니까? 다만 정을 주로 하는 학은 선학으로 들어가기가 쉬우므로, 그 말류의 폐단이 이루 말할 수가 없어, 饒江 王氏(왕양명)의 공업이 하늘과 땅을 덮었지만 선학 되기를 면하지 못합니다. 후세의 程篁墩(명 나라 학자 程敏程) 등 여러 사람이 그것을 따라 숭상했는데, 『學部通編』을 보고 나면 알 것입니다.[23]

장성유 역시 왕양명을 선현으로 인정하며 함부로 평가할 수 없다고 말하는 동시에 양명학은 선학으로 들어가기 쉽고 폐단이 많다고 하였다. 그러면서 『學蔀通辨』을 읽으면 알 수 있다고 추천하였다.

『學蔀通辨』은 명대의 학자 陳建(1497~1567, 자 廷肇, 호 淸瀾)이 1548년에 완성한 양명학 비판을 목적으로 쓴 저술이다. 이 책에서 양명학을 불학이고 선학이라고 하였으며, 왕양명의 〈朱子晚年定論〉을 비판하였

21 원문은 『學部通編』으로 썼으나 『學蔀通辨』의 오기이다. 『燕薊紀程』〈玉河簡帖〉에 정태가 박사호에게 쓴 편지 「寄心田書」에 보면 “『學蔀通辨』 一套, 『福幼』 『遂生篇』 二册, 『式敬編』 二册, 陳麯四匣, 以上四件卯橋奉贈.”이라고 바르게 썼다. 『學蔀通辨』은 명대 학자 陳建이 편찬한 양명학을 비판하는 저술이다.

22 『燕薊紀程』 권3 〈春樹淸潭〉. “問, 陽明之學熾盛於中國, 果然否? 對, 陽明, 宗陸氏之學, 功業蓋天地, 後人亦不敢輕議. 但從其學者, 易涉禪學, 所以不如專宗朱子. ......(중략) 又贈學部通編一匣曰, 此乃朱陸之辨也, 留覽則可以瞭然.”

23 『燕薊紀程』 卷3 〈應求漫錄〉. “朱子主敬, 陸子主靜. 俱是先賢, 後生安敢贅說. 而但主靜之學, 易入於禪, 其末流之弊, 不可勝言. 饒江王氏功業蓋天壤, 而未免爲禪學. 後世程篁墩諸人, 從而尙之. 取看了學部通編, 可知也.” 여기서 말한 學部通編은 學蔀通辨의 오류이다. 박사호의 연행록 여러 곳에 “學部通編”이라고 잘못 쓰기도 하였다.

다. 『學蔀通辨』은 1573년(선조 6)에 조선에서 중간되었다. 처음에 박순, 유희춘, 유성룡 등 조정의 대신들이 『學蔀通辨』의 간행을 주청하며 왕양명을 비판하였을 때에 선조는 "왕수인(왕양명)도 才氣가 있고 功業을 세웠다."고 하며 동의하지 않았다.[24] 이후 조정 대신의 거듭 주청에 끝내 허락하여 조선에서 간행되었다. 조선의 여러 사대부들이 이 책을 읽었고 李珥, 李德弘, 崔興遠, 柳致明 등이 관련 글들을 지었다. 율곡 이이는 〈學蔀通辨跋〉을 지어서 진건의 성과를 인정하면서 미진한 곳을 비판하였고, 李顯益도 〈學蔀通辨辨〉을 짓고, 南皐도〈讀陳清瀾學蔀通辨〉을 지어 陳建의 『學蔀通辨』에서 주자의 학문에 대해 논한 부분의 오류를 지적하고 변증하였다. 『學蔀通辨』은 또한 일본에도 전해져서 강호시기에 수차례 간행되었고 林羅山, 藤原惺窩 등 일본의 유학자들에게 읽혔다.[25] 정태, 장성유 등 청조 문인들이 모두 진건의 『學蔀通辨』을 추천하는 내용으로 볼 때 그들도 이 책을 읽었고 양명학이 선학으로 빠져든다는 관점을 수용한 것으로 보인다. 『學蔀通辨』이 조선에 이미 전해졌으나 박사호는 접하지 못했던 것 같다. 그는 정태에게 보내는 편지에서 "갖가지 꽃다운 선물들을 받자와 매우 감사하오며, 그중에서도 『학부통편』은 더욱 보이신 뜻이 정성스러우신 데에 감사합니다. 돌아가서 해외에 전하여 우리나라 선비로 하여금 주자학과 육상산의 학문의 다름을 꿰뚫어 알게 하면 이는 크게 吾道의 빛이 되겠습니다."라고 하였다.[26]

청조 문인 李辰豫와 蔣星樕도 근래에는 성리학이 갈수록 융성해지고 양명학은 쇠태해졌으며 황제가 도학을 숭상하여 공자묘에 陸贄, 呂坤, 孫鍾元, 黃道周 등 여러 사람을 배향하여 주자학을 숭상하였으니 좋은 시기에 태어난 것을 경하해야 하고 더욱 면학에 힘써야 한다고 하였다.[27] 그러

24 조선왕조실록 선조 6년 계유(1573, 만력1) 3월 17일(정유) 기사.

25 龚颖. 2008. 「『学部通辨』在东亚的传播及其意义」. 『海峡两岸道德发展论』.

26 『燕薊紀程』 권3 〈玉河簡帖〉. 〈答卯橋書〉. "各種芳件, 依領感謝, 而其中學部通編, 尤感致意之斬斬. 歸傳海外, 使東儒洞知朱陸之辨, 則大是吾道之光也."

27 『燕薊紀程』 권3 〈應求漫錄〉. "余問中國儒道之盛衰. 對曰, 朱陸異同, 前人辨之盡矣. 今皇

나 절강에서 과거시험 보러 상경한 擧人 鍾汪杰은 조금 다른 견해를 갖고 발표하였다.

> 주자와 상산의 차이에 대하여서는 전인이 이미 상세하게 밝힌 바입니다. 두 분이 다 대현으로서 한 분은 格致로부터 들어갔고, 또 한 분은 神解로부터 들어간 것으로 다 같이 그른 것이 아닙니다. 저의 소견은 이러하오니 청컨대 선생께서는 고론을 정하십시오.[28]

즉 종왕걸은 주자와 육상산은 모두 대현이며 도에 들어가는 방법이 다를 뿐이지 잘못된 것은 없다고 하였다. 이에 대해 박사호는 한쪽이 옳으면 다른 쪽은 그르다면서 견결히 반대하였다.

> "아! 그것이 무슨 말씀입니까? 천하에는 한쪽의 견해가 옳으면 다른 쪽의 견해는 그르기 마련입니다. 자양의 격치는 성리를 따른 것으로 實蹟이요, 육씨의 신해는 정신을 길러 돈오함입니다. 돈오의 설로써 어찌 광명정대한 성인의 도에 견줄 수가 있습니까?"[29]

그러자 鍾汪杰은 더 이상 대답하지 않고 빙그레 웃기만 하자 박사호는 기색을 보니 꼭 육학자 같았으나 주위 사람들이 다른 말로 주제를 바꾸니 곧바로 물을 수가 없었다고 하면서 더 이상 논쟁하지 않았다. 후에 鍾汪

上重道崇儒, 默陸尙朱, 黃道周諸人陞配文廟, 讀書人千古一時, 生際休明, 彼此額手交慶也."; "中峯曰, 近來理學一門, 日臻隆盛, 象山陽明之邪說, 久不作矣. 從祀孔廟者, 近四五年內, 又增入唐陸贄, 明呂坤, 去年又配入孫鍾元, 黃道周. 皆奉皇上旨意, 士生斯世, 豈不益加勉學, 以進德基."

28 『燕薊紀程』 권3 〈應求漫錄〉. "朱陸異同, 前人辨之詳矣. 兩公皆大賢, 一從格致入, 一從神解入, 俱不可非也. 鄙見如此, 請先生高論定之."

29 『燕薊紀程』 권3 〈應求漫錄〉. "余曰, 惡是何言也, 天下無兩是兩非, 紫陽之格致, 循性理而實蹟也, 陸氏之神解, 養精神而頓悟也, 以頓悟之說, 安得比光明正大之聖道乎."

杰는 장편시 〈偶在丁卯橋舍人宅上遇高麗朴心田雲 兩秀才談次及朱陸異同筆答不盡作詩申之並送歸國〉을 지어 그날 필담에서 주자와 육상산의 차이에 대해 못하단 말을 밝힌다며 박사호에게 보내주었다. 박사호 또한 이 시를 받아보고 곧 〈和鍾元甫長篇〉라는 장편시를 지어 답장을 하였다.

왕양명의 학설은 명대 중후기에 매우 성행하였었는데 명말청초에 이르러 많은 비평을 받았다. 고염무는 왕양명의 심학에 대해 맹렬한 공격을 가했다. 그는 명나라의 멸망은 陸王心學이 주요 책임을 져야 한다고 제기하였으며, 양명학을 禪學으로 여겼다. 고염무는 왕양명의 〈朱子晚年定論〉을 비판한 羅欽順의 『困知記』와 陳建의 『學蔀通辨』을 긍정하고 칭찬하였다.[30] 청대의 고증학자 王夫之도 양명학을 맹렬하게 비판하고 주자를 긍정하고 육상산, 왕양명을 반대하였다. "一代醇儒"로 불리는 陸隴은 평생 "尊朱黜王"을 근본 취지로 삼았고 주자학이 왕조통치와 질서를 유지함에 있어 매우 중요한 의의가 있다고 주장하였다.[31]

그러나 양명학을 계승하고 발전시키는 학자들도 있었다. 黃宗羲는 양명학을 총결하고 계승한 학자로서 한편으로 양명학의 기본 이론을 계승하는 동시에 한편으로 양명학의 폐단과 잘못을 바로잡았다. 주자의 학문은 격물치지, 사물에 대한 구분을 중시하였으므로 "支離"의 병폐가 발생하였기에 왕양명은 그것을 바로잡아 통일을 중시하는 경향으로 나아갔는데 황종희는 진일보 나아가 심성론과 이기론의 통일을 더욱 강조하였다.[32] 또한 李绂은 강희연간부터 건륭연간에 활동한 청대의 학자로서 평생 양명학의 표창에 진력하였으며 『陸子學譜』, 『陸子年譜』, 『朱子晚年全論』 등 저술을 편찬하여 학술적인 공업을 이루었는데 "청대 육왕학의 제일 중진"으로 평가받았다.[33] 이러한 청조 학단의 주자학과 양명학에 대한 인식과 토론이

30 周文玖. 1995. 「顾炎武的经学批评」. 『齐鲁学刊』 第01期.

31 聂红敏. 2007. 「从朱陆之争看清代前期理学走势」. 『湖南文理学院学报(社会科学版)』 第32卷第 6期.

32 孙宝山. 2012. 「黄宗羲对阳明学的继承和调整」. 『中州学刊』 第4期.

33 杨朝亮. 2009. 「浅析清代陆王学者第一重镇李绂」. 『东华理工大学学报(社会科学版)』 第28卷 第2期.

존재하는 배경 하에 박사호가 만난 청조 문사들이 왕양명의 공업을 인정하는 동시에 선학으로 흘러들기 쉽다는 폐단을 지적하는 대화가 이루어질 수 있었던 것이다.

박사호는 주자학을 숭상하는 조선의 선비로서 조선 사람이 성품이 순실하고 주자학을 충실히 지켜서 잘못되는 일이 적다고 자랑스럽게 여겼고 "우리나라에서는 오로지 정주의 학을 숭상하는 터인데, 어제 태학에 들어가 辟雍의 石經을 보고서 개연히 북으로 가 중국을 배울 생각이 났습니다."[34]라고 하였다. 조선의 선비들은 주자학을 숭상하며 양명학에 대한 비판이 강하였다. 퇴계 이황(1502~1571)이 『傳習錄論辯』을 지어 양명 王守仁(1472~1529)의 『傳習錄』의 중심 문제를 주자학적 입장에서 조목별로 비판하면서부터 조선에서는 양명학 비판이 주를 이루었다. 그런데 왕양명의 저서 『전습록』이 조선에서 처음 간행된 시기는 1593년 즉 퇴계가 세상을 뜬 지 20여년이 지난 이후이다. 그리고 더욱 아이러니컬한 것은 왕양명의 저서보다 양명학을 비판하는 저서들이 먼저 조선에 전해져서 간행되었다. 예를 들면 詹陵의 『異端辨正』은 1551에 조선에 들어와서 곧 간행되었고, 羅欽順의 『困知記』와 陳建의 『學蔀通辨』 등 양명학 비판 저술들도 모두 왕양명의 『전습록』보다 먼저 간행되었다. 그러므로 양명학 비판자의 이론이 양명학 자체보다 먼저 조선에서 전파되는 현상 즉 사상전파의 순서가 전도되는 현상이 조선 학계의 특징으로 나타났다. 비록 조선 양명학의 대표 인물로 꼽히는 霞谷 鄭齊斗가 양명학을 변호하고 주자학의 지리성을 비판하는 관점을 제기하였지만, 그의 사상은 조선에서 이단으로 취급되어 큰 영향을 발휘하지 못하였다. 정제두 이전에도 南彦經, 李瑤, 許筠, 張維, 李曉光, 崔鳴吉 등이 양명학을 수용하였지만 그들의 영향력 역시 매우 미약하였고 관련 저술도 전해지지 않았다.[35] 이와 반대로 일본에서는 양명학을 수용하고

34 『燕薊紀程』 권3 〈春樹淸潭〉. "弊邦專尙程朱之學, 昨入太學, 見辟雍石經, 慨然有北學中國之志."

35 钱明. 2006. 「朝鲜阳明学派的形成与东亚三国阳明学的定位」. 『浙江大学学报(人文社会科

개조하여 "心"의 주체성 작용을 강조하여 막부체제를 비판하는 사상 무기가 되었고, 일부 유학자의 손에서 점차 무사 계층의 사상무기로 확장되었으며 일본의 메이지유신 시기의 사상적 지도와 동력으로 되어 일본의 근대화 변혁을 추진하는 역할을 하였다.[36] 이것은 조선과 일본이 양명학 수용의 매우 다른 양상으로서 흥미로운 사실이다.

박사호는 청조 문인 주기진이 주자의 32세손이라 하니 공경하는 마음을 일으켜 중국에 들어와 大賢의 후손을 만나니 경앙하는 마음을 비길 데가 없다고 하면서 주자는 도학의 대종이라고 하였다. 주기진은 과거 시험을 보러 북경에 온 거인이기에 박사호는 급제하면 꼭 소식을 전해달라고 당부하며 집안의 학문을 닦아 주자의 못다한 사업을 이어받으라고 하였다. 그러면서 "주자의 업은 수신, 제가, 치국, 평천하의 대강령에 그치는 것이 아니라 중화를 높이고 오랑캐를 물리치는 尊華攘夷가 천하의 큰 의리임이 일부 강목에 적혀 있습니다. 원컨대, 선생께서 그것을 천양해 주시기 바랍니다."라고 하였다. 이에 주기진은 "잔약한 자손이 어찌 선조의 남긴 업을 이어받을 수 있겠습니까?"라고 대답하며 '존화양이' 등을 쓴 종이를 주워 입에 넣어 씹으면서 빙그레 웃었다. '존화양이' 이것은 오랑캐로 여기던 만주족이 통치하는 청나라에서는 민감하고 금기시되는 발언이었다. 박사호는 탄식하며 주기진과 서로 술을 권하여 마시고 "오늘 천하 선비를 처음 만났으나, 백년토록 길이 꿈속의 사람되겠네(今日始逢天下士, 百年長作夢中人)"라는 박제가의 시를 읊어 이별의 섭섭한 마음을 표한다고 하니 주기진이 눈물을 글썽이며 슬퍼하였다.[37]

学版)』03期; 赵甜甜. 2015.「阳明学在韩国的传承发展及韩国阳明学在中国的研究现状与展望」.『江南大学学报(人文社会科学版)』05期.

36 李晓东. 2008.「日本阳明学的思想特质及其影响」.『郑州轻工业学院学报(社会科学版)』01期.

37 『燕薊紀程』〈春樹淸潭〉. "余曰, 先生春試捷高第, 幸寄書報喜也. 登第後益修家庭之學, 能克承文公未卒之事業耶. 夫子之業, 非但修齊治平大綱領而已, 尊華攘夷, 爲天下大義理, 著在一部綱目, 願先生闡揚之. 答, 先生高明廣大之敎, 勖之以先生志學, 開拓心胷, 如披雲見天. 然孱孫不肖, 安能肯搆肯堂. 仍拾尊華攘夷等紙, 入口嚼之, 見余微笑. 余喟然太息, 卽

박사호와 청조 문사들의 양명학에 관한 담론을 통해 조선 사대부들의 주자학 존숭의 입장을 다시 확인하였을 뿐만 아니라 이 시기 청조의 학술 분위기와 청조 학자들의 주자학과 양명학에 대한 태도를 알게 되었다. 즉 조청 학술 교류의 현장과 서로 다른 관점과 주장들의 부딪침과 수용의 양상을 보게 되었다.

4) 역사 지리에 대한 담론

청조 문인들은 조선의 산수에 대해서도 관심이 많았다. 오승량은 조선의 금강산이 제일가는 명승으로 삼는다는데 그 풍경을 들려주기를 바라며 『明史』에 실린 朱之蕃의 시 "원컨대 고려국에 태어나서, 금강산 한번 보고 싶네(願生高麗國, 一見金剛山)"를 읊었다. 주지번은 유명한 서화가인데 명나라의 사신으로 조선에 온 적이 있으며 조선의 허균 등 사대부들과 교분을 맺었고 강원도 경포대에 "第一江山"이라는 글씨를 제했다고 한다. 이로 인해 조선의 금강산이 중국 문인들에게 알려져서 동경의 대상이 되었던 것이다.

金衍照는 자신이 강남 사람으로서 평소에 산수를 즐기는 버릇이 있는데 조선에도 산수의 승경이 있어 옛사람이 "원컨대 고려국에 태어나서, 금강산 한번 보고 싶네."라고 하였는데 북경의 西山에 비하여 어떠한가고 물어보았다. 이에 박사호는 금강산의 1만 2000봉의 빼어난 경치를 소개하였더니 그 자리에 있던 청조 문사들이 모두 좋다고 찬탄하며 살기 좋은 나라의 좋은 산수라고 찬탄을 금치 못하였다.[38]

飮一盃, 又勸一盃, 九山又勸一盃. 各三盃後, 余書 '今日始逢天下士, 百年長作夢中人', 曰, 此乃吾東朴貞蕤詩也. 吾輩襟期相詡, 四海皆兄弟也, 一別之後, 豈非夢中人乎, 怊悵殊甚. 九山涕洿洿欲下."

38 『燕薊紀程』 권3 〈春樹淸潭〉. "僕等皆江南人也, 素有山水之癖, 而東國亦有山水之勝, 古人云, 願生高麗國, 一見金剛山. 比西山何如? 余曰, 金剛, 千巖競秀, 萬壑爭流, 有一萬二千

勞亦宜도 조선에 금강산 외에 훌륭한 곳이 많은가고 물었다. 이에 박사호는 瀛州, 方丈, 香山, 四郡, 雪嶽, 淯城, 관동 팔경의 여러 명승이 있다고 소개하였다. 그러자 여러 사람들이 그곳들을 보지 못하였는데 가지고 온 시집이라도 있으면 관상해 볼 수 있겠는가고 하였다. 그러나 아쉽게도 박사호는 총망히 연행 길을 떠난 탓에 행리 속에 가지고 온 서책이 별로 없어 보여 줄 수 없었다.

한편, 한문학을 공부한 조선 선비로서 박사호 역시 중국의 역사와 문학에 관심이 많았고, 서책에서 읽었던 중국의 명승에 대해 확인하고 싶었다. 그는 청조 문사들에게 關中, 洛陽, 金陵은 옛날부터 제왕이 살던 곳인데 그 성쇠가 지금은 어떠한가고 물었다. 청조 문사들이 금강산의 절경을 듣고 나서 조선이 살기 좋은 나라라고 감탄하자 박사호는 원컨대 중국에 태어나서 한번 강남을 보면 좋겠다고 말하며 柳嗜卿의 〈望海潮詞〉를 통해 그곳이 절승임을 알고 있다고 하였다. 그러면서 三秋桂子, 十里荷花, 煙柳畫橋, 風簾翠幙이 다 옛날 같은가고 물었다. 柳嗜卿은 이름이 柳永인데 송나라의 詞人으로서 〈望海潮〉라는 詞를 지었다. '三秋桂子, 十里荷花, 煙柳畫橋, 風簾翠幙' 등은 모두 〈望海潮〉의 구절로서 항주의 번화하고 장려한 풍경을 읊은 유영의 대표작이다. 박사호는 또한 "이밥에 생선국을 먹고 풍악이 들려오는 누대에 준수한 선비 또한 동남의 아름다움이니, 이야말로 천하의 살기 좋은 나라라 하겠습니다. 우리나라야 어찌 족히 이르겠습니까?"라고 강남에 대한 동경과 찬탄을 금치 못하였다.[39]

이외에도 박사호와 청조 문사들은 과거제도, 역대의 현인군자, 대학자 등에 대해서도 담론을 하였다. 그리고 기자조선에 대해 이야기하며 조

峯. 削蓮堆玉, 宛若畫圖, 名菴大刹, 燦若蜂房. 東則碧海萬頃, 滉瀁無際. 此其大較也. 但塔刹之壯麗, 樓閣之輝煌, 十七橋之宏傑, 比西山望洋矣. 諸人皆口呿齊聲好好. 又曰, 樂國好山水."

39 『燕薊紀程』〈春樹清潭〉. "余曰, 願生中華國, 一見江南好. 蓋因柳嗜卿望海潮詞, 可知其絶勝. 三秋桂子, 十里荷花, 烟柳畫橋, 風簾翠幙, 皆依舊否? 答, 無異昔時. 余曰, 飯稻羹魚, 笙歌樓臺, 俊人佳士, 亦爲東南之美, 此可謂天下樂國. 如弊邦何足云乎."

선의 복색에 대해 언급하였다. 李辰豫는 月汀 李璋煜의 족제인데 그가 조선이 옛날에 기자의 봉지이었고 기자가 살던 은나라 수도가 바로 자기의 고향 洛陽에서 고작 300리 떨어진 곳이라며 은나라의 의복제도가 흰 빛을 숭상하였는데 박사호를 보니 선민을 우러러 보는 것 같다고 하였다. 이에 박사호는 평양의 기자묘와 기자와 관련된 유적지를 소개하고 기자의 팔조 교화를 받은 조선이 예의가 있고 부녀자들이 정숙하다고 자랑하였다. 청조 문사 沈洛은 조선의 관복에 대해서 물어보고 조선이 기자의 유풍이 있고 齊나라와 가까워서 그런지 천하의관의 나라라고 하였다. 이로부터 보아 청조 문사들도 여러 서책을 통해 조선의 역사 지리 지식을 어느 정도 갖추고 있으며 조선에 대해 많은 관심을 갖고 있음을 볼 수 있다.

3. 박사호와 청조 문인들의 교유의 특징

1) 박사호와 교유한 청조 문인은 모두 지식인계층

『燕薊紀程』의 〈應求漫錄〉에 박사호와 교류한 청조 문사들의 성명, 자호, 고향, 관직 등이 간략하게 기록되어 있는데, 그 기록에 의하면 1차 연행 때에 북경에서 만나 교유한 청조 문인은 14명이다. 그중 丁泰는 浙江 사람이며 당시에 內閣舍人의 관직에 있었고, 吳嵩梁은 杭州 사람이며 內閣中書로 있었고, 厲同勳 江南 사람이며 兵部郎中으로 있었고, 蔣鉞도 杭州 사람이고 知縣의 관직에 임명받았고, 沈洛은 江南 사람이며 進士로서 候選知縣이었다. 熊昂碧은 江蘇 松江府 사람이며 과거에 급제하지 못하고 御史 蔣詩의 家에 寓居하고 있었다. 蔣星榆도 江蘇 常州府 사람이고 張甘生은 江蘇 松江府 사람이며 이들은 당시 관직에 있지 않았다. 朱其鎭, 鍾汪杰, 勞宗煥, 金衍照 등은 모두 절강 사람이며 과거 시험을 보러 올라온 擧人이다. 李辰豫는 河南府 洛陽縣 사람이다. 蔣錇은 蔣鉞의 동생으로 당시 12살의 아이었으나 영민하여 對聯을 잘 하였으며 박사호와 대화가 있었고 귀국 후에 그에게 佩刀를 선물로 보내주기도 하였다.

그리고 심양에서 만나 교분을 맺은 繆公恩이 있는데 당시 나이 73세이다. 繆公恩은 심양에서 盛京礼部右翼官學助教로 있었으며 시를 잘 하였기에 박내겸, 조수삼 등을 비롯한 조선 사신들이 연행길에 오고가며 그와 사귀는 자가 많았다.[40] 박사호도 1차 연행 때에 조수삼의 관계로 繆公恩과 교분을 맺었다. 『燕薊紀程』에 보면 친구 조수삼이 박사호를 전송하면서 자기와 교분이 있는 심양의 繆公恩에 대해 언급하였고, 박사호가 귀국 길에 백상루에서 조수삼과 만났을 때에도 오숭량과 繆公恩의 안부를 전했다. 그리고 2차 연행 때에 정사 김현근의 연행록 『옥하일기』에 박사호와 繆公恩이 옛 교분이 있다고 하였다.[41] 문집 『心田稿』에도 십년 만에 다시 만난 감회를 읊은 〈贈繆楳澥公恩〉라는 시가 있다. 이로보아 박사호는 1차 연행 때에 이미 繆公恩을 만났고, 1837년 2차 연행 때에도 그와 교류가 있었다는 것을 알 수 있다.

이상의 인물 외에도 박사호는 1차 연행 때에 兵部侍郎 陳繼昌에게 부채와 서화 등을 선물하며 柱聯의 글씨를 구했는데 어느날 궁궐에서 만나 "중니와 안연의 즐거워하던 바를 찾으며 명도와 희문으로 자기하도다.(尋仲尼顔淵所樂, 以明道希文自期)"라고 써준 글씨를 받았다. 또 太和殿 뜰에서 兵部郎中 葉志詵을 보았는데 상사 홍기섭이 1813년에 서장관으로 북경에 왔을 때에 섭시선과 교분을 맺은 적이 있기에 공무 중에 나와서 반겨주었다. 그러나 이들과는 일면지교에 불과하고 더 이상의 교류는 없었다. 그

40 張傑. 2010.「淸人 繆公恩과 朝鮮使臣 朴來謙의 교유」.『한국학연구』22.

41 『燕薊紀程』 권2 기축년(1829) 3월 19일: "登百祥樓, 趙經畹款迎, 趙是五入燕京者也. 各敍游覽詩話之勝, 經畹問吳蘭雪, 繆梅澥消息, 趙之至交也."; 『燕薊紀程』 권3「關河詠懷」,「和經畹別語」: "楳澥故人眞念我, 每逢東使問西游."; 김현근. 『옥하일기』 5월 22일조: "瀋有名士繆公恩者, 居東門外, 年八十餘, 工書能詩, 東人多相識, 副房裨將朴思浩, 亦與之有舊, 盛稱其名, ……"

리고 刑部主事 李璋煜은 조선 문사들과 교류가 많은 인물이어서 박사호가 두번이나 찾아가서 교분을 맺으려고 하였으나 끝내 만나지 못하였다.[42] 〈留館雜錄〉에는 이외에 여러 청조 문사들에 대한 언급이 있지만 모두 멀리서 보았거나 소문을 들은 인물에 대한 약력을 기록한 것이다.

그 외 1837년의 2차 연행에서 교류한 청조 문사는 문집의 기록에 근거하면 繆公恩, 黃爵滋, 汪喜孫, 陳慶鏞, 洪齮孫 등 5명이 보인다. 黃爵滋는 江西 사람이고 禮部侍郎, 刑部侍郎을 지냈으며, 汪喜孫은 江蘇 사람이고 戶部員外郎, 內閣中書를 지냈으며 '揚州學派'의 대표적 인물인 汪中의 아들이고, 陳慶鏞은 福建 사람이며 監察御史를 지냈으며, 洪齮孫은 江蘇 사람이며 '常州學派'의 대표적 인물인 洪亮吉의 아들이다.

이상 자료에 근거하여 박사호가 교류한 청조 문인들을 도표로 정리하면 다음과 같다.

〈표 1〉 박사호와 교류한 청조 문인

번호	성명	자/호	나이*	고향	관직	선물	교류 자료	비고
1828~1829년 1차 연행시에 만난 인물, 당시 박사호 나이 45세.								
1	熊昂碧	字今裴 號雲客 /露薤	?	江蘇松江 府金山縣		『雲客集』	應求漫錄 春樹淸潭 楡西館記 蘭雪詩龕 金臺詩集 玉河簡帖	御史 蔣詩의 家에 寓居
2	李辰豫	中峯	30	河南府洛 陽縣	己卯 (1819) 登科	碑版四種, 徽墨四定	應求漫錄 楡西館記 金臺詩集 玉河簡帖	月汀 李璋煜의 同宗 兄弟
3	張甘生	號少白	20	江蘇松江 府婁縣		『心經』兩弓, 頂烟一笏, 篆聯一對	應求漫錄 楡西館記 玉河簡帖	熊昂碧의 表弟, 書江의 婿

42 『燕薊紀程』 권2 〈留館雜錄〉.

번호	성명	자/호	나이*	고향	관직	선물	교류자료	비고
4	蔣星楡	號白菴	44	江蘇常州府荊溪縣			應求漫錄 楡西館記	
5	蔣鉽	號小泉	32	浙江杭州府仁和縣	知縣	阮嗣宗詩註, 古篆隷碑刻, 捧筆竹片刻蘭草細楷一枚, 白石小品圖書一枚	應求漫錄 楡西館記 金臺詩集 玉河簡帖	蔣詩의 子
6	蔣鈁	號容齋	12	浙江杭州府仁和縣			應求漫錄 楡西館記 金臺詩集	蔣詩의 次子, 蔣鉽의 弟
7	丁泰	字叔雨 號卯橋	45	浙江人	內閣舍人	『學蔀通辨』 一套 『福幼遂生篇』 二冊 『式敬篇』 二冊 陳麯四匣	應求漫錄 春樹淸潭 金臺詩集 玉河簡帖	
8	朱其鎮	號九山	43	江南人	會試擧人	紙一匣, 扇二柄	應求漫錄 春樹淸潭 金臺詩集 玉河簡帖	朱熹 三十二世孫
9	鍾汪杰	號元甫	43	浙江	擧人	詩二張	應求漫錄 春樹淸潭 金臺詩集	
10	勞宗煥	號亦宜	29	浙江	擧人	信物一包, 詩一張	應求漫錄 春樹淸潭 金臺詩集 玉河簡帖	
11	沈洛	號雪門	34	江南人	進士 候選知縣	詩扇, 紙匣	應求漫錄 春樹淸潭 玉河簡帖	
12	金衍照	號曉峰	31	浙江	擧人		應求漫錄 春樹淸潭	
13	厲同勳	字冠卿 號茶心	40	江南人	兵部郎中	摺扇寫詩	應求漫錄 春樹淸潭 金臺詩集 玉河簡帖	
14	吳嵩梁	號蘭雪 /澈翁	64	杭州人	內閣中書	『再生小草』 『廬山詩集』	應求漫錄 春樹淸潭 蘭雪詩龕 玉河簡帖	
15	繆公恩	字立莊 號楳澥 / 蘭皐	73	沈陽	盛京礼部右翼官學助教		心田稿	

1837년 제2차 연행 시에 만난 인물, 당시 박사호 나이 54세.

번호	성명	자/호	나이*	고향	관직	선물	교류자료	비고
16	黃爵滋	字德成 號樹齋	44	江西撫州 宜黃	禮部侍郎 刑部侍郎		心田稿	
17	汪喜孫	字孟慈 號荀叔	51	江蘇江都	戶部員外郎 內閣中書		心田稿	汪中의 子
18	陳慶鏞	字乾翔 / 笙叔 號頌南	42	福建泉州	1832年 進士 監察御史		心田稿	
19	洪齮孫	字子齡 / 芝舲 號祐甫	33	江蘇陽湖	1839年 擧人		心田稿	洪亮吉의 子

* 비고: 도표 중 청조 문사들의 나이는 박사호와 만났을 당시의 나이이다. 『燕薊紀程』에 직접 기록되어 있거나 그들의 출생년을 기준하여 계산한 것이다.

박사호가 교류한 청조 문사들은 모두 문인 학자들이며 청나라의 조정에서 벼슬하는 관원이거나 또는 과거시험을 보러 온 거인이다. 그리고 그들의 고향을 보면 대부분 강소, 절강 등 강남 지방의 사람들이다. 1차 연행 때에 그가 만난 청조 문인들은 당대 청조 문단의 대표적 학자들은 아니었다. 특히 18세기말 19세기 초에 조선 문인과 교류가 많았던 청조 문단의 문형 紀昀, 고증학의 대표인물 翁方綱 등은 이미 세상을 떠난 뒤였고, 고증학자 阮元, 葉志詵 등과는 대궐 안에서 일면지교가 있었지만 깊은 교류가 없었으며, 옹방강의 문인인 64세의 노인 吳嵩梁의 집을 방문하여 필담을 나누었으나 고증학 관련의 학술 교류를 전개하지 않았다. 2차 연행 때에 만난 黃爵滋, 汪喜孫, 陳慶鏞, 洪齮孫 등은 모두 청조 학단의 유명한 문인들이며 경학, 한학, 고증학 등 분야에서 성취가 있는 학자들이었으나 그들과 깊은 학술적 교류를 나눈 양상은 보이지 않는다.

박사호와 청조 문사들은 다양한 주제의 대화를 나누기는 하였으나 당시 조선이나 청조 학단에서 일어나고 있는 한학이나 고증학에 대한 학술적 교류가 없었고 주로 주자학과 양명학에 대한 토론으로 학술 교류를 전개하였다. 매우 특이한 것은 박사호는 옹방강에 대해 조선 사람들과 창수가 많다는 것을 알고 있었으나 옹방강이 오로지 소동파를 숭상하고 또 불교를 숭상한다고 할 뿐 고증학에 대해서는 전혀 언급하지 않았다. 뿐만 아니라 옹방강이 재물을 탐내어 부자가 되었으며 중국 사대부들이 멸시한다고 하였으며 그의 자손들도 영락하여 현달하지 못하였다고 하였다.[43] 김정희와의 교류로 인해 조선에 알려지고 옹방강에 대해 칭송하고 교류하기를 동경했던 많은 조선 문인들과 달리 박사호는 옹방강의 인품에 대해 매우 부정적인 평가를 기록하였다. 그외 섭기선, 오숭량 등 고증학자들을 만나기도 하였으나 그들에 대한 기록에서도 고증학에 관한 일언반구도 언급하지 않았다.

특징적인 것은 박사호가 19세기 청조 학단에서 고증학이나 한학의 경향이 있는 청조 문인들과 만났지만 그들 역시 고증학 방면의 교류를 나누지 않았다는 점이다. 박사호와 교류가 가장 많은 丁泰는 경학에 힘쓰고 고증학적 태도를 갖고 있는 문인이었으나 박사호가 양명학에 대해 문의하자 주자학을 긍정하는 태도를 보였으며 경학이나 고증학에 대한 발언이 전혀 없었다. 박사호와 교유의 정이 깊은 熊昂碧은 과거에 급제하지 못하고 사대부들과 교유하며 시로 명성을 날렸는데 역시 주자학을 숭상하는 문인이었다. 그외에 박사호가 교류한 문인들은 젊은 학자들이거나 과거시험을 보기 위해 북경에 온 거인 위주였다. 이들과도 역시 주자학에 관한 교류 및 과거시험 제도에 대한 담론 위주로 교류를 하였다. 그러므로 청조 문사들과의 교류는 주자학과 양명학, 경문 해석에 대한 담론에 그치고 당시 청조 학단에서 이미 성행하고 있던 고증학에 대한 교류는 없었다.

이것은 박사호가 고증학에 전혀 관심이 없었고 오로지 주자학을 숭상하는 선비이었기에 그랬을 가능성과 그가 조선에서 접촉한 문인들 가운데 청나라의 경학이나 고증학을 수용한 자들이 없었기 때문 일수도 있다. 박

43 『燕薊紀程』 卷3 〈留館雜錄〉. "翁方綱, 號覃溪, 文章筆法, 頗有盛名, 與東人唱酬亦多. 而專尚蘇學, 又崇佛法. 貪財致富, 中國士大夫鄙之. 其子若孫, 零替不顯."

사호의 관심과 대화 주제에 따라 청조 문사들도 그와 교류를 하였기에 비록 박사호가 청조의 고증학자들을 만났지만 이에 관한 교류는 이루어지지 않았다. 이 또한 이시기 조청 문사들의 교류의 한 양상이라 할 수 있다.

2) 청조 문인들과의 집단적 모임

박사호와 청조 문사들은 여러 명이 동시에 모여서 교류하는 집단 모임을 많이 가졌다. 한자리에 모인 청조 문사들은 또한 여러 가지 인맥과 지연, 학연으로 연결된 하나의 문인그룹적 성격을 띠고 있다.

1차 연행 때에 박사호는 정사의 반당 신분으로 연행을 함께 온 조선의 벗 朴載宏과 함께 청조 문사들과 만났다. 丁泰의 집을 방문했을 때에 그 자리에 모인 청조 문인은 沈洛, 金衍照, 勞宗煥, 鍾汪杰, 朱其鎭, 厲同勳, 熊昂碧, 吳嵩梁 등 8명이었는데 주기진, 종왕걸, 노종환, 김연조 등은 절강의 擧人으로 과거 시험을 보기 위해 상경해 있는 자들이었고, 심락은 정태와 동방 진사이며, 웅앙벽은 어사 蔣詩의 집에 우거하고 있는 불우한 문인이었다. 오숭량은 내각 중서이고 정태는 내각사인으로서 관청에서 자주 만나는 동료이며 정태의 초청으로 다른 약속이 있는 와중에도 잠깐 들러서 박사호를 만났던 것이다. 정태가 절강 사람이었기에 그의 집에 모인 자들은 대부분 절강 문인들이었고 정태와 조정에서 같이 벼슬하는 동료로서 서로 친밀하게 왕래하던 자들이었다.

박사호와 박재굉이 청조 문인 蔣鉞의 집 유서관을 방문했을 때에도 蔣鈁, 熊昂碧, 李辰豫, 蔣星槎, 張甘生 등 여러 문인들이 모여 기다리고 있었다. 蔣鈁은 장월의 동생으로서 당시 12살의 아이었고, 웅앙벽은 장월 집에 우거하는 문객이고, 장감생은 웅앙벽의 외사촌 동생이며 조선의 박제가, 김정희와 교류가 있는 玉水 曺江의 사위이고, 李辰豫는 역시 조선 문사와 교분이 있는 月汀 李璋煜의 족제이었다. 이들은 장월의 벗들이고 또 조선 문인과 교류가 있었던 청조 문인들과의 인척 관계로 인해 박사호 일행에 대해 매우 우호적이었다.

1837년 2차 연행 때에는 이상적과 교분을 맺은 汪喜孫의 초대로 사행의 부사 조병현, 박사호, 역관 이상적 등이 북경의 慈仁寺에서 성대한 詩會 모임을 가졌다. 이 모임에 참여한 청조 문사로는 黃爵滋, 汪喜孫, 陳慶鏞 등이 있었는데 양국 문사들은 자인사의 늙은 소나무 "古松" 아래에 앉아 "고송"을 대상으로 聯句詩를 지었다. 양국 문인들은 分聯의 형식으로 총 20韻 40句의 장편시를 완성하였다.[44] 그들은 陶然亭에서도 시회 모임을 가져 문학적 정취와 담론을 이어갔다.[45] 당시 자인사, 도연정 등 곳은 중국 문인들도 자주 모여서 시회를 벌이던 유명한 곳이었고 조선과 청조 문인들이 자주 만나서 교류하는 장소로 되기도 하였다.

박사호는 1828년 1차 연행을 갔을 때에 같은 지역, 동료, 인척, 벗 등 각종 인맥으로 이루어진 청조 문인 그룹과 모임을 가졌다. 이러한 청조 문인 그룹과의 만남과 모임은 19세기 한중문인교류의 중요한 특징이며 박사호의 경우 친구 그룹적 성격이 다분한 초기 교류 특징으로 나타났다. 박사호 이전의 김정희, 김명희 형제는 한두 사람의 개별적 만남이 위주였고, 박사호 이후의 이상적, 김영작, 신석우, 박규수 등에 이르러서는 그룹형 모임이 주요 특징으로 나타나고 학문적 그룹의 성격이 더욱 강하였다. 19세기 중후기에 12차례의 연행을 다녀온 이상적은 매번 중국의 많은 문사들과 한자리에 모여 시문 수창을 하였는데 김정희의 "세한도모임", "상주학파" 문인들과의 교유, 고염무에 제사를 지내고 그의 경세치용의 학문을 추종하는 "顧祠" 모임의 청조 문사들과의 교유 등이 전형적이다. 김영작, 신석우, 박규수 등이 교유한 청조 문인들도 대부분 "고사" 모임의 주역들이고 특히 1860년에 입연했던 박규수는 조선 문인으로서 처음으로 沈秉成, 董文煥의

44 黃爵滋. 〈與朝鮮朴心田李藕船及孟慈羽堂慈仁寺古松聯句詩〉. 董文渙. 1996. 『韓客詩存』, 書目文獻出版社. 100쪽. 시 제목에서는 나타나지 않았지만 시 본문에는 작은 글씨로 지은 자의 이름을 밝혔는데 頌南 陳慶鏞의 이름이 있다.

45 朴思浩. 『心田稿』〈陶然亭和汪甘泉〉. 연행록전집 85. 383쪽; 李尙迪. 『恩誦堂集』〈黃侍郎樹齋爵滋汪農部孟慈陳侍御頌南慶鏞符孝廉雪樵兆綸邀飮陶然亭〉.

초대로 직접 顧祠에 찾아가 제사를 지냈던 사실도 있다.[46] 조선 사신이 모종의 문풍, 학풍의 청조 문인그룹과 집단 모임을 갖는 양상은 19세기 한중 문인 교류의 한 특징으로 나타나고 있다.

3) 조선의 시문에 대한 적극적인 관심과 평가

박사호와 교유한 청조 문인들은 조선에 대해 매우 관심이 많았고, 조선의 인물과 저술에 대해 많이 알고 있었으며 적극적으로 조선의 시문을 요청하였고 조선 문인들과의 사귐을 자랑하고 동경하였다.

우선 박사호의 시문은 청조 문사들에게 호평을 받았으며 모두 그의 시문을 읽어보거나 간직하기를 바랐다. 박사호가 熊昂碧의 시에 차운시를 지어주었을 때에 청조 문사들이 각각 높은 평가를 하며 그 시를 이별의 정을 남기는 자료로 삼겠으니 써서 선물해달라고 요청하였다. 金衍照은 또 박사호에게 "행리 속에 반드시 훌륭한 문장이 들어 있을 것이니 빌려서 읽고 싶습니다."라고 하며 박사호의 시문집을 보여주기를 요청하였다.[47] 張甘生도 박사호의 시재가 높다고 하며 반드시 저작이 많을 것이니 옥하관에 돌아가서 몇수를 추려서 선사해주기를 바라며 훗날 풍우 몰아치는 한 등불 아래서 고인을 본 것이나 다름없게 여길 것이라 하였다.[48]

蔣鉞은 박사호의 기행시 〈榛子店次季文蘭詩〉를 가장 좋아한다며 한 장 써서 완상하도록 남겨주기를 부탁하였다. 그 시는 다음과 같다.

---

46 李春姬. 2012.「李尚迪에게 보낸 淸 文士의 尺牘과 文風의 疏通」.『大東漢文學』第37輯; 李春姬. 2014.「韓, 中 선비들의 교유의 "메카" : 북경 "宣南"」.『연민학지』21권.

47 『燕薊紀程』卷3 〈春樹淸潭〉. "金曉峯問, (중략) 行篋中, 必有佳章, 希賜借讀."

48 『燕薊紀程』卷3 〈楡西館記〉. "小白曰, 詩才如此, 閣下必多著作, 回館於燈下, 錄出數首與我. 他日一燈風雨, 庶幾如見故人."

변방 하늘 쓸쓸한데 새벽에 눈물 흘리며 단장하니
塞天漠漠曉啼粧
어머니 나 시집갈 치마 짓던 일이 아직도 생각하네.
尙憶阿孃作嫁裳
꿈속에서도 강남은 봄풀이 푸른데
夢裡江南春草綠
꽃다운 마음은 철따라 가는 기러기 부러워했겠네.
芳心應羨鴈隨陽

季文蘭은 역사문헌에서는 찾아볼 수 없는 여인이지만 조선의 사행사신들 사이에서는 대대로 전해지는 전설 인물이다. 1680년 陳慰兼陳奏使行의 부사 申晸의 연행록에 최초로 계문란에 관한 기록이 보인다. 신정이 榛子店의 벽에 쓰여 있는 계문란의 시와 글을 보았는데 그 글에 의하면 그녀는 원래 강남의 秀才 虞尙卿의 아내이고 부친과 형제 모두 秀才로서 사대부 가문의 여성인데 남편이 청군에게 살해당하고 그녀는 붙잡혀 만주군관 왕씨에게 팔려 심양으로 가는 길에 자신의 신세를 한탄하여 가게 벽에다 글을 남기고 보는 사람들이 불쌍히 여겨 구해주기를 바란다고 하였다. 그녀의 시는 다음과 같다.

송곳머리 장식하니 부질없이 옛 단장 슬퍼하고
椎髻空憐昔日粧
치마와 옷이 모두 오랑캐의 것으로 바뀌었네.
征裙換盡越羅裳
부모님 생사 어디에서나 알 수 있을까?
爷娘生死知何處
슬프구나 봄바람에 심양으로 올라가네.
痛殺春風上沈陽

신정은 진자점 가게 벽에 쓴 그 글과 시를 보고 채문희를 연상하며 계문란의 신세를 불쌍히 여기고 차운시 한 수를 지었다. 이후 金錫胄, 金昌業, 李宜顯, 李德懋, 朴趾源, 徐有聞 등 연행을 다녀온 조선 문인들에 의해 반복적으로 기록되고 전해졌으며 연행 사신들이 차운시를 지어 기념하였다. 그리하여 조선 사신들은 진자점을 지날 때마다 계문란을 기억하였고, 계문란의 고사는 명말청초 왕조교체기의 하나의 비극의 상징이 되었다.[49]

박사호도 역시 북경으로 가는 길에 진자점을 지나면서 계문락의 고사를 생각하고 차운시를 지었던 것이다. 청조 문사 장월은 마침 이 시를 좋아하여 자기에서 써서 주기를 요청하였다. 이는 아마도 청나라 통치하에 있는 한족 문사의 미묘한 감정 때문일 것이다. 이에 박사호는 글씨를 잘 쓰지 못한다고 사양하였으나 장월은 거듭 간곡히 청하였으며 먼저 주련 하나를 써서 주었다. 박사호는 부득이 초서와 예서 몇 장을 썼더니 그 자리에 있던 여러 사람이 종이를 가지고 와서 각각 써 달라고 요청하였다. 그리하여 박사호는 생각나는 대로 붓을 휘둘러 당, 송, 명과 조선의 警句와 산문을 쓰고 또 조선의 산수와 명승의 여러 기문을 베껴 써서 주었다. 그러니 장월이 기쁨을 이지지 못하여 "고려국에 태어나서 금강산을 한번 보고 싶었는데, 이제 이 종이를 얻으니 그 산수를 본 것 같습니다."라고 하였다.[50]

박사호의 시문이 호평을 받았을 뿐만 아니라 조선의 시문집과 저술들도 일찌기 청나라에 전해져서 청조 문인들에게 널리 알려졌으며 호평을 받았고 청조 문인들이 적극적으로 조선의 시문집과 서책을 구해 보려고 요청하였다.

吳嵩梁은 조선의 서책이 좋다고 칭찬하고 조선 문인의 시문 수준도

---

49 葛兆光. 2006.「想象異域悲情－朝鮮使者關于季文蘭題詩的兩百年遐想」.『中國文化』第1期; 杨海英. 2007.「朝鲜士大夫的"季文兰情结"和清初被掳妇女的命运」.『清史论丛』.

50 『燕薊紀程』卷3〈應求漫錄〉. "小泉出白露紙, 請余書一聯, 余辭以拙書, 固請曰, 先生書法甚佳, 何其過謙也. 乃自書一聯給余曰, 何論工拙, 以作日後之資耳. 又請甚懇, 不得已作草隷數本, 座上諸人, 持紙各求, 取捨兩難, 而各種紙委疊床上. 遂隨意揮灑, 書出唐, 宋, 明東人警句散文, 又寫我東山水名勝諸記. 主人喜不自勝曰, 願生高麗國, 一見金剛山. 今得此紙, 如見其山水."

높다고 평가하였다. 그는 박사호에게 "귀국에서 간행한 책으로서 혹 행리 속에 빌려 볼 만한 것이 있지 않습니까? 『杜詩分類』은 내각 간행본으로 내가 일찍이 李鍾山의 처소에서 보았는데, 참으로 좋은 책이더군요."라고 하였다. 박사호가 오숭량의 집을 방문했을 때에도 오숭량은 조선의 시를 좋아한다고 하면서 李德懋의 『淸脾錄』을 갖고 온 간행본이 있으면 보여주기를 요청하였다. 그는 또 柳得恭의 『泠齋集』 한 권을 내어 박사호에게 보이며 유득공의 회고시는 산수, 인물이 다 가히 掌故를 갖추었다고 평가하고 또 朴齊家의 시집이 간행되었는가고 물어보았다.[51] 북학파의 대표적 인물들인 박제가, 유득공, 이덕무 등은 『韓客巾衍集』으로 청나라에 명성을 날렸고 그후 수차례의 연행을 통해 기윤, 옹방강, 축덕린 등 청조 명사들과 교류하면서 그들의 명성과 저술이 더욱 널리 청조에 알려졌던 것이다.

오숭량은 또한 박사호와 동행한 박재굉이 『周易』을 잘 하는 것을 보고 경학이 매우 심원하고 고아하니 저술이 있으면 선사해줄 것을 청하였다.[52] 오숭량은 박사호를 처음 만났을 때에 남공철, 심상규, 조인영, 김정희, 김명희, 이상적 등 그가 사귄 여러 조선 문인들의 안부를 물었다. 그는 자하 신위와 아직 사귀었던 일은 없지만 자하의 시와 그림을 본 적이 있으며 매우 훌륭하다고 평가하였다. 또한 박사호가 조선의 벗 이정리의 고문을 보여 주며 비평을 구하자 정조의 부마 海居 洪顯周의 『三怡集』에서 서문을 보았고 박아한 군자임을 잘 알고 있다고 하였다. 이로부터 오숭량이 조선 문사들과 교류가 매우 많았으며 조선의 서적을 상당히 많이 알고 읽어보았다는 사실을 알 수 있다.

옹앙벽 역시 조선의 문인과 저술에 대해 알고 있는 것이 많았다. 그는

---

51 『燕薊紀程』 卷3 〈春樹淸潭〉. "問, 貴國刊冊, 或有行篋中, 可以借見者否. 杜詩分類, 係內閣刊本, 僕曾於李鍾山所見之, 固佳本也."; 『燕薊紀程』 卷3 〈蘭雪詩龕〉. "出泠齋集一卷曰, 此貴國柳公得恭詩也, 其懷古詩, 山水人物, 皆可以備掌. 故答, 惠風此詩, 詩史也. 又有李雅亭淸脾錄覽否? 答, 此書四川李君調元曾采入刻本, 朴齊家詩集已刻否?"

52 『燕薊紀程』 卷3 〈蘭雪詩龕〉 "蘭雪向在卯橋席上見雲庫論易理. 向雲庫曰, 昨聞談經學甚淵雅, 此事非詞章可比. 如有著稿, 留弊廬細讀, 別後有所疑, 願以就正也. 雲庫答, 僕失學迷方, 鹵莽殊甚, 且無著稿帶來."

조선에 문장, 경제에 뛰어난 선비에 대해 소개해달라고 청하고 박사호가 중국에 더 많으니 먼저 가르침을 받고 싶다고 하니 다음과 같이 말하였다.

> 귀국에는 본래부터 남, 유, 신, 채, 윤, 박, 오, 노의 팔대가의 시문과 잡저가 있으며, 그리고 신라, 고려에 있어서는 최고운, 이목은, 이율정, 정율은, 이월사, 최간이, 차오산 등 많은 이가 계시는데 반드시 중조에 양보할 것은 못 됩니다. (중략)
> 귀국에 기인이 많은 것은 전부터 잘 아는 바이지만 요즘의 박정유, 유혜풍 두 선생 같은 이도 또한 출중하여 범상한 사람들에서 뛰어나며 전에 『稗海』를 보았더니 사가의 저작과 함께 『청비록』이 실려 있었습니다. 혹 행리 속에 또한 가지고 오신 한두 종류가 있지 않겠습니까?[53]

웅앙벽은 이처럼 최치원, 이색, 이정귀, 李寬義, 최립, 차천로 등 신라와 고려 시기의 유명 문인들의 이름을 줄줄이 외우고 있으며 박제가, 유득공 등 조선의 사가시인과 그들의 저술에 대해서도 잘 알고 있었다. 그는 또 홍현주의 『삼이집』에서 이정리의 서문을 보았다 하고, 평소에 조선 사람을 존경하고 문아하고 신의 있음을 공경하였으며 유득공의 『泠齋集』과 박제가의 『楚亭集』을 보니 옛스러운 기품이 있다고 하였다.[54] 웅앙벽도 조선의 申緯, 李奎鉉, 趙基謙, 李壽民, 趙冕鎬 叔姪 등 많은 사람들과 교분이 있어 조선의 시문집을 접촉할 기회가 많았던 것 같다. 그리고 조선에 대한 관심

---

53 『燕薊紀程』 권3 〈蘭雪詩龕〉. "貴邦素有南, 柳, 申, 蔡, 尹, 朴, 吳, 盧八家詩文雜著. 其在新羅, 高麗則崔孤雲, 李牧隱, 李栗亭, 鄭栗隱, 李月沙, 崔簡易, 車五山. 未必多讓於中朝. (중략) 曰, 東國多畸人, 向所深悉. 近如朴貞蕤, 柳惠風二先生, 亦復矯矯不群. 前見稗海裁四家所著及淸脾錄云云. 未稔行篋中, 亦有帶來一二種乎?"

54 『燕薊紀程』 권3 〈榆西館記〉. "雲客問, 完山李先生正履, 古文各體, 曾於三怡集, 見其一序. 洪海居兄弟詩文, 經學俱有工夫. 先生識其人乎? 對, 海居兄弟未識, 而李卽國東名儒也. 在叢桂山中, 博學而行潔, 孝友愷悌, 詩文尤甚高, 與鄙人至交也. 橐中有一篇古文帶來者, 明當送覽, 幸須批評否. 對, 若賜一覽, 不啻拱璧。昂碧, 素敬東人, 愛其文雅有信義. 見泠齋楚亭集, 嘐嘐尙古. 而近交申紫霞緯, 李鍾山奎鉉, 白壺隱漢鎭, 李芝山在, 趙幸人基謙叔侄, 李靈樵壽民, 眷眷不能忘."

이 더욱 많으며 적극적으로 조선의 서책을 구해보려고 하였다.

이와 같이 유득공, 박제가, 이덕무, 홍현주 등 18세기에 연행을 다녀간 조선 문인들의 명성이 청나라에 널리 알려졌고 그들의 저술을 비롯한 조선의 서적도 많이 유입되어 청조 문사들에게 읽히고 있음을 볼 수 있다. 이를 통해 청조 문인들이 조선에 대한 인식을 제고하였고 조선의 한문학 수준을 높이 평가하고 긍정하는 태도를 갖게 되었다. 앞선 연행사신들의 한중교류가 청조 문인들의 관심을 자극하고 조선 문사들과 더욱 적극적으로 교류하려는 의욕을 촉발하는 기초가 되었다. 이러한 양상은 19세기 후반의 한중문화교류에서 매우 특징적인 점인데 박사호의 교류에서 이미 이러한 특징이 나타나고 있다.

4. 맺음말

본고는 박사호와 청조 문사들의 교류 내용과 특징을 살펴보았다. 박사호는 두 차례의 연행을 다녀왔으며 많은 청조 문사들과 교류하였다. 그가 교류한 청조 인사들은 대부분 강남 출신의 문인들이고, 주자학을 숭상하는 자들이었다. 그들은 필담, 시문 창수, 편지 왕래 등 다양한 형식의 교류를 전개하였다. 박사호는 청조 문인들과 시문 품평, 주자학과 양명학에 관한 토론, 조선과 중국의 역사, 지리, 과거제도 등 다양한 주제의 내용을 교류하였다. 박사호의 교류에서 매우 특징적인 것은 청조 문사들과 친구그룹 성격의 집단적 모임을 가졌는데 비록 아직 학문적 그룹의 성격이 선명하지 못하지만 19세기 후반에 조선 문사들이 보편적으로 청조 문인들의 집단 모임에 참여하는 양상을 비교적 이른 시기에 나타내고 있다는 점에서 의미 있는 사례이다. 또한 중요한 특징의 하나는 박사호의 교류를 통해 청조 문사들이 조선에 대한 관심이 매우 많고 조선의 여러 서적들이 유입되어 호평을 받고 읽히고 있다는 사실을 알게 되었다는 점이다. 박사호도 조선의 시문과 서화를 적극적으로 청나라에 소개하여 조선의 한문학 수준을 과시하고 조선의 위상을 한층 더 높였다. 박사호와 교류한 청조 문사들은 조선에 대한 지식을 상당히 많이 갖고 있었고 관심도 많았으며 적극적으로 조선의 시문집과 서책을 구해보려고 하였다. 19세기에 이르러 쌍방향의 수요와 교류가 형성되었음을 확인할 수 있다. 이것은 그동안의 끊임없는 한중문화교류의 결과라고 할 수 있다. 이런 면에서 박사호의 연행 및 청조 문인들과의 교류는 19세기 전반의 한중 문화 교류를 연구함에 있어서 매우 의미 있는 사례이며 중요한 기초가 될 것이다.

참고문헌

朴思浩. 『燕薊紀程』. 『연행록전집』 제98·99권.

朴思浩. 『心田稿』. 『연행록전집』 제85권.

李春姬. 2012. 「李尙迪에게 보낸 淸 文士의 尺牘과 文風의 疏通」. 『大東漢文學』 第37輯.

이춘희. 2014. 「한(韓), 중(中) 선비들의 교유의 "메카" : 북경 "선남(宣南)"」. 『연민학지』 21권.

임영길. 2008. 『心田 朴思浩의 燕行과 韓中文學交流』. 성균관대학교 석사학위논문.

임영길. 2009. 「心田 朴思浩의 『燕薊紀程』에 대한 일고찰」. 『漢文學報』21.

張　傑. 2010. 「淸人 繆公恩과 朝鮮使臣 朴來謙의 교유」. 『한국학연구』 22.

천금매. 2011. 『18~19세기 조청문인 교류척독 연구』. 연세대학교 박사학위논문.

董文渙. 1996.『韓客詩存』. 書目文獻出版社.
葛兆光. 2006.「想象異域悲情－朝鮮使者關于季文蘭題詩的兩百年遐想」.『中國文化』01期.
杨海英. 2007.「朝鲜士大夫的“季文兰情结”和清初被掳妇女的命运」.『清史论丛』.
龚 颖. 2008.「『学部通辨』在东亚的传播及其意义」.『海峡两岸道德发展论』.
钱 明. 2006.「朝鲜阳明学派的形成与东亚三国阳明学的定位」.『浙江大学学报(人文社会科学版)』03期.
赵甜甜. 2015.「阳明学在韩国的传承发展及韩国阳明学在中国的研究现状与展望」.『江南大学学报(人文社会科学版)』05期.
李晓东. 2008.「日本阳明学的思想特质及其影响」.『郑州轻工业学院学报(社会科学版)』01期.
周文玖. 1995.「顾炎武的经学批评」.『齐鲁学刊』第01期.
聂红敏. 2007.「从朱陆之争看清代前期理学走势」.『湖南文理学院学报(社会科学版)』第32卷 第6期.
孙宝山. 2012.「黄宗羲对阳明学的继承和调整」.『中州学刊』第4期.
杨朝亮. 2009.「浅析清代陆王学者第一重镇李绂」.『东华理工大学学报(社会科学版)』第28卷 第2期.

『隨槎錄』을 통해 본 19세기 서적 교류

許放

『隨槎錄』을 통해 본 19세기 서적 교류

—

許放

1. 머리말

조천록과 연행록 등 사행 기록은 조선왕조(1392-1910)의 중요한 문화 유산이다.[1] 이 사행 기록에서 문학, 역사, 철학은 물론 지리, 건축, 미술 등 많은 분야에 관한 중요한 자료를 발견할 수 있다. 오늘날까지 전해진 사행 기록 중에 하나의 구성부분에 대해 주목할 필요가 있다. 바로 조선 문인과 중국 문인 사이의 필담 기록이다. 이러한 필담 기록을 통해 이미 사라진 역사 현장을 다시 볼 수 있을 뿐만 아니라 생생한 정보까지 얻을 수 있다. 본문은 바로 이점에 착안하여 韓弼教의 『수사록』을 고찰하고자 한다.

필자의 조사에 의하면 한필교의 『수사록』에 관한 선행연구가 이미 나와 있으나 필담에서 언급된 서적과 학술 정보에 대해서 간략히 소개했을 뿐이었다.[2] 이에 본문은 필담의 세부 내용을 통해 양쪽 대화자의 학술 배

1 기초 문헌으로 『연행록선집』(성균관대학교 대동문화연구원. 1960년), 『국역연행록선집』(민족문화추진회. 1976년), 『연행록전집』(임기중 편. 동국대학교출판부. 2001년), 『연행록전집 일본소장편』(동국대학교 한국문화연구소. 2001년), 『연행록선집보유』(성균관대학교 대동문화연구원. 2008년) 등이 있다.

2 선행연구로 김새미오의 「연천 홍석주의 연행과 그 의미」(『동방한문학』30. 동방한문학회. 2006년), 박현규의 「『수사록』 해제」(『연행록선집보유』. 성균관대학교 대동문화연구원. 2008년), 전수경의 「한필교의 『수사록』 연구」(성균관대학교 석사학위논문. 2009년) 등이 있다.

경과 경향을 파악하면서 숨어진 정보를 검토하고자 한다. 그리고 조선시대 서적 목록 연구에 있어서 홍석주의 『홍씨독서록』은 중요한 기초 문헌으로 인식되고 있다.[3] 『수사록』 중에 수록된 필담은 『홍씨독서록』을 이해하는 데 도움이 될 수 있다고 본다.

『수사록』은 현재 연세대학교 학술정보원(원 연세대학교 중앙도서관)에 소장되어 있다.[4] 성균관대학교 대동문화연구원은 이 책을 영인하여 『연행록보유』에서 수록하였다.[5] 『수사록』의 저자인 한필교(1807-1878)의 자는 輔卿이고 호는 霞石이며 본관은 청주이다. 1819년에 洪奭周의 장녀와 혼인하였고 1831년에 홍석주를 따라 북경을 다녀왔다.[6] 1839년에 진하사행의 서장관으로서 다시 북경을 방문했다. 저서로 『霞石遺稿』 등이 있다.

『수사록』은 전 6권으로 구성되어 있다. 권1은 「北行摠要」와 「日月紀略」, 권2와 권3은 「遊賞隨筆」, 권4는 「風俗通考」와 「聞見雜識」, 권5와 권6은 「班荊叢話」이다. 구체적으로 보면 「북행총요」는 사행단 전체 구성원에 대한 소개이고 「일원기략」은 사행 과정을 간략히 기록하는 일기이다. 「유상수필」은 저자가 유람한 조선과 중국의 명승지에 대한 기록이고 「풍속통고」는 저자가 경험한 청나라 풍토와 민심이다. 「문견잡지」은 저자의 사행 견문록이고 「반형총화」는 중국인과의 필담 기록이다. 「반형총화」는 『수사록』의 좀 특별한 구성부분이다. 이 부분의 내용도 풍부하고 관련 중국인도 각양각색이다. "何家莊學究"부터 "戶部郎中"까지, "豊潤知縣"부터 "鳳眼將軍"까지, 이러한 중국 인물들이 전부 자세하게 기록되어 있다.

『수사록』의 필담과 깊은 관련이 있는 또 다른 중요한 인물은 바로 한필교의 장인인 홍석주이다. 홍석주(1774-1842)의 자는 成伯이고 호는 淵泉

---

3 홍석주. 2004. 『洪氏讀書錄』. 張伯偉 편 『朝鮮時代書目叢刊』8. 北京: 中華書局.

4 연세대학교 학술정보원 도서 청구번호: (고서) 귀41901-3. 필사본. 3책 6권.

5 『연행록선집보유』(중). 성균관대학교 대동문화연구원. 2008년. 239-381쪽.

6 "始年二十有五, 獲隨使者車, 西渡鴨水, 涉遼瀋, 度燕薊, 以達于順天. 於山見醫閭之高, 於水臨渤海之浸. 至京師, 周覽其宮闕, 城池, 倉廩, 苑囿之壯麗, 然後始知爲天下之大觀矣. 於是乎跬步之所及, 覩聞之所得, 記述頗詳, 纖悉無遺." 한필교, 『수사록』「題隨槎錄後」.

이며 본관은 풍산이다. 1795년에 춘당대 문과 갑과 급제한 후 승정원 注書, 正言, 이조 참의, 충청도 관찰사, 兩館 대제학, 이조 판사 등 요직을 역임하였다. 저서로 『연천집』 등이 있다.[7]

홍석주는 풍산 홍씨의 家學 전통을 이어받아 성리학과 문학 영역에서 큰 성과를 거둔 조선후기 대표적인 문인 학자이다. 김택영은 홍석주의 문장을 여한 문장 구대가 중의 한 명으로 평가하였다.[8] 학술 능력에 대해서 正祖도 그의 재기를 중하게 여겼다.[9] 후대 사람이 "정자와 주자의 학문, 구양수와 소식의 문장"[10]으로 그를 칭찬하였다. 오늘날의 학술 연구에 있어서도 홍석주가 조선후기 사상사의 대표적 인물로 거론되고 있다.

풍산 홍씨 집안은 중국과 깊은 관련이 있다. 『同文彙考』 중의 『使行錄』에 의하면 홍석주의 조부인 洪樂性은 1783년의 사은사 정사로 북경을 방문했고 홍석주도 1803년과 1831년 두 차례 사행을 다녀왔다.[11] 연행록을 살펴보면 풍산 홍씨 가문의 사행 참가자들을 많이 발견할 수 있다.

홍석주가 처음으로 북경을 방문한 것은 1803년이었다. 당시 사행의 정사는 李晩秀이고 부사는 洪義浩이며 서정관은 홍석주이었다. 이번 기회를 통해 홍석주가 翰林院 編修 費蘭墀[12]를 알게 되어 교유를 하였다. 홍석

---

7 서울대학교 규장각 도서 청구번호: 奎12420. 이 필사본은 『한국문집총간』(293-294)에 영인 수록되어 있다.

8 "金農嚴所云 '我東之文膚率而不能切深, 俚俗而不能雅麗, 冗靡而不能簡整'者, 即指此也. 張谿谷, 李澤堂, 二公一洗前陋而未盡祛. 至農巖則祛盡矣, 然又稍病乎弱. 朴燕巖承農嚴之雅, 而昌大雄變之. 自後洪淵泉以下, 去益愈清, 而元氣亦隨而稍薄. 此余之選麗韓九家者也." 金澤榮. 2005. 『韶濩堂集』卷8「雜言」. 『한국문집총간』347. 민족문화추진회. 322쪽.

9 "近因手圈校役, 新舊選抄啓中, 世所稱眼明心細者, 無不參閱. 而未見本經術, 通訓詁, 析理必程朱, 遣辭必歐蘇者. 少年可望, 惟洪某一人耳. 勿以後生易之, 予亦時賴其稽古之力耳." 홍현주 「家狀」. 『한국문집총간』294. 242쪽.

10 "程朱學問, 歐蘇文章, 此乃正廟所以垂褒於淵泉先生也." 俞莘煥. 2003. 『鳳棲集』「答韓稚綏(章錫)」, 『한국문집총간』312. 민족문화추진회. 32쪽.

11 『燕行錄選集』 부록 「使行錄」. 성균관대학교 대동문화연구원. 1960년. 1283-1326쪽.

12 "費蘭墀, 清江蘇吳江人, 字心谷. 嘉慶七年進士, 官編修. 以父母在不樂爲官, 一年即告歸. 道光九年邑大水, 力請上官破例給賑. 有『蘧庵文鈔』." 『中國歷代人名大辭典』. 上海: 上海古籍出版社. 1999년. 1795쪽. 관련 내용은 『淵泉集』권16에 실린 「答費秀才書」, 「與費吉士書」, 「答費吉士蘭墀」 등 편지를 참조.

주는 조선으로 돌아간 후에도 두 사람이 계속 편지를 주고받았다.[13]

홍석주가 다시 북경을 방문한 것은 1831년의 사은사행이었다. 이 번 사행의 정사는 홍석주이고 부사는 兪應煥이며 서장관은 李遠翊이었다. 『수사록』의 저자인 한필교가 홍석주의 자제군관으로 수행하였다. 일행이 7월 22일에 서울을 떠나 8월 19일에 압록강을 건너 9월 21일에 북경에 도착하였다. 약 35일간 체류한 후 10월 26일 북경을 떠나 11월 24일 압록강을 건너 12월 11일에 서울로 돌아가 복명하였다.

홍석주는 두 번째 북경을 방문했을 때 많은 중국 문인들과 교유하였다. 그 중의 대표 인물은 韓韻海, 李璋煜, 劉喜海 세 명이었다. 오늘의 학술사를 보면 류희해가 금석학자로 유명하지만 한운해와 이장욱은 그다지 유명한 인물이 아니다. 그럼 우선 한필교의 기록을 통해 세 사람을 소개하겠다.

> 韓韻海, 號季卿, 浙江平湖人. 年二十八, 工於書畫. (韓韻海條)

> 李璋煜, 青州諸城縣人, 號月汀, 又曰篛汀. 年四十, 現任刑部主事. 深於經學, 爲時推詡, 東使之赴京者, 莫不結交云. (李璋煜條)

> 劉燕庭喜海, 青州諸城縣人, 太學士文正公統勳之曾孫, 閣老文清公石菴墉之從孫也. 方爲戶部郎中, 嗜金石書畫, 蓄累百千幅, 我東碑刻亦多焉. (劉喜海條)[14]

이상의 소개를 통해 알 수 있듯이 한운해는 서와에, 이장욱이 경학에, 류희해는 금석에 대한 조예가 깊다. 세 사람이 널리 알려진 석학이 아니지

---

13 "僕於朱氏書, 服膺而讀之, 亦有年矣. 繇其全書, 而浸淫乎別集, 續集, 朱玉之『類編』, 饒池之『語類』, 不可謂不多矣. 夙所恨者, 『類編』之蒐羅, 不免真贋之相混. 『語類』之彙分, 非復門人之舊本. 意者, 中土載籍之府, 南國文明之藪, 或有善本之可以參證歟?" 洪奭周. 2002. 『淵泉集』 권16 「答費秀才書」. 『한국문집총간』293. 민족문화추진회. 355쪽.

14 본문 인용문 중의 "韓韻海條", "李璋煜條", "劉喜海條"는 각각 『隨槎錄』「班荊叢話」 중의 「韓季卿韻海筆談」, 「主事李月汀璋煜筆談」, 「戶部郎中劉燕庭筆談」의 약칭으로 사용한다.

만 19세기 전반에 활약한 문인으로 조선 사신들과 밀접한 관계를 맺었다.[15]

『수사록』에 수록된 필담을 살펴보면 홍석주가 세 사람과 만나는 중요한 목적 중의 하나는 바로 책을 구하는 것이었다.

> 上使仍取筆書曰: "鄙人本無所鮮, 但自少時頗好書籍. 今玆北來, 獲觀中土人文之盛, 意必有奇文異書, 褊邦之所未覩者. 幸乞指誨, 俾得寓目." (韓韻海條)

> 上使曰: "海陬褊邦, 素乏書籍, 今行欲購一二秘笈, 而求之未可遽得, 或可無靳於中郎枕中之莊, 俾遠方蒙士得一開眼耶?" (李璋煜條)

> (上使)又曰: "鄙人素乏學術, 惟有嗜書之癖. 今行願購平生未見之書, 以少償宿願. 而市肆中絕難求覔, 未知可蒙指導, 俾得津逮否?" (劉喜海條)

이와 같은 기록을 통해 홍석주가 책을 구하는 정성을 엿볼 수 있다. 이 시대에 책을 구하는 사람이 많이 있으나 홍석주처럼 정계와 문단에 큰 영향력을 가진 사람이 그리 많지 않았다. 이에 본문은 필담 중의 풍부한 서적 정보를 이용하여 『수사록』을 고찰하고자 한다. 구체적으로 보면 목적이 세 개가 있다. 우선, 청나라 학술 정보가 어떻게 조선으로 유입되었는지 살펴보고자 한다. 다음으로, 19세기 전반에 중국 문인 학자가 조선 서적과 학술에 대한 인식을 검토하고자 한다. 마지막으로, 이상의 분석을 통해 양국의 교류 양상과 배경을 고찰하고자 한다.

---

15 李璋煜, 劉喜海와 조선사신의 교유는 『清朝文化東傳の研究』(314-391쪽)를 참조.

2. 필담 기록을 통해 본 서적 교류

필담은 공동 文語를 통해 이루어진 교류 방식이다. 고대 동아시아에서 한문은 공동 문어로서 그 역할을 담당했다. 우리는 연행록 등 문헌을 통해 그 교류의 방식을 알 수 있다. 필담을 읽어보면 우리가 고대 문인들이 교류하는 현장으로 돌아갈 수 있을 것 같다. 녹음 장치가 없는 시대에 필담 기록은 우리를 위해 현장 녹음을 남겨 주었다는 셈이다. 필담의 대표적 작품으로 박지원 『열하일기』 중의 「혹정필담」, 홍대용 『연기』 중의 「간정동필담」, 신재식의 『필담』을 거론할 수 있다.

실제로 사행단 구성원 중에서 말로 의사소통 가능한 사람이 통관 이외에 거의 없다. 대부분의 외교와 사회 활동은 전부 필담에 의해 진행되었다. 한필교와 홍석주는 이번 사행 과정에서 적극적으로 중국 사람과 필담을 나누고 그 내용을 자세히 기록해 놓았다. 특히 「반형총화」에서 학술, 문학, 서적에 관련된 정보를 많이 발견할 수 있기 때문에 본문은 이 부분을 중심으로 거론하고 고찰하고자 한다.

> 月汀曰: "先生扵經學多所闡述, 未審主訓詁一門耶? 抑義理一門耶?"
> 上使曰: "義理非訓詁不明, 朱子所謂'未有不得其言而能通其意'者, 真格論也. 至扵剖析太甚, 反歸穿鑿, 亦非吾儒之所貴, 要當以躬行實踐爲歸, 始可謂儒者之學. 然徒能言之, 而實無所得. 上蔡鸚鵡之譏, 深庯自惡."
> 月汀指"剖析太甚, 反歸穿鑿"之語, 書之曰: "誠然誠然." 又曰: "'義理非訓詁不明', 一語破的矣. 『尚書』如『禹貢錐指』, 『尚書疏證』, 『尚書後案』等書, 想已博覽之. 先生著述自能獨闢一門徑也. 僕雖欲淹通經術, 特以數年來爲法術家所困, 辰出酉歸, 不遑鑽研, 通經貴致用, 不可以定談, 無補貽笑揚迂也."
> 上使曰: "'通經貴致用', 此五字亦可謂破的. 『錐指』『疏證』曾窺

梗槩, 『後案』則未及寓目. 近世攷證之學, 補拾残佚, 推究古義, 亦不可謂無功. 但未免馳騖於名物器數之末, 究竟於躬行致用之實, 毫無裨益. 竊謂漢學宋學, 其末流俱未免此獘, 不識大雅之見, 以爲何如?"

月汀曰: "漢學宋學, 居今日不必自立門戶, 惟當求其有益於身心內外, 而可以施于有政者體驗之, 則真能信古而不泥古者矣. 曩與金清山(原注: 善臣), 秋史(原注: 金台正喜), 山泉(原注: 金命喜)暢論之矣." (以上 李璋煜條)

이 대화는 청나라 문인과 조선 사신 사이에 많이 토론하는 주제로 연행록에서 흔히 발견할 수 있다. 다시 말해서 바로 청나라 건륭과 가경 연간 이후에 발전된 고증학과 조선에서 전승된 성리학 사이의 논쟁이다. 한운해, 류희해, 이장욱 세 사람 중에 이장욱은 경학에 대해 관심이 많아서 그는 홍석주에게 이 문제를 거론했다. 홍석주의 대답은 그의 입장을 분명하게 밝혔다. 즉 학문 연구에 있어서 마땅히 몸소 행하고 실천해야 한다고 강조하였다. 이장욱도 고증학의 폐단에 대해 언급한 후에 호위의 『우공추지』, 염약거의 『상서고문소정』, 왕명성의 『상서후안』 등 세 가지 상서 연구서를 거론하였다. 이 중의 『우공추지』는 『홍씨독서록』에 수록되어 있고 지리 전문 저술로 평가하였다.[16] 왕명성의 『상서후안』은 성서학 연구에 있어서 중요한 저술로 널리 알려졌다. 주중부는 『정당독서기』에서 큰 공적을 세웠다고 하였다.[17] 그러나 홍석주는 이 책을 읽어보지 못했다. 그는 이미 읽어본 『우공추지』와 『상서고문소정』은 고증학 "계몽기"의 대표작품이다.[18] 왕명성뿐만 아니라 홍석주는 건륭 연간 이후의 고증학 대표 학자를 잘 알지 못

16 洪奭周. 『洪氏讀書錄』. 4182쪽.

17 "蓋自趙松雪吳草廬分今文古文以後, 至此始有定本. 由是江艮庭, 段茂堂, 宋半塘暨孫淵如師諸家接踵而起. 先之者, 西沚是書也, 厥功偉已." 周中孚. 1959. 『鄭堂讀書記』. 北京: 商務印書館. 172쪽.

18 梁啟超. 2000. 『清代學術概論』. 上海: 上海古籍出版社. 13-16쪽.

한 것 같았다. 예컨대 류희해는 홍석주에게 학계의 대표인물로 주균, 전대흔, 왕명성 등을 소개하였다. 홍석주는 이 세 사람이 높은 관직을 가지고 있는 사람인지, 문집이 이미 간행되었는지 등을 질문하였다. 이렇게 보면 홍석주는 "성숙기"의 고증학 성과에 대해 잘 알지 못한 것 같았다. 이에 홍석주가 고증학에 대한 태도를 검토할 때 이러한 요소를 고려할 필요가 있다고 본다.

이장욱이 "한학과 송학" 강조했듯이 19세기 전반에 한학과 송학이 이미 합류한 추세이었다. "전에 김청산, 추사, 산천 논했다"는 말은 중국 문인과 조선 사신 사이의 한학·송학 논쟁을 지칭한 것이다.[19]

> 上使曰: "廿一代全史雖幸粗窺一斑, 而竊聞近代徐健菴尚書有『資治通鑑後編』一部, 博贍精核, 近古罕覯. 先生必已飫, 若蒙指示, 切欲不惜厚直購歸一本." 韓曰: "健菴尚書『通鑑後編』雖稱贍博, 然其中亦有可議者. 先生如欲購歸, 當爲覔一部." (韓韻海條)

> 上使曰: "間從書肆購得畢秋帆尚書所撰『續資治通鑑』一部, 未知其書比『後編』何如?"
> 韓曰: "據『四庫提要』所言, 二書大旨相同." (韓韻海條)

> 上使曰: "健菴『後編』既不可得, 宋元以後編年之史, 未知何書爲佳? 商輅『續綱目』, 薛應旂『續通鑑』曾已一閱, 此外願求一書."
> 劉曰: "『御批通鑑輯覽』."
> 上使曰: "亦曾敬閱." (劉喜海條)

홍석주가 史部 서적 중에 서건학의 『자치통감후편』을 구하고 싶었다. 이 책은 『홍씨독서록』에 수록되어 있다. 이 책은 바로 홍석주가 읽어보고

19 夫馬進 著. 2010. 伍躍 譯. 「朝鮮燕行使申在植"筆譚"所見漢學與宋學的論爭及其周邊」. 『朝鮮燕行使與朝鮮通信使』. 上海: 上海古籍出版社. 49-87쪽.

싶지만 아직 구하지 못한 책들 중의 하나이다.[20] 학술 발전의 흐름을 살펴보면 "전성기"에 畢沅이 지은 『속자치통감』이 이미 강희 연간에 편찬된 이 책을 넘어섰다. 류희해가 말한 『어비통감집람』은 바로 『어비역대통감집람』이다. 이 책은 1767년 건륭황제의 명을 받아 지은 것이다. 내용은 伏羲부터 명나라까지 모두 120권이다. 정부에서 편찬하고 황제의 비어가 붙어있기 때문에 과거 시험의 표준 답안으로 간주되기도 하였다.[21] 홍석주는 말한 책은 전부 명나라 때의 중요한 『자치통감』 續書이다. 하나는 설응기가 지은 『송원통감』으로 모두 157권이고, 다른 하나는 상로 등이 황제의 명을 받아 지은 『속자치통감강목』으로 모두 27권이다. 전부 짙은 성리학 색채를 띠고 있다.

학술 이외에 명청 교체기에 관한 필담에 대해서도 주목할 필요가 있다.

> (上使)又曰: "吾邦相國李德馨, 忠貞大節, 無愧古人. 而『明史』誤稱'嬖臣', 『輯覽』中亦未免沿訛. 大抵中國史冊記載外藩事實, 未免錯謬. 頃見錢虞山『初學集』中「東征二士錄」, 全是架虛說夢, 顚倒黑白. 殊令人惋恨, 聞已毁板, 今無見行者否?"
> 劉就"虞山"二字而書曰: "人本無足取". 又就『初學集』旁書曰: "例禁". 又曰: "尚有存, 皆秘不宣矣."
> 上使曰: "其人固無可取, 其文則亦不可不謂之奇才." 劉點頭。
> 上使曰: "不獨虞山而已, 谷應泰『明史本末』亦敘征倭事多失實狀. 李如松, 楊鎬二公在我邦實有再造之功, 至今立祠尸祝不絕. 而卻以爲冒功僨事, 丁應泰搆惎中外, 全事虛罔. 而爲史者反信其說, 張閣學所纂正史, 亦未免因襲其語, 中國之人何從而知其說耶? 竊願將此問答, 播諸立言垂後之鉅工, 俾得一雪其誣, 小邦寔有幸矣."
> 劉曰: "俱繫傳聞之訛耳."

20 홍석주. 『洪氏讀書錄』. 4214쪽. 4170쪽.
21 王樹民. 2003. 『史部要集解題』. 北京: 中華書局. 209-210쪽. 192쪽. 207쪽.

上使曰: "以一時傳聞之訛, 載千秋不刊之書, 流傳口實, 遂成信史, 受誣被謗者豈不免寃乎?" 劉不答. (劉喜海條)

홍석주가 말한 두 책은 청나라 정부에서 편찬한 『명사』와 곡응태가 지은 『명사기사본말』이다. 전부 조선왕조의 역사와 밀접한 관계가 있다.[22] 『명사』의 편찬이 시작되었을 때부터 조선이 이미 사신을 보내 일부 내용을 수정하고 싶은 뜻을 전달했다. 긴 시간의 노력 끝에 『명사』가 최종 완성되기 전에 그 목표를 달성하였다.[23] 그러나 조선 문인의 시각으로 보면 문제가 전부 해결된 것이 아니었다. 예를 들면 『명사』, 『명사기사본말』, 『어비통감집람』, 『초학집』에서 많은 조선 관련 역사를 잘 못 기록되어 있고 수정할 필요가 있다고 생각했다. 이 필담은 정부 차원의 "辯誣" 이외에 민간 차원의 "변무"로 볼 수 있을 것 같다. 특히 이러한 "변무" 행위는 연행록에서 적지 않게 발견할 수 있어서 보편적인 현상으로 볼 수 있을 것이다. 조선후기 문단에서 홍석주와 더불어 "연대문장"으로 칭하는 김매순도 비슷한 글을 쓴 적이 있다.[24]

그러나 청나라 시대에 文字獄이 심해서 문인들이 명청 교체기의 역사를 거론하고 싶지 않은 경향이 있다. 그래서 류희해는 이와 같은 질문을 피하는 모습을 발견할 수 있다. 한필교도 이와 같은 태도를 목도하면서 문학과 당대 일을 언급하면 두 사람이(필자-한운해와 류희해) 대답을 피하였다고 하였다. 이렇게 보면 필담의 내용이 만약 일정한 범위를 넘어서면 부필요한 모순까지 야기할 수 있다.

22 "朝鮮王議遣光海君致賀, 已而聽孌臣李德馨言, 使州判奉白土紬爲賀." 谷應泰. 1977. 『明史紀事本末』 권62 「援朝鮮」. 北京: 中華書局. 971쪽.

23 孫衛國. 2009. 『明清時期中國史學對朝鮮的影響』. 上海: 上海辭書出版社. 1-21쪽. 43-51쪽.

24 "明季文字語及東事者, 類多爽實. 甚至於以我昭敬王之功儉好學而謂之'湎酒', 李德馨之忠勤貞亮而謂之'孌臣'. 他尚何說哉? 錢是東林之雄, 而與應泰密, 故仇我尤甚. 雖翰墨末事, 舞文詆欺乃爾, 其爲人之褊刻可知. 使操史筆, 予奪之失其平心多矣. 絳雲之燒, 安知非天意哉?" 金邁淳. 2002. 『臺山集』 권20 「闕餘散筆·龍飛第六」. 『한국문집총간』294. 민족문화추진회. 643쪽.

上使曰: "黃南雷宗羲所撰『明文案』, 『明文海』二書亦聞其名, 而未及過目, 如可購得, 亦所深願." 韓曰: "『明文案』曾見過, 可以購得. 『明文海』傳世者甚少, 恐難得也. (韓韻海條)

上使曰: "黃南雷所選『明文海』『明文案』二書, 俱欲一見, 而無從問津逮, 未知何處可以求得?" 月汀曰: "數書書肆竟無刊本, 或并州, 浙江有之." (李璋煜條)

上使曰: "所欲購者, 徐建菴『資治後編』, 吳訥『文章辨體彙選』, 黃南雷『明文案』, 皇朝纂輯『續通志』." 劉曰: "『明文案』, 此書甚難得, 止有傳抄本, 弟亦求之有年而未曾入手. 前曾見三五不全本, 其選甚精." 上使曰: "又聞有『明文海』, 此可購否?" 劉曰: "明程敏政選, 無刻本, 較『文案』更難得, 以卷帙過多故耳." (劉喜海條)

집부 서적 중에 황종희의 『명문해』에 대해 주목할 필요가 있다. 이 책은 홍석주가 가장 구하고 싶은 것이고 수차례 필담에서 언급하였다. 그러나 한운해는 『명문해』를 정민정의 『명문형』으로 착각하고 구할 수 있다고 말하였다. 이장욱은 간행본이 없다고 하였고 비교적 정확한 답으로 볼 수 있다. 류희해는 말은 『명문안』은 『명문해』의 前身이다. 그러나 『명문해』의 편찬자는 정민정이라고 하는 것이 문제가 있다. 정민정은 『명문형』을 편찬하였고 목판본까지 전해졌다. 『명문해』는 필사본으로 전했다. 조선 문인들이 명나라 문장가에 대해서 관심이 많고 명나라 시문집을 열정적으로 수집했을 뿐만 아니라 자신의 표준으로 시문 선집을 편찬하기도 하였다. 『연천집』에 수록된 「散書目錄」에 의하면 홍석주도 『명문선』20권을 편찬하였으나 아쉽게도 실전되었다.[25]

25 "『明文選』二十卷. 選皇明文, 以甲·乙·丙·丁·戊五集別之, 各有小識. 屬仲氏沆瀣公作序, 今佚不傳, 只存小識六篇." 韓章錫. 2002. 「散書目錄」. 『淵泉集』「卷首」. 『한국문집총간』293. 5쪽.

上使曰: “秦淮海, 張宛邱文潛, 晁雞肋, 呂東萊, 周益公諸集中如有一二, 願得購去.”
劉曰: “此數種俱不易得, 而『益公集』更難, 都中藏書家竟未必有之. 弟曾於杭州見過, 以價昂未得入手.” (劉喜海條)

위 기록은 송나라 주필대의 『익공집』이 언급되어 있다. 이 책은 간행본과 필사본이 전부 구하기 어려워 역대 藏書家가 중히 여긴 시문집이다.[26] 류희해의 대답은 이와 같은 사실을 증명하였다. 즉 문화 중심인 북경에서도 보기 어렵다는 것이다. 항주에서 한 번 나타났으나 너무 비싸서 구입하지 못하였다.

上使曰: “孫徵君奇逢, 黃陶菴淳耀文集俱可購否?” 劉曰: “無.”
上使曰: “昨入太學, 觀孫公已配兩廡, 如何無文集傳布?” 劉曰: “其子孫無出仕者.” (劉喜海條)

위 기록은 송기봉(1584-1675)과 황순약(1605-1645)의 문집에 관련된 것이다. 그러나 류희해의 대답은 정확하지 않았다. 우선 손기봉의 후손인 손용정은 1709년에 이미 『하봉선생집』14권을 목판본으로 간행하였다. 장이실은 1676년에 황순약의 『도암문집』7권, 『시집』8권, 『오사록』1권을 목판본으로 간행하였다.[27]

劉曰: “中國書如有要購者, 開示便當爲代求也.”
上使曰: “畧有購還者, 而數種秘笈求之絕不可得.” 仍曰: “『記法』三卷, 聞是西洋人所作. 張中丞訂譜, 一名『理學全書』, 是張公伯行所撰.”

---

26 周蓮弟. 2000. 「彭元瑞藏知聖道齋本『周益公集』編校考述」. 『古籍整理研究學刊』. 第1期. 54-58쪽.

27 『中國善本古籍書目』. 上海: 上海古籍出版社. 1996년. 集部(中). 901쪽. 集部(上). 877쪽.

劉就"伯行"二字旁書曰: "儀封人, 正誼堂刻." 又曰: "此書種類頗多, 而全者世間絕少. 零星小種有'正誼堂'三字者, 皆張氏刻也, 須於書肆訪之." (劉喜海條)

여기서 거론할 필요가 있는 책은 『기법』3권이다. 필자의 검토에 의하면 이 책은 마테오 리치의 『서국기법』이다.[28] 그러나 청나라 중기까지 이 책은 이미 오래 실전되었다. 홍석주가 왜 이 책에 대해서 관심이 생겼는지 해석하기 어렵다. 장백행(1651-1725)의 자는 孝先이고 호는 恕齋이며 청나라 河南省 儀封 사람이다. 정주이학 연구에 유명한 사람으로 일찍이 조선 문인의 주목을 받았다. 조선왕조는 성리학을 숭상했기 때문에 정주이학과 관련된 인물이나 서적은 조선에서 인기가 굉장히 높았다. 이러한 서적의 전파 속도가 고증학 서적보다 훨씬 빠르다고 할 수 있다. 이 사실은 다음 필담의 내용을 통해 증명할 수 있다.

上使曰: "『李榕村全集』之外, 又有『經說雜識』合爲一書, 名『榕村全書』者, 此在市肆可求否?"
劉曰: "書肆中有賣, 但不全者多." (劉喜海條)

이광지(1642-1718)는 정주이학을 연구하는 청나라 학자이다. 그의 문집은 다양한 판본이 있다. 홍석주는 『홍씨독서록』에서 이광지의 이학 연구에 대해 칭찬을 아끼지 않았다.[29] 『용촌전서』는 1829년에 이유적에 의해 간행되었고[30] 당시의 신간 서적으로 볼 수 있을 것이다. 이렇게 보면 홍석주가 성리학에 관한 책에 대해서 더 많은 관심을 가지고 있다.

28 『西國記法』에 관하여 李慶安. 2004. 「『西國記法』及其歷史命運」. 『雲南民族大學學報(哲學社會科學版)』 第21卷 第3期. 89-92쪽 참고.

29 "淸人大率以詆斥程朱爲能事, 獨光地一遵紫陽而叅以古義, 其所自得者爲多, 是以其論說曲暢旁通而不病於穿鑿, 亦可謂醇儒矣." 홍석주. 『洪氏讀書錄』. 4178쪽.

30 上海圖書館 編. 『中國叢書綜錄』1. 上海: 上海古籍出版社. 1982년. 494쪽.

청나라 도광연간에 금석 공증학이 크게 발전되어 지하 유물과 외국 문헌에 대한 관심도 높아졌다. 그래서 전대와 달리 한중 교류의 양상도 변화가 생겼다. 전에는 중국 서적이 조선으로 유입된 것이 대부분이며 그 후에는 조선의 금석문, 비각 탁본, 서적도 중국으로 전파되었다. 특히 류희해는 『해동금석원』 등 책을 지어 조선의 금석 문자를 정리하고 수록하였다. 본문에서는 주로 류희해가 말한 조선 서적에 대해서 검토하겠다.

> 劉曰: "貴邦書籍亦有目錄否? 目錄可傳抄于外否?"
> 上使曰: "內閣所藏有目錄而未及刊布, 外則無之. 目錄三卷, 書籍則約爲一萬五千餘卷. 鄙人曾叨閣官, 得一寓目, 他人則不得見也." (劉喜海條)

대략 1823년부터 류희해가 이미 조선 서목을 수집하고 편찬하기 시작했다. 박현규 교수의 연구에 의하면 류희해가 편찬한 『조선서목』은 지금 중국 국가도서관 선본실에 소장되어 있다. 필담에서 언급된 몇 가지 조선 서적은 전부 이 서목에 수록되어 있다.[31] 이와 같은 노력은 그 시대에 比肩할 수 있는 사람이 없다고 해도 과언이 아니다. 그리고 홍석주는 규장각에서 관직을 지낸 적이 있기 때문에 그가 말한 서목은 『奎章總目』일 가능성이 크다.[32]

> 劉曰: "『破閑集』有刻本否?"
> 上使曰: "有, 今已漫缺." (劉喜海條)

『파한집』은 고려 중기의 이인로(1152-1220)가 지은 시화집이다. 이는

---

31 박현규. 1996. 「북경도서관 소장본 조선서목의 분석」. 『중국학논총』5. 한국중국문화학회. 1-17쪽.

32 「『奎章總目』 解題」. 『朝鮮時代書目叢刊』1. 3-7쪽 참고.

고려시대 한문학 연구에 있어서 중요한 기초 문헌이다. 오늘날까지 전해진 가장 오래된 시화집이다.

> 劉曰: "『海東高僧傳』, 山立所作, 尚有此書否?" 又書曰: "『靑溪劇談』."
> 上使曰: "有, 但絕難得. 鄙人亦未曾得見. 東國貧儉, 不能剞劂, 故刊本絕少, 所以書籍甚難得見." (劉喜海條)

여기서 거론된 『해동고승전』은 아주 보기 드문 책이다. 이 책은 1255년에 각훈이 지은 것이고 오늘날까지 전해진 가장 오래된 高僧傳이다. 고려시대에 이미 간행되었으나 후에 실전되었다. 일제강점기에 이회광이 성주에서 1책 2권의 필사본을 발견하고 조선광문회에 기증하였다. 후에 이 책이 『大正新修大藏經』권50에 수록되어 널리 전파되었다.[33]

필담 중에 나온 『청계극담』은 찾지 못하였다. 필자의 조사에 의하면 이 서명은 『청파극담』의 오기이다.[34] 『청파극담』의 저자는 이육(1438-1498)이고 그의 아들에 의해 1512년에 목판본으로 간행되었다.[35] 이 책은 조선에서도 구하기 힘든 것이다. 사학과 문학 가치가 높고 후대 사람의 높은 평가를 받았다.[36]

> 劉曰: "貴邦刻本書『鄭圃隱集』舊本非新刻者, 望寄一部."
> 上使曰: "當圖得." 仍就"舊本"二字旁書曰: "但絕難得." (劉喜海條)

『정포은집』은 고려말기 명신인 정몽주(1337-1392)의 시문집이다. 『포

33 김상현. 1987. 「淺見倫太郎 舊藏 『海東高僧傳』」. 『新羅文化』3·4. 동국대학교 신라문화연구소. 259-261쪽.
34 박현규, 「북경도서관 소장본 조선서목의 분석」 부록 『조선서목』 중 『靑坡劇談』이 있다.
35 이래종. 2011. 「『靑坡劇談』의 문헌적 검토」. 『대동한문학』34. 대동한문학회. 213-134쪽.
36 姜渾. 1988. 「靑坡集序」. 『한국문집총간』17. 민족문화추진회. 165쪽.

은집』은 조선시대에 14차례나 간행되어 가장 많이 간행된 시문집이고 이본은 굉장히 많았다.[37] 그래서 류희해는 희귀한 옛날 이본을 구하고 싶은 것이었다. 『포은집』은 역시 「조선서목」에 수록되어 있다.

3. 맺음말

홍석주는 조선후기의 대표적인 문인 학자이다. 그는 구하고 싶은 책은 굉장히 다양하다고 할 수 있다. 성리학 관련 인물은 임광조, 여조겸, 섭적, 도망령, 류종주, 황도주, 손기봉, 이광지, 장백행 등이 있고, 문학 관련 인물은 진광, 조보지, 주필대, 오눌, 왕숭간, 왕완, 우동, 왕사정 등이 있다. 아쉽게도 건륭과 가경 연간 이후의 경사 고증 학자에 대한 언급이 적은 편이다. 따라서 홍석주의 고증학에 대한 태도를 전면적으로 검토하려면 자세한 시대 구분을 선행해야 한다고 생각한다.

한운해와 이장욱, 그리고 류희해는 19세기 전반에 활약한 문인 학자로서 북경을 방문한 조선 사신들과 활발한 교류 활동을 펼쳤다. 특히 류희해는 조선의 금석문, 비석 탁본, 서적 등을 수집과 정리하는 데 큰 업적을 남겼다. 본문에서 검토된 필담만 봐도 그는 이미 일반적인 시문 창화와 선물 교환을 넘어 조선 서적까지 관심 영역을 확대시켰다. 그는 구하고 싶은 조선 서적이 대개 두 가지 특징이 있다. 하나는 폭이 넓다. 正史뿐만 아니라 詩話, 文集, 傳記 등 史部, 子部, 集部 문헌은 전부 그의 관심 분야로 볼 수 있다. 다른 하나는 보기 드문 서적과 이본에 대한 관심이다. 19세기부터

37 최채기. 2006. 「조선시대 간행 『포은집』 판본에 관한 연구」. 『서지학보』30. 서지학회. 215-251쪽.

조선 사신과 중국 문인 사이의 교류 기회가 증가함에 따라 조선의 서적도 중국으로 유입되었다. 류희해는 많은 노력을 통해 「조선서목」과 같은 저술을 완성할 수 있었다.

『수사록』에 수록된 필담의 뒷면에 사실 전대 미증유의 학술 推動力이 있다. 즉 건륭과 가경 연간부터 크게 발전된 금석 고증학이다. 이 고증학의 발전과 함께 지하 유물과 외국 문헌에 대한 관심이 증대하였다. 고증학자들은 조선 사신과 교류할 때 각별히 조선의 금석 유물에 대해 관심을 표시하였다. 당시의 조선 사신들도 북학파의 사상을 이어받아 적극적으로 중국 문인과 접촉하고 교류하였다. 조선 금석문 탁본은 바로 이러한 교류 활동의 매개물로 사용되었다. 홍석주도 여러 차례 조선 금석문 탁본을 중국 문인에게 증정하였다.

참고문헌

『燕行錄選集』. 성균관대학교 대동문화연구원. 1960.
『燕行錄選集補遺』. 성균관대학교 대동문화연구원. 2008.
金邁淳. 2002. 『臺山集』. 『한국문집총간』294. 민족문화추진회.
金澤榮. 2005. 『韶濩堂集』. 『한국문집총간』347. 민족문화추진회.
俞莘煥. 2003. 『鳳棲集』. 『한국문집총간』312. 민족문화추진회.
李　睟. 1988. 『青坡集』. 『한국문집총간』17. 민족문화추진회.
李宜顯. 1997. 『陶谷集』. 『한국문집총간』181. 민족문화추진회.
洪奭周. 2002. 『淵泉集』. 『한국문집총간』293-294. 민족문화추진회.

谷應泰. 1977. 『明史紀事本末』. 中華書局.
周中孚. 1959. 『鄭堂讀書記』. 商務印書館.

張伯偉 編. 2004.『朝鮮時代書目叢刊』. 中華書局.
張撝之·沈起煒·劉德重 編. 1999.『中國歷代人名大辭典』. 上海古籍出版社.
『中國叢書綜錄』. 上海古籍出版社. 1982.
『中國古籍善本書目』. 上海古籍出版社. 1996.

김상현. 1987.「淺見倫太郎 舊藏『해동고승전』」.『신라문화』3·4. 동국대학교 신라문화연구소.
김새미오. 2006.「연천 홍석주의 연행과 그 의미」.『동방한문학』30. 동방한문학회.
김태준. 1991.『조선한문학사』. 민족문화사.
박현규. 1996.「북경도서관 소장본 조선서목의 분석」.『중국학논총』5. 한국중국문화학회.
이래종. 2011.「『청파극담』의 문헌적 검토」.「대동한문학」34. 대동한문학회.
전수경. 2009.「한필교『수사록』연구」. 성균관대학교 석사학위논문.
최채기. 2006.「조선시대 간행『포은집』판본에 관한 연구」.『서지학보』30. 서지학회.

李慶安. 2004.「『西國記法』及其歷史命運」.『雲南民族大學學報(哲學社會科學版)』第21卷第3期. 5月.
梁啟超. 2000.『清代學術概論』. 上海古籍出版社.
孫衛國. 2009.『明清時期中國史學對朝鮮的影響』. 上海辭書出版社.
周蓮弟. 2000.「彭元瑞藏知聖道齋本『周益公集』編校考述」.『古籍整理研究學刊』. 第1期.
王樹民. 2003.「史部要集解題」. 中華書局.

藤塚 鄰. 1975.『清朝文化東傳の研究-嘉慶·道光學壇と李朝の金阮堂』. 國書刊行會.
夫馬 進 著. 伍躍 譯. 2010.『朝鮮燕行使與朝鮮通信使』. 上海古籍出版社.

淸 문인 黃爵滋와 朝鮮 문인의 교유
-『僊屛書屋初集年記』를 중심으로 -

임영길

淸 문인 黃爵滋와 朝鮮 문인의 교유
-『僊屛書屋初集年記』를 중심으로 -

임영길

1. 머리말

19세기 朝·淸 문인 교유에 관해서는 金正喜와 翁方綱·阮元 그룹 간의 교유, 김정희의 제자이자 역관 李尙迪과 청 문사들 간의 교유, 北學派의 연행 전통을 계승한 朴珪壽·申錫愚와 董文渙 그룹 간의 교유 등을 중심으로 문학·학술·예술·금석학 등의 방면에서 많은 연구가 진행되고 있다. 이들의 교류는 개인 대 개인의 교유에 그친 것이 아니라 주변 문인들에게 그 영향이 확산되어 오랜 기간 동안 지속되었다. 그 과정에서 양국의 문학과 학술 경향을 파악하고 학문과 사상을 공유했으며 시문·서적·서화·금석문 등을 주고받으면서 문화 교류로 확장해 나갔다. 조·청 문인 간 교유 양상을 검토할 때 가장 염두에 두어야 할 점은 학적·인적 관계망 속에서 교제가 이루어졌다는 사실이다. 19세기 조선의 김정희·이상적·박규수 등과 청의 翁方綱·阮元·董文渙 등은 조·청 문화 교류사에서 가장 중심이 되는 인물들이자 매개 역할을 담당하여 광범위한 교류를 가능하게 하였다.

이 글에서 다루고자 하는 청 문인 黃爵滋(1793~1853) 역시 19세기 전·중반 당대 문사들과의 폭넓은 교제로 청조 문단을 이끌었으며, 조선 문인과의 교유에 있어서도 중개자 역할을 자처한 인물이다. 그는 제1차 아편전쟁 당시 林則徐와 함께 아편 엄금론을 극력 주장한 인물로, 한국 학계에서는『相看編』에 서문을 썼고 1837년 주청사행단의 趙秉鉉·李尙迪·朴思浩와 교류가 있었다는 사실 정도가 알려져 있을 뿐 조·청 교류사에서 그다지 주목하지 않았다.[1] 황작자는 1834년 무렵부터 1853년 세상을 떠나기까지 趙斗淳·權敦仁·申在植·李鳳寧·趙秉鉉·李尙迪·金興根·朴綺壽·李正履·李裕元·權大肯·徐念淳 등 북경을 방문한 많은 조선 문인들과 교분을 쌓았으며 그들이 귀국한 뒤에도 서신 왕래를 통해 교분을 이어갔다. 황작자를 위시하여 郭儀霄·艾暢·江開·黃釗·許瀚·汪喜孫·陳慶鏞·孫衣言·張丙煐·吳嘉賓·張曜孫·孔憲彝·錢江·倪印垣·王鴻 등 조선 문인과 교유한 청조 인사들은 상당히 많다. 이들은 자국 문단의 동향을 상대국에 소개하고, 漢學(고증학)과 宋學(성리학)에 대한 의견을 나누었으며, 서적과 금석문을 교환하는 등 활발히 교류하였다. 황작자로부터 시작된 조선 문인과의 교유는 그의 아들 黃秩林에게로 이어졌다.

황작자는 생전에 자신의 저작들을 직접 정리하여 간행했는데, 그중 『僊屛書屋初集年記』는 自撰年譜의 성격을 띠는 책이다. 1816년부터 1846년까지 편년체 형식으로 황작자의 관력을 기록하고 조정에 올린 封奏와 摺子를 함께 실었으며, 선·후배 문인과 벗들에게서 받은 詩文과 手札을 모두 수록하였다. 특히 권21~25에는 1836년부터 1840년까지 조선 문인이 황작자에게 보낸 서신과 시문, 그리고 필담 가운데 조선 문인의 발언 내용이 정리되어 있어 이 시기 황작자와 조선 문인의 교류 실상을 확인할 수 있는 중요한 자료이다. 현존하는 연행록이나 조선 측 문집에 전하지 않는 기록이므로 자료 가치가 높다. 이 글에서는 황작자의 생애와 주요 저작을 상세히 소개한 후, 『선병서옥초집연기』에 실린 서신과 필담의 구체적인 내용을 분석하고, 아울러 『선병서옥초집연기』에 수록되지 않은 1840년 이후의 교유 양상을 재구함으로써 19세기 조·청 교류사의 흐름 안에서 황작자의 역

1 황작자는 이상적과 중국 문인의 교류에 관한 연구(이춘희(2009). 138~149면; 溫兆海(2013). 110~115면), 박사호와 중국 문인의 교류에 관한 연구(임영길(2008). 75~82면)에서 언급된 적이 있다. 또 1836년 黃爵滋의 주도로 열린 '江亭展禊'에 주목하여 1820~1850년대 강정전계 동인들과 조선 문인 간 교유 정황을 개괄한 연구가 있으며(임영길(2013)), 權時亨의 『石湍燕記』에 나타난 황작자와의 교유 양상을 고찰한 연구가 있다(허방(2016). 22~38면).

할과 위상을 밝혀보고자 한다.

2. 黃爵滋의 생애와 저작

1) 黃爵滋의 생애

黃爵滋는 자가 德成이고 호가 樹齋이며, 江西省 宜黃縣 사람이다.[2] 선조의 原籍은 福建인데 宋代에 강서로 이주한 이래 撫州府 宜黃縣에 세거했으며, 鳳岡鎭 北山 아래에 살았으므로 '北山黃氏'라고 불렀다.[3] 증조부는 監生 黃國偲이고 조부는 太學生 黃捷岡(호 玉亭)이며 부친은 縣學生 黃錫禭(호 守垣)인데, 황작자의 관작이 높아짐에 따라 모두 光祿大夫에 추증되었다. 의황현은 절반 이상이 산으로 이루어진 지역으로 조부 黃捷岡이 산자락에 偎屏書屋을 세웠고 황작자도 그곳에서 태어나 부친을 따라 독서하며 수학하였다.[4]

황작자는 16세 때 撫州府 學生이 되고, 22세 때 拔貢으로 瀘溪縣 儒學訓導가 되었다. 이 때 堂兄인 黃爵樞[5]도 황작자와 함께 선발되었는데, 두

---

2 황작자에 관한 傳記 자료로는 孫衣言의 『遜學齋文鈔』 권6, 「光祿大夫前刑部左侍郎黃公行狀」과 『宜黃縣志』 권45, 藝文志(傳)에 실린 「黃樹齋先生傳」(耿日椿 作)이 가장 자세하다. 『淸史稿』, 『淸史列傳』 등에도 황작자의 傳이 있는데 분량상의 차이만 있을 뿐 내용은 대동소이하다.

3 黃爵滋. 『偎屏書屋初集文錄』 권8. 「北山黃氏九修譜序」. 『의황현지』에 황작자 집안 인물들은 모두 '邑北人'으로 명기되어 있다.

4 『偎屏書屋初集年記』 권9, 「偎屏書屋記」(徐湘潭. 1824년작), "偎屏書屋者, 翰林黃君樹齋之所有也. 尊祖玉亭公始創, 尊父守垣先生兄弟析産得之, 而略加拓治. 君幼時隨父讀書, 及延他師, 俱于此正踞."

5 黃爵樞의 자는 環極, 호는 壽泉, 黃錫禭의 아들이다. 吉安府 永甯縣學敎諭와 興魯書院의 主講을 지냈다. 어려서부터 시를 잘 지었고 董國華·劉嗣綰·吳嵩梁·徐湘潭·郭儀霄 등 명사들과 교유하였다. 서화와 전각에 능했으며 장서가로도 알려졌다. 저서로 『仙人石室賦

사람은 潘世恩과 王鼎에게 칭찬받아 '二黃'으로 병칭되었다고 한다. 황작자는 1819년(嘉慶 24) 擧人이 되고, 1823년(道光 3) 進士가 되어 翰林院庶吉士를 거쳐 1826년 翰林院編修를 지냈다. 이후 1833년 兵科給事中, 1834년 工科掌印給事中·巡城御史, 1835년 鴻臚寺卿, 1839년 大理寺少卿·通政使司通政使·禮部右侍郎·刑部右侍郎, 1840년 刑部左侍郎, 1844년 六部員外郎 등 요직에 두루 발탁되었다. 특히 황작자는 과거시험을 주관하거나 지방을 감찰하는 직책을 여러 번 담당하기도 하였다. 1828년 江南鄕試副考官을 시작으로 1832년과 1835년 두 차례 會試同考官에 임명되었고, 1836년 殿試彌封官에 이어 1837년 山東鄕試正考官, 1839년 江南鄕試正考官이 되어 여러 인재를 선발하였다. 그가 발탁한 인물들로 潘德輿·彭蘊章·李星沅·宋晉·李承霖 등이 있다.[6]

황작자는 1832년 福建道監察御史, 1833년 陝西道監察御史가 되었으며, 이후로도 수차례 황제의 명으로 河南·江蘇·福建·浙江·安徽·山東·陝西·山西 등지를 시찰하면서 각 지역의 재정 상태를 점검하고 영국 선박의 침입과 약탈 상황을 조정에 보고하였다. 그는 서양인들이 중국의 실정을 기록하고 산천의 형세를 몰래 그려 호시탐탐 침략할 기회를 엿보고 있음을 주의 깊게 살피고 경계하였다. 아울러 아편 수입량이 늘어남에 따라 아편 중독자들이 급증하고 있으며, 매년 해외로 유실되는 은이 수천만 냥에 달하여 납세에 지장을 초래하고 있음을 조정에 보고하였다. 그는 국가 재정이 위태로워진 현실에 심각한 위기를 느끼고 1838년 「請嚴塞漏卮以培國本疏」(일명 「漏卮疏」)를 올려 아편의 해로움을 적극 피력하면서 아편을 절대 유입시켜서는 안 된다고 강력하게 호소하였다. 황작자의 이러한 주장은 林則徐의 절대적 지지에 힘입어 도광제가 아편 유입을 금지하는 데 결정적인 역할을 하였다. 이어서 1840년에는 左都御史 祁寯藻와 함께 복건 지방에

鈔』·『聞木樨香齋集』이 있다(『의황현지』 권32. 人物志(文苑). '黃爵樞' 조).

6 『의황현지』 권30, 人物志(宦業), '黃爵滋' 조, "陳掌文衡, 識拔名臣大吏, 若彭文敬·李文恭, 其最著者."

가서 아편 실태를 조사했고, 1841년에는 중국 沿海에 위치한 각 省의 海口 현황 및 水陸의 지세를 활용한 방어책을 제시한 『海防圖』 2권과 『海防圖表』 1권을 진상하여 도광제의 두터운 신임을 얻었다.

황작자는 평소 행동이 단정하고 엄숙했으며 항상 반듯한 기색으로 조정에 서서 직언을 서슴지 않았다. 충직함으로 林則徐와 명망을 나란히 하여 '林黃'이라 병칭되었고, 서양인들도 그를 두려워해서 林則徐·關天培의 초상과 나란히 그려놓고 '三忠'이라 불렀다고 한다. 황작자는 강직한 품성 탓에 穆彰阿 등 반대파의 미움을 사다가 戶部의 銀庫에 결손이 생긴 것을 빌미로 1843년에 파직되었다. 이듬해 고향에 내려가 豫章書院의 主講을 지내는 한편, 經訓書院을 중수하여 詩賦와 經史를 가르치고 課藝에 힘써 후학들을 양성하였다. 1850년 황제의 부름을 받고 다시 북경으로 돌아왔으나 벼슬에 나아가지 않았고, 3년 뒤인 1853년(61세) 병으로 세상을 떠났다.

황작자는 秩模, 秩林, 秩榘, 秩柄, 秩桓의 다섯 아들을 두었다. 장남 黃秩模(1808~1868, 자 子全, 호 立生)는 일생의 대부분을 의황현에서 지내다가 60세 때 瑞州府 高安縣 敎諭를 지냈다. 그는 독서를 좋아하여 고금 현인들의 저술을 구하는 데 거금을 아끼지 않았으며 劉大魁의 『論文偶記』 등 100여 종의 문헌을 수집하여 『遜敏堂叢書』를 편찬하였다. 또 다른 편서인 『國朝閨秀詩柳絮集』은 여류시인 1,949명의 시 8,343수가 수록된 현존 최대 규모의 청대 여성 詩歌 총집이다.[7]

차남 黃秩林(1814~1860, 자 子幹, 호 仙樵)은 1843년 擧人이 되고 관직은 宗室右翼敎習을 거쳐 湖北襄陽縣知縣·同知直隸州知州·松滋縣知縣에 이르렀다. 평생 학문을 좋아하고 시문에 능했으며 孔憲彝·葉名灃·蘇廷魁·潘德輿·張際亮·艾暢 등과 친밀하였다. 저서로 『主靜軒詩鈔』·『燕臺吟草』·『丁未舟車吟』·『存雅堂集』 등이 있다.[8] 黃秩林도 부친과 마찬가지로 조선

---

7 『의황현지』 권32. 人物志(文苑). '黃秩模' 조; 黃秩模 編輯. 付瓊 校補(2011). 1~17면 '前言' 참조.

8 孫衣言. 『遜學齋文鈔』 권5. 「奉政大夫升用同知直隸州淮補湖北松滋縣知縣署襄陽縣知縣

문인과 교유가 있었다. 1845년 李尙迪이 청조 인사들에게 「歲寒圖」를 보여 주는 자리에 동석했으며,[9] 「海客琴尊第二圖」와 「春明六客圖」에 등장하는 주인공 가운데 한 사람으로 조선에 알려졌다.[10] 또 1850년 會試 응시를 위해 북경에 머물 때 진하 정사 權大肯, 부사 金德喜의 군관 權時亨 등과도 교유한 바 있다.[11]

3남 黃秩渠(호 民生)는 考充國史館謄錄과 江蘇候補通判을 지냈다. 4남 黃秩柄(자 子馭, 호 穉樹)은 府學生 附貢으로 湖北補用同知에 임명되고, 『宜黃縣志』를 重修할 때 郵寄參考로 참여하였다. 5남 黃秩桓은 『의황현지』에 종9품이라는 기록만 보이는데 1850~1851년 북경에서 부친을 모시고 권시형과 교유한 정황이 확인된다.[12] 또한 황작자의 딸 黃秩衡도 詩才가 있어 시집인 『素心閣偶吟』(『손민당총서』 수록)을 남기는 등 황작자의 자제들 가운데는 학행과 문명을 떨친 이가 많았다.

황작자는 독서를 좋아하여 卜筮·星象·堪輿의 학문까지 두루 통달했다고 한다. 古文은 六朝를 처음 배우고 나서 秦漢과 唐宋 諸家들의 문장을 익혔다. 특히 어려서 『昭明文選』과 王士禛·沈德潛의 古今體詩를 배우고 평생 시 짓는 일에 치력했는데, 시는 漢·唐을 추숭하여 杜甫와 韓愈를 모범으로 삼았다.[13] 한편 그는 의기가 호방해서 詩酒의 모임을 마련하여 사람들과 교제하기를 즐겼다. 젊어서부터 시로써 북경 문단에 명성이 자자하

黃君墓表」; 『의황현지』 권30. 人物志(宦業). '黃秩林'조 등.

9 박철상(2010). 189~190면 참조.

10 李尙迪. 『恩誦堂集』 詩권9. 「追題海客琴尊第二圖二十韻」. 『恩誦堂續集』 시권2. 「子梅自靑州寄詩. 索題春明六客圖」. 참고로 金秉善(1830~1891) 편 '華東唱酬集'에 黃秩林의 「朝鮮李藕船屬題玉河聽蟬圖」(간송미술관 소장본 권12) 시 1수가 실려 있다(간송본 '화동창수집'에 대해서는 김영진(2016) 참조).

11 權大肯. 『史埜集』 권1. 「與黃孝廉秩林書」; 權時亨. 『石湍燕記』 권3. 1851년 1월 16일·19일·24일·25일·28일조.

12 권시형. 『석단연기』 권2. 1851년 1월 11일조 및 권3. 1851년 1월 25일조.

13 黃爵滋, 『僊屏書屋初集詩錄』, 「自序」, "予幼嘗從讀於家素堂先生, 先生日事吟詠案頭, 自『昭明文選』外, 惟王漁洋·沈歸愚兩先生所選古今諸體詩集, 取而翫之, 已知三百篇爲古詩之源, 而古詩又爲唐宋以來諸大家之源也." 『선병서옥초집시록』 권4에 漢·魏·六朝시대 문집을 읽고 지은 「讀漢魏六朝人文集詩一百首」가 있다.

여 徐寶善과 더불어 후진들을 제창하고 張際亮·郭儀霄·艾暢·湯鵬·潘德輿 등과 陶然亭·慈仁寺·長椿寺·龍樹寺·松筠菴 등지에서 詩會를 벌였다. 이들의 시회는 '宣南詩社'를 계승하는 성격을 띠었는데, 황작자는 林則徐·龔自珍·魏源·祁寯藻·鄧廷楨·丁晏·魯一同·葉紹本·譚祖同·馮詢·柏葰·曹楙堅·符兆綸·吳嘉賓·蔣湘南·姚瑩·黃釗·孔憲彝·葉名灃·孫衣言·彭溫章 등[14] 당대의 수많은 문인·대신들과 광범위하게 교제하면서 정치·문학적으로 활약하였다.

2) 黃爵滋의 저작과 『僊屏書屋初集年記』

황작자는 생전에 매우 방대한 양의 편·저서를 남겼다.[15] 자신이 지은 시문들을 수습하여 시록과 문록으로 나누어 간행하고 연보를 별도로 만들었는데 『僊屏書屋初集詩錄』, 『僊屏書屋初集文錄』, 『僊屏書屋初集年記』는 모두 1846년까지의 작품들을 수록하였다. 그 이후의 작품은 『戊申楚遊草』·『戊申粵遊草』(1848), 『己酉北行草』·『己酉北行續草』(1849)와[16] 『丙午冬草』(1846), 『丁未草』(1847), 『辛亥草』(1851), 『壬子草』(1852), 『燕門百菊詠』, 『燕門菊譜』 등[17] 별도의 시집으로 엮었다. 그의 집안에서 간행한 책은 모두 판

14 『僊屏書屋初集詩錄』에는 이들에 대한 여러 편의 회인시가 있다. 황작자를 중심으로 형성되었던 문인그룹의 구성원과 그 정치·문학적 성격에 관해서는 James M. Polachek (1992)과 新村容子(2014)가 많은 참고가 된다.

15 『의황현지·예문지』에 『僊屏書屋文錄』(26권), 『僊屏書屋詩錄』(34권), 『燕門百菊詠』(1권), 『僊屏書屋時文』(4권)과 『僊屏書屋年記』(38권), 『雜錄』(1권), 『試律探源』(4권), 『國朝試賦匯海』(20권), 『試律匯海』(20권), 『國朝古今體詩十集』, 『訓士聯珠』(1권)이 저록되어 있다. 한편 『僊屏書屋初集文錄』 권5~6에는 「自序」가 수록되어 있는데, 이상에 열거한 외에도 『鶴城草』(1816~1819), 『己卯北行草』(1819), 『癸未南旋草』(1823), 『乙酉粵遊草』(1825), 『僊屏書屋課草』, 『玉堂課草』(1832), 『江左使車吟草』(1828), 『己亥重使江左吟草』(1839), 『僊屏書屋四書文』(1846) 등이 더 있다.

16 『무신초유초』, 『무신월유초』, 『기유북행초』, 『기유북행속초』는 모두 기행시집으로 『시록』, 『문록』과 함께 『清代詩文集彙編』 580책(上海古籍出版社. 2010)에 영인·수록되었다. 『선병서옥초집연기』는 『中華文史叢書』 50집(臺北: 華文書局. 1968)에 영인되었고, 국내에는 국립중앙도서관에 소장되어 있다.

심에 ‘僊屛書屋’이라고 되어 있다.

『선병서옥초집시록』은 황작자의 시집이다. 詩錄 16권과 詩後錄 2권으로 구성되어 있으며, 봉면에 ‘僊屛書屋初集 涇翟西園泥字排印’이라고 되어 있다. 翟西園은 安徽省 涇縣[18] 출신 翟金生(1774~1822)으로 서원은 그의 자이다. 翟金生은 진흙 활자[泥活字] 10만여 개를 직접 제작하여 『泥版試印初編』, 『선병서옥초집시록』, 『水東翟氏宗譜』 등을 간행했는데, 중국 인쇄사에서 『선병서옥초집시록』은 翟金生泥活字로 간행한 희귀한 사례로 거론된다. 1845년 겨울 황작자는 翟文虎의 집에서 翟金生이 만든 泥鬬版字와 그의 시집 『泥版試印初編』을 보고 나서[19] 1846년 겨울 『僊屛書屋詩初集』의 저본을 翟金生에게 보냈다. 翟金生은 황작자의 시집을 泥字活版 5책으로 인쇄한 다음, 작은 진흙활자[小泥字]를 새로 만들어 1847년 9월 다시 간행한 후 자신의 아들들에게 교정을 보게 하였다. 1848년 5월 翟金生의 아들 翟一傑이 황작자에게 400부를 전달해 주었고, 황작자의 아들 秩模가 나머지 오류들을 재차 교정하였다.[20] 황작자의 문인이자 洪亮吉의 아들 洪齮孫도 황작자의 명으로 교감에 참여하였다.[21]

『선병서옥초집시록』의 첫머리에 황작자의 「自序」가 있는데, 이 시집에는 수록되지 않았으나 蔣湘南과 潘德輿가 쓴 서문도 있다. 蔣湘南은 桐城派 문인으로 황작자의 벗이며, 潘德輿는 황작자의 제자로 시집의 교정을 보기도 하였다.[22] 한편 『선병서옥초집시록』은 1849년 목판본 5책으로 다

---

17 고려대 육당문고에는 『병오동초』부터 『연문국보』까지 1책으로 합철된 본이 있다. 이와 동일본이 국립중앙도서관(표제 ‘仙屛書屋’), 중국 국가도서관(표제 ‘燕門百菊詠’), 미국 하버드대 옌칭도서관(표제 ‘黃樹齋詩’) 등에 소장되어 있다. 『연문백국영』과 『연문국보』는 황작자가 말년에 벼슬에서 물러나 북경 집에서 가꾸던 국화를 8品으로 분류하여 시를 읊고 품평한 내용을 담은 책이다. 王鴻의 「序」(1852)와 孔憲彝의 「跋」(1851)이 있다.

18 안휘성 경현은 水東翟氏의 세거지로 현재 경현의 桃花潭 안에 적씨 사당이 남아있다.

19 黃爵滋. 『僊屛書屋初集文錄』 권10. 「聚秀軒泥鬬版記」, “道光乙巳(1845)之冬, 翟子文虎導予爲桃花潭之遊, 潭之東岸, 卽翟村也. 晤其族叟西園, 出所造泥鬬版字示予, 蓋君於此事竭心力者三十年矣. 君子一傑請以君所自著『試印』成冊, ……”

20 『僊屛書屋初集詩錄』. 「詩錄校誤」. 黃秩模의 識(1848).

21 『僊屛書屋初集詩錄』, 洪齮孫의 「跋」, “丙午孟夏, 吾師命齮孫校勘詩集, 將付梓人, 齮孫殫心尋繹.”

시 간행되었다. 여기에도 동일한 내용의 「자서」가 있는데, 끝부분에 적금 생활자본 400여 부가 거의 다 흩어졌고 상세히 교정하지 않아 오류가 심하기 때문에 교정사항을 반영하여 재간행한다는 황작자의 識가 추가되어 있다.[23] 봉면에 '僊屛書屋初集 受業彭蘊章敬題'라고 되어 있으며, 말미에는 문인 彭蘊章의 발문이 추가로 실려 있다.

『선병서옥초집문록』은 16권으로 봉면에 '僊屛書屋初集文錄 道光戊申秋鐫'이라고 되어 있다. 1848년 아들 秩林 등이 황작자에게 청하여 賦·論·連珠·序·記·跋·書後·書·牋·啓·雜著·傳·誄·墓表·碑文·墓誌 등 총 210편의 산문을 정리한 것이다. 문체별 선정 기준은 總目 끝에 붙은 黃秩林의 識에서 밝혀 놓았으며, 秩模·秩林·秩榘 세 아들이 교정을 맡았다. 1848년 8월에 쓴 황작자의 「자서」가 있다.

『선병서옥초집연기』는 황작자가 1816년부터 1846년까지 자신의 행적을 정리하여 1849년 간행한 책이다. 연도순으로 卷次가 나뉘어 있으며(총 31권), 각 권의 첫머리에 먼저 황작자가 벼슬에 임명된 날짜와 조정에 올린 奏疏, 摺子 등을 기록한 다음, 이어서 지인들에게 받은 詩文과 手札, 筆談 등을 함께 수록한 형태이다. 황작자의 문인 彭蘊章이 제첨을 썼다.

> 吳門(蘇州-인용자)의 벗이 나를 위해 『仙屛書屋初集詩錄』을 간행하고 나서 다시 내 상자 속에 있던 병자년(1816)부터 병오년(1846)까지의 『年記』 약간 권과 『碎錄』 약간 권을 가져다가 마땅히 함께 간행하여 『시록』을 보충해야 한다고 하기에, 내가 말했다. "記라는 말은 뜻[志]으로 자기의 뜻을 올리는 것이며, 年은 내는 것[出]이고 또한 올리는 것[進]이다. 30년이 1세

---

22 蔣湘南. 『七經樓文鈔』 권6. 「仙屛書屋詩集序」; 潘德輿, 『養一齋集』 권18. 「仙屛書屋詩序」. "黃樹齋先生輯其『仙屛書屋詩』如干卷, 付德輿校定, 且命爲之序."

23 黃爵滋. 『僊屛書屋初集詩錄』. "此序因涇友排印而作. 今於己酉(1849)之秋, 道出吳門, 諸同好促付手民, 其排印之本四百餘部, 散布略盡, 且未經詳校, 舛誤殊甚, 覽者自當以今刻爲定. 書成仍以此序冠之, 而另錄刊校姓氏如左. 樹齋識." 1849년에 간행한 목판본은 중국 국가도서관에 소장되어 있다.

> 이고 1세는 300년 사이의 한 부분으로 天時人事의 변화와 死生離合의 연고를 갖추어 놓는다면 벼슬에 나아가고 물러나며 교유할 때 감상이 될 것이다. 이에 뽑아서 대략 갖추어 상고하니, 혹 일로 사람을 모으기도 하고 사람으로 말을 모으기도 하며 전후로 모으기도 하고 수미로 나누어 모으기도 했기 때문에 저서가 아니고 애초에 정해진 법도 없다. 다만 중간에 처한 몸이 아득히 세상과 혼탁하고 세월이 빨리 흘러 뛰어난 이름을 세우지 못해 회오리바람에 막혀 온갖 소리가 흩어지고 먹구름이 모여 뭇 陰이 합하였으니, 굽어보고 우러르는 사이에 애오라지 유유자적할 뿐이다. 비록 그렇지만 아름다운 옥이 궤 속에 감춰져 있어도 어찌 자리 위에 진열함을 피하겠으며 좋은 거문고가 자리에 있어도 어찌 방안에서 연주함을 숨기겠는가. 그대의 청을 따르더라도 싫어함이 없을 것이다." 道光 기유년(1849) 長至일에 樹齋 黃爵滋.[24]

위 글은 『선병서옥초집연기』 첫머리에 실린 황작자의 「自序」이다. 벗의 권유로 이 책을 만들게 되었음을 밝히면서 '年記'란 말의 의미를 '자기의 뜻을 내보이는 것[進己志]'으로 정의하고, 1세(대)에 해당하는 30년 동안 겪은 관직 생활과 교유에 얽힌 사항을 정리해 둘 필요가 있다고 하였다. 『선병서옥초집연기』에 수록된 시문은 대체로 황작자의 유람, 그림, 건물에 대해 벗과 선후배들이 쓴 記·銘·詞·題詩·題辭, 황작자의 생일을 기념한 贈詩, 황작자가 주관한 시회에 관한 詩·賦·序·跋 등이 주를 이룬다. 汪喜孫,

24 黃爵滋. 『僊屛書屋初集年記』. 「自序」. "吳門友人旣爲予鐫『仙屛書屋初集詩錄』, 復攫予篋中所爲『年記』, 自丙子(1816)迄丙午(1846), 凡如干卷, 又『碎錄』如干卷, 謂當並付劂氏, 俾輔『詩錄』以行, 爰語之曰: '記之言, 志, 進己志也; 年, 出也, 亦進也. 三十年爲一世, 一世之中, 三百年之一, 具天時人事之變、死生離合之故, 則夫出處之間、交遊之際, 爲可感矣. 凡玆鈔撮略備存考, 其或因事綴人, 因人綴言, 或前後互綴, 或首尾分綴, 故非著書, 初無定律. 徒以中處之身藐焉與世混濁, 日月易逝, 脩名不立, 飄風遏而萬籟散, 油雲萃而衆陰合, 俯仰之餘, 聊自遣適而已. 雖然, 美玉韞匵, 奚諱席上之陳, 良琴在御, 詎秘房中之奏, 徇君之請, 亦無惡焉.' 道光己酉(1849)長至, 樹齋黃爵滋."

吳嘉賓, 陳方海, 吳振棫 등이 보낸 서신에서는 정치, 문학, 학술에 관한 다양한 의견을 교환하고 있다. 이와 같은 기록들을 통해 황작자의 이력을 낱낱이 살필 수 있을 뿐만 아니라 구체적인 교유 과정을 확인할 수 있으므로 인용문에 나타난 저술 동기에 부합한다. 황작자의 문인 葉名灃이 『선병서옥초집연기』를 읽고 쓴 題詩에서도 황제의 知遇를 입은 충신으로서의 강직한 면모와 후진들을 이끌고 詩社를 주최하던 생전의 모습을 특별히 부각하였다.[25]

황작자는 일찍이 師友들의 시를 뽑아 생존해 있는 이들의 시를 '聽琴集'이라 하고, 세상을 떠난 이들의 시를 '聞笛集'으로 엮었다고 한다.[26] 『무신초유초』와 『무신월유초』에 호북 및 광동 지방에서 사귄 인사들의 시문(주로 수창시와 증별시)을 부록으로 싣고, 『선병서옥초집연기』에 타인의 글까지도 함께 수록한 것은 교유를 매우 중시했던 그의 성향을 단적으로 보여준다.

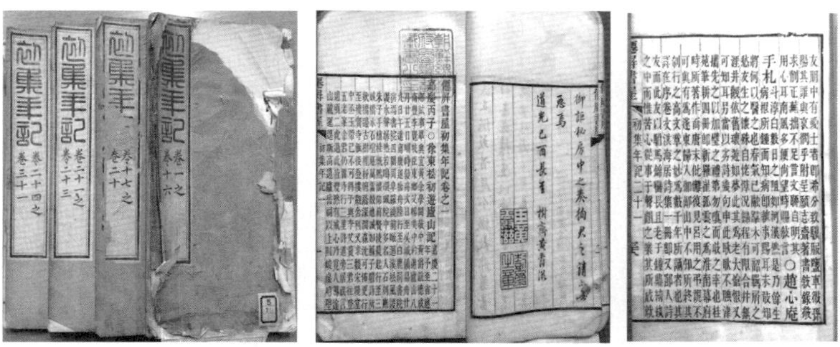

[그림 1] 『僊屛書屋初集年紀』(국립중앙도서관 소장본)
(왼쪽부터 표지, 본문, 「趙心庵手札」(권21))

25 葉名灃. 『敦夙好齋詩全集』 續集 권1. 『薇省二集』 一. 「題黃樹齋師年記後」(1854년작). "蓋棺事云已, 公論付千秋. 肝膽先皇識, 封章史館求. 愛才延後進, 勝會亦風流. 寂寞江亭路, 停車起暮愁."

26 『戊申粤遊草』. 黃秩林의 識. "大人嘗選師友詩, 其人現在者爲聽琴集, 已往者爲聞笛集."

이처럼 『선병서옥초집연기』는 황작자 개인의 연구를 넘어서 19세기 전·중반 북경 내 문단 및 학술 동향과 문인 그룹의 성격을 파악하는 데 매우 중요한 자료이다. 수록된 글은 해당 인물의 시문집에 실린 것도 있으나 전하지 않는 것들도 많기 때문에 더욱 가치가 있다. 특히 주목할 부분은 권21~25에 실린 조선 문인들의 편지, 시문, 필담이다. 이 기록은 대부분 기존에 보고된 적 없는 새로운 자료로서 이를 통해 1830년대 조선과 청 양국 문사들 간에 이루어진 교류의 실상을 소상히 확인할 수 있다. 다만 필담에서 황작자의 발언을 누락하고 황작자가 조선 측에 보낸 서신을 함께 싣지 않아서 교류의 전말을 심도 있게 파악하는 데 한계가 없지 않다. 그러나 황작자와 관련한 기록이 몇몇 연행록과 문집에 단편적으로만 전하고, 그와 주로 교유했던 조선 문인들의 문집 또한 대부분 남아 있지 않은 상태에서 교유의 일면을 볼 수 있다는 사실만으로 의미가 크다고 하겠다.

3. 黃爵滋와 조선 문인의 교유

『의황현지』에 수록된 耿日椿의 「黃樹齋先生傳」에는, "異域사람 가운데 이렇듯 黃爵滋를 경외하는 자가 있었는데 조선 사신 趙斗淳·朴綺壽·權大肯·徐念淳 같은 이들이 모두 한번 만나게 된 것을 다행으로 여기고 각자 시문을 꺼내어 질정을 구하면서 선생의 뜻에 맞지 않을까 두려워하였다."[27] 라고 하여 황작자와 교제한 조선 문인들을 특기하였다. 황작자는 1835년 8월 홍려시경에 임명되어 각국 사신들을 접대했기 때문에 자연스레 조선

27 『의황현지』 권45. 藝文志(傳). 「黃樹齋先生傳」. "蓋異域人之畏而敬之有如此者, 而朝鮮使臣如趙君斗淳·朴君綺壽·權君大肯·徐君念淳輩, 皆以得一晤面爲幸, 各出詩文相質, 兢兢焉懼不得當先生意也."

문인들과 만날 기회가 많았으며 누구보다 적극적으로 조선 사신과의 교유에 임하였다.

『선병서옥초집연기』에는 황작자가 1836년(1835년 동지사행단)부터 1840년(1839년 동지사행단)까지 교유한 조선 측 인사 9명의 手札 25편, 筆談 2편, 詩文 5편이 수록되어 있다. 「황수재선생전」에서 거론한 인물 중에는 조두순과 박기수가 포함되어 있다. 양측이 직접 만나서 나눈 기록뿐 아니라 작별 후 다른 인편을 통해 전해 받은 글도 있어 수년 간 교류를 지속했음을 확인할 수 있다. 내용을 살펴보기에 앞서 1834년부터 1839년까지 청에 파견한 조선 사절단의 명단을 제시한다.

[표 1] 1834~1839년 조선 사절단 명단

시기	사행 목적	정사	부사	서장관	주요 동행인
1834. 2	진하 겸 사은사행	洪敬謨	李輝正	金鼎集	洪翼周, 成載詩
.10	동지 겸 사은사행	李翊會	朴齊聞	黃 989	李時敏, 李曦
.12	告訃兼請諡請承襲陳奏使行	朴宗薰	李羲準	成遂默	
1835. 4	진하 겸 사은사행	洪命周	尹聲大	趙鶴年	
1835. 8	사은사행	金 鏴	李彦淳	鄭在絅	金始淵, 鄭海容
.10	동지사행	朴晦壽	趙斗淳	韓鎭庭	文永, 宋源璧
1836. 2	진하 겸 사은사행	權敦仁	安光直	宋應龍	南華中
.10	동지 겸 사은사행	申在植	李魯集	趙啓昇	李鳳寧, 崔憲秀, 鄭煥杓, 任百淵, 李尙迪
1837. 4	주청 겸 사은사행	金賢根	趙秉鉉	李源益	朴思浩, 兪漢緝, 金蓍仁, 李尙迪
.10	동지 겸 사은사행	朴綺壽	金興根	李光載	徐容淳
1838.10	동지 겸 사은사행	李羲準	尹秉烈	李時在	李承謙
1839.10	동지 겸 사은사행	李嘉愚	李魯秉	李正履	李正觀

황작자의 이름이 조선에 알려지기 시작한 것은 1834년 무렵부터인 듯하다. 1834년 진하사 서장관 金鼎集은, 공과급사중 황작자가 각 省의 州縣에서 조정의 감독을 속이고 창고 곡식을 팔아 이익을 취하고 있음을 아뢰어 황제가 그 죄를 엄히 다스릴 것을 명한 일을 조정에 보고했고, 1835년 사은사 서장관 鄭在絅은 황작자가 각종 폐단을 아뢰고 變法 시행을 주

장한 사실을 조정에 보고하였다.[28] 중국 각지의 재정 부패를 고발하고 관리들의 농단 척결을 주장하던 조정 관원으로서의 황작자의 인물됨에 먼저 관심을 갖게 되었던 것이다.

위 명단에서 우선 1834년 10월 동지사행단의 李時敏(1797~?)과 李曦(1782~?)를 주목할 필요가 있다. 이시민은 정사 李翊會의 아들이고[29] 이희 역시 이익회의 수행원으로 연행에 참여하였다. 이 두 사람은 북경에서 황작자와 교제한 이후 적어도 4, 5년간 편지를 왕래한 것으로 보인다. 『선병서옥초집연기』에는 이시민의 편지 6통, 이희의 편지 2통 및 황작자의 재실인 健齋와 咸齋에 대한 銘 2편과 說 1편이 있다. 편지 내용은 주로 자신의 근황을 전하고 郭儀霄·艾暢·江開·潘德輿 등의 안부를 물으며[30] 황작자의 시문과 경술을 칭송한 것이다. 황작자는 이 두 사람과 만난 뒤로 조선 문인과의 교제를 본격적으로 시작했고, 이후 趙斗淳(1796~1870)과의 만남을 통해 교유의 폭을 확장해 나갔다.

[표 2] 『僊屛書屋初集年紀』에 수록된 조선 문인의 글

권차	연도	발신자 (발화자 또는 작자)	제목	비고 (관련 작품)
권21	1836	趙斗淳 (1796~1870)	趙心庵手札	『선병서옥초집시후록』 권2, 「寄題朝鮮海居詩集」 『심암유고』 권4, 「次黃樹齋寺卿」
			又札	
			又札	
			又札	

28 『同文彙考補編』 續, 「使臣別單」 二, 〈甲午進賀兼謝恩行書狀官金鼎集聞見事件〉 및 〈乙未謝恩行書狀官鄭在絅聞見事件〉.

29 任百淵. 『鏡浯遊燕日錄』 坤. 1837년 1월 14일. "恬齋(姚涵-인용자)兄弟屢問李石友安狀. 石友, 故東李尙書翊會胤也. 謂: '有宿昔證交, 書牘相問, 而今也則無'云."을 통해 이시민이 중국인들과 교유가 있었음을 알 수 있다.

30 『僊屛書屋初集年紀』 권23. 「李晩蘇手札」. "閣下見居何任, 見究何書, 相與觀摩者又何人, 而至堂(艾暢-인용자)·四農(潘德輿-인용자)·龍門(江開-인용자)諸君子, 則其進退去就, 俱何如耶?" 황작자의 절친한 벗인 郭儀霄의 시집에 이시민과 이희에게 증정한 시가 수록되어 있다(郭儀霄. 『誦芬堂詩鈔三集』 권2. 「李石友(時敏)·李晩蘇(曦)二從事索詩贈行. 口占一截. 卽送其歸朝鮮」. 권3. 「李晩蘇(曦)寄書有養疴江湖之語. 幷寄以詩. 次韻答之」).

권차	연도	발신자 (발화자 또는 작자)	제목	비고 (관련 작품)
		李曦 (1782~?)	李晩蘇手札	『선병서옥초집시후록』 권2, 「答李晩蘇從事」
			李晩蘇銘竝說	
		李時敏 (1797~?)	李石友手札	
			又札	
권22	1837	이시민	李石友手札	
		申在植 (1770~1843)	申翠微手札	
		조두순	趙心菴手札	『선병서옥초집시록』 권12, 「得趙心菴書卻寄」 『심암유고』 권6, 「宿載寧, 用黃樹齋便面韻」
		李鳳寧 (1793~1871)	李汾西筆談	
			札	
			又札	
권23	1838	이희	李晩蘇手札	
		조두순	趙心菴手札	『선병서옥초집시후록』 권2, 「寄題趙心菴臨江亭子」
		이시민	李石友手札	
		朴綺壽 (1774~1845)	朴坦齋手札	
			筆談	
			又札	
		李時在 (1785~1852)	題家君持盈圖詩	『선병서옥초집시후록』 권2, 「龍樹寺, 次韻答李秋齋行人」
권24	1839	이시민	李石友手札	
		이봉녕	李汾西手札	
		박기수	朴坦齋手札	
		이시재	李秋齋手札	
		李正觀 (1792~1854)	李正觀手札	
			詩	
		李正履 (1783~1843)	李正履手札	
권25	1840	이시재	李秋齋手札	
		이시민	李石友手札	

[표 2]에서 보듯이 황작자와의 사이에 가장 많은 편지가 오간 인물은 이시민과 조두순이다. 조두순은 북경으로 떠나기 전에 이미 이시민으로부터 황작자에 대해 전해 들었던 것으로 보인다.[31] 1835년 12월 동지 부사로서 북경에 당도한 조두순은 홍려시에서 주관하는 연례에 참석했다가 황작자를 처음 만났다. 황작자는 조두순에게 자신의 시집 『樹齋詩艸』 4권을 보여주고[32] 郭儀霄·艾暢·江開·楊熙·黃釗·許瀚·潘曾綬 등을 소개해 주었다.[33] 이들은 모두 황작자와 절친한 사이로 함께 시회를 벌이며 문학적 공감대를 형성했던 인물들인데, 이 무렵 조선 사신들은 황작자와 더불어 이들과도 교분을 맺게 되었다.

조두순은 귀국 후 조선 문단에 황작자의 명성을 알리는[34] 한편으로 황작자에게도 權敦仁—趙秉鉉—金興根—李正履를 차례로 소개하면서 만남을 적극 주선하였다.[35] 양국 문인들은 조두순과 황작자를 매개로 하여

---

31 趙斗淳. 『心庵遺稿』 권4. 「姚生實子霖敏、子連, 持扇來索詩, 偶成古體以應之」, "石友所交皆名士, 二君於此其一耳. …… 歸與石友共料理, 證以一書課一年." 이시민 역시 1836년 봄에 귀국한 조두순으로부터 황작자의 편지와 徽墨 등을 전해 받고 그가 홍려시경이 되었다는 소식을 들었다(『僊屏書屋初集年紀』 권21. 「李石友手札」).

32 조두순. 『심암유고』 권3. 「次黃樹齋爵滋詩草韻」. 「次粤游草四遊荔芰灣韻」. 「次北行草王家營遇陳伯芝韻」. 「次南旋草道中懷郭羽可韻」. 『樹齋詩艸』에는 앞의 주15에 언급된 『기묘북행초』, 『계미남선초』, 『을유월유초』가 포함되었던 듯한데, 이 시집들은 현재 전하지 않는다.

33 『심암유고』 권4에 이들에 관한 시가 다수 실려 있다. 『선병서옥초집연기』 內 조두순의 편지에는 許瀚이 등장하지 않지만 許瀚의 일기를 통해 교유한 사실을 확인할 수 있다(許瀚. 『許瀚日記』 1836년 1월 13일. "爲高麗人寫對, 幷覆伊書(趙斗淳, 字心庵, 官侍郎), 送伊曲阜漢刻全套、題龍門竹. 高麗人來信一函、箋紙十番、扇二柄, 故以漢碑酬之.", 1월 23일, "復在龍門寓與趙心庵談, 心庵贈詩、扇外李月汀(李璋煜-인용자)信幷盒一個."). 潘曾綬는 직접 만나지 못하고 郭儀霄의 시집을 통해 알게 되었다(조두순. 『심암유고』 권4. 「題潘光祿曾綬紱庭詩集」. "星齋紱庭吾不知, 『誦芬集』中曾見詩.").

34 『僊屏書屋初集年紀』 권21. 「又札」(3). "僕之歸也, 士友之留心正學者, 有問中朝君子, 則僕輒擧執事, 此將何以副此也."

35 『僊屏書屋初集年紀』 권21. 「又札」(2). "今去上行人彝齋權判府敦仁甫, 文學行誼, 以至詩章筆札, 俱見重小邦, 如得邂逅, 以結良緣則幸也.", 권22. 「趙心菴手札」. "此去朝正副以行人金尙書(김흥근-인용자), 係僕同齒切友, 其風流溫雅, 恰似溫太眞, 論議明快, 又似葉蒼霞.", 권24. 「李正履手札」. "鄙邦趙心菴觀察, 每盛言先生奇偉磊落." 『선병서옥초집연기』에 권돈인 · 조병현 · 김흥근의 편지는 없으나 그들 또한 황작자와 각별한 사이였다(임영길(2013) 참조).

상대의 시문과 서화를 품평하고 학술과 문단 동향을 소개하며 서적과 금석문을 주고받으면서 교류를 이어나갔다.

1) 문학 및 예술 교류: 李時敏, 趙斗淳, 朴綺壽의 경우

황작자와 조선 문인들은 문학 방면에서 가장 활발히 교류했는데 주로 시문, 서적, 그림에 대한 시를 주고받는 형식으로 활발하게 소통하였다. 조선 문인들은 황작자와 그 詩友들의 시와 문장에 공감을 표하고 의견을 제시하였다. 특히 이시민은 근래 시인들이 오로지 가벼움만 좇아 漢·魏·盛唐의 기조와 음절을 보지 못한 지 오래되었으나 황작자와 郭儀霄 같은 몇몇 군자들의 저술은 세속의 형식에 구애됨이 없이 古雅하여 문풍을 변화시킬 만하다고 칭송하였다.[36] 황작자의 시에 대한 이러한 평가는 당시 조선 사신들의 공통된 견해였다.

양국 문인들은 대등한 입장에서 서로의 글재주와 감식안을 인정하였다. 앞서 언급했듯이 황작자는 벗들과의 詩酒 모임을 즐겼는데, 이 자리에 조선 사신들도 어김없이 초대되었다. 艾暢이 寓居하던 青雲齋에 조두순과 申在植(1770~1843)이,[37] 陶然亭과 慈仁寺에 趙秉鉉(1791~1849)·李尙迪(1804~1865)·朴思浩(1784~1854)가,[38] 長椿寺에 金興根(1796~1870)이,[39]

36 『僊屏書屋初集年紀』 권22. 「李石友手札」. "論詩之旨, 儘得宗要. 竊怪近代爲詩家, 專趨於靡曼輕脆, 漢魏盛唐之氣調音節, 不見於世, 久矣. 此豈俗尙之漸下, 直氣數使之然耶. 然而近得先生與羽可數君子所著述, 直欲脫科臼, 而上薄韋杜, 何其盛也?", 권24. 「李石友手札」. "先生之詩, 蒼頸古雅, 不墮於流俗科臼, 是可以竪赤幟於後輩, 屹砥柱於頹波."

37 조두순의 청운재 시회에는 郭儀霄·艾暢·江開·楊熙도 동석하였다(조두순. 『심암유고』 권4. 「青雲齋, 赴黃樹齋小集, 以雖無德與汝式歌且舞爲韻, 余得式字, 遂成五篇, 分屬會中諸人」). 신재식 역시 귀국 후 황작자에게 보낸 편지에서 청운재의 酒宴을 추억하였다(『僊屏書屋初集年紀』 권22. 「申翠微手札」).

38 黃爵滋. 『僊屏書屋初集詩後錄』 권2. 「慈仁寺古松聯句詩」; 이상적. 『은송당집』 시권5. 「黃侍郎樹齋(爵滋)·汪農部孟慈·陳侍御頌南(慶鏞)·符孝廉雪樵(兆綸)邀飮陶然亭」; 朴思浩. 『心田稿』 6책. 「慈仁寺雙松下, 和汪甘泉韻, 酹蘭雪·卯橋」, 「陶然亭, 和汪甘泉」.

39 金興根. 『游觀集』 권1. 「人日, 與黃樹齋(爵滋)諸人會長春寺共賦」.

龍樹寺의 蒹葭閣에 李時在(1785~1852)가[40] 동석하여 次韻詩와 聯句詩를 지었다. 이렇게 조선 사신들이 청 문사의 크고 작은 시회에 차례로 참여한 일은 양국의 문학 수준과 문단 동향을 이해하는 통로가 되었다.

조두순의 편지에서 특기할 대목은 崔致遠의 『桂苑筆耕』 4책과 洪顯周의 『洪海居詩鈔』 1책을 황작자에게 소개한 것이다. 이를 통해 『계원필경』과 『해거재시초』가 중국에 전해진 한 사례를 확인할 수 있다.[41] 청 문인들은 조선 사신을 만나면 최치원을 언급하며 『계원필경』을 구해달라고 요청하는 경우가 많았다. 예컨대 葉志詵은 1819년과 1827년 김정희에게 보낸 편지에서 『계원필경』을 구입해 줄 것을 청했고, 張深도 1827년 金命喜에게 편지를 보내 『계원필경』을 謄寫해 부쳐달라고 하였다.[42]

홍현주와 그의 시문 역시 중국 문단에 이미 알려져 있었다. 홍현주는 중국에 간 적이 없었지만,[43] 申緯·權永佐·鄭元容 등 지인들을 통해 陶澍·翁樹崑·蔣詩·卓秉恬 등과 서신을 왕래하며 간접적으로 교유하였고, 『豐山世稿』와 『永嘉三怡集』이 청 문단에 전해진 일로 인해 명성이 알려져 있었다. 조두순은 『홍해거시집』 몇 부를 황작자에게 증정하면서 중국 선비들에

---

40 이시재는 조카인 李承謙(1803~1866)과 함께 용수사 내의 겸가각에서 황작자·汪喜孫·孫衣言·李孚忠·陳丙綬와 연구시를 지었다. 『僊屛書屋初集年紀』 권25. 「李秋齋手札」. "蒹葭閣諸友如昔追遊, 或語到於海東舊使耶? …… 蒹葭閣聯句詩, 曾有書送之約."; 黃爵滋. 『僊屛書屋初集詩後錄』 권2. 「龍樹寺, 次韻答李秋齋行人」; 孫衣言. 『遜學齋文鈔』 권7. 「人日, 汪郎中孟慈招同黃鴻臚·李禾叔·陳秋谷, 餞東使李秋齋(時在)於蒹葭閣, 用秋齋韻以送其行」, 「黃樹齋先生招集城南禪院, 餞李秋齋及其姪承謙歸朝鮮, 用樹齋先生韻」.

41 『僊屛書屋初集年紀』 권21. 「趙心庵手札」. "『桂苑筆耕』四冊, 卽新羅崔孤雲之爲淮南幕府時所著作, 而唐末仳儷, 復見呂用之弔詭, 不可與有爲. 遂東歸, 入伽倻山中, 不知所終. 其制行之高, 文章之妙, 爲數千年所誦者也, 其詳在序卷文. 『洪海居詩集』一冊, 卽又鄙人詩友, 而此友以駙馬錦鑾長且老于鐘鼎綺紈之中, 而惟苦心從事于聲韻之業, 其所成就, 能踔厲如此, 是尤人所難能也. 有鈔刻幾本, 於僕之行要今廣之于上國博雅之士, 以今僕之所見, 恐無踰于執事者, 又此幷賫以呈, 幸以一篇文字, 回示其嘉頜之意, 則歸當示及于此友也." 참고로 潘曾綬의 아들 潘祖蔭의 『滂喜齋藏書記』(권3)에도 '高麗活字本『桂苑筆耕』三十卷(四冊)'과 '高麗刻『海居齋集』三卷(一冊)'이 저록되어 있다.

42 藤塚鄰. 윤철규·이충구·김규선 역. 2009. 559면; 『(한림대학교 개교 30주년 기념/국립춘천박물관 개관 10주년 기념 특별전) 산해관을 넘어, 현해탄을 건너』(2012), 50~55면의 〈張深이 金命喜에게 보낸 간찰〉.

43 후지츠카는 홍현주가 서장관으로 두 번 연경에 갔다고 했으나 이는 오류이다(藤塚鄰. 윤철규·이충구·김규선 역. 2009. 302면).

게 널리 전하고 좋은 글을 써 달라고 부탁하였다. 황작자는 『홍해거시집』을 읽고 난 뒤에 “참으로 동국의 아름다운 문장을 알겠으니/ 어찌 고운만이 천고에 빼어나리오?[信知東國美文章, 豈獨孤雲倬千古]”라고 극찬했으며, 郭儀霄와 黃釗 역시 홍현주의 詩才를 고평하였다.[44]

상대에게 시문과 그림을 보여주고 감상글을 증정 받는 것은 당시 청 문인들의 보편적인 교제 방식이었다. 황작자는 조두순에게 廬山遊冊 및 圖本을 보여주면서 품평을 구하였다. 1816년 황작자는 徐湘潭·李覺·艾暢과 함께 廬山을 유람한 일을 기념하기 위해 그린 「遊廬五少圖」와 「廬山紀夢圖」에 많은 師友들의 題詩를 받은바 있었다. 조두순이 본 그림은 1833년 張深이 그린 「여산기몽도」인 듯하다.[45] 한편 郭儀霄·艾暢·黃釗 등도 자신들의 시집과 그림을 조선 사신에게 증정하고 평을 구하였다. 그중 詩·書·畵 三絶로 대나무를 잘 그렸던 郭儀霄가 이시민에게 증정한 ‘青竹’ 그림이 실물로 남아 있다. 그림의 좌측에 ‘仿元人筆寫似, 石友明府察畵. 江西羽可郭儀霄’라 씌어 있으며 황작자의 「贈郭羽可」(『선병서옥초집시록』 권2) 시구에서 딴 ‘古之與可今羽可’라는 인장이 찍혀 있다.[46]

황작자는 금석문에도 조예가 깊어 1840년 복건의 萬安橋(지금의 洛陽橋)에 새겨진 글씨를 集字하여 책으로 만들었다고 한다.[47] 이시민에게 『舜

---

44 黃爵滋. 『僊屛書屋初集詩後錄』 권2. 「寄題朝鮮海居詩集」; 郭儀霄. 『誦芬堂詩鈔三集』 권3. 「朝鮮洪駙馬都尉(顯周)寄其所刻海居書屋詩鈔, 屬予論定, 幷索題句詩, 以贈之」; 黃釗. 『讀白華草堂詩二集』 권12. 「心菴學士以其國駙馬洪海居(顯周)詩集見貽, 爲系二十八字」.

45 『僊屛書屋初集年紀』 권21. 「又札」(1). “頃示廬山遊冊及圖本, 令人仙仙若身在其中矣.”; 조두순. 『심암유고』 권4. 「黃樹齋遊廬山日, 夢有老人授以古松圖, 旣歸遂因想而繪之, 繪左右, 多一時名雋筆, 乃又屬余曰, 此未來情根所在也, 子其有以題之, 遂以兩絶句書而還之」. 신재식도 이 그림에 題詩를 지었다고 한다(黃爵滋. 『僊屛書屋初集詩文錄』 권11. 「慈仁寺古松圖詩跋」, “張茶農(張深-인용자)大令爲予作「匡廬紀夢圖」, 申翠微·趙心庵兩使者均有題句.”).

46 이 그림은 『(秋史 燕行 200주년 기념) 金正喜와 韓中墨緣』(2009), 104면에 실려 있으나 ‘石友’가 누구인지는 밝히지 못했다. 석우는 이시민의 호이다.

47 『僊屛書屋初集年紀』 권25. ‘在閩作使閩題名碑記集. 集蔡忠惠萬安渡石橋文字’; 吳文鎔. 『吳文節公遺集』 권73. 「題黃樹齋侍郎集萬安橋碑詩冊四首」; 鄧廷楨. 『雙硯齋詩鈔』 권16. 「庚子之春, 祁春圃大司馬·黃樹齋少司寇奉命來閩句當公事, 楨亦自粵督移任玆邦, 會辦四閱月, 樹齋集蔡忠惠萬安橋碑字, 爲記奉題四首」.

碑』와 『姑孰帖』, 覃谿(翁方綱의 호)의 墨蹟 등을 증정하고 금석문자와 서법에 대한 의견을 교환하기도 했는데,[48] 특히 1837년 동지 정사 朴綺壽(1774~1845)의 필담 1편과 편지 3편에는 금석문과 서예, 회화 관련 기록이 두드러진다.

박기수는 필담에서 신라인 金生의 필적이 뛰어나다고 소개하고 조선의 3대 묵죽화가로 꼽히는 柳德章의 묵죽화를 거론하며 白光勳의 문장과 필법은 일세에 제일이라고 평하였다.[49] 그리고 귀국 후 보낸 편지에서는 蘇軾이 쓴 『豐樂亭記』를 언급하고 황작자에게 증정한 徐懋修의 『秀軒帖』에 대해 품평을 구하며, 조선 중기 초서의 대가 黃耆老가 쓴 『後赤壁賦』를 동봉하였다. 또한 조선 후기 산수화가 李昉運이 그린 「金剛八景圖」에 대해서도 絶品이라며 소개하였다.[50] 이렇듯 황작자가 조선 문인들과 시문·회화·금석 탑본·서예 등 다방면에서 나눈 교류는 황작자와 그 주변 인사들이 조선의 문학 및 예술을 폭넓게 이해하는 데 밑거름이 되었다.

황작자와 박기수의 금석·서예 관련 교류는 이후 박기수의 외조카 李裕元(1814~1888)에게로 이어졌다. 이유원은 박기수가 황작자로부터 받아온 闕里孔廟碑의 搨本들을 고증하는 과정에서 漢나라 孔宏碑(魯相謁孔廟殘碑를 가리킴)를 발견함으로써 1772년 尹東晳이 審定했던 漢碑 가운데 의심나던 부분을 해결할 수 있었다.[51] 그 후 이유원은 1845년 동지사 서장관

---

48 『偃屛書屋初集年紀』 권23. 「李石友手札」. 권24. 「李石友手札」. 이시민이 금석문에 관심을 보인 것은 부친의 영향인 듯하다. 이익회는 당나라 李邕이 쓴 大照禪師碑 탑본과 蘭亭帖 등을 소장하고 있었다고 한다(李裕元. 『林下筆記』 권33. 「華東玉糝編」. 〈李北海書大照禪師碑〉).

49 『偃屛書屋初集年紀』 권23. 「筆談」.

50 『偃屛書屋初集年紀』 권24. 「朴坦齋手札」. "『豐樂記』, 盛惠及此, 如獲百朋, 拜受珍感. 聞此印本前已東來, 而鄙則今始見之, 筆力遒健, 足稱其文, 東坡眞天下古今之通才也. 向呈『秀軒帖』, 卽年前率去甥兒之從曾祖徐知府懋修之筆, 此筆雖少姸態, 而極有實地可貴, 高眼以爲如何? 今呈『後赤壁賦』, 卽黃孤山耆老之筆, 乃是海東筆家奇品, 而年代久遠, 人所寶重者, 但缺亡二幅, 非敢比倫, 而石鼓文殘缺, 不害爲助其奇古耶. 「金剛八暴圖」, 卽近世李箕壄昉運所寫, 儒畵可尙, 而因畵題之勝絶, 其畵亦長得幾格, 堪作臥遊資耶."

51 李裕元. 『嘉梧藁略』 冊13. 「漢孔宏碑辨」. "丁酉(1837)內舅入燕, 有黃爵滋者, 贈闕里全碑搨本, 翌年內舅使余訂之, 紅簽墨題, 皆余過眼, 別無初閱者. 中有孔宏碑一本, 余忙手披舒,

으로 入燕했는데 이 때 황작자는 파직되어 귀향한 상태였기 때문에 두 사람은 서신을 통해 교제했으리라 추정한다. 이유원의 『橘山文稿』에 수록된 황작자의 서신을 보면, 황작자가 자신과 神交를 맺은 조선인으로 元義民과 이유원을 꼽은 다음, 이유원의 隸書가 고아하여 진귀하게 완상할 만하다고 칭찬하면서 자신의 시집 몇 권과 『蘇箋』을 선물로 보내준 사실을 확인할 수 있다.[52]

2) 학술 담론: 李鳳寧, 李正履, 李正觀의 경우

『선병서옥초집연기』에서 가장 중요한 부분이 바로 李鳳寧(1793~1871)의 필담(1편)과 편지(3편)이다. 그간 이봉녕은 조·청 교류사에서 비중 있는 인물로 평가했지만 관련 자료가 거의 남아있지 않아 자세한 정황을 파악할 수 없었다. 이봉녕은 1826년 동지 부사 신재식의 수행원으로 연행하여 李璋煜·汪喜孫·王筠 등과 교유한바 있으며, 1836년 동지 정사 신재식의 수행원으로 재차 북경에 가서 황작자와 교분을 맺게 되었다.

신재식은 부사 李魯集, 서장관 趙啓昇 및 자신의 수행원 崔憲秀와 이봉녕, 이노집의 수행원 鄭煥杓, 조계승의 수행원 任百淵, 그리고 上房乾糧官 이상적과 함께 북경에 도착할 때까지 거의 매일 차운시를 짓고 그중 120편을 직접 뽑아 『相看編』이란 詩選集으로 엮었다. 임백연이 謄本을 만들어 황작자에게 교정을 부탁했으며 황작자는 부전지를 붙여 거듭 선별하

乃五耘公(尹東晳-인용자)之所强名先民殘碑者也."

52 이유원. 『橘山文稿』 冊8. 「華人尺牘」. 黃爵滋의 편지. "惟念文章一道, 爲天下古今一大因緣, 乃以中國習處之人, 神交落落, 而弟獨得之貴國, 且二人焉, 一爲元君義民, 又其一則足下也, 豈不爲美譚故事哉? 尊隸古雅卓然, 堪爲瞻仰珍玩, …… 拙詩數卷, 藉便賫呈, 伏希覽教, 附去蘇箋二匣·蘇筋二把." 고려대에 소장된 황작자의 시집(앞의 주17 참조)에는 '李石榮印'이라는 장서인이 찍혀있는데 이석영은 바로 이유원의 아들이다. 따라서 본문의 '拙詩數卷'은 그 책일 가능성이 있으며, 그렇다면 이 편지는 적어도 1852년 이후에 보낸 것이 된다.

고 서문을 써 주었다. 발문은 신재식이 쓰고 寫字官 趙鎭龜에게 初本을 精寫하게 한 다음 목판에 새기고, 韓韻海에게 書籤을 쓰게 하였다.[53] 그런데 「李汾西筆談」에 따르면, 황작자에게 서문을 부탁한 사람이 이봉녕이었음을 알 수 있다. 이봉녕은 황작자와 證交를 맺은 것이 인생의 큰 즐거운 일이라고 하면서 『상간편』 전권을 증정할 테니 서문을 써 달라고 요청하였다. 또 황작자의 詩友였던 艾暢에게도 『상간편』을 보내겠다고 말하였다.[54] 『상간편』은 황작자와 그 지인들에게 향유되어 조선의 시가 청 문단에 알려지는 계기가 되었으며, 이 일로 조선에서도 황작자의 명망이 더욱 높아지게 되었다.[55]

또한 이봉녕이 황작자에게 보낸 편지에서, 조선 8도의 구분, 단군부터 조선까지의 연혁, 기자의 평양부터 조선의 한양까지의 역대 도읍지, 백두산에서 한라산까지의 산맥의 대강을 설명하고, 鄭夢周-金宏弼-鄭汝昌-趙光祖-李彦迪-李滉-李珥-成渾-金長生-宋浚吉-宋時烈로 이어지는 성리학의 계보와 崔致遠-李奎報-李穡-朴誾-盧守愼-崔岦-車天輅-權韠로 이어지는 시인의 계보를 열거하며, 鄭敾·沈師正·柳德章·李麟祥·姜世晃의 화법을 소개한 부분은 흥미롭다.[56] 조선의 지리·역사·학술·문학·미술 전반에 걸친 황작자의 폭넓은 관심사를 보여준다.

이봉녕은 귀국한 뒤에도 황작자와 서신을 주고받았는데, 이봉녕이 중

---

53 『상간편』의 간행에 얽힌 내막은 임백연의 『경오유연일록』 1837년 1월 17일자 일기에 자세하다. 중국에서 간행한 목판본 『상간편』은 건국대, 규장각, 동국대(경주), 일본 천리 도서관 등에 소장되어 있다(김영진(2006) 참조).

54 『僊屛書屋初集年紀』 권22. 「李汾西筆談」. "今行賦詩者八人, 翠微公名其篇曰相看編, 今有題跋帶來者, 欲先仰質, 未知盛意如何. …… 『相看編』全卷, 近當於日間奉呈, 覽賜弁卷之文若干語, 以賁斯編, 歸詫社友, 切仰切仰. 萬望勿靳, 弁言非先生爲之, 孰能爲之? 全編當送質艾君轉呈也."

55 申錫愚. 『海藏集』 권5. 「用東坡和陶體, 次黃樹齋答李牧臣, 幷寄徐東松·艾至堂(三首)」 제1수. "卓犖宜黃公, 序我東槎篇(道光丁酉, 從叔父翠微先生赴燕, 以原隰詩什付梓, 名曰相看篇. 樹齋實序其首, 東人之識樹齋, 自此始)."; 申佐模. 『澹人集』 권7. 「屬江上四宰冠字韻」, "枕涕龍鍾收未盡, 纚緖程史補相看(海藏入燕, 有輶行日史. 往歲翠微太史赴燕, 刊三使臣沿途唱酬及燕中名士贈遺詩, 命曰相看編)."

56 『僊屛書屋初集年紀』 권22. 「札」.

국 및 조선 지인들에게 받은 시문첩인 『燕臺墨緣』[57]에 황작자가 쓴 아래의 편지가 장정되어 있다.

> 7월 3일 愚弟 黃爵滋 머리 숙여 답신을 보냅니다. 汾西(이봉녕-인용자) 선생과 작별한 지 반 년이 지났습니다. 藕船(이상적-인용자)은 연경에 왔으나 그대는 오지 않았으니 몹시 기쁘고도 몹시 슬픕니다. 저는 평생 程朱의 학문에 대해 堂에도 오르지 못했는데 방에 들어갔는지 따질 것이 있겠습니까? 오로지 良知良能에서 간간히 陸·王을 말미암아 孟子의 문하를 엿보는 정도입니다. 그러나 漢儒는 경술로 고사를 밝히는 것을 옛 것에 가깝다고 여겨서 학문을 하고 여가가 있으면 벼슬한다는 말이 공자의 일관된 쓰임이라는 것을 알고 있습니다. 그러므로 漢學·宋學 논쟁을 진정시키고자 한다면 孔·孟의 학을 벗어나서는 안 됩니다. 근자에 제가 「漢宋學術定論論」을 지었는데, 이것은 본래 이전에 받들어 고한 말의 의미를 완성한 것입니다. 이 글은 나중에 기록하여 보내겠습니다. (하략)[58]

이 편지는 이상적이 이봉녕에게 전해준 것으로 『海鄰尺素』 內 황작자의 편지에, "汾西의 처소에 부칠 답장은 인편을 구하여 보내겠습니다.[汾西處復札, 乞便致之]"(1837년 6월)라는 언급을 통해 편지가 왕래한 과정을 확인할 수 있다. 이봉녕이 학술면에서 황작자와 의견을 교환한 사실은 중요하다. 당시 漢學, 즉 고증학이 유행하고 있던 중국의 학술 상황은 조선 사

---

57 『燕臺墨緣』은 池田溫(1990)이 처음 소개하였고, 『驪州李氏 退老 雙梅堂 藏本』(2006)에 영인·수록되었다. 이케다 온의 논문과 영인본 해제에서는 '李周經'이라고 했을 뿐 그가 누구인지 밝히지 못했으나 김영진 교수의 고증으로 이봉녕임이 밝혀졌다.

58 『燕臺墨緣』. 黃爵滋의 편지. "七月三日, 愚弟黃爵滋頓首復書. 汾西先生左右, 別半年矣. 藕船來而君不來, 喜甚亦悵甚也. 辱惠書並貂穎, 珍逾拱璧, 弟生平於程朱之學, 未能升堂, 何論入室? 惟良知良能處, 間有由陸王, 以窺孟子之門者. 然漢儒能以經術飾吏治故事, 爲近古, 知學優則仕一語, 卽孔子一貫之用. 故欲平漢宋之爭, 要不外孔孟之學. 近拙作有「漢宋學術定論論」, 卽是本從前奉告之語意以成, 此文他日當錄寄耳. ……"

신의 주요 관심사 중 하나였다. 위 편지에 대한 답장이 『선병서옥초집연기』 권24에 수록된 「李汾西手札」로, 이 편지에서 이봉녕은 한학과 송학을 둘러싼 논쟁에 대해 비판적인 입장을 견지하면서 그에 대한 황작자의 의론이 매우 바르고 공평하며 명쾌하다고 평하고 있다.[59]

황작자는 經世學을 지향하며 한학과 송학 중 어느 한쪽에만 경도되어 서로 옳다고 주장하는 태도를 비판하였다. 이러한 학문 경향이 위에서 언급한 「漢宋學術定論論」(『선병서옥초집문록』 권2)이란 글에 잘 나타나 있다. 이 글에서 황작자는 한학과 송학 모두 공자와 맹자의 학문에 근원을 둔 것으로 한학의 훈고를 통해서 송학의 해설과 의리가 나올 수 있으므로 한곳으로 치우쳐서는 안 된다고 설파하였다. 당시 청조 학자들은 고증학을 바탕에 두면서 經世濟民에 관심을 기울이고 있었다. 황작자는 누구보다 외세 침략과 재정 악화, 민생 문제 해결에 힘을 기울였던 바, '옛날에 부합'하고 '지금에 보탬'이 되는 학문이란 한학을 바탕에 둔 경세의 학문을 뜻한다고 볼 수 있다. 황작자의 견해는 汪喜孫의 "훈고 안에 의리가 있음을 알지 못하고서 훈고를 버리고 의리를 말한다면 禪學에 가까울까 두렵습니다."라는 언급과도 일맥상통한다.[60] 중국에서 고증학이 성행한 데 반해, 조선에서는 오로지 성리학을 근본으로 삼았던 탓에 양국 문인들 사이에 한학과 송학의 시비를 두고 대립하기도 하였다.[61]

이 같은 학술 상황은 李正履(1783~1843)·李正觀(1792~1854) 형제의 편지와 시에도 등장한다. 이정리는 1839년 동지사 서장관으로 연행했는데 이때 동생인 이정관도 동행하였다. 이시재는 연행을 떠나는 이정리를 전송

59 『僊屛書屋初集年紀』 권24. 「李汾西手札」. "竊念先生之論學極正平, 纔過分蹊經, 則漢宋便非一貫, 此所以呶呶多辨者, 先生之見, 獨能明快."

60 申在植 편. 『筆譚』. 1827년 1월 9일. "不知訓詁內有義理, 舍訓詁而談義理, 恐近禪學耳." 汪喜孫 역시 황작자와 마찬가지로 아편을 반대하는 입장이었다(『僊屛書屋初集年紀』 권23. 「陳伯游手札」. "頃汪孟慈亦有禁鴉片, 禁銀出海, 兩議用意, 與公略同.").

61 申在植·金善臣과 汪喜孫·李璋煜·王筠의 논쟁이 대표적이다. 夫馬進, 정태섭 외 옮김(2008), 97~166면 참조.

하는 시에서 황작자를 그리워하는 마음을 술회한바,[62] 이정리 형제 역시 황작자를 만나고자 했으나 때마침 황작자가 山海關을 시찰하러 떠남에 따라[63] 그들은 북경이 아닌 邦均店에서 극적으로 만날 수 있었다.

이정관은 황작자의 實學과 閎議를 높이면서도 총 102구의 장편시를 지어 송학을 옹호하였다.[64] 이정리 형제와 가까운 친지 및 우인들의 송별 시문에는 공통적으로 청조 고증학자들의 폐단을 성토하고 조선 성리학의 발전상을 널리 알려줄 것을 당부하는 내용이 많은데, 이러한 대청 인식은 이정리 형제도 공유하고 있던 것이었다.[65] 이정리 형제와의 짧은 만남 중에도 황작자는 북경에 가서 張丙焱·艾暢·吳嘉賓 등을 만나볼 것을 권하였다.[66] 이에 이정리는 梅曾亮과 吳嘉賓 등 동성파 문인들에게 조선의 문인과 문학을 소개하는 한편, 張丙焱과 만나 영국 선박과 아편 문제에 관해 심도 있는 대화를 나누었다. 張丙焱은 황작자가 「漏卮疏」를 올릴 때 臧紆青·江開 등과 함께 논의에 적극 참여하여, 이정리가 「聞見別單」을 작성하는 데 있어 중국의 재정 상태, 아편의 해독성, 천주교와 영국에 관한 중요한 정보들을 세세하게 제공해 주었다.[67]

---

62 『僊屏書屋初集年紀』 권25. 「李秋齋手札」. "去年送李學士正履以詩贐之, 曰: '豫章名士黃少卿, 天下瑰觀望海亭. 到處不禁三宿戀, 至今回首欲忘形.'"

63 황작자는 11월 6일에 명을 받고 출발하여 12월 7일 산해관에 도착하였다(『僊屏書屋初集年紀』 권25).

64 『僊屏書屋初集年紀』 권25. 「李正觀手札」. "竊聞之往來使臣之言, 道途輿人之通, 閣下之實學閎議, 卓然爲中朝名德之一, 而以所以延接正觀者驗之, 自幸前聞之不謬." 및 「詩」, "嘗謂漢宋論, 門戶不必歧. 參差卒爛漫, 祖禰同宣尼. …… 爾雅與說文, 援證亦支離. 竊意漢儒心, 正當不如斯. 實事本求是, 公案豈無私. 崇崇紫陽室, 戈戟日相隨."

65 이정리의 연행과 정세 견문에 관한 자세한 사항은 김명호(2008), 244~260면 참조.

66 신석우. 『해장집』 권5. 「用東坡和陶體, 次黃樹齋答李牧臣, 幷寄徐東松·艾至堂(三首)」 제3수의 원주. "痴蒼(이정관-인용자)游都, 路値樹齋, 以使事歷過, 遂得證交. 樹齋指以入都, 訪艾至堂·吳子序(吳嘉賓-인용자)諸公, 痴蒼如其言, 幸得遍交諸名士."

67 尹程. 『西行錄』 乾. 1845년 1월 3일. "[虎頭-인용자]曰: '…… 黃樹齋雅片之疏, 亦與弟議, 英夷始末之事, 太半弟所指劃. …… 年前李醇溪來京, 路遇黃樹齋於京東邦均地. 時樹齋出使山海關, 醇溪往見, 語到英夷及邪教事, 樹齋不及細言, 寫一信, 屬其到京問弟, 故弟與醇溪相善. 英夷始末, 邪教源流, 備細告之, 醇溪寫得數十紙以去.'" 張丙焱은 귀국하는 이정리·이정관 형제에게 전별시를 지어 주었다(『觀兩齋詩鈔』 권上. 「朝鮮使臣李醇谿正履. 偕弟念齋還國賦贈」). 藤塚鄰, 윤철규·이충구·김규선 역(2009), 232~233면에서는 이 시

3) 1840년 이후의 교유: 權大肯, 徐念淳의 경우

1838년 동지사 서장관 이시재는 이듬해 음력 3월 24일 조정에 올린 「聞見事件」에서, 정유년(1837) 겨울 許乃濟가 아편 금지 조치의 해제를 주청했으나 황제가 윤허하지 않았으며, 무술년(1838) 8월 황작자가 아편 금지를 주장하는 소를 올려 받아들여진 과정을 상세히 보고하였다.[68] 그 후 황작자는 「누치소」와 더불어 조선 문인들 사이에 꾸준히 회자되며 충신으로 각인되었다.

1840년 제1차 아편전쟁이 발발하자, 황작자가 복건 지방으로 떠나게 되면서 조선 문인과의 교제를 지속하기 어려웠지만 조선 사신들은 북경에 있는 황작자의 지인들로부터 그의 근황을 꾸준히 입수하였다. 이시재는 황작자에게 편지를 보내어 瀋陽의 刑獄과 臺灣의 兵馬를 다스리고 있다는 소식이 사실인지 물었으며, 이시민 역시 편지를 보내어 閩浙 지방에서의 생활이 어떠한지를 물어보았다.[69] 또한 1846년 진하사 서장관 沈熙淳은 황작자 및 金應麟·陳慶鏞·蘇廷魁 등 漢人이 滿人에 의해 작은 일로 죄를 입어 배척당한 사실을 조정에 아뢰기도 하였다.[70] 1840년 이후로 황작자와 교유한 조선 문인은 지금까지 확인한바, 李裕元·權大肯·權時亨·徐念淳·李羲八·元義民·崔遇亨·趙寅奎 등이 있는데, 이유원의 경우를 제외하면 모두 황작자가 다시 북경에 돌아온 1850년 이후의 일이다.

권대긍(1790~1858)은 1844년 동지 부사, 1850년 세폐 정사로 두 차례 입연하여 張丙焱과 張曜孫, 그리고 황작자·黃秩林 부자와 깊이 교제하였다.[71] 제1차 연행 때 권대긍은 張丙焱의 경세학과 황작자의 「누치소」에

의 출전을 '觀雨齋詩鈔'라고 했는데 '관양재시초'의 오기이다.

68 『同文彙考』 補編續. 「使臣別單」 二. 〈戊戌冬至兼謝恩行書狀官李時在聞見事件〉.

69 『僊屏書屋初集年紀』 권25. 「李秋齋手札」. "聞兄有功於辟邪守正, 寵秩復進, 聲名宏振一世, 雖此海外遠友, 不勝栢悅. 東理瀋陽刑獄, 南治臺灣兵馬, 傳說如此信然否?", 「李石友手札」, "閩浙之間, 素擅名勝, 不審今行覽得幾處佳山水, 識得幾個賢士否."

70 『日省錄』 헌종 12년 7월 8일. 〈書狀官沈熙淳聞見別單〉.

감발하여 그들의 海防策을 조선에서 실현하고자 적극적으로 의견을 구하였다.[72] 권대긍의 노력이 실제로 정책에 반영되었는지는 분명치 않으나, 魏源의 『海國圖志』가 1845년 권대긍에 의해 조선에 처음 유입된 사실로 미루어[73] 조선의 인사들에게 어느 정도 영향을 주었으리라 짐작해 볼 수 있다.

권대긍은 평소 조두순에게서 황작자의 문장과 학식을 익히 들어 알고 있던 데다[74] 1851년 황작자를 직접 대면한 후로 그를 더욱 흠모하게 되었다. 권대긍은 귀국 후 황작자에게 서신을 보내어 자신의 시집에 서문을 써 줄 것과, 아울러 자신의 초상에 題詩를 써 줄 것을 요청하는 한편, 김흥근·조두순과 때때로 모여 황작자에 대해 이야기한다며 그리움을 토로하였다.[75] 황작자는 1852년 1월 「史野詩集序」를 지어 권대긍에게 답신과 함께 보냈는데, 서문에서 권대긍이 論文에 대해 말한 '澹', '質', '簡', '平'을 거론하며 권대긍의 문학을 칭찬하였다.

1852년 사은 정사 서염순(1800~1859)과 그의 수행원 이희팔, 서장관 최우형(1805~1878), 그리고 원의민과 조인규[76]도 황작자와 교분을 맺었다.[77] 『선병서옥초집연기』에는 1841년부터 조선인의 편지와 필담 내용이

---

71 權大肯의 『史埜集』에 이들에 관한 시와 편지가 실려 있다(『사야집』에 대해서는 김영진 해제(2004) 참조).

72 권대긍. 『사야집』 권1. 「與張虎頭書」. "尊兄御英夷之規劃方路, 卽平生蘊抱也. 節次成文, 送付回便, 足爲吾東豫備之資, 尊兄經濟之學, 可不作一隅褊邦迷津覺筏耶.", 「與黃孝廉秩林書」. "尊大人年前「漏卮疏」, 東人有識者無不欲一番奉讀, 想有巾衍間謄置者一本, 可蒙俯示耶?"

73 김명호. 2008. 292~293면.

74 권대긍. 『사야집』 권1. 「與黃孝廉秩林書」. "趙心庵, 余之契友也, 平居每稱尊大人樹齋公文章學殖的非宋明間以下人, 嘖之不已." 『僊屛書屋初集年紀』에 1838년 이후로 조두순의 편지가 보이지 않으나, 1851년 1월 16일 권시형을 만난 황작자가 조두순의 축수를 기원하는 족자를 보여준 데서 그들의 교유가 면면히 유지되었음을 확인할 수 있다.

75 권대긍. 『사야집』 권1. 「與黃樹齋爵滋書」; 黃爵滋. 『壬子草』. 「寄題權史埜畫像」.

76 趙寅奎의 『斗南詩選』에 수록된 李源恒의 跋(1881)에 따르면, 조인규가 1852년 연경에 갔을 때 중국 명사들이 그의 풍채와 문장을 보고 흠앙했으며, 강남의 명류 황작자가 그의 시문을 보고 칭탄했다고 한다. 『趙斗南詩藁』(국립중앙도서관 소장)의 「李少芾來訪, 一別已周星, 懽劇共賦, 曾與遊燕京者也」를 통해 조인규가 이희팔과 동행한 사실이 확인되지만 조인규와 원의민이 누구를 수행했는지는 확실치 않다.

77 黃爵滋. 『임자초』. 「次韻答朝鮮使臣石帆徐君, 並示其從事李少芾」. 「次韻答朝鮮元義民二

보이지 않으므로 尹程의 『西行錄』과 權時亨의 『石湍燕記』 등 연행록과 몇 종의 시문집 자료를 통해 조선 문인들이 황작자와 교유한 흔적을 확인할 수 있을 뿐이다. 다만 황작자 사후인 1854년 이상적이 『僊屛書屋集』을 열람하다가 그 안에 실린 「慈仁寺古松聯句詩」를 보며 황작자의 죽음을 슬퍼하고, 1861년 이유원 역시 황작자가 세상을 떠났음을 언급하고 있는 것으로 볼 때,[78] 조선에서 황작자 주변 인사들과 교유를 지속하면서 그에 관한 소식을 접했으리란 사실을 추측해 볼 수 있다.

4. 맺음말

黃爵滋는 청 도광 연간에 활약한 대신이자 문인으로서, 19세기 전·중반 중국의 정치·문학사에서 차지하는 위상만큼이나 조·청 교류사에서 중추적인 역할을 담당했던 인물임에도 거의 조명 받지 못하였다. 그는 당대의 저명한 문인 학자들에게 추앙받으며 청조 시단을 이끌었고, 경세의식을 바탕으로 아편의 위기를 극복하기 위해 온 힘을 기울였다. 또한 거의 20년에 가까운 시간 동안 조선 사신들과 격의 없는 우정을 나누면서 문학·학술·금석·회화·서예 등 다방면에 걸쳐 교류하여 양국의 인사들에게 큰 영향을

絶句」. 「酬元義民見寄」; 崔遇亨. 『竹下集』 권2. 『燕行錄』. 「松筠庵, 與黃樹齋·王子梅·秦宜亭·章仲甘·汪子穆共賦」. 서염순·이희팔·최우형과 王鴻·秦炳文·章岳鎭·汪子穆 등은 황작자의 서재와 松筠庵에서 수차례 만나 시문을 주고받았다(이춘희(2009), 183~184면의 『蘭言彙抄』에 실린 王鴻의 편지 참조).

78 이상적. 『은송당속집』 시권2. 「道光丁酉夏, 黃侍郎樹齋·汪明府孟慈·陳侍御頌南, 招飮慈仁寺, 有古松聯句二十韻, 近閱樹齋『仙屛書屋集』, 收錄是篇, 而樹齋已遊道山矣, 愴然有作」(1854년작); 이유원. 『가오고략』 책2. 「秋潭趙尙書徽林熱河使歌」. "樹齋已與雨帆葬." 참고로 1853년 진하 정사 姜時永의 『輶軒三錄』 5월 15일조에는 故人이 된 황작자를 추억하는 서염순의 칠언율시와 그에 대한 강시영의 차운시가 실려 있어, 황작자의 사망 소식은 즉시 조선에 알려졌던 것으로 보인다.

미쳤다. 이러한 그의 일대기가 『僊屛書屋初集年記』에 정리되어 있다.

『선병서옥초집연기』는 황작자 본인의 글 대신에 타인의 시문들을 대거 수록하여 황작자의 폭넓은 인맥을 한눈에 확인할 수 있는 자료이다. 더욱이 그간 알려진 적 없는 조선 문인들의 시문·수찰·필담까지 싣고 있어 황작자가 조선 측 인사와의 교유를 소중히 여겼음을 짐작케 한다. 洪大容의 『乾淨筆談』, 李肇源의 『菊壺筆話』, 申在植의 『筆譚』, 金永爵의 『燕臺瓊瓜錄』 등과 같이 중국 문사와 필담한 기록과 주고받은 시문 및 서신을 조선에서 엮은 책(또는 첩)은 많지만, 중국인이 직접 조선 문사로부터 받은 시문을 정리한 자료는 드물다는 점에서 『선병서옥초집연기』에 실린 편지와 필담들은 더욱 귀중하다. 중국 측 자료로는 帥方蔚가 洪良厚·金永爵·鄭元容·洪敬謨 등과 주고받은 편지와 시문 44편을 모은 『左海交遊錄』, 葉名灃의 요청으로 吳昆田이 편찬한 「朝鮮使者金永爵筆談記」 정도가 전하고 있다.[79] 일부 연행록과 문집에서 편린만을 볼 수 있던 황작자와 조선 문인의 교류에 관한 실상을 구체적으로 파악할 수 있다는 데서 자료의 의미와 가치는 충분하다고 본다.

이 글은 황작자의 생애와 교유 및 주요 저작을 면밀히 조사한 다음, 『선병서옥초집연기』에 실린 조선 문인 9명의 편지와 필담을 주 자료로 삼아 황작자와의 교류 양상을 문학·예술·학술 방면으로 나누어 고찰하고, 『선병서옥초집연기』에 실리지 않은 1840년 이후부터 1853년까지의 황작자와 조선 사신의 교유 양상을 함께 살핀 것이다. 그러나 자료를 소개하는 데 초점을 맞추어 황작자의 문학과 경세학이 조선 문단에 끼친 영향 관계를 심도 있게 논의하지 못하였다. 조선 측 인사 개개인의 성향을 충분히 검토한 위에서 각 방면의 교류를 보다 면밀히 분석할 필요가 있다. 아울러 황작자·황질림 부자와 동시기에 조선 문인이 교유했던 청 문사들의 면면을 보면 대체로 황작자의 자장권에서 크게 벗어나지 않는다는 사실을 발견할 수 있

79 두 저작은 모두 『韓客詩存』에도 수록되어 있다(김명호. 2000. 397~398면 참조).

다. 향후 『선병서옥초집연기』에 실린 중국 측 인사들의 시문 내용을 꼼꼼히 검토하여 황작자와의 관계 및 문학·학술 경향을 분석하고, 나아가 그들과 조선 문인의 교류 양상을 종합적으로 밝힌다면 19세기 조·청 문인 교유의 복잡한 흐름을 규명하는 데 기여할 수 있을 것이다.

참고문헌

黃爵滋. 『僊屛書屋初集年記』. 국립중앙도서관 소장.

______. 2010. 『僊屛書屋初集』(泥活字本, 1848년刊). 『淸代詩文集彙編』 580. 上海古籍出版社.

______. 『僊屛書屋初集』(木版本, 1849년刊). 중국 國家圖書館 소장.

______. 『僊屛書屋初集文錄』. 『淸代詩文集彙編』 580.

______. 『僊屛書屋全集』. 서울대 중앙도서관 소장.

______. 『戊申粵遊草』. 『淸代詩文集彙編』 580.

______. 『戊申楚遊草』. 『淸代詩文集彙編』 580.

______. 『己酉北行草』. 『淸代詩文集彙編』 580.

______. 『己酉北行續草』. 『淸代詩文集彙編』 580.

______. 『丙午冬草』. 고려대 육당문고 소장.

姜時永. 2001. 『輶軒三錄』. 『연행록전집』 73. 동국대 출판부.

權大肯. 『史埜集』. 연세대 중앙도서관 소장.

權時亨. 『石湍燕記』. 국립중앙도서관 소장.

金興根. 『游觀集』. 국립중앙도서관 소장.

朴思浩. 『心田稿』. 영남대 동빈문고 소장.

申錫愚. 『海藏集』. 『한국문집총간』 속127.

申　緯. 『警修堂全藁』. 『한국문집총간』 291.
申在植. 『相看編』. 일본 天理圖書館 소장.
申在植. 2004. 이상돈 역주. 『冬至使 申在植의 會友錄 筆譚』. 경인문화사.
申佐模. 『澹人集』. 『한국문집총간』 309.
尹　程. 『西行錄』. 서울대 규장각 소장.
李尙迪. 『恩誦堂集』. 『한국문집총간』 312.
李裕元. 『橘山文稿』. 서울대 규장각 소장.
任百淵. 『鏡浯遊燕日錄』. 고려대 신암문고 소장.
趙斗淳. 『心庵遺稿』. 『한국문집총간』 307.
趙寅奎. 『斗南詩選』. 서울대 규장각 소장.
趙秉鉉. 『成齋集』. 『한국문집총간』 301.
崔遇亨. 2008. 『竹下集』. 『연행록속집』 140. 상서원.
韓弼教. 2008. 『隨槎錄』. 『연행록선집보유』 中. 성균관대 대동문화연구원.
『燕臺墨緣』. 2006. 『驪州李氏 退老 雙梅堂 藏本』. 한국학중앙연구원.
『同文彙考』. 1978. 국사편찬위원회.

江　開. 『浩然堂詩集』. 『淸代詩文集彙編』 608.
郭儀霄. 『誦芬堂詩鈔三集』. 『淸代詩文集彙編』 515.
董文渙 編著. 1995. 李豫・崔永禧 輯校. 『韓客詩存』. 書目文獻出版社.
鄧廷楨. 『雙硯齋詩鈔』. 『淸代詩文集彙編』 520.
繆荃孫. 1973. 『續碑傳集』. 『近代中國史料叢刊』 981~990. 文海出版社.
潘德輿. 『養一齋集』. 『淸代詩文集彙編』 548.
潘曾綬. 『陔蘭書屋詩二集』. 『淸代詩文集彙編』 644.
徐寶善. 『壺園詩鈔選』. 『壺園詩外集』. 『淸代詩文集彙編』 567.
徐世昌. 2009. 傅卜棠 編校. 『晚晴簃詩話』. 華東師範大學出版社.
葉名澧. 『敦夙好齋詩全集』. 『淸代詩文集彙編』 639.
孫衣言. 『遜學齋詩抄』. 『淸代詩文集彙編』 662.
吳文鎔. 『吳文節公遺集』. 『淸代詩文集彙編』 575.

王鍾翰 點校. 1987.『淸史列傳』. 中華書局.
張丙炎.『觀兩齋詩鈔』. 미국 하버드대 옌칭도서관 소장.
蔣湘南.『七經樓文鈔』.『春暉閣詩選』.『淸代詩文集彙編』591.
丁 晏.『頤志齋感舊詩』.『淸代詩文集彙編』587.
趙爾巽 等撰. 1977.『淸史稿』. 中華書局.
曹楙堅.『曇雲閣集』.『淸代詩文集彙編』552.
湯貽汾.『琴隱園詩集』.『淸代詩文集彙編』526.
彭蘊章.『松風閣詩鈔』.『淸代詩文集彙編』577.
馮 詢. 2001.『子良詩存』.『續修四庫全書』1526. 上海古籍出版社.
許 瀚. 2001. 崔巍 整理.『許瀚日記』. 河北教育出版社.
黃 釗.『讀白華草堂詩二集』.『淸代詩文集彙編』555.
黃秩模 編輯. 2011. 付瓊 校補.『國朝閨秀詩柳絮集校補』. 人民文學出版社.
『(同治)宜黃縣志』. 1996.『中國地方志集成』51. 江蘇古籍出版社.

김명호. 2008.『환재 박규수 연구』. 창작과비평사.
박철상. 2010.『세한도』. 문학동네.
李春姬. 2009.『19세기 한·중 문학교류』. 새문사.
藤塚鄰. 2009. 윤철규·이충구·김규선 역.『추사 김정희 연구』. 과천문화원.
夫馬進. 2008. 정태섭 외 옮김.『연행사와 통신사』. 신서원.
『(秋史 燕行 200주년 기념) 金正喜와 韓中墨緣』. 2009. 과천문화원.
『(한림대학교 개교 30주년 기념/국립춘천박물관 개관 10주년 기념 특별전) 산해관을 넘어, 현해탄을 건너』. 2012. 한림대학교박물관.

新村容子. 2014.『アヘン戦争の起源:黃爵滋と彼のネットワ-ク』. 東京 : 汲古書院.
溫兆海. 2013.『朝鮮詩人李尙迪與晩淸文人交流硏究』. 中國社會科學出版社.
魏 泉. 2008.『士林交游與風氣變遷-19世紀宣南的文人群體硏究』. 北京大學出版社.

李靈年・楊忠 主編. 2000.『清人別集總目』. 安徽敎育出版社.
James M. Polachek. 1992. The inner Opium War, Cambridge : Council on East Asian Studies/Harvard University.

김명호. 2000.「董文渙의『韓客詩存』과 韓中文學交流」.『한국한문학연구』 26. 한국한문학회.
______. 2008.「金永爵의 燕行과『燕臺瓊瓜錄』」.『한문학보』19. 우리한문학회.
김영진. 2004.「『史埜集』 해제」. 연세대 국학연구원 편.『고서해제』6. 평민사.
______. 2006.「조선후기 중국 사행과 서책문화」.『19세기 조선 지식인의 문화지형도』. 한양대출판부.
______. 2016.「韓中 文學 交流 資料의 總集 '華東唱酬集'」.『한국학논집』 44. 근역한문학회.
임영길. 2008.「心田 朴思浩의 燕行과 韓中文學交流」. 성균관대 석사학위논문.
______. 2013.「19세기 조선 문인과 清朝 '江亭展禊' 문인의 교유에 관한 소고」.『한문학보』29. 우리한문학회.
池田温. 1990.「李周經 受贈帖 簡介」.『민족사의 전개와 그 문화』상. 창작과비평사.
許　放. 2016.「철종시대 연행록 연구」. 서울대 박사학위논문.

羅檢秋. 2005.「嘉道年間京師士人修禊雅集與經世意識的覺醒」.『西方思想在近代中國』. 社會科學文獻出版社.
付　瓊. 2010.「清代江西刻書家黃秩模年譜」.『南昌大學學報』第3期.
胡迎建. 2000.「黃爵滋著述敍略」.『文獻』第1期.
黃世嘉. 1995.「黃爵滋系年要錄」.『撫州師專學報』第4期.

晚清 桐城派시인 朱琦와 조선 李尙迪의 詩的 대화

李春姬

晩淸 桐城派시인 朱琦와 조선 李尙迪의 詩的 대화

—

李春姬

1. 머리말

淸나라 도광-함풍 연간은 아편전쟁, 태평천국운동 등의 내우외환으로 다사다난했던 역사시기이다. 한편으로 이러한 위기 국면을 타개하기 위해 다양한 학파와 문인들이 활약했던 때이기도 하다. 그 가운데서 梅曾亮을 구심점으로 하는 동성파 문인들이 북경의 문단에서 크게 활약하면서 그 영향력을 행사했다. 廣西 계림 출신의 朱琦는 일찍부터 동성 고문을 배웠고, 북경에 온 뒤에는 매증량 등과 교유하면서 동성파의 뛰어난 자질을 바탕으로 동성고문의 旗手가 되었던 인물이다. 주기는 동성파 고문의 기수이지만, 당대 문인들과 역대 평론가들의 평가에 따르면 고문보다 시에 있어서 더 탁월한 성과를 거두어 '스스로 하나의 경지를 열었던(自開異境)' 인물로 도-함 연간 가장 뛰어난 시인으로 평가받기도 했다.

이 글은 조선 문인과 동성파 문인의 교유관계를 검토하기 위한 작업으로, 당시 정계와 학계, 문단에서 크게 명성을 얻었던 주기에게 초점을 맞추고 그와 조선 문인의 관계를 살펴보고자 한다. 하지만 우리가 현재 접할 수 있는 그의 문집과 관련 문헌으로 봤을 때, 주기는 조선의 문인들과 광범하게 접촉하고 교류하지는 않았던 것으로 보인다. 문집에는 오로지 이상적과 그 제자들에게 지어준 시만 실려 있기 때문이다. 아마도 그가 도-함 연간에 북경에 있는 기간이 길지 않았던 것이 원인이 될 수 있겠지만, 그 보다는 동성파 문인으로 학문적 경향의 같고 다름으로 조선 문인과의 대화가 윤활하지 못한 점, 그 밖에 참될 '眞'과 '惬心'을 주장하는 자신의 작시경향에 비추어 별로 큰 관심이 없었던 것이 아닌가 싶기도 하다. '直臣'이라는 타이틀을 가진 주기는 이상적의 시에 대하여는 상당히 경도되어 '낡을 틀을 벗어버리고 홀로 만물의 표상 위에 서 있다(如脫去塵網, 獨立萬物之表)'고 평하고 있다. 주기와 이상적의 교류는 서로 수창한 시와 편지 2통이 전하고 있다. 여기서는 먼저 주기에 대한 이해를 토대로, 조선의 시인 이상적과 시적으로 나눈 대화의 양상과 이들의 문학적 성향을 살피고자 한다.

2. 동성파 시인 주기와 조선의 시인 이상적

주기(1803-1861)는 자 伯韓, 호 濂甫, 광서 계림사람. 주기의 부친 朱鳳森은 1896(嘉慶 6)年 진사로, 일찍 산동 琅琊서원에서 가르친 바 있고, 1810(嘉慶 15)년 하남 濬縣 현령을 거쳐 하남부 通判을 지낸 바 있으며, 1813(嘉慶 18)년 天理敎폭동을 겪으면서 목숨을 바쳐 도성을 지켰었다.[1] 주봉삼은 특히 시문과 詞曲에 능했으며 현재 잡극 〈平錁記〉와 전기 4종이 전한다. 주기는 산동 낭야서원에서 태어났고, 어려서부터 부친으로부터 훈육을 받았다. 1831(道光 11)년 향시 수석으로 북경에 들어와 1835년 진사에 합격하고 한림원 庶吉士를 거쳐 편수, 給事中, 감찰어사 등을 역임했다. 이 시기에 주기는 고향 친구 王拯과 함께 동성파 문인들과 교유하면서 매증량을 위수로 하는 고문파의 주력으로 부상했다.[2] '겸제천하'의 포부를 가

---

1 朱琦. 1995. 〈途經河北客問當時守濬事爲述其略〉. 『怡志堂詩集』卷二. 咸豊七年刻本. 續修四庫全書 集部 別集類 1530冊. 148쪽. 上海古籍出版社.

2 王拯. 〈龍爪檜壽宴記(1845)〉. 『龍壁山房詩文集』. 咸豐年間刻本.

지고 있는 주기는 아편전쟁 전후로 시폐에 관한 직언을 잘해 陳慶鏞·蘇廷魁와 함께 '諫垣三直'이라 불렸다.[3] 1846(道光 26)년 주기는 내우외환의 위기에 대응하는 〈名實說〉과 같은 시무책을 누차 올렸으나 채용되지 못했다.[4] 이듬 해(1847) 고향으로 내려가 桂山서원(일명 孝廉書院)의 山長으로 초대되었다.

고향에 내려와서 후진을 육성함과 동시에 당시 광서순무 梁章鉅를 도와 당, 송이래 광서문인들이 남긴 시 3500수를 수집하여 『三管英靈集』을 출간했다. 1850년 말 태평천국이 일어났을 때 團練을 만들고 민병을 뽑아 훈련시켜 도성을 지키는 데 적극 협력하였다. 이로 말미암아 주기는 道員候選으로 발탁되었고 1856(咸豊 6)년 십년 만에 재차 상경했다. 그리고 2년 뒤에 흠차대신 桂良을 수행해 강소에 갔다가 거기서 계량이 죽게 되자, 다시 포정사 王有齡의 천거로 항주에 가서 단련국을 세우고 민병을 훈련하였는데, 결국 1861(咸豊 11)년 태평천국 군이 항주를 공격할 때 清波門을 지키다가 전사했다. 죽은 뒤 '太常寺卿'으로 제수되었다. 문집에 『怡志堂詩初編』(初名 『來鶴山房詩草』), 『怡志堂文初編』과 『臺垣奏議』, 『倚雲樓詩』 등이 전한다.

『淸史列傳』에서 주기를 평하여 "학문에 정·주 이학을 따르고, 시와 고문에서 모두 법도가 있다(學宗程朱, 詩古文皆有法)"고 했다. 만청의 경세학자 包世臣의 사위이며 문장가인 楊傳第도 주기의 문집에 지은 서문에서 주기의 문학을 고문과 시로 나눠서 다음과 같이 평했다.

---

3 『淸史列傳』 卷272. 「文苑」2. 朱琦 條.

4 一說에, 1845(道光 2)년, 주기는 당시 조정이 부패하고, 도박이 사회의 공해가 되는 현상("上自公卿大吏, 下至編氓徒隷以及繡房閨閣之人, 莫不好賭者." 錢泳, 『履園叢話』)에 큰 우려를 보이며 '도박을 색출하고 금지하는(査拿賭博)' 상소를 올렸으나, 조정의 일부 관료들에게 배척당하며 채납되지 못하자 실망하고 귀향했다. 이것이 주기가 귀향하게 된 직접적인 계기이다.(潘茨宣. 2009. 〈切論時務爲國家, 傲立詩壇頌英雄-廣西桐城派愛國詩人朱琦〉. 南國早報 6월 12일)

> "근세에 도성(북경)에서 시로 명성을 떨친 사람들이 전하는데, 제가 짐작하기에도 몇 명 있습니다. ……그 몇 명이라 일컫는 사람들 가운데 계림 출신의 伯韓 주기선생도 속합니다. 선생은 문장에 있어서 동성 고문을 따르며 능히 타고난 재능으로 새로운 경지를 개척할 수 있으므로 늘 왕성한 필력을 자랑하였습니다. 문장을 짓는 것 밖에 시에서는 웅장하고 막힘이 없는(雄渾) 시풍을 구사하며 근본요지(綱宗)을 세우지 않고도 스스로 하나의 새로운 경지(體勢)를 이루었습니다."[5]

주기는 일찍 呂璜[6]에게 고문의 義法을 배웠는데, 여황은 동성파 비조 姚鼐의 유명한 제자가운데 한 사람인 吳德旋[7]의 제자다. 주기는 북경에 들어온 뒤 대체로 1839(道光 19)년부터 孔憲彝의 주선으로 동성파의 적통을 잇는 매증량[8] 문하에서 종유하면서 동성고문의 의법을 익혔다. 동시대 학자 倭仁은 주기 문집에 발문을 지어서 이렇게 말했다.

---

5 楊傳第. 〈怡志堂詩初編序〉. "近時都下之以詩名者, 傳第嘗憑臆得數人焉. ……所謂數人者, 桂林朱伯韓先生其一也. 先生于文學桐城,能自以才力充拓之, 故常沛然有餘. 於所爲之文之外, 詩則雄渾, 不立綱宗, 而自成體勢."(朱琦. 『怡志堂詩集』 咸豊七年刻本. 續修四庫全書 集部 別集類. 1530冊. 131쪽)

6 呂璜(1778-1838). 자 禮北, 호 月滄, 廣西 永福人. 1811(嘉慶 16)년 진사로 浙江 慶元, 奉北, 山陰, 錢塘 등의 知縣을 역임. 말년에 귀향하여 고문으로 이름나면서 榕湖書院 秀峰書院에서 主講을 맡았다. 저술에 『月滄文集』, 『初月樓古文緖論』 등이 전한다. 여황은 六經을 근본으로 하는 通經致用을 강조하였으며, 문장은 桐城을 정통으로 삼아야만 '義爲歸'하고 雄偉超邁할 수 있다고 했다.

7 吳德旋(1767-1840). 자 仲倫, 江蘇 宜興人. 어려서 韓愈 詩文을 즐겼고 姚鼐의 문하에서 배우고 동성파 문학을 전파하는데 역할을 한 인물이다. 특히 서예에 뛰어나며 『書林藻鑒』, 『藝舟雙楫』, 『淸朝書畵家筆錄』 등을 남겼다.

8 梅曾亮(1786-1856)은 자 伯言, 江蘇 上元(지금 南京)人. 1822(道光 2)년 進士에 급제하고 고향의 여고서원에서 주강을 하다가 1832년에 다시 북경에 들어와 戶部侍郎의 직에서 약 20년을 지내다가 다시 강남으로 내려가 梅花書院에 主講으로 있었다. 매증량은 18세에 姚鼐가 主講으로 있던 鍾山書院에서 배우면서 方東樹, 管侗, 劉開 등과 함께 '姚門四弟子'로도 크게 이름을 떨쳤다. 뒤에는 북경에서 동성고문을 진작시키는데 구심점 역할을 했다. 저술에 『柏梘山房文集』, 『詩集』, 『文續集』, 『詩續集』, 『騈體文』『古文詞略』 등이 있다.

> 관찰 백한(朱琦)은 간원에 있을 때 강직한 성품으로 천하의 일을 직언하더니 한 때 명성이 자자했다. 하지만 그의 인재등용과 관련된 간언은 모두 채납되지는 않았으니 아깝기 그지없다. 지금도 그의 고문을 읽어보면 이치가 바르고 글이 순박하며 가리키는 바가 아주 깊었다. 대체로 한유의 문장을 배우되 그 모양을 흉내 내지 않았다. 이로써 그의 재능에 온축된 점을 알 수 있다.[9]

주기는 특히 경세치용의 학문을 주장했고, '漢宋兼采'라는 절충적 창작이론을 실천하고자 했으며 한유를 배워서 답습의 흔적을 없애고 '새로운 경지를 개척한' 동성파 문인이다. 주기의 고문은 이치가 바르고 글이 순박하면서도 새로운 맛을 담고 있으며(醇厚有味), 특히 현실적인 내용을 중요시하는 특징을 보여주고 있다. 매증량의 주기 시문집에 대한 〈評跋〉을 보아도 평은 다르지 않다.

> "한유를 배워 스스로 새로운 경지를 개척했다. 그의 필법은 노련하고 중후한데, 그것은 타고난 천성이 그러한 것이다. 樂府와 5언 7언 고체시는 근체시에 비해 아주 뛰어나고 그 중에서도 장편고시는 특히 '雄深' '峻邁'하다. 마치 백금 주고 산 준마가 가파른 산비탈이나 물살 급한 여울물가에 머물러 있다 할지라도 절대 차질이 없을 것이다. 이것은 옛 사람이 자기 풍격을 이루는 시와 같은 것이며, 오늘날 사람들이 쉽게 얻을 수 있는 것은 아니다.[10]

9 倭仁. 〈怡志堂文初集跋〉. "伯韓觀察居諫垣 侃侃言天下事直, 聲振一時. 未竟其用士論惜之 今讀其文 理正辭醇 氣味深厚 蓋學昌黎韓子之文而不襲其貌者 可以知其所畜矣."(朱琦. 『怡志堂詩初編』 咸豊七年刻本. 續修四庫全書 1530冊)

10 梅曾亮. 〈怡志堂詩初編評跋〉. "學韓而自開異境, 其下筆老重乃天稟所獨得, 樂府及五七古視近體尤勝. 其中, 長篇雄深俊邁, 如百金駿馬騫坡駐磵絕不蹉跌. 此古人成體之詩, 今人豈易有此."(朱琦. 『怡志堂詩初編』 咸豊七年刻本)

주기는 1838년 스승 여황이 죽은 뒤, 북경에서 정착하고 있는 광서출신의 문인들인 龍啓瑞, 왕증, 彭昱堯 등을 이끌어 매증량의 문하에서 종유하면서 이내 북경에서의 동성파 문인그룹 내에서 중요한 위치를 차지하였다. 그리고 주기는 여황과 위 3인과 함께 동성고문으로 이름을 떨친 '嶺西五大家'라는 명성을 얻었을 뿐 아니라, 동성 고문의 전국적 전파에 큰 역할을 담당했다.[11]

주기에 대한 역대 평가를 보면, 보편적으로 고문보다 詩를 높이 사고 있다. 淸詩 연구의 대가 錢仲聯은 그의 시를 평하여 '한유에게서 법도를 배워 그 火氣가 곧바로 두보에게 근접 한다'고 했고, 嚴迪昌은 『淸詩史』에서 말하기를 '주기는 동성파를 추종하며 고문을 잘 지어서 이름났지만, 그가 시가분야에서 미친 영향력은 고문보다 더 크다'고 했다.[12] 시에 있어서, 일찍 당나라 백거이의 시를 익혔고, 북경에서 매증량과 만나 그 문하에서 배우면서 學詩 방향을 바꿔 두보와 한유, 그리고 북송시기 諸家의 시를 스승으로 삼았다.[13] 주기의 시는 매증량의 지적처럼 근체시보다 악부고체시에서 뛰어났다. 도광 계묘(1842) 9월에 지어서 임금께 바쳐진 연작시 〈新鐃歌〉 49수[14]와 같이, 특히 장편 서사체에서 보기 드문 걸작이 많다.

앞서 언급했듯 도광-함풍 연간은 아편전쟁과 태평천국 운동 등 내우외란이 연이어 일어났던 시기다. 예리한 현실감각을 가지고 있는 주기는 북경에 있는 동안 위기극복의 급선무로 禁煙을 주장하며 국정의 폐단을 거침없이 지적하는 '直臣'으로 명성을 날리고, 지방에 내려가서는 단련국을 세워 민병을 훈련시키며 직접 전장에 뛰어들기도 했다. 또한 이러한 과정

---

11 魏泉. 2008. 〈梅曾亮的京師交游與 '桐城古文' 的流淵全國〉. 『士林交游與風氣變遷』. 北京大學出版社; 徐雁平. 2016. 〈書院與桐城文派傳緣考論〉. 南京曉庄學院學報 第1期; 張維. 2016. 〈馮志沂, 淸道光時期桐城派重要的古文家〉. 安慶師範學院學報 第1期 등 참조.

12 錢仲聯. 1983. 〈論近代詩四十首〉. 『夢笤庵淸代文學論集』. 齊魯書社; 嚴迪昌. 2002. 『淸詩史』. 浙江古籍出版社, p.1039.

13 鍾秀. 〈怡志堂詩集書後〉. "先生嘗爲余言: 早年取香山, 及余伯言梅郎中遊, 詩皆師杜韓及北宋諸家."(朱琦. 『怡志堂詩初編』 咸豊七年刻本)

14 〈新鐃歌〉. 朱琦. 『怡志堂詩初編』 卷一. 咸豐七年刻本(서울대중앙도서관 소장).

에서 뛰어난 창작 기량(技倆)으로 이 시기의 사회적, 역사적 현실을 다각도로 재현하였다. 가령, 〈範將軍挽歌〉(卷1)에서 아편전쟁의 최전방이었던 虎門전역에서 보여준 關天培영웅의 불굴의 투지를; 〈老兵歎〉(卷4)에서는 영국군에게 하문을 빼앗기는 과정에서의 백성들의 근심과 슬픔을; 〈吳淞老將歌〉(卷4)에서는 오송지역 포대가 함락되는 과정에서 陳化成장군의 애국정신을, 〈感事詩〉(卷4)와 〈王剛節公家傳書後〉(卷4)에서는 丁定海 전투의 역사사실을 시에 담아서 읊어놓았다. 이 시들은 하나같이 '충절을 칭송하고 귀신을 감동하여 눈물을 흘리게 하(表揚忠節, 感泣鬼神)'는 걸작들로, 나라와 백성을 걱정하고 조정의 부패와 관료의 무능함을 통탄하는 '애국시인' 주기의 비장한 시세계를 잘 보여주고 있다. 총적으로, 주기의 창작은 杜詩의 작법에 비견되는 '詩史'적 특징으로 淸詩史에서 한 자리를 차지하고 있으며,[15] '근래 해내에서 시 잘 쓰는 사람가운데 가장 뛰어나다(伯韓爲最)'라고 하는 평을 받고 있다.

역관출신의 이상적[16]은 1829(순조 29)년부터 돌아가기 전 해인 1864(철종 15, 고종 1)년까지 對淸 사행의 역관으로 12차례 燕行했던 사람이다. 그는 북경에서 청나라 문사들과 翰墨의 인연을 맺고 시·서·화에서 절차탁마하며 거듭되는 성장을 가져왔을 뿐 아니라 청의 문인들로부터 "삼한의 시인"이라는 명성을 얻었던 조선의 문인이다. 1832년에 북경에서 한학자 劉喜海가 지은 조선의 금석학 자료를 집성한 저술 『海東金石苑』에 제시를 지은 바 있고 1853년에는 常州詞派 후계문인의 대표 작품선집 『同聲集』에 제시를 지은 바 있다. 더욱이 그의 인품과 문예적 교류활동으로 형성된 그

15 嚴迪昌. 2002. 전게서. p.1039; 錢仲聯. 1989. 『淸詩記事』(道光卷). 江蘇古籍出版社. p.9841; 李豫·崔永禧 編. 1996. 『韓客詩存』. 北京: 書目文獻出版社. p.110.

16 李尙迪. 1803-1865. 자 惠吉, 호 藕船, 牛峰人으로 세습역관가에서 태어나 乙酉(1825)에 譯科 식년시에서 首席으로 급제, 丁未(1848)에 知中樞府事를 제수, 戊申(1848)에 秘書省의 三朝(正廟, 純廟, 益廟)寶鑑의 校刊에 참여, 癸亥(1863)에 溫陽郡守로 부임한 바 있음. 문집에 『恩誦堂集』 24권과 『藕船精華錄』 3권 전함. 이상적은 己丑(1829)부터 甲子(1864)까지 12차 燕行하면서 청 문사들과 翰墨의 緣을 맺고 그들로부터 상당 수량의 금석문, 문헌, 문집을 기증 받았으며, 그의 '海隣書屋'은 한때 풍부한 서화 소장으로 유명했음.

림들, 즉 秋史의 [歲寒圖]를 비롯한 [苔岑雅集圖], [海客琴樽圖], [春明六客圖], [松筠雅集圖] 등은 당대 조선과 청나라 문사들이 다투어 시를 짓고 글을 지어서 칭송해마지 않는 전설적인 성황을 보이기도 했다.[17]

이상적은 26세 청년 때부터 회갑에 이르기까지 줄곧 연행하면서 일생을 보냈던 인물 인만큼, 그의 문집 『은송당집』 24권은 대부분이 그의 연행과 문학이라는 주제를 담고 있으며, 특히 청나라 문인들과 교유 내지는 神游하면서 받은 감회를 기록해 놓은 것이 다수다. 그는 약 36년 동안 백여 명의 청나라 문인과 교유 했다. 과정에서 祁雋藻, 潘祖陰 등 청의 최고학자 문인의 칭송을 받은 바 있으며, 吳崇梁, 黃爵滋, 汪喜孫, 馮志沂, 王拯과 같이 당시의 시인, 문장가들과 시적 대결을 통해 지기로 거듭나고 이들로부터 '해동의 시인'으로 칭송을 받았다. 崔性學은 이상적의 시를 뽑아서 엮어 놓은 『藕船精華錄』에 서문을 지으며 이렇게 말했다.

> "선생께서는 시를 지음에 위로는 풍아의 뜻을 따르고 아래로는 한, 위, 당, 송, 원, 명의 대가들의 체제를 좇아 그 묘함을 연마하고 거기에 진솔한 마음을 담아 우뚝하니 당대의 종장이 되었습니다. 이로써 문장으로 중국에 널리 퍼져 거경통유라 할지라도 다투어 칭송해마지 않았습니다. ……선생께서는 끊임없이 중국에 다니면서 수많은 전적을 섭렵하시고 북학으로 문조(文藻)를 크게 진작하여 천박하게 본뜨고 답습하는 폐단을 싹 쓸어버렸습니다. 글로 표현한 글이 하나같이 眞樸한 경지에 도달하였습니다. 문채가 찬란하여 옛날 글 쓰는 사람의 참된 道에 도달했습니다!"[18]

---

17 黃雲鵠. [松筠雅集圖]集. "卞者吉運, 李尙迪高弟子. 前侍其師遊京師, 與中朝人禊飮於松筠庵, 極一時文酒之盛.(후략)"『實其齋文鈔』卷3. 同治 6(1876). 木版本; 拙著. 2009. 『19世紀 韓·中 文學交流 -李尙迪을 中心으로』. 새문사 참조.

18 최성환. 〈藕船精華錄序〉. "先生之爲詩, 上溯風雅之旨, 下遵漢魏唐宋元明諸大家之體, 乃研其妙而融其情, 卓然爲當時宗匠. 是以文章遠播海內, 巨卿通儒競相推許. ……頻年奉使北學於中國, 包羅群籍, 發揮文藻. 一切摹儗膚淺之弊掃而空之. 立言一歸於眞樸. 彬彬乎,

이상적이 정확히 언제부터 주기와 교유했는지는 기록에서 살펴볼 수 없다. 하지만 주기가 1834(道光 14)년에 북경에 과거보러 들어왔고, 이듬해 진사에 급제, 한림원 편수로 제수되었던 점을 고려하면 대체로 이 무렵에 문인들의 아집에 참여하면서 이상적과 만났을 것으로 추측되지만, 주기가 1856(咸豐 6)년 이상적에게 보낸 시의 내용에서 십년 동안 보지 못했다고 하는 점으로 보아, 대략 1846(道光 26)년 전후로 만났을 것으로 짐작된다. 이 때 이상적은 제4차 연행으로 북경에 들어가 당시 동성파 문인들의 모임인 '江亭雅集'에 참여해 공동으로 聯句詩를 창작한 바 있으며, 또한 주기가 보낸 시에서 거론한 [해객금준도]는 이 때 그려졌기 때문이다. 하지만 이 때 서로 간에 주고받은 시문은 현재 전하는 바 없다. 다만 주기가 낙향했다가 재차 상경한 뒤에 공헌이가 마련한 모임에 참석했다가 조선에서 온 이상적의 제자 吳慶錫을 만나 소식을 접하면서 시적 대화가 시작된다.

3. 주기와 이상적의 시적 대화

주기의 문집 『이지당시초편』과 『이지당문초편』은 1857(咸豊 7)년에 출간했으며 약 460여수의 시를 수록하고 있다. 시문집을 일별하여도 알 수 있듯이 그가 조선의 문인들과 교유하면서 남겨 놓은 詩문은 오로지 이상적을 비롯한 오경석, 安桐齋에게 지어준 시 밖에 없었다. 주기는 1846(道光 16)년에 낙향한 뒤 1856(咸豐 6)년 봄 다시 북경에 들어와 고염무사당을 보수하고 顧祠修禊모임을 주도하면서 조선의 문인들도 만났을 것으로 보이나 현재 시문에서 그 흔적은 찾아볼 수 없다.

臻古作者之道.(金奭準 編.『藕船精華錄』. 同治八年刻本)

이상적의 제자 오경석[19]은 1855(咸豊 5)년 10월 사행으로 북경에 들어간 바 있다. 이듬해 정월 초 7일, 공헌이의 초대로 韓齋에서 갖춘 모임에 참석했는데, 마침 주기도 동호인으로 이 자리에 참여했다. 서로 통성명하던 중, 주기는 오경석이 이상적의 제자임을 알게 되었고 그 자리에서 이상적의 소식을 자세히 전해 들게 되었다. 우연히 옛 친구의 소식을 접하게 된 주기는 솟구치는 기쁨을 시에 담아서 자신의 『내학산방문집』과 함께 귀국하는 오경석 편에 보내주었다. 이것으로써 주기와 이상적의 시적 대화가 시작되었다.

주기는 일찍 이상적과 만난 적 있지만, 시를 서로 주고받은 적은 없는 듯하다. 두 사람이 문집에 모두 이 1856(咸豊 6)년 이전의 시가 수록되어 있지 않기 때문이다. 이상적은 1841년(憲宗 8)~1845(憲宗 12)년 사이 3차례 연행했는데, 아마도 이 시기에 이상적이 참여했던 수많은 모임에서 언젠가 만났던 것으로 보인다. 그가 주기의 시에 화답하면서 지은 시(1856)에서 '십년 동안 만나지 못한 벗을 그린다'라고 한 것을 보면 말이다. 이제 주기가 이상적에게 부쳐 온 시를 읽어보자. 앞서 언급했듯 주기의 시는 대체로 '웅혼'하고 神·理·情으로 넘치어 사람의 폐부까지 감동 시킨다'는 평을 받고 있는데[20] 다음의 시에서도 그러한 시풍을 드러내고 있다.

老狂得酒猶磊磊　늙은 狂客 술 마시면 더욱더 활달한데
豈有詩名動海外　어찌하여 명성은 해외까지 날렸겠는가?
忽驚遠客相問訊　멀리 온 손님이 나의 소식 묻기에 놀랍고

---

19 吳慶錫. 1831~1879. 자는 원거(元秬), 호는 亦梅·鎭齋·天竹齋로 본관은 海州. 조선 후기 역관·서화가·금석학자이며 특히 전서체를 잘 썼음. 김정희의 문하생인 이상적(李尙迪)의 문인, 박제가를 사숙. 1846년 역과에 합격, 한어(중국어) 역관으로 13차 연행. 1853년 베이징 체류하면서 새로운 문물을 접하고 개항론을 주장. 또 병인양요의 해결과 강화도 조약 체결에 참여하여 전란 방지에 공헌. 관직은 崇祿大夫 中樞府知事. 특히 박규수, 유대치, 강위 등과 더불어 초기 개화 인사이자, 북학파에서 개화파로 넘어가는 과도기형 인물로 평가됨. 저서에 『三韓金石錄』, 『三韓訪碑錄』, 『天竹齋劄錄』, 『洋擾記錄』 등이 전함.

20 엄적창. 앞의 책. p.1039.

凍筆槎枒走光怪　언 붓으로 이리저리 쓴 시 기이한 빛 감도네.
世事滄桑多變幻　세상일 상전벽해와 같이 변화가 무상한데,
且喜故人尙健在　옛 친구 건재하다니 참으로 기쁘구려.
閉門讀書無一事　문 닫고 책만 읽고 있다니 별 일 없고
寂寂車馬絶塵外　수레가 먼지 일으키는 티끌세상 밖이겠지.
西臺弟子白髮新　御史臺에 있던 이 사람도 이미 백발이요,
潑墨淋漓訴眞宰　먹을 질펀히 속마음을 하소연 하네.
論詩品畫亦不惡　시를 논하고 그림 품평함도 나쁘진 않아
大雪長安落璀璀　장안에 내린 큰 눈처럼 빛이 찬란하구나.
鴨綠江塞柵門遠　압록강 가에 책문은 아득한데
草木春回新破蕾　초목에 봄이 돌아와 막 꽃이 피네.
藕花十丈高如船　열길 되는 연꽃은 배와 같이 높은데
只有此心東到海　이 마음 오로지 동쪽 바다로 향하네.

주기: 〈朝鮮吳亦梅至都得李藕船消息却寄〉(1856)
『怡志堂詩初編』 卷8

이상적은 젊어서 북경에 들어갔을 때 술을 잘하여 '하늘에서 술 잘하는 酒豪가 땅 위에서 다니'[21]는 인물로 어느 정도 알려져 있었다. 이상적과 동갑내기인 주기는 아마도 이상적과 연회석상에서 만나 술로써 서로에게 깊은 인상을 남겼던 것으로 보인다. 주기는 더욱이 '탁월한 재능에 바른 운율(淸才疋韻)'을 구사하는 '해동의 시인'에 호감을 가지고 있었던 것으로 보인다. 오랜 시간을 흐른 뒤, 아무런 연락도 없이 지내다가 우연히 소식을 듣고 지어놓은 시에서 술타령부터 하며 절절히 그리는 마음을 토로하고 있으니 말이다.

이상적 또한 뜻밖에 주기의 편지와 시편을 받게 된 이상적 또한 감격을 금치 못하며 '醉墨'으로 일필취지한 장편의 고시에 자칭 '늙은 老狂'의

21　雷文輝. 〈酒後放歌一首錄寄〉. "先生腹中何所有, 三萬六天觴美酒. 置酒常將邀明月, 月在天邊杯在手. ……昨夜太史有奏書, 天上酒星地上走. (『海隣書屋所藏中州詩』)

본색을 드러내며 붓을 날려 단숨에 화운시 2수를 지어서 놀라움과 반가움의 회포를 풀고 있다.

제1수:

朱侯落落復磊磊,	그대는 훤칠한 키에 성격 또한 호탕한데
開拓心胸畦畛外.	한계를 짓지 않고 마음을 여는구나.
咳唾成章老更奇,	하는 말이 문장을 이루어 나이 들수록 더욱 기발하고
醉墨驚人發光恠.	술 거나해져 쓴 글씨 더욱 놀랍고 기이한 빛 감도네.
桂林萬里隔鷄林,	계림은 만 리 거리요, 조선 또한 강으로 사이 두고 있어도
天壤猶喜君我在.	하늘과 땅 끝에서도 그대와 나 있다는 게 정말 기쁘다네.
臺閣君今就徵辟,	간원에서 이름 떨친 그대, 또 임금의 부름으로 나왔는데
江東我已謝紛猥.	압록강 동쪽에 있는 이 몸은 이미 어지러운 일 사절하고
閉門讀書亦復佳,	문 닫고 책 읽으니, 이 또한 좋은 것이 아니구려.
短髮心長誰主宰.	머리털 짧아지나 마음이 긴 것은 주재할 수 없어
體中小極忽起予,	몸속의 소극이 홀연히 나를 일깨우니
繡段金刀爭璨璀.	비단과 금도가 다투어 반짝거리네.
十年雲樹寫別離,	십년 동안 만나지 못한 벗을 그리노라니
筆花怒拆東風雷.	새로 지어진 글귀 우레가 되어 봄을 재촉하는구나.
握手狂歌定幾時,	언제 다시 만나 손잡고 즐겁게 노래할 수 있을까
有懷如山酒如海.	마음속의 회포는 산과 같고 술은 바다와 같은데.

제2수:

來鶴山光靑礧磊	내학산(문집)의 빛 푸르고 드높아
天風吹送扶桑外	하늘 바람과 부상 땅 바깥까지 전해왔네.
一點文心犀有通	함께 추구하는 글짓는 마음 무소뿔처럼 서로 통해
靈氣畢燭水宮怪	영험스런 기운 필성과 같이 수궁에서 빛나네.
懸之國門傳其人	북경의 문단에서 높은 명망이 있는 사람
毫端自有千秋在	붓 끝에서 나온 문장 천추에 길이 전해지리.
汗顏曾乞序三都	부끄럽게도 일찍 삼도의 서문 구하였으니
聲價籍重一何猥	명성이 높아져 얼마나 더 커지게 될 건가.
馮唐老潛秋曹郞	풍당은 늙도록 추조랑에만 그치었고
梅詢去作百里宰	매증량은 백리 땅 다스리는 관리 되었다네.
半生離合歲寒天	반평생 날 차가운 때 만나고 헤어지고 했더니
旅館孤燈雪璀璀	여관의 외로운 등불에 센 머리 반짝였네.
捧到雲函不敢讀	보내준 편지 받들고 감히 읽지 못하나니
露香盥手薔薇蕾	장미의 봉오리 이슬 향기로 손을 씻네.
亟付鈔胥壓縹囊	베껴서 보내 준 詩 비단 주머니에 묵직하니
今日海鄰卽湖海	오늘의 『해린논세집』은 곧 『湖海詩傳』라네. 〈제2수〉

李尙迪: 〈朱伯韓侍御寄贈『來鶴山房文集』, 幷見懷七古 一首, 仍次原韻題之卷前〉(1856) 『恩誦堂續集』 卷3

이상적은 '나라에서 이름 높은' 주기가 국경너머로 흉금을 열어젖히는, 다시 말해 자신을 알아주는 마음에 감격하며, '산처럼 쌓인' 회포를 토로한 것이 첫 번째 작품이다. 제2수에서는 '무소뿔처럼 서로 통하는 문인의 마음'이 있으니, '붓끝에서 나온 시들 절로 천추토록 남으리라'고 보내준 문집을 읽고 그에 대한 소견을 말했다. 그 밖에 주기의 벗들인 매증량, 풍지기에 대한 관심을 적어 놓은 것이다. 이상적은 청나라에 벗들이 아주 많지만, 그 가운데서 동성파 문인인 주기가 가까이 하는 벗이 매증량, 풍지기로 알고 있어 그들이 소식만 물었던 것이다. 그리고 화답 시와 함께 자신의 문집 『은송당집』을 보냈고 또 "酒缶銘"을 지어서 함께 보냈다.(이 글은 이상적의 문집에서 살펴볼 수 없음)

한편, 시의 마지막 구에서 '海隣卽湖海'라 했는데, 스스로 주석을 달아 "근래 王昶의 『湖海詩傳』[22]의 체제를 모방해 해내의 지인들이 보내준 시문을 모아서 책자를 만들었다. 대체로 '해내에 알아주는 이가 있다면 서로 하늘 끝에 떨어져 있다 하더라도 이웃 같다'라는 뜻을 취해 『海鄰論世集』이라"[23] 제목을 달았다고 설명했다. '해린'은 이상적의 당호이다. 그것은 청의 문사 張曜孫이 당나라 王勃이 지은 시 〈촉주로 부임하는 두소부를 전송하며(送杜少府之任蜀州)〉의 시구에서 취해 지어줬다. 이렇게 보면, 이상적은 청 문사들과의 문학적 교류의 자취를 영원히 남기려는 취지에서 평소 모아둔 시들을 휘집해서 『해린논세집』을 편집했을 것이다.

『호해시전』의 편자 왕창은 沈德潛의 제자로, 건륭연간 성행했던 격조론을 계승하면서 이를 원칙으로 당대 문인의 시문을 품평해서 남겨 놓았는데, 이상적 역시 그 체제를 모방해서 『해린논세집』을 편집하였을 것임은 틀림없으나, 아쉽게도 지금 이 책을 살펴 볼 수 없다. 지금 볼 수 있는 것은 이상적이 제자 몽화재 金秉善이 청 문인들이 이상적에게 보낸 시들을 필사해 놓은 『海鄰書屋收藏中州詩』가 전하고 있다. 내용상 두 책은 시문을 수록해 놓았다 점으로 같은 점이 있지만, 『호해시전』에서 보이는 시인의 小傳이 『해린서옥수장중주시』에서는 갖추어지지 않았다는 점에서 다르다.

---

22 『湖海詩傳』: 청나라 1712(康熙 51)년부터 1803(嘉慶 8)년까지에 창작된 詩들을 모아서 편찬한 詩集으로 건륭시기 문인 王昶이 편찬했다. 총 46권에 6백여 명의 시인의 작품을 수록했는데, 그 중 일부 시인들만 일찍 沈德潛이 편집한 『淸詩別裁集』에 수록된 바 있으므로, 『호해시전』은 『청시별재집』의 속편으로 볼 수 있다. 편차는 과거급제 순으로 하고 시인마다 小傳을 부쳤으며 또 『蒲褐山房詩話』를 첨부해 놓아 시인들이 교유상황과 일화를 알 수 있도록 했다.
왕창(1724-1806)의 호 德甫, 자 述庵 또는 蘭泉, 靑浦(지금의 上海)人. 1754(건륭 19)년 進士로 벼슬은 刑部右侍郞을 지냈다.

23 李尙迪自註:"余近歲仿王述菴湖海詩文傳例, 抄輯海內知舊投贈之作, 積成卷裏, 名曰海隣論世集. 盖取海內知己天涯比隣之意也."

그런데 주기가 이 시에 대한 화답 시에서 이 부분을 재차 언급하고 있는 것을 보면, 오히려 이 책을 가리키는 것이 맞지 않을까 하는 생각이 든다.

海鄰風月再歸船	바다 가의 풍월은 다시 우선(이상적)에게 돌아갔으니 (자주: 君有海鄰詩鈔)
兩地想思倍黯然	두 곳에 멀리 떨어져 그리는 마음 더욱 슬프구나.
知己再逢吳季子	나를 알아주는 그대는 오나라 계찰 다시 본 듯
報章猶問老梅仙	보내준 답장에서 매선(매증량)을 묻는구나.
白樺絶頂三千丈	백화산 절정을 읊은 시 품격 높고
黃葉懷人卄八編	단풍지는 가을에 그리움을 담은 회인시 28편이구나.
却喜琴樽圖尙在	[해객금준도] 그림 아직 보존하고 있다니 기쁘고
分來恩誦及春光	봄날의 따스한 빛과 함께 『은송당집』 보내왔네.

주기: 〈朝鮮吳亦梅携藕船和詩幷恩誦堂集見貽題寄〉[24]

인용시 제1수에서 첫 구절에 '그대는 해린시초가 있고(君有海鄰詩鈔)'라고 하는 주석을 달아 놓았다. 이 말은 이상적이 『해린논세집』을 편집한 책을 보았거나 또는 알고 있다는 사실을 확인해 주는 것처럼 보인다. 게다가 起句에서 '바다 가의 풍월은 다시 이상적에게 돌아갔다'는 예찬은 이 사실에 대한 평으로 볼 수 있기도 하다. 또 轉句와 結句에서 이상적의 문집에 실려 있는 〈백화산절정에 올라(登白華絶頂)〉(卷2), 〈懷人詩〉(卷3)등 아름다운 시편들이야말로 봄빛처럼 사람의 마음을 따스하게 해주고 있기 때문이

24 주기. 『怡志堂詩初編』 卷8. 咸豊七年刻本; 한객시존』. p.111.

지 않을까. 결국 주기는 이상적과 함께 [해객금준도]의 주인공으로 일찍 맺은 우정을 이어갈 뿐만 아니라, 풍월을 읊는 데서 시적 명성도 함께 전해질 것임을 벗에게 확인해 준 것이다. 이 시는 주기의 편지와 함께 전해졌다.

> 우선존형각하: 오래 동안 뵙지 못했지만 무고하시지요, 그리는 마음이 문득 솟구칩니다.
> 보내주신 옥고를 받들어 여러 번 낭송했습니다. 마치 낡을 틀을 벗어버리고 홀로 만물의 표상위에 서 있는 것과 같으니, 어찌 '四明狂客'이 아니라고 하지 않겠습니까? 동생의 졸관(拙官)에 대하여는 언급할 나위 없습니다. 소장하고 있던 酒器 하나 드리오니 애오라지 그대의 시흥을 돋울 수 있기를 바랄 따름입니다.
> 조석으로 평안하시길 빌면서 이만 줄입니다. 계림의 주기가 조아립니다.[25]

주기는 또 이상적이 1847년 연행했을 때 북경에서 출간한 『은송당집』을 읽고 나서 '사명광객'에 견주어 칭송했다. '사명광객'은 성당 초기의 시인으로 〈버드나무를 읊다(咏柳)〉, 〈고향에 돌아가 우연히 적다(回鄕偶書)〉과 같이 천고에 회자되는 절구를 남긴 賀知章[26]의 아호이다. 어려서부터 시문으로 이름 떨친 그는 바탕이 활달한 성품과 뛰어난 재능으로 풍류를 즐기는 '淸談風流'라는 명성까지 얻었으며, 말년에는 오히려 굴레에서 벗어나 스스로 '사명광객' 또는 '秘書外監'이라는 자조 섞인 별호를 쓰면서 더욱더

---

25 주기. "老藕船尊兄閣下, 久別無任, 懷想忽. 客冬寄和佳章奉讀再三, 如脫去塵網 獨立萬物之表, 豈可謂四明狂客矣. 弟拙官無足言, 附上酒器一聊佐吟興, 拙詩幷錄呈之不足當大雅一噱也. 惟起居佳勝 不宣 桂林朱琦 頓"(정후수 편. 2011. 『해린척독』. 혜민원. p.308)

26 賀知章. 659-744. 자 季眞, 越州 永興(현 浙江省抗州)人. 695(武則天 證聖 元年)년에 乙未科 壯元으로 國子四門博士를 거쳐 太常博士를 지냈고 禮部侍郞, 秘書監, 太子賓客 등을 역임. 盛唐 初期 詩人으로 작품은 거개가 일실되고 『全唐詩』에 19수가 수록되어 전함. 특히 陳子昂, 盧藏用, 宋之問, 王適, 畢構, 李白, 孟浩然, 王維, 司馬承禎 등과 함께 '仙宗十友'라 칭함.

방자해졌다고 한다. 주기는 이상적이 시에서 하지장의 이러한 풍류를 읽고 있었던 것이다. 주기는 이 편지와 함께 화답 시, 그리고 〈부구자의 옛 작품을 보내면서(寄浮邱子舊作)〉 등 창작을 보내왔고 옥으로 만든 술동이(玉酒壺)를 보내와 시흥을 보태고자 한다고 했다.

이에 이상적은 앞의 시에 대한 화답시 2수를 짓고 또 술동이를 노래한 장시를 지어서 화답했다. 먼저 주기의 시운에 맞춰 화답한 시 제1수를 읽어보자.

제1수:
浩浩長風下水船　아련한 큰 바람에 배를 띄워놓은 듯,
驚人才似望洋然　놀라운 재주 넓은 바다를 바라보는 듯하네.
賞心萬里眞知己　만 리 밖에서도 마음을 알아주니 참된 지기요
修福多生是上仙　선행으로 덕 쌓고 다생하니 그대가 신선이요.
列柏臺前焚諫草　어사대 앞에서 간언하는 상소문 불사르고
亭林祠裏勒新篇　고염무(亭林) 사당에 새로이 기문을 새겼구려.
憑君別有停雲思　그대 덕분에 벗들 생각 따로 있는데
爲問平安邊孝先　혹 변수석(邊袖石) 편수께서도 평안하시오?

이상적: 〈次伯韓侍御寄詩原韻〉(『恩誦堂續集』 卷4)

시의 내용은 주기의 행적을 칭송하고 청의 문우, 지인들에 대한 안부를 묻는 것이다. 특기할만한 것은 주기가 1856년 재차 상경한 뒤 바로 고염무사당의 보수작업을 주도하고 사당의 기문을 지은 일에 대한 칭송이다. 동성파 문인들이 북경에서 가장 영향력 있는 모임(雅集)을 주도한다는 의미가 내포되어 있기 때문이다. 말하자면, 동성파 그룹이 북경 문단의 주류가 되었다는 뜻으로 볼 수 있다는 것이다.

1843년(道光 23)에 何紹基, 張穆 등의 창도 하에 경사의 명류들이 추렴으로 慈仁寺(일명 報國寺) 내에 고염무사당을 세우고 매년 봄과 가을, 그의 생신을 맞아 제사를 지냈다. 이와 함께 장목이 『顧亭林先生年譜』를 발간해 고염무에 대한 새로운 평가를 내리자, 뜻 있는 선비들이 대거 고사모

임에 참여해 상당한 규모를 이루었다. 최초 10년간만 보더라도, 총 100여 명 문인들이 고사모임에 참가했다. 이들 가운데는 한학자 출신의 하소기, 장목, 徐松, 何秋濤, 苗夔 등이 있는가 하면 諫垣의 명류 진경용, 소정괴가 있으며, 동성파 고문의 명가들인 매증량, 주기, 공헌이, 吳嘉賓, 풍지기, 왕증 등이 참여하고 있어 성대한 규모만큼이나 학술적 영향도 컸었다. 이 모임을 '顧祠修禊'라 했는데, 뜻인즉 고염무에게 제사지내고 그의 학문을 추종한다는 취지하에 이루어진 학자문인들의 모임이라는 것이다.[27] 고염무사당의 창건 초기에 하소기, 장목, 진경용 등이 모임을 주도했다면, 1849년 장목이 죽고 하소기가 丁憂로 고향에 내려가면서 주기, 공헌이, 왕증, 葉名澧, 풍지기 등 동성파 후계문인들이 계속해서 모임을 주도했다. 특히 이들의 추렴으로 이미 헐어졌던 고사의 건물을 보수했고, 거기에 주기가 기문을 짓고 왕증이 해서로 써서 비석에 새겨놓으면서 고사모임은 두 번째 성황을 이루었던 것이다.[28]

다음의 시는 이상적이 가행체 고시의 형식으로 주기가 보내온 玉酒壺를 노래한 것이다.

君不見	그대 보지 못했는가,
碧山人銀槎盃	벽산인[29]이 만든 은사배로,
痛飮欲窮河源來	황하의 근원까지 실컷 마시려 했던 일.

27 魏泉. 2003. 〈顧祠修禊與道光以降之學新〉. 淸史硏究 第1期; 羅檢秋. 2005. 〈嘉道年間京師士人修禊雅集與經世意識的覺醒〉. 『西方思想在中國近代』; 졸고. 2012. 〈李尙迪에게 보낸 淸 文士의 尺牘과 文風의 疏通〉. 대동한문학 제37집. p.33; 졸고. 2014. 〈韓中 선비들의 교유의 '메카': 北京 宣南〉. 연민학지 제21집; 劉忠漢. 2015. 〈廣西文人與晩淸京師雅集〉. 廣西地方志 第4期. 八桂一覽 부분 참조.

28 郭崇燾. 1980. 『郭崇燾日記』 光緖二年四月初四日記(中國: 湖南人民出版社).

29 碧山은 周碧山(?-?)을 가리킴. 벽산의 자 華玉, 당호 長春堂으로 浙江 嘉興人으로 중국 元나라 때 金銀器 彫刻鑄造 공예가. 특히 酒器를 정교하게 만드는데, 가장 뛰어난 작품이 대나무로 엮은 배(槎) 모양의 술잔 銀槎盃. '槎盃'는 西晉시기 張華의 『博物志』의 어떤 이가 배를 타고 天河에 올라가 직녀를 만났다는 신화이야기에서 아이디어를 따왔음. '은사배'는 훗날 문인들에 의해 노래되었는데, 그 중 淸 朱彛尊의 〈銀槎歌〉가 유명함.

又不見	그대 또 보지 못하는가,
宣德鷄罐難再購	선덕시기 계관을 다시 살 수 없는 것을.
竹垞當時說劫灰	죽타(朱彛尊)[30]가 일찍 불탔다고 얘기했다지요,(自註: 余有朱竹君書碧色酒卮詩一紙)
笥河碧卮復何似	사하(朱筠)[31]의 푸른 옥잔과 또 얼마나 비슷한가,
殊形蜿蜿騰蛟能	기이한 모양 마치 교룡이 하늘을 날아오르는 듯.
酒器君家故事多	술잔을 논하자면 그대 가문(朱氏)에 이야기 많지요,
媲美纏爵與犧罍	함께 아름답게 장식된 술잔(纏爵)과 술동이(犧罍)
月池花天苦無賴	달빛 비치는 연못가 꽃피는 날에 함께 할 이 없어 괴롭고
我思君兮郭隗臺	그대 생각하는 마음, 쓰임을 바라는 곽외[32]와 같다네.
感君遺我玉壺一	감격스럽네, 나에게 옥 술동이 하나 보내 주니
東風剛及使車廻	봄바람이 막 사행의 거마에 실려 왔다네.
孚尹如見故人面	옥빛(孚尹)을 보니 옛 친구 얼굴 대하는 듯
琢磨尙想故人才	갈고 닦은 그대의 뛰어난 재능을 상상하노라니
宿酲祛體雙眸豁	지난 취기가 삭 가셔지고 두 눈이 환해지는구려.

30 朱彛尊. 1629-1709. 자 錫鬯, 호 竹垞, 浙江 秀水人은로 淸나라 詞人, 學者, 藏書家. 1679(康熙 18)년 進士로 博學鴻詞科 거인, 한림원 檢討로 南書房에 入直, 『明史』편찬에 참여. 문집에 『曝書亭集』, 『日下舊聞』, 『經義考』, 『詞綜』 등이 있음.

31 朱筠. 1729-1791. 자 竹君, 호 笥河. 1754(乾隆 19)年 進士로 翰林院學士 역임. 서예와 고문에 능하며 금석문자에 조예가 깊음. 문집에 『笥河集』이 전함.

32 郭隗: 戰國시기 燕의 賢人. 昭王이 국력 회복을 위하여 郭隗에게 인재의 등용 策을 물었을 때, '隗부터 먼저 시작하시오'라고 대답해, 왕이 그를 위해 궁을 짓고 그에게 師事하니, 樂毅 등 諸國의 명사들이 다투어 찾아와 국력을 크게 富强시킴.

亟命家僮發舊醅 급히 아이를 시켜 거르지도 않은 술 가져와서
案頭斟酌不離手 책상머리에서 두고 술 따르며 손 뗄 수 없으니
嘉貺勝似百瓊瑰 보내준 좋은 선물 백 개의 옥구슬보다 낫다네.
安得故人同此席 어떻게 하면 그대와 함께 술잔을 마주하고
平原十日鎭追陪 열흘이고 그냥 함께 술잔을 나눌 수 있을까
我勸君酬澆磈磊 권하노니, 그대는 마음속에 울분 다 쏟아내시고
烈士暮年歌莫哀 열사의 노년에 부르는 노래 슬프하지 마시게.
江南湖北厭兵日 강남과 호북에선 전쟁이 지겨운 날에
若箇投醪將帥材 그대는 민병을 잘 다루는 句踐 같은 장수이니.
盤敦舊歡如斷夢 예를 갖춰 사귀던[33] 벗들의 소식은 끊어진 꿈과 같으니
各天懷抱幾時開 각기 하늘 아래 품은 회포 언제쯤이나 풀어볼까.
休問觴政今猶昔 묻지 말게나, 酒令이 지금도 예와 같은지
老營糟邱洌水隈 늙어서 열수의 물가에서 조구지락[34]을 다스리는 이
觀缾箴誡何爲者 술동이 바라보며 경계하고 조심해서 무엇을 하겠는가?
提壺頌德有是哉 술동이 들어 덕을 칭송함이 이와 같으니.
此中遊戲乾坤大 이 속에서의 놀이는 하늘땅처럼 크나니
酒仙之目非嘲詼 술 신선의 안목을 비웃지 말게나.
配以歐邏瑪瑙盞 여기에 묵농(儀克中)이 보낸 유럽의 마노 잔을 짝하여
招魂儀狄酹蒼臺 푸른 돈대 깔고 술 부어 고인이 된 친구의 넋을 기리리.

李尙迪: 〈玉酒壺歌, 謝伯韓〉『恩誦堂續集』卷4

33 盤敦: '敦盤'이라고도 함. 玉敦, 珠盤으로 고대 천자와 제후가 회맹할 때 쓰였던 禮器. 전하여 주인과 손님의 즐거운 만남으로 쓰임.

34 糟邱: 술지개미를 산처럼 쌓은 것, 여기서는 술 취하는 즐거움 '糟邱之樂'을 말함.

〈옥주호가〉는 옥으로 된 술동이를 받고 벗을 그리며 지은 장편의 고체시이다. 먼저 술자, 주기 주씨 가문의 술동이, 술잔에 관한 내력을 말하고 나서, 멀리서 보내준 술동이 보면서 벗을 보는 듯하자 얼른 家僮을 불러 술상을 차리라 했다. 벗에게서 보내온 술동이로 술을 마시며, 벗을 그리는 마음을 달래려 했던 것이다. 그러나 달빛 밝고 꽃이 피는 좋은 날에 옥 술동이까지 갖추어져 있지만, 함께 마주하여 술잔을 나눌 이가 없어 서글퍼했으며, 각기 하늘아래 언제나 품은 회포 풀어나 볼까 안타까운 마음을 토로했다. 벗은 천만리 밖에 있다. 더욱이 벗이 있는 강남엔 병화가 그칠 날 없으니, 죽어 간 친구도 있으니, 다시 벗과 즐기는 일도 꿈처럼 깨졌으니, 차라리 술에 취하여 세월을 보내는 것이 마음 편할 것이라고 했다. 그것은 '술 속에 노닐 때 천지가 크기' 때문이다. 그리고는 옛날 粤東의 벗 의극중이 기증한 유럽의 마노술잔까지 짝으로 맞춰 놓고 이미 고인이 된 벗에게 제사 지내줄 것이라 했다. 조선과 청에서 각각 마음속에 쌓인 것이 있는, 그래서 서로 통하는 지기의 벗을 그리는 심리와 행위를 장편의 노래에 자세하게 담아 보냈다. 장편의 시는 지금 읽어도 '술 취한 후에 진담(酒後吐眞言)'하는 것처럼 주기가 보낸 진귀한 옥주호를 받고 갈마드는 감회를 토로한 것으로 '광객'의 진솔한 마음이 느껴지는 작품이다.

이 시는 재차 입연하는 오경석을 통해 주기에게로 전해졌고 주기는 이 작품에 마음이 참으로 마음이 끌린 것(情致殊邀)으로 보인다. 주기의 편지에서 이 부분을 읽을 수 있다.

> 이상적(藕船) 존형께: 살펴 주시니 멀리 그리는 마음 참으로 위로가 됩니다. 보내주신 화답 시와 〈옥주호가〉를 읽으니 두터운 정에 각별히 마음이 끌리어 계속해서 여러 번 음송하고 있었습니다. 이 때, 오경석 군이 와서 그대의 문집 속집을 보내주어 받아 보았는데 고작 몇 글자만 고쳤을 따름입니다. 뛰어난 재능으로 남에게 고칠 틈을 주지 않으시는군요. 어찌 두보가 말한 '나이가 들면서 시율이 더욱 능숙하고 세련되었다'는 말이 틀리겠습니까?[35]

주기는 이상적의 시에 아낌없는 평을 해 주었다. '뛰어난 재능으로 남에게 흠잡을 여지를 두지 않았다'고 '푸념'식 찬사를 보내는가 하면, 杜甫가 시를 평할 때 쓰는 "늙어서 시율이 더욱 세련되었다(老去更於詩律細)"라는 표현을 쓰면서 말이다. 앞서 주기의 문집에 대한 매증량의 평을 잠깐 돌이켜 보면, 주기가 '악부와 고체시에 능하며, 특히 7언 고시에 뛰어나다'고 한 바 있다. 그러고 보면, 이상적의 시 〈옥주호가〉는 주기의 특장과 기호에 맞춰서 지어진 작품이 아닐까 하는 생각이 든다. 압운에 비교적 자유로운 고체시의 또 하나의 특징이 곧 '以文爲詩'인데, 곧 '서사적 시 쓰기'인데 이러한 '시 쓰기'는 당나라 한유의 작시 특징이기도 하다. 이상적은 술동이를 받고 벗에 대한 그리움과 걱정 등 갈마드는 감정, 그리고 행해지는 일련의 행동과 심리 등등을 모두 소상하게 시 속에 담아 놓았다. 이러한 '시 쓰기'는 주기가 전쟁의 참상, 軍中의 사실을 사실적으로 소박하게 묘사해 놓은 〈신요가〉에서 보여주는 작시 기법과 다를 바 없는 면모이다.

청나라 초에 들어 많은 시인들은 명나라 때 지어진 시들이 唐詩만 고수하는 데서 보여주는 폐단을 발견하고 宋詩의 미학에서 그것을 보완해주는 새로운 학시 門徑을 찾고자 했다. 그렇게 나타난 것이 신운, 격조, 성령 등 시파들이다. 동성파는 고문파일 뿐 아니라 당시 중요한 시파로도 거론되는데, 桐城詩派가 힘 쏟은 부분은 '당시 성행했던 성령파의 폐단을 극복하려는 것'으로, 대체로 '풍아의 뜻을 받들어 시를 논함에 당과 송을 겸하여 취한다는 '兼取唐宋'[36]의 주장을 내 세웠다. 동성파 대표 '요내는 당시의 전아함과 송시의 두터움을 융합시켜야 한다'고 주장했을 뿐 아니라, 본인의 창작에서도 당송의 형식과 격조를 융화시켜 기세가 드높은 雄渾한 시를 많이 창작했다.[37] 그런데 요내의 작품가운데 가장 인정받는 형식이 바로 7

35 주기: "藕船尊兄先生, 省示良慰遠懷. 讀寄和佳章及玉壺歌, 情致殊邀. 正在朗吟往復, 旋由亦梅處奉到續稿, 追改數字, 良工不示人以樸也. 抑杜陵所謂老去更於詩律細者也.……惟千秋珍重 不宣. 弟 朱琦 頓"(정후수 편. 2011. 『海隣尺牘』. 혜민원. p.309)

36 劉世南. 2004. 『清詩流派史』. 北京: 人民文學出版社. p.342.

37 錢鍾書. 1984. 『談藝錄』. 中華書局; 馬亞中. 1992. 『中國近代詩歌史』. 臺灣學生書局. p.154.

언 고시이다. 이에 대하여 성령파의 대표 袁枚까지도 '태사(주기)의 7언고시는 웅혼다(太史七古雄渾)' 고 인정했고, 훗날 徐世昌 또한 『晚晴簃詩匯』에서 '영롱하고 화려하다(晶瑩華貴)' 고 높이 평가했다.[38] 주기는 요내의 직계 제자는 아니지만, 매증량, 오가빈, 姚瑩 등과 교유하면서 "한유, 황정견을 따르고 당시와 송시를 아울러 배운다(推崇韓黃, 唐宋兼采)"라는 동성파와 시학과 일치한 시학이론을 형성했으며[39] 이를 실천하는 데 있어서 가장 큰 성취를 이룬(得韓愈最多) 사람으로 요내를 이어서 동성파의 대표자로 부상했다.

한편, 이상적과 주기의 시를 살피면 두 사람의 시학 경향에 있어서 서로 통하는 데가 있음을 발견할 수 있다. 이상적은 일찍 〈論詩絶句〉[40] 5수에서 '꾀꼬리의 소리, 난초의 향기(鶯有淸音蘭有香)' 와 같이 자신의 개성을 가지고 있다면 초나라 優孟처럼 재상의 의관을 하고 모방을 할 필요가 없다(不須楚相假衣冠)고 했으며, 스스로 시적 意境를 열어야 한다는 '自得' 을 강조했다.[41] 주기 역시 〈論詩五絶句〉[42]를 지어서 자신의 작시 경향을 피력한 바 있는데, 대체로 답습을 반대하고 자기의 참된(眞) 모습, 즉 개성이 있어야 함을 강조했다. 또한 사람을 놀라게 하는 시는 짓기 쉬워도 '愜心', 즉 마음을 흡족하게 하는 시를 짓기란 쉽지 않다고 하며 시의 내적 가치를 중시하기도 했다. 이처럼 유사한 시적 경향은 한-중 두 나라 문인들이 서로 교류하는 문학적 토대가 되기도 했다. 따라서 주기는 이상적의 시에서 '협심' 을 찾은 듯, 몇 번이고 읊어서 거듭 음미하면서 시 속에 담겨져 있는 의미를 모두 포착하고자 했다. 이상적은 주기와 시적 대화를 통해 詩友에서 지기로 거듭날 수 있었다. 주기가 이상적의 작시의 진수를 알고 있었기에,

---

38 袁枚. 1960.『隨園詩話補遺』卷1. 北京: 人民文學出版社. p.575; 徐世昌. 1990.『晚晴簃詩匯』上冊 卷91. 中華書局. p.3784.

39 吳國慧. 2011. 〈朱琦詩歌硏究〉. 蘇州大學 碩士論文. p.30.

40 이상적. 1833. 〈論詩絶句〉.『恩誦堂集(詩篇)』卷4. 道光乙未刻本(영인본).

41 졸고. 2015. 海東詩人李尙迪的文學認識.『大東漢文學』제42집 참조.

42 주기. 1847. 〈論詩五絶句〉.『怡志堂詩初編』卷6. 咸豊七年刻本.

그가 다음의 시에서 이상적을 두고 '해외의 시를 논함에 이우선이라, 머리는 백발이요 명성은 드높다'라고 한 평어는 단순한 예의적 차원의 찬사가 아님을 알 수 있다.

海外論詩李藕船	해외에서 시를 말하면 이우선이라
百年鬢髮各蒼然	나이가 들어 이제 서로 백발이 되었겠지요.
接䍦倒着眞狂客	두건 거꾸로 쓴 거나하게 취해서 노닐던 진짜 광객,
眉井新銘亦酒仙	게다가 술잔을 기리는 명을 부치니 또한 신선이라.
聞說林邱甘臥病	듣기로는 그대가 물가 숲 속에 물러 앉아
遠追蒲褐有佳篇	멀리 불교에 심취하며 지은 좋은 시편 지었다지요.
若教東國論耆舊	만약 해동에서 덕망이 높은 늙은이를 논한다면
未識臺山孰後先	그대와 김매순(臺山)선생이 누가 먼저요? (自註: 讀臺山詩而未識其人)

주기: 〈藕船復寄酒缶銘橫卷, 次答却寄〉(『怡志堂詩初編』 권8)

주기는 시에서 또 조선의 문인 대산 金邁淳[43]에게 관심을 보이며, 해동 조선에서 덕망 높은 늙은이를 논할 때 김매순과 이상적이 누가 먼저냐고 물었다. 주기는 김매순과 교류한 적은 없지만, 그를 文友라고 여기고 있었던 것 같다. 그가 김매순을 알게 된 것은 아마도 매증량, 오가빈[44] 등을 통해서 일 것이다. 그것은 1839(道光 19)년 동지사 서장관으로 입연했던

43 金邁淳. 1776-1840. 자 德叟, 호 臺山, 石陵子, 楓棲主人으로 正祖 연간 抄啓文臣이었으며, 洪奭周와 함께 麗韓十大家의 한 사람으로 칭송되는 문장가. 金昌翕의 후손으로 1795(正祖 19)년 정시문과에 급제하고 檢閱, 舍人을 거쳐 예조참판, 강화유수를 역임. 사후에 判書로 추증. 문집에 『臺山集』, 『朱子大全箚問表補』가 있음.

44 吳嘉賓. 1803-1864. 자 子序, 江西 南豊人. 1838(도광 18)년 進士로 庶吉士를 거쳐 翰林院 編修, 內閣中書를 역임. 일찍 姚鼐를 사숙하여 제자로 된 강서 출신의 중요작가. 문집에 『求自得之室文鈔』 등이 있음.

李正履가 김매순의 문집을 휴대하고 북경에 가서, 오가빈과 매증량에게 보이고 글을 청한 바 있다.[45] 당시 모임에 참여했던 오가빈은 김매순의 글을 보고 감탄하며 〈朝鮮金臺山詩文序〉를 지어서 '가학을 계승했다(農淵家學)'라는 넉자의 글씨까지 써 주었다. 매증량 또한 〈臺山氏論日本訓傳書後〉를 지어서 김매순이 일본의 오규 소라이(狄生徂徠) 학설을 비판한 글 〈題日本人論語訓傳〉(『대산집 』권8)을 읽고 공감하고 있음을 말했다. 특히 김매순의 문장 〈讀三子說贈俞生〉(卷9)을 읽은 매증량은 김매순의 문장이 송나라 '蘇洵과 비견할 만큼 뛰어나다'고 칭찬을 아끼지 않았다. 뿐 아니라 김상현이 지은 〈臺山先生行狀〉을 읽고 동호인들과 담론하는 자리에서 김매순을 가리켜 '중국에 백년동안 이런 선비가 없었다(中州百年無此士!)'고 극찬했다. 후에 김매순은 매증량의 글을 읽고 〈중주의 두 선비에게 고마운 마음을(遙謝中州二士)(卷3) 시 2수를 지어서 '늙어서야 중국에서 지기를 얻었구나(晩暮得一知己於中華矣)!'라고 감탄했다.[46]

주기는 스승 여황이 죽은 이듬해인 1839(道光 19)년부터 매증량과 사귀게 되었으니, 조선의 이정리가 북경에서 오가빈, 매증량을 찾아 갔을 때 혹 만났을 수도 있지만, 그렇다고 볼 수 있는 기록이나 시문이 없어서 단정할 수 없다. 하지만, 당시 강정아집, 고사수계 등 빈번했던 모임에서 조선의 문장을 논하고 김매순 관련 이야기도, 매증량의 찬사도 들었을 것으로 본다. 그런데 朱琦가 김매순과 이상적을 함께 거론한 것은 그만큼 의미가 있을 것이다. 말하자면 주기의 인상가운데서 문장은 김매순, 시는 이상적이라는 것이다. 이러한 견해를 보충해 줄 만한 단서가 있는데, 그것은 주기가 1856(咸豐 6)년에 공헌이의 韓齋서 함께 만나 모임을 즐겼던 安載興[47]에게 주는 다음의 시이다.

---

45 김명호. 2008.『환재 박규수 연구』. 창비사. pp.252-253 참조.

46 김매순. 〈遙謝中州二士〉.『臺山集』卷3; 卷8; 卷9. 한국고전종합DB 참조.

47 安載興. 1834-?. 자 致文, 호 桐齋, 順興人. 서화에 능하며 특히 해서와 행서에 뛰어남.

浿津推舊族, 宗國有姻親.	조선에서 추앙받는 옛 귀족, 종주국에 그 인척이 있다네.
白袷正年少, 靑螺點筆新.	흰 옷차림에 젊은 청년, 푸른 산(소라)을 그린 그림에 필법이 새롭네.
文章無畛域, 摩戛自輪囷.	문장은 경계가 없으니 갈고 닦아서 스스로 큰 경지를 이루어야 하리.
北學今誰繼, 吾當問海隣.	오늘날 북학은 그 누가 이어가는가, 마땅히 이상적에게 물어봐야 하리.

朱琦: 〈朝鮮安桐齋集繡山寓齋索詩〉(『怡志堂詩初集』 卷8)

시의 마지막 구절에서 "오늘날 北學은 그 누가 이어가는가, 마땅히 해린(이상적)에게 물어봐야 하리"라고 했다. '북학'이란 말은 유래가 있고 의미가 넓은데, 그 가운데 한 가지로 연행과 함께 청 문사와 교류와 절차탁마로 볼 수 있을 것이다. 이렇게 본다면, 세월이 흘러 지금의 연행과 '북학'의 계승자는 김매순을 계승하는 후계문인들과 이상적의 제자문인으로 옮겨지고 있음을 말하는 것이다. 따라서 주기는 안동재에게 관심과 배려를 보이며 문장에 대하여 갈고 닦아서 '스스로 큰 경지를 이루어야 한다'는 가르침을 주기도 했다. 또한 청 문사 왕헌의 시에 따르면,[48] 자기가 마련한 동호인들의 모임에 특별히 오경석, 임우인 등 북학의 후계문인들을 초대해 교유의 폭을 넓혀 주었고 함께 시국을 논하고 공동으로 시문을 지어놓았다. 그림에 능한 안동재는 동성파 문인들과의 소중한 모임을 그림으로 옮겨 놓고 이름 하여 [한재아집도]라 했다.

주기는 이 시를 보낼 때 함께 일전에 동호인들의 모임에서 지은 〈추위를 보내며'철여의'장가를 짓다(消寒鐵如意長歌)〉 1수와 예전에 지은 신선으로 일컬어지는 '부구자'를 읊은 시를 보내 주었는데, 이상적은 이에 일일

48 王軒. 〈朱伯韓先生招同寄泉·青士·魯川·海秋·子衡·汀鷺宴朝鮮任友石吳亦梅二從事〉(『한객시존』. p.119)

이 거론하면서 보내준 시와 같은 운자로 화답했다.

海天風浪一回船 푸른 바다의 파도를 따라 배들이 돌아오는데,
不見神山却茫然 그대가 말한 신산이 보이지 않으니 막연하구려.
(自註: 用寄懷浮邱子詩意)[49]
賈島從來甘鑄佛 가도는 일찍부터 '가도불(佛)'이라 불리는 것 좋아했는데,
鄴候何事好談仙 업후(李泌)은 무슨 일로 신선 예기 잘하지요?
壯心擊節消寒詠 큰 뜻을 담은 추위를 떨치는 노래 절로 무릎 칠만 하고
(自註: 見示近作消寒鐵如意)[50]
斯道傳薪辨學編 문장 〈변학〉편은 사도(斯道)의 맥을 잇는 글이라.
廿載騷壇耆舊盡 시단에서의 20년, 원로들이 모두 돌아가셨으니
未知誰復着鞭先. 알 수 없다네, 그 뉘가 다시 선편을 잡을지.
(自註: 答所示之意)

이상적: 〈次伯韓侍御寄詩原韻〉(『恩誦堂續集』 卷4)

시는 기구에서 새로이 소식을 보내줘서 고맙지만 그대를 볼 수 없는 것이 마치 신산(神山)을 보지 못하는 것과 같다, 승구에서 가도와 이밀의 이야기를 끌어와 주기의 시가 작품을 품평하고 특히 고문 〈辨學〉이 斯道를 계승하는 글이라고 칭송했다.[51] 결구는 주기가 화시에서 문의한 내용에 대

49 朱琦: 寄浮邱子舊作(『海隣書屋收藏中州詩』 규장각소장본. p.34)
"黃河來萬里 其初僅一線 伏流積石間 澒洞能貫穿 東下匯百川 怒與蛟鼉戰 禹門峙屹兀 奔騰駛若箭 直下恐無餘 沙石肆洶濺 驚濤束長堤 九折逾淮甸 滄溟遠呑吐 舊習忽盡變 樓臺幻蛟蜃 未覩目已眩 回船風引去 神山不可見."

50 주기: 〈繡山潤臣仲穆諸君爲消寒集分得 '鐵如意' 作長歌.〉 (上同)
"鐵如意 寒如犀 堅逾竹 淸談三尺可砭俗, 鐵如意 眞是鐵 安得指麾萬馬戰? 流血老驥徒聞伏 櫪歌壯心頓使唾, 壺缺金樽酒綠 月明時豪家 碎却珊瑚枝. 美人步障紛歌舞 戰士軍前自勞苦 君不見, 琅琊子讀兵書 摩挲螺花膽氣 不若鐵面稜稜一老儒."

51 주기는 〈變學〉 상, 중, 하 3편에서 동성파 제자들의 학문성향을 비판하고, 漢宋절충론을

한 대답이다.

이번의 수창을 마감으로 주기와 이상적의 시적 대화는 더 이어지지 않았다. 이상적도 다시 주기의 소식을 접하지 못한 채, 1857년에 지은 〈續懷人詩〉에서 그에 대한 평은 『내학산방문집』만으로 읊어 놓고 있기 때문이다.

> 洞天闢太古, 아득히 먼 옛날 하늘과 땅이 열리고,
> 窈窱松杉綠. 그윽하고 푸르른 숲을 이루었네.
> 過雨石泉響, 비 개인 뒤의 바윗돌 사이로 흐르는 샘물,
> 飛作千尋瀑. 요란하게 천길 물 날리며 폭포가 되었다네.
> 來鶴文一編, 그대 '내학산방'의 아롱진 글들,
> 好向此中讀. 아마도 이 속에서 읽는 것과 같다네.
> 이상적: 〈續懷人詩: 伯韓朱侍御琦〉(『恩誦堂續集』 續卷4)

4. 맺음말

지금까지 조선의 시인 이상적과 청나라 동성파 시인 주기가 서로 수창했던 시들을 살펴보았다. 짧은 기간에 서로 나눴던 시적 대화였지만 여기서 우리는 다음의 세 가지를 살펴볼 수 있다. 우선, 주기와 이상적의 문학에 대한 인식과 '시 쓰기' 경향적 특징을 살펴볼 수 있었다. 문학에 대한

주장하면서 심지어 申, 商, 老, 莊과 같은 '旁經曲說' 대해서도 관용적인 입장을 보였다. 당시 동성파 제자들은 學術兼收를 제창했지만 현실적으로는 한학과 송학을 확실히 구분했고 한학을 겸해서 말하는 것조차 용납하지 않았다. 가령, 方東樹는 〈漢學商兌〉에서 한학과에 대한 혹평과 맹렬한 공격을 하고 있었다. 주기는 동성파 내부에 존재하는 이런 門戶之見을 大患으로 보고 '黨同文, 鬪同眞, 最爲大患'이라 했으며, 理學내부에서 程朱王陸之爭과 漢宋之爭을 化解하자는 주장을 했다.(『怡志堂文初編』 卷1. 咸豐七年刻本)

인식은 시경을 토대로 당시 송시를 겸하여 취하며, 특히 자신만의 새로운 경지를 개척하는 것을 중요시했다. 이상적의 '자득'과 주기의 '협심'이 바로 그것이다. 이들의 창작은 대체로 운율에 자유로운 고체시 형식을 취했고 '이문위시'라는 서사적인 '시 쓰기'의 특징을 보여주는 데, 이러한 작시법은 한유를 추종하는 동성파 시학의 특징을 나타내는 것이지만, 시학 발전의 한 궤적을 말해주는 것이기도 하다. 그 원인은 자세히 살펴야 하겠지만 일단 당시 내우외환의 복잡한 현실을 반영하는 데 있어서, 나아가 개인의 절절한 감회를 표현하는 데 있어서 더욱 유리하기 때문으로 보인다.

다음, 이상적의 시에서 주기의 행적에 대하여 읊어 놓은 부분에서 당시 북경문단의 추이를 살펴볼 수 있었다. 주기는 1839년부터 매증량의 문하에서 종유하며 동성파의 주요 멤버로 부상했으며, 나아가 당시 문인들의 중요한 모임인 '고사수계'를 주도했다. 이는 주기의 위상 뿐 아니라 동성파의 주류적 위치를 확인시켜주는 것이다. 이는 훗날 조선의 연행문인들이 북경 문단의 주류와 교류하는 데 있어서 안내서 역할을 한 것이다. 셋째, 주기의 시에서 '북학의 계승'을 언급하고 있는데, 이는 북경 문단의 추이와 함께 조선 문단에서의 동향을 말해주는 것이기도 하다. 즉, '북학'의 계승자는 김매순이 후계문인들과 이상적의 제자문인으로 이어지고 있는 사실을 예시한 것이다. 실제로 훗날 박규수 등 연암일파 후계문인들과 오경석 등 이상적의 문인제자들이 북학의 주류가 된 것은 주지의 사실이다.

이 글은 조선 문인과 동성파 문인의 교류관계를 살피기 위해 지어진 것으로, 계속해서 풍지기, 왕증, 섭평풍, 공헌이 등 동성파 주요 멤버들에 대한 고찰 작업이 필요하다.

참고문헌

朱　琦. 『怡志堂詩集』(初名『來鶴山房詩草』). 咸豊七年刻本. 續修四庫全書 集部 別集類.

朱　琦. 『怡志堂文初編』. 咸豊七年刻本. 續修四庫全書 集部 別集類.

李尙迪. 1973. 『恩誦堂集』 영인본. 亞細亞文化社.

夢華齋抄. 『海隣書屋所藏中州詩』. 규장각 소장본.

黃雲鵠. 『實其齋文鈔』. 同治六年刻本.

袁　枚. 1960. 『隨園詩話補遺』. 北京: 人民文學出版社.

徐世昌. 1990. 『晩晴簃詩匯』. 中華書局.

金奭準 編. 『藕船精華錄』. 同治八年刻本.

錢　泳. 1979. 『履園叢話』, 中華書局.

郭崇燾. 1980. 『郭崇燾日記』, 中國: 湖南人民出版社.

錢仲聯. 1983. 『夢笤庵淸代文學論集』, 齊魯書社.

錢鍾書. 1984. 『談藝錄』, 中華書局.

錢仲聯. 1989. 『淸詩記事』(道光卷). 江蘇古籍出版社.

馬亞中. 1992. 『中國近代詩歌史』. 臺灣學生書局.

李　豫·崔永禧 編. 1996. 『韓客詩存』. 北京: 書目文獻出版社.

嚴迪昌. 2002. 『淸詩史』. 浙江古籍出版社.

劉世南. 2004. 『淸詩流派史』. 北京: 人民文學出版社.

김명호. 2008. 『환재 박규수 연구』. 창비사.

魏　泉. 2008. 『士林交游與風氣變遷』. 北京大學出版社.

李春姬. 2009. 『19世紀 韓·中 文學交流 -李尙迪을 中心으로』. 새문사.

정후수 편. 2011. 『海隣尺牘』. 혜민원.

魏　泉. 2003. 〈顧祠修禊與道光以降之學新〉. 淸史硏究 第1期.

羅檢秋. 2005. 〈嘉道年間京師士人修禊雅集與經世意識的覺醒〉. 『西方思想在中國近代』.

潘茨宣. 2009. 〈切論時務爲國家, 傲立詩壇頌英雄-廣西桐城派愛國詩人朱琦〉. 南國早報 6月 12日.

李春姬. 2012. 〈李尙迪에게 보낸 淸 文士의 尺牘과 文風의 疏通〉. 대동한문학 제37집.

李春姬. 2014. 〈韓中 선비들의 교유의 '메카': 北京 宣南〉. 연민학지 제21집.

劉忠漢. 2015. 〈廣西文人與晩淸京師雅集〉. 廣西地方志 第4期.

吳國慧. 2011. 〈朱琦詩歌硏究〉. 蘇州大學 碩士論文.

徐雁平. 2016. 〈書院與桐城文派傳緣考論〉. 南京曉庄學院學報 第1期.

張 維. 2016. 〈馮志沂, 淸道光時期桐城派重要的古文家〉. 安慶師範學院學報 第1期.

晚清 문인 孔憲彝의 '韓齋'와 한중 문인들의 문화 교류

- 咸豐 7년의 모임을 중심으로 -

金紅梅·朴香蘭

晩清 문인 孔憲彝의 '韓齋'와 한중 문인들의 문화 교류
- 咸豐 7년의 모임을 중심으로 -

金紅梅 · 朴香蘭

1. 孔憲彝와 '韓齋雅集'

孔憲彝(1808-1863)는 중국 산동성 曲阜 사람으로, 공자의 72대 후손이며 만청 시기 유명한 문인이다. 공자의 75대 후손인 孔祥霖(?-1916)이 쓴 『曲阜清儒著述記』에서는 공헌이에 대해 다음과 같이 기록하고 있다.

> 孔憲彝는 자가 敍中이고 호가 繡山이며 道光 丁酉년에 과거에 급제하여 擧人이 되었다. 內閣侍讀의 직을 맡았고 道府에 이름을 기입하였다. 어려서는 李宗傳에게서 동성파의 古文學을 배웠고 또 盛大士, 陸元游를 따라 공부하여 학문이 더 크게 늘었다. 북경에 오랫동안 거주하면서 魏源, 曾國藩, 何紹基, 蘇廷魁, 嚴良訓, 彭蘊章 등 명망이 높은 사람들과 함께 강습하였는데 늘 사람이 한 번 모이면 수십 명에 달하였으며 학문이 통하지 않는 바가 없게 되었고 시와 문의 體에 있어서는 갖추지 못한 바가 없게 되었다. 그림에도 능하였고 특히 난을 잘 그렸는데 해내외의 인사들이 다투어 사갔다. 저서로 『韓齋文集』 4권, 『對嶽樓詩集』 2권과 속집 1권, 『詞』 1권, 『還鄉吟』 1권, 선집 『闕里孔氏詩鈔』 14권, 『曲阜詩鈔』 8권이 있다.[1]

---

1 孔祥霖. 『曲阜清儒著述記』. "孔憲彝字敍中, 號繡山, 道光丁酉科擧人, 內閣侍讀, 記名以道

위의 기록에 따르면 공헌이는 20세가 되던 도광 정유년, 즉 1837년에 과거에 급제하여 거인이 되었으며 그 이후 내각시독의 벼슬에 올랐음을 알 수 있다. 공헌이는 서재를 '韓齋'라고 불렀는데 '한재'는 이곳에서 가진 아취 있는 모임인 '韓齋雅集'으로 인해 명성이 널리 알려졌다. '한재'는 공헌이와 중국 문인들이 아취 있는 모임을 가지는 장소였을 뿐만 아니라 많은 조선 문인들이 함께 참여한 모임의 장소이기도 하였다. 특히 '한재아집'이라는 말은 조선인들과 관련된 시나 글에서도 여러 번 나오고 있어서 주목할 필요가 있다.

공헌이가 자신의 서재를 '한재'라고 한 것은 한유를 특별히 좋아해서였다고 한다. 공헌이는 일찍 대학자인 阮元(1764-1849)에게 한재의 편액을 써 줄 것을 부탁한 적 있는데, 완원은 이 경위에 대해 다음과 같이 기술하고 있다.

> 敍仲(공헌이)은 고인의 글이라면 안 배우는 것이 없었는데 유독 韓文公(한유)의 사람됨을 흠모하여 자신의 서재를 '韓齋'라 이름하고 나에게 편액을 써 달라 부탁하였다. 그의 시와 古文辭 역시 한문공과 비슷한 경우가 많았으며 특히 서사와 역사 기술에 능했다. 천하에 뛰어난 인물이 날로 줄어드는데 서중을 얻으니 족히 늙은 마음을 위로할 만 하였다. 공씨는 詩教에서 떠받드는 바이니, 나는 때마침 서중에게 더욱 큰 바람을 기탁하게 되었다. 도광 무신년 4월에 頤性老人 완원이 쓴다.[2]

府用. 少師事李宗傳, 爲桐城古文學, 又從盛大士, 陸元遊, 學益進. 居京師久, 時與魏源, 曾國藩, 何紹基, 蘇廷魁, 嚴良訓, 彭蘊章諸耆宿, 切劘講習, 往往一會至數十人, 宜其學之無不通, 而詩文之體無不備也. 幷嫺繪事, 尤工寫蘭, 海內外爭相購致. 著有『韓齋文集』四卷, 『對嶽樓詩集』二卷續集一卷, 『詞』一卷, 『還鄉吟』一卷, 選集『闕里孔氏詩鈔』十四卷, 『曲阜詩鈔』八卷."(周洪才. 鍾淑娥. 「簡論孔祥霖文憲目錄學成就」. 『山東圖書館季刊』 1994년 3월 25일. 17면에서 재인용)

2 阮元. 『對岳樓詩續錄』. 「序」. "敍仲於古人無所不學, 而尤慕韓文公之爲人, 名其齋曰韓, 乞餘書扁. 其詩古文辭亦往往近韓文, 尤長於敍事史才也. 海內賢雋日少, 得此足慰老懷. 孔氏爲詩敎所宗, 昉余更有厚望於敍仲矣. 道光戊申四月, 頤性老人阮元書."(孔憲彝. 『對岳樓詩

완원은 서문에서 공헌이가 서재를 '한재'라 명명한 이유를 밝히고, 자신이 한재에 편액을 써 주었음을 밝혔다. 위의 글을 통해 공헌이가 자신의 서재에 '한재'라는 이름을 붙인 것은 도광 무신년인 1848년 즈음이었음을 알 수 있다. 완원의 둘째 부인은 공자의 73대 후손인 孔璐華였으므로, 완원은 공헌이와 인척 관계였다. 서문을 통해 완원이 공헌이의 글을 높게 평가하였고 그들이 시문 창작에서도 일정한 교류가 있었을 것임을 짐작할 수 있다.

공헌이의 '한재아집'에 비교적 이른 시기에 참여한 사람으로는 역관 藕船 李尙迪(1803-1865)이 있다. 그는 1855년에 「'한재아집도'를 繡山 舍人에게 보내다」라는 시에서 자신과 공헌이의 교유에 대해 언급하였다. 시에서 이상적은 자신이 공헌이의 『대악루집』에 실린 시를 큰 소리로 읊는다고 하고 또 자신이 공헌이가 준 墨蘭을 여러 해 동안 소장하고 있다고 하였다. 이상적은 또 공헌이가 묵고 있던 衍聖公 저택은 예전에 阮元이 머물렀던 곳이며 완원이 남긴 '泰華雙碑之館'이라는 편액이 아직도 남아 있다고 하였다.[3]

이상적의 언급을 보면 공헌이의 한재는 조선 문인들에게 매력 있는 여러 요소들을 두루 겸비하고 있었음을 알 수 있다. 우선 주인인 공헌이가 공자의 72대 손이라는 점, 그가 유명한 시인인 동시에 난을 잘 쳐서 명성이 높았다는 점, 대학자인 완원이 일찍이 머물렀던 곳이며 그가 남긴 편액도 아직 남아 있다는 점 이런 몇 가지 요소만 해도 조선 문인들의 흥미를 끌기에 충분했을 것이다. 게다가 공헌이는 벗을 사귀는 것을 좋아했고, 조선 문인들에게 매우 호의적이었다. 이상적의 시를 통해 공헌이의 묵란이 1855년보다 훨씬 이른 시기에 벌써 이상적에게 전해졌으며, 그의 시집도

續錄』 1면)

3 李尙迪. 『誦堂集續集』 권2. 「韓齋雅集圖題寄繡山舍人」. "西園無此集, 東海有新知, 遠述通家誼, 高吟對嶽詩. (君有對嶽樓集) 幾年結蘭佩, (余久藏君所寄墨蘭) 萬里挹芝眉. 後會憑誰卜, 殷勤與揲蓍. (見贈蓍草) 雙碑曾我讀, 積古愴前塵. (阮文達嘗寓此衍聖公府, 有泰華雙碑之館扁, 至今猶存) 闕里傳遺訓, (君輯闕里孔氏詩抄) 昌黎得替人. 乍聞涼雨作, 相屬酒盃頻. 衰暮休傷別, 天涯若比鄰."

조선 문인들에게 알려졌다는 것을 알 수 있다.

'한재'가 한중 문인들의 교유의 장이었으며, 공헌이의 글이 조선에 전해졌다는 점은 중국 문인들의 작품에서도 확인할 수 있다. 다음은 만청 문인 王軒(1823-1887)이 咸豐 8년, 즉 1858년에 "韓齋雅集圖"에 쓴 시의 앞부분이다.

韓齋天下士　한재는 천하의 뛰어난 선비라
聚友亦天下　벗 역시 천하의 벗을 사귀지.
詩卷走海外　시권은 해외에 전해지고
閉門多長者　함께 공부하는 분 중에는 덕이 높으신 분들 많다네.
猶虞未空群　오히려 인재를 다 망라하지 못했음을 걱정하고
交臂失晤把　벗을 잡을 기회 잃을까 근심하네.
東國推好客　조선에서는 손님을 좋아한다고 소문이 나
安君韓齋亞　안군은 한재에 두 번이나 들렀네.

왕헌, 〈조선 安桐齋를 위해 '한재아집도'에 쓰다〉[4]

왕헌은 공헌이가 천하의 뛰어난 선비이며, 천하의 훌륭한 인재를 벗으로 두고 있다고 하였다. 이어 그의 시가 해외에서 전해지고, 집에는 덕망이 높은 벗들이 모여들고 있음을 말하고, 그럼에도 계속해서 좋은 벗을 사귀는데 힘을 쏟고 있다고 하였다. 이어 그가 손님을 좋아한다는 소문이 조선에까지 널리 퍼져 安圭 역시 한재에 두 번이나 들렀다고 하였다. 안규는 호가 동재인데 역관 吳慶錫과 함께 1856년과 1857년에 동지겸사은사 일행으로 북경에 갔다. 이번 모임은 1857년 10월에 출발한 동지겸사은사 사행으로 북경에 와서 참여한 것이다. 왕헌의 시가 '한재아집도'에 쓴 제화시인 것으로 보아, 이번 '한재아집' 역시 그림과 시가 한데 어우러진 교유의 장이었다는 것을 짐작할 수 있다.

4 王軒. 〈韓齋雅集圖爲朝鮮安桐齋題〉. 『楳經廬詩集續編』 권2.(『한객시존』 120면)

위의 시를 쓴 왕헌은 자가 霞擧이고 호가 顧齋이며, 해서와 행서, 초서를 모두 잘 썼는데 조선 사신들은 특히 그의 전서체 글씨를 좋아했다고 한다.[5] 그의 문집인 『耨經廬詩集續編』에는 위의 시 외에도 오경석의 집을 그린 '天竹齋圖'에 써준 題가 보인다. 그는 1861년 朴珪壽가 열하문하사로 중국에 갔을 때 박규수와도 교분을 맺었고 여러 차례 서신을 주고받았다. 박규수는 그가 수학에 관심을 가지는 것을 알고 후에 南秉哲(1817-1863)이 쓴 『海鏡細草解』, 『推步續解』, 『儀器輯說』 등을 그에게 보내 주기도 하였다.[6]

다음해인 함풍 9년, 즉 1859년에 이상적은 또 북경에 가 한재에서 벗들과 모임을 가졌는데, 당시 모임에서 지어진 시들을 '한재아집'이라는 시첩으로 간직하고 있었던 것으로 보인다. 이상적은 이 시첩이 만들어진 배경에 대해 이렇게 서술하고 있다.

> 올해 봄에 나는 다시 북경에 갔는데 새 벗과 옛 친구들이 다투어 초대하여 술잔을 기울였고 시를 지어 읊어서 매우 즐거웠다. 그리하여 '한재아집'이 생겨나게 되었는데 이는 春明(북경)에서 친구들과 이야기하며 지은 여러 시들을 선물 받은 것이다. 하지만 그때 나는 업무 중이라 붓을 잡을 겨를이 없어서 (벗들의) 우정과 깊은 감정에 보답하지 못하여 마음이 편치 않았다. 조선으로 돌아온 이후에는 병으로 드러누워 온 여름을 다 보내어 헛되이 이별의 감개만 더했을 따름이었다. 초겨울 무렵에 뜰 안의 나무가 소슬하게 소리를 내고 서리 맞은 기러기가 애처롭게 울자 더욱 회포를 가누기 어려워 다시 마음이 울적해졌다. 이에 이 시를 지어 멀리 있는 벗들과의 우정에 부친다.[7]

---

5 董寿平·李豫 主编. 1997. 『洪洞董氏日记六种』 제6권. 「董硯樵先生年譜長編」 89면. 北京图书出版社. 119면.

6 朴珪壽. 『瓛齋集』 권4. 「圭齋集序」. "公中年所輯有『海鏡細草解』, 『推步續解』, 『儀器輯說諸』書. 余向在燕都, 與太原王軒霞擧遊, 知其留心筭數. 今擧而贈之, 霞擧必服其精詣而壽其傳矣."

이상적은 이 자리에서 한재의 주인인 공헌이 외에 葉名澧(자는 潤臣), 馮志沂(자는 魯川), 潘祖蔭(伯寅) 등 옛 친구들과 일부 새 벗들을 만났는데 그의 시집인 『恩誦堂集』에 서문을 써 준 許宗衡 역시 이 자리에서 안면을 트고 공헌이의 부탁을 받아 서문을 쓰게 되었던 것이다.[8] 이상적은 시에서 당시 모임을 그림으로 그려 '한재아집도'를 만든 사실도 언급하고 있으나[9] 이 그림을 누가 소장했는지는 밝히지 않았다.

2년 뒤인 1861년에 이상적의 제자인 역관 金奭準이 사행으로 중국을 방문했다가 귀국할 무렵, 공헌이는 벗들과 함께 김석준을 위해 전별연을 베풀어 주었는데 당시 자신의 동생인 孔憲瑴에게 다시 '한객아집도'를 그리게 하였다. 공헌곡은 그림에 "韓齋에 三韓의 나그네 있어서 春明雅集圖를 그려 달라 요구하네. 西園에 비해도 못함은 없으리니, 어르신의 새로운 시가 없어서 될 말인가?"라는 절구를 쓰고 이상적과 김석준이 그 뒤에 시를 쓰라는 주를 달아 놓았다.[10] 이상적은 한객아집도를 보고 나서 공헌곡에 대한 감사함과 공헌이에 대한 그리움을 담아 시를 지었다.

주목할 만한 것은 공헌이가 별세한 이후에도 '한객아집도'는 조선과 중국 양국의 문인들이 교류하는 매체로 역할을 했다는 점이다. 이상적의 제자인 역관 卞元圭는 1863년에 이상적과 함께 북경으로 가서 공헌이를 처음 만났다. 그때로부터 18년 이후인 1881년에 변원규는 金允植을 영선사로 하는 영선사 일행으로 북경에 갔다가 '한객아집도'를 보게 된다. 이

---

7 李尙迪. 『恩誦堂集續集詩』 권6. 「西笑編序」. "今春余重游日下, 新舊知交競相招邀, 觴詠迭作, 致足樂也. 於是有韓齋雅集, 春明話雨諸什之見贈者. 而時余迫於冗務, 搦管無暇, 未酬諸君子惠好繾綣之意, 心甚怦怦. 東歸後臥疾消夏, 徒增離緖而已. 迨乎秋冬之際, 庭柯蕭槭, 霜雁流哀, 尤難爲懷, 輒復作惡. 爰賦斯篇, 遙抒雅契云爾."(한국문집총간 312. 283면)

8 이춘희. 2005. 「藕船 李尙迪과 晩淸 文人의 文學交流 硏究」. 서울대학교 박사학위논문. 152면.

9 李尙迪. 「恩誦堂集續集詩」 권6. 〈西笑編·總憲〉. "春間先生爲寫韓齋雅集圖, 哲嗣良哉比部又以先生撰輯諸書及楹帖畫竹贈行."

10 李尙迪. 『恩誦堂集續集』 권9. 〈繡山閣讀與同人邀餞小棠, 屬其從弟玉雙太史作雅集圖. 玉雙題一絶云. "韓齋坐有三韓客, 索繪春明雅集圖. 比似西園應不惡, 可無新詠待髯蘓?" 自注謂"李藕船, 小棠屬題其後." 賦此以謝玉雙, 兼懷繡山."

'한객아집도'는 그림과 글씨, 서발문이 한데 어우러진 형태인데, 여러 장의 종이를 한데 붙여 만든 것이다.[11] 그림의 오른쪽 중앙에는 '韓齋聽雨圖'라는 글씨가 있는데 옆에 "주인이 '雅集'이라고 쓰라고 하였으나 잘못으로 '聽雨'라고 썼는데 이 역시 '아집'이라는 뜻이다"라고 주를 달아 놓았다.[12] 이 글씨는 함풍 원년인 1851년 2월에 공헌이가 한재에서 모임을 가지고, 당시 모임에 참여하였던 姚元之(1773-1852)에게 쓰게 한 것이다. 요원지 자신이 쓴 跋에는 "벗들은 옛 빗소리를 듣는 것을 좋아하고, 산은 고요히 남북풍을 머금었네"[13]라는 시구가 들어 있는데, "옛 비(舊雨)"가 옛 벗이라는 뜻으로 자주 사용되었기에, "비를 듣다"라는 뜻의 "聽雨" 역시 벗들과의 모임을 가리키는 말로 사용되었던 것이다.

그림에는 여러 사람의 발문이 있었는데, 그중 함풍 갑인년인 1854년 上元(정월 보름)에 남긴 葉名澧의 발문과, 그해 4월 望日(음력 보름)에 容伯程恭壽가 남긴 발문이 있다. 또 함풍 1856년 4월 18일, 함풍 7년인 1857년 보름, 함풍 10년인 1860년 6월 21일, 광서 32년인 1906년에 남긴 발과 글들이 남아 있다. 이 그림과 그림에 붙여진 글들이 여러 번 반복해서 문인들의 모임에서 공유되었고, 새로운 글들이 그림에 덧붙여졌음을 알 수 있다. 변원규가 이 그림과 글들을 본 것은 1881년인데, 변원규는 공헌이와의 옛 만남을 추억하며 밑에 글을 남겼고, 영선사 김윤식 역시 "한재에서 아취 있는 모임이 이루어지니, 명승이라 족히 풍류를 남길 만하네. 마치 좋은 가르침 받은 것 같은데, 날은 흐리고 옛 나무엔 가을이 찾아왔네."[14]라는 내용의 시를 남겼다.

11 김홍매. 2017. 「역관 변원규의 생애와 중국 사행 시의 교유」. 『국문학연구』 36. 245-246면 참조. 논문에서 '한재청우도'가 공헌이의 친필이라고 한 것은 오류이므로 본고에서 바로잡는다.

12 姚元之. "主人属书雅集, 误作听雨亦雅集之意."

13 姚元之. "朋來樂聽今舊雨, 山意靜含南北風."

14 金允植. "韓齋成雅集, 名勝足風流. 仿佛承良誨, 陰又古樹秋."

그림 1 '韓齋聽雨圖' 姚元之 글씨 부분 출처: 西泠印社 홈페이지

이는 공헌이의 '한재'가 이미 개인적인 공간의 차원을 넘어서 한중 문인들에게 소중한 벗들을 만날 수 있는 교류의 장으로 인식되었고, '한재아집' 역시 하나의 문화적 상징, 심지어는 문인들의 여러 차례의 모임의 기록이 덧붙여진 하나의 문화의 상징처럼 되어 공헌이의 생전, 심지어는 사후에도 벗들에게 추억되고 향유되었음을 보여준다.

2. '韓齋'와 咸豐 7년 한중 문인들의 교유

앞에서 언급한 許宗衡은 사실 이상적과 만나기 2년 전인 함풍 7년, 즉 1857년에도 한재에서 조선 문인들을 만나고 시와 기록을 남겼다. 다음은 그가 그해 人日(정월 7일)에 공헌이의 집에서 조선 문인인 오경석, 안규와 만난 일에 대해 기록한 내용이다.

> 丁巳(1857) 人日(정월 7일)에 潤臣(섭명풍의 자), 繡山(공헌이의 호)이 朱琦(자 伯韓), 何青耜 선배, 農部 蔣超伯(자 叔起), 比部 劉存仁(자 炯甫), 徵君 汪暕(자 仲穆) 동년과 함께 衍聖公 저택의 韓齋에 모여 술을 마셨다. 자리에는 조선인 亦梅 吳慶錫

과 桐齋 安圭 두 명의 從事가 있었는데 그들이 그림을 그려서 시를 청하므로 나는 오언고시 한 편을 지었다.[15]

허종형의 기록에 따르면 이 모임을 주도한 사람은 공헌이와 섭명풍이었고, 모인 사람들로는 중국 문인 朱琦(1803-1861), 何靑耜, 蔣超伯(1821-1875), 劉存仁(1802-1877), 汪暕(1797-1858) 등과 조선인 역관인 吳慶錫(1831-1879)과 安圭가 있었음을 알 수 있다.

오경석과 안규는 당시 동지겸사은사 일행의 역관으로 중국을 방문했었던 것인데 위에서 인용한 서문을 보면 오경석과 안규는 그림을 꺼내 보이면서 시를 청하였고 허종형은 그림에 오언고시를 적어 주었다. 술이 거나해 지나 오경석은 스승인 이상적이 주기와 공헌이에게 보낸 시와 서신을 꺼내 전달하였다.[16] 이는 이들의 모임이 오경석의 스승인 이상적과 중국 문인들과의 교유를 잇고 계승하는 성격을 갖고 있었음을 설명한다.

이번 모임에 참여한 중국 문인들 중에서 섭명풍(1812-1859)은 특히 주목되는 인물인데 그는 공헌이의 친한 벗이자 '한재아집'의 핵심 구성원이었던 것으로 보인다. 섭명풍은 翁方剛의 제자인 葉志詵의 둘째 아들로, 집이 북경 虎坊橋에 있었다. 함풍 9년인 1859년 초에도 공헌이의 한재에서 허종형 등과 모임을 가졌으며, 4월에 외직으로 나갔다[17]. 위에서 '한재청우도'에도 섭명풍의 글이 남아 있었음을 언급한 바 있는데, 섭명풍이 '한재청우도'에 발을 남긴 것은 1854년 보름이었으나 2년 뒤인 1856년에 여러 사람들이 모여 '한재청우도'를 감상할 때도 자리를 같이 하였다. 공헌이는 섭

---

15 許宗衡. 〈人日爲朝鮮吳亦梅安桐齋所繪圖題詩〉. "丁巳人日, 潤臣, 繡山, 招同朱伯韓琦, 前輩何靑耜, 農部蔣叔起超伯, 比部劉炯甫存仁, 徵君汪仲穆暕同年集飮衍聖公邸第之韓齋. 坐有朝鮮吳亦梅慶錫, 安桐齋圭兩從事, 因繪圖徵詩, 余爲五古一章.", 『玉井山館詩』 권9 (『한객시존』 117면)

16 許宗衡. 〈人日爲朝鮮吳亦梅安桐齋所繪圖題詩〉. "席間, 亦梅出示其師李藕船寄伯韓繡山兩先輩詩幷書."(『한객시존』 117면.)

17 許宗衡. 〈望海潮〉. "去年, 同與葉潤臣觀察集韓齋, 四月潤臣乞外, 瀕行, 作『校西老屋卷子』屬題, 今潤臣已歸道山矣."(『한객시존』 134면)

명풍의 시집인 『泝漁集』에 서문을 써준 바 있는데, 서문에서 섭명풍에 대해 다음과 같이 소개하고 있다.

> 나의 동년 葉君 潤臣은 東卿 선생의 아들이요, 崑臣 中丞의 동생이다. 어려서 시에 능하여 세상에 이름을 알렸는데 격조가 높아서 어르신들에게 인정을 받았다.[18]

여기서 말하는 동경은 섭지선을 가리키고 崑臣 中丞은 兩廣總督을 지냈던 葉名琛(1807-1859)을 가리킨다. 섭명침 역시 어려서부터 시문으로 이름을 날렸고 18세가 채 되기 전에 貢生에 급제하여 세상을 놀라게 하였다. 섭명침도 젊은 시절에는 부친과 더불어 일부 조선 문인들과 교유가 있었지만 40세에 廣東巡撫가 되면서부터 주로 광동성에서 근무하였기 때문에 부친과 조선 문인들과의 교유는 주로 둘째인 섭명풍이 이어받았던 것으로 보인다. 즉 섭지선과 조선 문인들의 교유는 아들인 섭명풍과 동년인 공헌이 등에게로, 조선 역관 이상적과 중국 문인들과의 교유 관계는 그의 제자인 오경석을 통해 이어지고 있었던 것이다.

다음은 이번 모임에서 섭명풍이 지은 시이다.

閶闔天開霽景融	경성의 문이 활짝 열리니 밝은 햇살 무르녹는데
上公邸第一樽同	상공의 저택에서 함께 술잔을 드네.
五都文物玆佳日	五都의 문물은 좋은 날에 번성하고
二客冠上有古風	두 나그네 갓에는 옛날 풍속이 남아 있구나.
索句爭傳晁監美	시구를 찾음에는 晁監의 아름다움을 다투어 전하고

18 孔憲彝. 「泝漁集序」. "余同年葉君潤臣東卿先生之子而崑臣中丞之弟也. 少而工詩名輦下, 格調高潔, 爲老輩所推許."

通詞不輸[19]葉河工	詞에 능통함은 葉河의 공교함에 뒤지지 않네.
揚鞭歸訊關門路	채찍 휘둘러 돌아가는 관문의 길에서 소식 보낼 것이고
回首離情付畫中[20]	머리 돌려 이별의 정은 그림 속에 부치네.

屬稚衡作'人日題詩圖'贈行　稚衡에게 '人日題詩圖'를 그려 갈 때 선물하게 하였다.

섭명풍, 〈정월 7일 공수산 동년과 함께 조선 亦梅 吳慶錫, 桐齋 安圭 두 종사관과 朱韓伯, 劉炯父, 符南樵, 何青士, 許海秋, 楊汀鷺, 張叔起, 程稚衡을 초대하여 연성공의 저택에서 술을 마시다〉

섭명풍은 시에서 허종형이 기록하지 않은 몇 사람을 더 언급하였는데, 이들은 符南樵, 楊汀鷺와 程稚衡이다. 이로부터 이번 모임이 상당한 규모를 갖췄음을 알 수 있다. 여기서 말하는 정치형은 화가 程祖慶을 가리키는데, 주석에 따르면 그가 이 모임을 그림으로 그려 '人日題詩圖'를 완성하였다고 한다.[21] 여기에서 이별의 정을 그림 속에 부친다는 것은 정조경의 그림에 이별의 정을 담았음을 말한 것이다.

섭명풍은 오경석과 안규의 복식에는 옛날 풍속이 남아 있다고 하였고 그들의 文才가 晁監과 葉河를 뛰어넘는다고 칭찬하였는데, 조감은 唐玄宗 때 祕書監을 지낸 일본인 아베 나까마로[阿倍仲麿]의 중국 名號이다. 조감

19 『한객시존』에는 '數'로 되어 있으나 '輸'의 오기로 보인다.

20 葉名澧. 〈人日偕孔繡山同年邀朝鮮吳亦梅慶錫, 安桐齋圭兩從事暨汪仲穆, 朱伯韓, 劉炯父, 符南樵, 何青士, 許海秋, 楊汀鷺, 蔣叔起, 程稚衡集飲衍聖公邸〉. 『敦夙好齋詩集續編』 권8(『한객시존』 114면).

21 김현권. 2011. 「오경석과 청 문사의 회화교류 및 그 성격」. 『강좌미술사』 37호. 한국불교미술사학회. 221-222면.

은 朝衡 혹은 晁卿으로도 불렸는데 그는 天寶 12년(753)에 배로 귀국하던 중 난파를 당한 끝에 安南에 漂泊했다가 다시 당나라에 온 뒤 70세의 나이로 죽었다. 섭하가 누구인지는 확실하지 않으나 섭명풍이 오경석과 안규를 해외의 재주 있는 벗으로 인정하고, 그들과의 이별을 안타까워하고 있음을 알 수 있다.

다음은 朱琦가 이 모임에서 지은 시이다.

入春七日有詩無	봄이 된지 7일째, 새 시가 있는지요?
隔歲消寒補作圖	해 바뀌고 추위 누그러질 때 다시 그림으로 그리네.
恰好瀛洲談二客	마침 영주의 두 나그네와 이야기를 나누어
未忘皇甫重三都	황포중이 삼도를 지키던 일을 잊지 않았네.
藕船寄詩猶及前敍	藕船이 시를 부쳐와 지난 일을 이야기하다.
上公賜邸花先發	上公이 하사한 주택에 꽃이 먼저 피었는데
海國知名道豈孤	바다 밖 나라에 이름 알려지니 어찌 도가 외로울까?
白發青衫同一醉	백발에 포의 신분으로 함께 취하니
夜闌燈火照歸塗	밤이 끝나가고 등불은 돌아갈 길을 비추네.

주기, 〈정월 7일에 葉潤臣, 孔繡山 두 舍人이 조선 吳亦梅, 安桐齋와 함께 초대해 성공의 옛 저택에서 술을 마시다〉[22]

22 朱琦. 〈人日葉潤臣, 孔綉山兩舍人招同朝鮮吳亦梅, 安桐齋飲聖公舊邸〉. 『怡志堂詩初編』

주기는 자가 伯韓 혹은 濂甫이고 호가 伯韓이며 청대 嘉慶, 道光 연간의 廣西 5명의 동성파 고문학가를 칭하는 '嶺西五大家' 중의 한 명이다. 1835년에 진사에 급제하여 監察御史의 벼슬까지 했으며 직언을 서슴지 않아서 당시 蘇廷魁, 陳慶鏞과 더불어 '諫垣三直'이라고 불렸다. 당직자들과 맞지 않아 1847년에 분연히 벼슬을 버렸다가 만년에 杭州團練局의 총재를 지냈는데 태평천국 군이 항주를 공격할 때 살해되었다. 당시는 주기가 벼슬을 버리고 포의로 있었던 때였기 때문에 자신이 이 모임에 끼인 것을 백발에 포의 신분으로 이 모임에서 함께 취하였다고 한 것이다.

한편 다른 중국 문인 馮志沂(1814-1867)가 쓴 시를 보면 이날의 모임은 한 번에 그치지 않았던 것으로 보인다. 공헌이는 앞의 모임에 참석한 중국 문인들이 돌아간 뒤에 풍지기를 포함한 다른 문인들을 또 초대하여 오경석, 안규 등과 함께 운자를 나누어 시를 지었다. 다음은 풍지기가 이 모임에 참여하여 지은 시의 내용이다.

筍香魚美簇春盤	향기로운 죽순과 맛있는 생선이 봄 쟁반에 가득한데
佳節愁心强自寬	좋은 명절이라 억지로 수심을 쫓아보네.
載酒客添新伴侶	술 실은 나그네에게 새 벗이 보태어 지고
談詩人有古衣冠	시를 논하는 사람이 옛 의관을 하고 있네.
萍逢聚散浮生易	덧없는 인생에 우연한 만남과 이별은 쉽지만
天地風塵此會難	천지간의 풍진에 이런 모임 갖기 어렵네.
不爲重闉限車轍	겹겹의 성문이 수레를 제한하는 것이 아니니
竟須沈醉向更闌	한껏 취해 밤이 깊을 때까지 마셔야 하리.

권8(『한객시존』 112면).

풍기지, 〈人日에 (繡山 어르신이 高寄泉 大令, 吳子貞 孝廉과 조선 吳亦梅, 安桐齋를 초대하여 운자를 나누어 시를 지었는데 나는 '盤'자를 받았다〉[23]

풍지기는 자가 山西 代州 사람으로 자가 魯川이며 중국 청대의 장서가이다. 일찍 梅曾亮을 따라 노닌 적 있으며, 고문학으로 이름을 날렸는바, 동성파에 속한다. 이번 모임에 참여한 사람은 풍지기와 공헌이 외에 중국 문인 寄泉 高繼珩과 吳子貞[24], 그리고 조선인인 오경석, 안규가 있었다. 고기형은 이상적의 『은송당집』에 이름이 나오는 것으로 보아 이상적과도 교유가 있었던 인물임을 알 수 있다. 시에서 밤이 깊을 때까지 술을 마셔야 한다고 한 것으로 보아 모임은 밤늦게까지 지속되었던 것으로 보이고, 그가 이번 모임을 우연한 이별과 만남이 아닌, 특별한 의의가 있는 모임으로 규정한 것으로 보아 이번 모임을 매우 중시하였음을 알 수 있다.

함풍 7년은 '한재'에서의 모임이 한창 활발하게 진행되던 시기였다. 이 시기에 북경을 방문한 오경석과 안규는 한재에 들러 많은 중국 문인들을 만났고 그들과 서화를 통한 교유를 진행하였다. 이들의 모임은 그들의 윗세대 문인들의 교유를 잇는 성격을 가지고 있었으며, 동시에 시를 통한 문학적 교류와 그림을 통한 예술적 교류 및 문화의 전파가 함께 이루어졌다. 또 이들의 출신과 문학 경향을 살펴보면 동성파의 문인들이 주류를 이루고 있었음을 알 수 있다. 이는 만청 시기의 동성파 그룹과 조선의 문인들이 상당히 많은 직접적인 교류를 진행했고, 그들의 학문이나 문풍이 조선에 일정한 영향을 주었을 가능성을 시사한다.

23 馮志沂. 〈人日繡山年丈招同高寄泉大令, 吳子貞孝廉及朝鮮吳亦梅, 安桐齋飮分韻得'盤'字〉. 『미상재시집초편』 권5(『한객시존』 117-118면).

24 성명 미상.

3. 맺음말

본고에서는 만청 문인 공헌이의 '한재'와 조선인들이 참여한 '한재아집' 및 함풍 7년 조선 역관 오경석과 안규가 참여한 한재에서의 모임에 대해 살펴보았다. 19세기의 한중 교류에서 만청 문인 공헌이와 그의 '한재'는 매우 중요한 의미를 가진다. '한재'는 한중 문인들의 교류의 장소가 되었을 뿐만 아니라 그 장소에서 진행된 모임에서 창작한 그림과 시 및 그 교류에 대한 기억 등으로 인해 그 자체로 하나의 문화적 이미지로 각인되었고, 문화 교류에 역할을 하였기 때문이다. 이런 의미에서 '한재'에서 이루어진 모임과 '한재아집도'의 향유 등은 한중 교류사에서 매우 중요한 의미를 가진다고 할 수 있다.

공헌이가 주도한 '한재'의 모임의 핵심 구성원들은 주로 동성파의 문인들이었는데, 이들은 조선 문인들과 함께 어울리면서 시와 그림을 통하여 교류를 하고 우정을 맺었다. 모임에 참여한 사람들을 볼 때 중국의 문인들은 대부분 동성파 계열에 속하는 문인들이었고, 이런 원인으로 인해 그들 내부에서 일정한 동질감과 결속력이 있었으며, 또 그로 인해 비교적 고정된 인원들이 조선인들과 함께 여러 차례 모임을 가질 수 있었던 것으로 보인다. 이는 한중 문인들의 교유에 보다 좋은 조건을 제공해 주었을 것으로 보이나, 한편으로는 그들의 교류의 범위를 제약하여 그들의 국제적 시야와 정보의 확대에 한계를 가져다는 요소로 작용했을 가능성도 배제할 수 없다.

참고문헌

葉名澧. 『泝灊集』. 개인소장본.

李尙迪. 『恩誦堂續集』.

董寿平·李豫 主编. 1997. 『洪洞董氏日记六种』 제6권. 「董硯樵先生年譜長編」 89면. 北京图书出版社.

孔憲彝. 1856 간행본. 『對岳樓詩續錄』.

김현권. 2010. 「김정희파의 한중회화교류와 19세기 조선의 화단」. 고려대학교 박사학위논문.

김현권. 2011. 「오경석과 청 문사의 회화교류 및 그 성격」. 『강좌미술사』 37호. 한국불교미술사학회. 213-238쪽.

김홍매. 2017. 「역관 변원규의 생애와 중국 사행 시의 교유」. 『국문학연구』 36. 233-254.

이춘희. 2005. 「藕船 李尙迪과 晩淸 文人의 文學交流 硏究」. 서울대학교 박사학위논문.

王玥琳. 2016. 「首都圖書館藏『闕裏孔氏詩鈔』稿本考略」. 『圖書館工作與研究』 第240期.

周洪才·鍾淑娥. 1994. 「簡論孔祥霖文憲目錄學成就」. 『山東圖書館季刊』.

董文渙의 『韓客詩存』과 韓中文學交流

김명호

董文渙의 『韓客詩存』과 韓中文學交流

—

김명호

1. 머리말

조선 후기의 漢文學은 淸代 중국 문학과 밀접하게 교류하며 발전해 왔다. 해마다 북경에 파견된 燕行使節이 그 중개 역할을 한 것은 잘 알려진 사실이다. 藤塚鄰의 『淸朝文化東傳의 연구』[1]는 그러한 당시 韓中 문학 교류의 중요한 일면을 실증적으로 밝힌 勞作이었다. 다만 표제 그대로 일방적인 교류의 視角에서, 그리고 秋史 金正喜와 考證學에 치중하여 서술했기 때문에, 청조 문단에 조선 한문학의 성과를 알리기 위한 노력이라든가 英正祖時代 北學派의 연행과 그를 통한 활발한 교류는 소략하게 다루었고, 추사 이후에도 줄기차게 이어진 한중 문학 교류의 실상을 밝히는 작업 역시 과제로 남겼다.

그런데 지금까지 우리 학계는 이 방면에서 藤塚鄰의 업적을 능가하는 연구 성과를 산출하지 못했다고 해도 과언이 아니다. 물론 산발적이고 단편적인 논의가 없었던 것은 아니지만, 북학파 이래 한중 문학 교류의 큰 흐름을 조감한 위에서 탄탄한 실증적 기초 작업을 거쳐 나온 연구들을 찾아

1 그의 박사논문 「조선조에 있어서 청조문화의 移入과 金阮堂」(1936)을 1975년에 復刊하면서 改題한 것이다.

보기 힘든 것이 엄연한 현실이 아닌가 한다. 自國史 위주의 폐쇄적인 연구 풍토와 아울러, 중국측의 자료에 접근하기 힘든 사정이 그간의 진전을 가로막은 주요인이었다고 생각된다.

조선 후기의 한중 문학 교류사에서 북학파의 출현은 획기적인 사건이었다. 이를 계기로 양국의 문학 교류가 비약적으로 증진되었으며, 그 한 頂點에 추사가 자리잡고 있는 것이다. 뿐만 아니라 후대 문인들에 의해, 특히 북학파의 후예나 추사의 문생들에 의해 19세기 후반까지 그같은 적극적인 교류가 꾸준히 이어졌음을 주목해야한다. 예컨대 哲宗 말년 冬至 正使로 중국을 다녀온 申錫愚는 당시 북경에서 사귄 沈秉成에게 보낸 편지에서, 金履度와 張道渥, 洪大容과 嚴誠·潘庭筠·陸飛, 朴趾源과 尹嘉銓·王民皥, 洪良浩와 紀昀, 朴齊家와 李調元, 김정희와 翁方綱의 선례를 들면서, 그와 마찬가지로 자신의 소개에 힘입어 沈秉成의 이름도 조선 문단에 널리 알려질 것이라 말하고 있다.[2] 연행을 통한 한중 문학 교류의 전통이 후대의 문인들에 의해 자각적으로 계승되고 있음을 볼 수 있다.

필자는 박지원의 손자인 瓛齋 朴珪壽(1807-1877)의 경우를 중심으로, 영정조 시대 북학파의 사상적 문예적 성과가 19세기에 계승 발전되어간 양상을 규명하는 연구를 진행하고 있는데, 그 과정에서 박규수와 친밀하게 교유한 董文渙·沈秉成·王軒·黃雲鵠 등 중국 인사들에 주목하게 되었다. 박규수는 1861년과 1872년 使臣으로 북경에 다녀온 바 있으며, 이러한 두 차례의 연행을 통해 그들과 두터운 교분을 맺고 활발한 문학적 교류를 시도했기 때문이다. 그의 문집인 『瓛齋集』에는 董文渙에게 보낸 7편의 편지를 비롯하여 중국 인사들과 직접 주고 받은 편지가 41편이나 수록되어 있으며, 이밖에 그들과의 교유와 관련된 詩文들이 다수 포함되어 있다. 따라서 중국 인사들과의 교유 관계를 해명하지 않고서는 박규수의 사상과 문학을 온전히 파악하기 어려운 것이다.

---

2 신석우. 『西樣詩集』(계명대 소장 필사본). 「書與沈仲復」.

그러나 국내에서 구할 수 있는 관련 문헌은 王軒의 『顧齋詩錄』[3] 정도가 고작이어서 결국 중국 현지에 가서 광범하게 자료를 수집해야 할 필요를 절실히 느끼던 차, 『韓客詩存』이라는 책을 접하게 된 것은 가뭄에 단비를 만난 격이었다. 이 책은 중국 山西大學校 고전문학연구소의 李豫 교수가 주로 董文渙의 후손가에 전해져 온 문헌들을 정리하여 펴낸 것이다.[4] 董文渙을 비롯한 중국 인사들이 북학파의 후예 박규수와 그의 벗 신석우·金永爵, 추사의 문생 李尙迪과 그 제자 卞元圭·李容肅 등 당시 조선의 뛰어난 문인들과 주고 받은 詩文들을 망라하고 있어, 19세기의 한중 문학 교류를 연구하는 데 寶庫와도 같은 존재라 할 수 있다.

국내에서는 접하기 어려운 희귀 자료들을 발굴하고 여기에 校點과 해설까지 베풀어 학계에 제공한 李豫 교수의 노고에 대해 한국의 學人의 한 사람으로서 깊이 감사드린다. 이와 같이 중요한 저작이 출간된 지 수년이 지난 지금도 학계의 큰 관심을 끌지 못하고 있음은 실로 안타까운 일이다. 본고에서 필자는 『한객시존』의 자료적 가치를 검토하는 한편, 이를 주자료로 활용하여 19세기 한중 문학 교류의 실상을 폭넓게 추적해 보고자 한다. 단, 지면 제한으로 심도있는 논의를 펴기 어려우므로 董文渙과 박규수의 교유에 초점을 맞추기로 했다.

3 국립중앙도서관 葦滄文庫, 성균관대 尊經閣 등에 소장되어 있다.

4 한국 한림대학교 아세아문화연구소의 지원을 받아 1996년 북경 書目文獻出版社에서 간행되었다. 『한객시존』, 「序」(崔永禧)와 「후기」(李豫) 참조.(이하 『한객시존』 인용시 서지사항을 생략함)

2. 董文渙과 『韓客詩存』

우리에게는 미지의 인물이라 할 수 있는 董文渙에 대해 먼저 살펴보기로 한다. 董文渙(호 硏秋·硏樵, 1833-1877)[5]은 山西 洪洞 출신으로, 1856년(咸豊 6년) 進士 급제후 翰林院 庶吉士에 이어 檢討가 되었다. 1859년 大考 二等으로 國史館 協修에 임명되었다. 1862년(同治 1년) 국사관 纂修, 實錄館 協修를 거쳐, 이듬해 실록관 찬수·起居注 협수 등을 지냈다. 1864년 武英殿 협수, 文淵閣 校理를 거쳐, 이듬해 日講起居注가 되었다. 1866년 大考 三等으로 무영전 찬수에 임명되었으며, 그 해 12월 『文宗實錄』 편찬에 기여한 공으로 四品을 頂戴하였다.

이와 같이 중앙 官界에서 비교적 순탄하게 경력을 쌓아가던 시절에 董文渙은 한편으로 使行次 북경에 온 조선인들과 두루 교분을 맺게 된다. 기록으로 확인되는 것은 1861년(철종 12년)부터이다. 그 해 1월(이하 음력) 冬至使 신석우(正使)·徐衡淳(副使)·趙雲周(書狀官)를 만났으며, 곧이어 3월에 問安使 趙徽林(정사)·박규수(부사)·申轍求(서장관)와 隨行員 宋源奎를 만났다. 1862년 1월 동지 정사 李源命과 譯官 이용숙·金奭準·吳慶錫을 만났으며, 4월 進賀使 徐憲淳(정사)·兪致崇(부사)과 수행원 崔秉翰·朴鍾天·丁學韶 등을 만났다. 1863년 1월 동지 부사 朴永輔와 그 아들 朴鳳彬, 역관 林致學·이용숙을 만났으며, 4월 陳奏使 首譯 이상적을 만났다. 1864년(高宗 1년) 3월 告訃使 수역 이상적을 만났으며, 11월 謝恩使 서형순(정사)·鄭顯德(서장관)을 만났다. 1865년 1월 동지사 수행원 朴鏞夔와 역관 이용숙·변원규를 만났다. 1866년 1월 동지사 李興敏(정사)·李鍾淳(부사)·金昌熙(서장관)와 역관 변원규 등을 만났으며, 7월 奏請使 徐堂輔(부사)·洪淳學(서장

---

5 文渙은 榜名으로, 初諱는 文煥이었다. 문헌에 따라서 '文煥'으로 표기하기도 한다. 호를 硯秋, 硯樵로 적기도 한다.

관) 등을 만났다. 1867년 1월 동지사 李豊翼(정사)·李世器(부사)·嚴世永(서장관)을 만났다. 1868년 1월 동지사(정사 金益文, 부사 趙性教) 수행원 박용기를 만났다.

그러나 이러한 빈번한 만남은 董文渙이 돌연 西北 邊境의 外職으로 나가게 됨에 따라 끊기게 된다. 1867년 8월 甘肅 甘涼兵備道에 임명된 董文渙은 이듬해 9월 太原에 부임하여 陝西捐餉總局 山西分局을 설립하고 陝西와 甘肅의 用兵 捐餉 사무를 처리했으며, 鹽運使에 加銜되었다. 1870년 生父의 喪을 당해 일시 관직을 떠났으며, 1871년 4월부터 1년간 북경에 寓居했다. 이때 다시 조선 사행을 만난다. 1871년 8월 齎咨行으로 북경에 온 역관 이용숙을 만났고, 1872년 1월 동지사 閔致庠(정사)·박봉빈(서장관)을 만났다. 그런데 그 해 연말 甘肅 鞏秦階兵備道에 임명되어 秦州(天水)에 부임했다. 그 뒤 1877년(光緖 3년) 7월 병으로 순직할 때까지 董文渙은 隴南書院을 창건하여 文敎를 일으키는 등 善政에 힘썼으며, 그 공로로 資政大夫 二品을 頂戴하였다.

董文渙이 남긴 저술은 무려 20여종이 된다. 公刊된 것은 『秋懷唱和集』(1861·1863 合印), 『聲調四譜圖說』(1864), 『金陵誌喜百韻』(1866), 『研樵山房詩集』(1868·1870 合印), 『集韻編雅』(1873)이고, 나머지는 稿本 상태로서 일부 逸失되었다. 그 중 가장 널리 알려진 것은 『聲調四譜圖說』이다. 古詩의 平仄論은 王士禎의 『師友詩傳錄』과 『漁洋詩話』에서 비롯되어 趙執信의 『聲調譜』, 翁方綱의 『古詩平仄論』 등으로 이어지는데, 『성조사보도설』은 이러한 淸代의 聲律 연구를 집대성한 저술로 평가된다.[6] 董文渙이 李尙迪 등 그와 친분이 있는 조선 인사들에게 두루 증정하여, 당시 조선에도 그의 대표적 저술로 알려져 있었던 듯하다.[7]

---

6 王力. 『漢語詩律學』(上海教育出版社. 1988). 381-4면. 398면 등; 青木正兒. 『淸代文學評論史』. 『青木正兒全集』(東京; 春秋社. 1983) 제1권. 441-6면 참조. 董文渙이 『성조사보도설』에서 개진한 견해는 선배 王軒에게서 나온 것이라 한다.(王拯. 「題明萬歷朝鮮李灘隱竹畵」. 『한객시존』. 285면) 왕헌의 고시 평측론은 『顧齋詩錄』 上卷, 심병성의 序에 소개되어 있다.

『추회창화집』은 董文渙과 교분을 맺은 조선 사행이 그의 「秋懷詩」에 화답한 시를 모은 것이다. 未完成稿로서 현재 전하지는 않으나, 『韓客詩錄』 역시 歷代 조선의 우수한 시들을 嚴選하고 評點을 가한 것이었다. 그 밖에 『연초산방시집』(刻本 및 稿本), 『硯樵山房唱和詩存』, 『硯樵山房詩草』, 『硯樵山房日記』 등에도 한중 양국 인사들이 주고 받은 시가 다수 수록되어 있다.

李豫 교수가 輯校한 『한객시존』은 이와 같은 董文渙의 저술들을 주자료로 삼은 것이다. 그런데 그는 이에 그치지 않고, 『偲屛書屋初集詩後錄』(黃爵滋), 『이齋詩集』(張穆), 『敦夙好齋詩集』(葉名灃), 『對嶽樓詩集』(孔憲彝), 『怡志堂詩初編』(朱琦), 『玉井山館詩』·『玉井山館筆記』·『玉井山館文略』(許宗衡), 『微尙齋詩集初編』·『西喩山房全集』(馮志沂), 『詠樓盍簪集』(沈秉成), 『耨經廬詩集續編』(王軒), 『龍壁山房集』(王拯), 『漱六山房全集』(吳昆田), 『實其文齋全集』·『祥人尺牘』(黃雲鵠), 『知白齋詩鈔』(江仁鏡), 『閣學公詩稿拾遺』(袁寶齡), 『帥氏淸芬集』(帥之憲) 등 淸人의 시문집을 널리 조사하여 관련 자료를 추가하였다.

『한객시존』은 '海客詩鈔', '韓客詩存', '韓客文存', '『硯樵山房日記』手稿中朝鮮人資料'(이상 上篇), '左海交遊錄', '完貞伏虎圖集', '竹亭先生遺事'(이하 下篇 부록)의 七部로 구성되어 있다. 그 중 '한객시존'이 가장 많은 분량을 차지하고 또한 핵심적인 부분을 이루고 있기 때문에, 이로써 책을 대표하는 제목을 삼은 듯하다.

우선 「해객시초」는 김석준이 자신과 同人 이용숙·姜海壽·金秉善·변원규·崔性學 6인의 작품 225수를 뽑아 편한 시집이다. 이들은 모두 譯官 신분으로, 김정희와 이상적 문하에 속하였다. 卷首에 1868년 10월에 쓴 최성학의 서문이 있다. "李雨村의 舊事" 즉 1777년(乾隆 42년: 正祖 1년) 李調

7 『한객시존』. 『연초산방일기』. 同治 3년 4월 18일; 同治 5년 1월 13일; 同治 6년 1월 3일, 1월 27일, 2월 3일; 同治 7년 1월 27일; 金永爵. 『邵亭詩稿』 권2. 「寄董研樵檢討」; 『한객시존』. 「寄懷研秋」. 243면.

元이 柳琴의 청탁으로 李德懋 등 四家의 詩를 모은 『韓客巾衍集』에 評을 베푼 고사를 흠모하여, 그들도 중국의 대가들에게 비평을 받고 싶어 이 시집을 엮은 것이라 밝혔다. 1871년 이용숙은 「해객시초」를 董文渙에게 증정하면서 評語를 청하여 받아갔는데,[8] 그러한 연유로 이 책이 董文渙의 후손가에 전해지게 된 듯하다. 「해객시초」의 시인들은 모두 19세기 후반에 활동한 저명한 閭巷文人이지만, 『紅藥樓稿』를 남긴 김석준을 제하면 『大東詩選』 등에 실린 대표작 몇편만이 알려져 있을 따름이다. 그런 실정에서 「해객시초」는 閭巷漢詩 연구에 귀중한 자료가 되리라 본다.

「한객시존」은 董文渙의 미완성 編著 『한객시록』과 제목이 유사하지만 전혀 별개의 존재로, 이예 교수가 董文渙과 기타 중국인들의 저술에서 한중 양국 인사들이 주고 받은 시를 발췌·편집하면서 그와 같이 명명한 것이다. 중국인 16인의 시 199수[9], 조선인 25인의 시 150수를 수록했다. 중국측 시인은 대개 董文渙과 가까운 선배이거나 벗들이고, 조선측 시인은 대개 그들과 교분을 맺은 연행 사절들이다. 1832년(道光 12년) 黃爵滋의 시부터 1872년(同治 11년) 董文渙의 시에 이르기까지 시대순으로 배열했으므로, 그 자체가 한중 문학 교류사를 증언하는 생생한 자료가 된다 하겠다. 마지막에 『추회창화집』을 실었다.

「한객문존」 역시 이예 교수가 董文渙의 저술을 비롯한 중국측 자료에서 상호 관련있는 한중 양국 인사의 산문들을 발췌한 것이다. 중국인 15인의 산문 31편[10]과 조선인 4인의 산문 4편을 수록했다. 중국 문사들이 조선

---

8 『연초산방일기』 同治 10년 11월1일, 11일. 단 『해객시초』는 1869년 이전에 이미 이용숙에 의해 북경의 중국문사들에게 소개되었던 듯하다.(金奭準. 『懷人詩錄』 上. 「李菊人用肅」. 小注)

9 그 중 許宗衡의 경우는 詞 1수가 포함되어 있다. 「한객문존」에 잘못 수록된 董文渙의 「重裝九蓮菩薩畵像歌」와 王軒의 「明孝定李太后九蓮菩薩畵像歌」, 그리고 李霆의 竹畵에 부친 題跋 중 詩 또는 詞로 된 작품 11편까지 합치면 모두 212수가 된다.

10 모두 44편이라고 했으나(『한객시존』. 13면), 董文渙의 「重裝九蓮菩薩畵像歌」와 王軒의 「明孝定李太后九蓮菩薩畵像歌」, 그리고 李霆의 竹畵에 부친 董文渙·賈臻·樊彬·趙佑宸·丁壽昌·王軒·張之洞·王憲成·許宗衡·孫毓汶·李文田의 題跋은 詩 또는 詞이므로 제외되어야 할 것이다.

인의 청탁으로 지은 樓亭記나 시문집의 序跋이 대다수를 차지하는데, 이를 통해 그들의 친분 관계나 문학적 교류 실태를 짐작할 수 있다. 1859년 2월 동지 부사 김영작과의 만남을 기록한 吳昆田의 「朝鮮使者金永爵筆談記」도 주목할만한 글이다. 한중 문학 교류사의 자료로 가치있을 뿐더러 조선의 엄격한 신분제와 四色 당파, 勢道政治 등을 언급한 대목도 흥미롭다.[11] 그 밖에 박규수가 董文渙·黃雲鵠과 주고 받은 편지 4편 등은 『환재집』에 수록되어 있지 않은 것으로, 박규수 연구에 귀중한 자료가 된다.

「'硯樵山房日記' 手稿中朝鮮人資料」는 1862년 1월부터 1873년 9월까지 董文渙의 일기에서 조선 인사들과의 교유와 관련된 기사를 발췌·정리한 것이다. 董文渙은 평생 일기 쓰기에 부지런하여 하루도 붓을 중지한 적이 없었다고 한다. 그의 일기는 원래 모두 23책이었으나 현재 1862년부터 1877년까지의 일기 17책만 전하며, 이 기간의 일기에도 逸失된 부분이 적지 않은 점이 아쉽다. 그렇기는 하지만 '한객시존' '한객문존'과 함께 19세기 한중 문학 교류사 연구의 기본 자료가 됨에는 손색이 없다 하겠다.

「左海交遊錄」은 叢書인 『帥氏淸芬集』(1884)에 포함되어 있는데, 帥方蔚[12]이 조선인과 주고 받은 편지와 시문 등 44편을 모아 편찬한 것이다. 卷首에 1835년(道光 15년: 憲宗 1년) 2월에 쓴 그의 序言이 실려 있다. 帥方蔚은 홍대용의 손자 洪良厚가 북경에서 結交한 李伯衡의 제자인 인연으로 1829년부터 홍양후 및 그의 벗 김영작과 서신 왕래를 트는 한편, 그것이 계기가 되어 1832년 동지 정사 鄭元容과 그 아들 鄭基世, 1834년 進賀 정사 洪敬謨와 수행원 成載詩 등과도 만나게 되었다. 「좌해교유록」은 1830년대 前半 한중 문학 교류의 一端을 엿볼 수 있는 자료로서 가치가 있으며,

11 김영작에 의하면 이 筆談記는 葉名澧이 吳昆田에게 편찬하도록 요청한 것이었다. 葉名澧은 浙江候補道로 杭州에 부임하면 그곳 문사들로부터 跋文을 얻겠다고 했는데, 부임 도중에 病死하고 말았다고 한다.(김영작. 『邵亭文稿』 권3. 「祭葉潤臣觀察文」)

12 호 石村. 1790년생. 江西 奉新人. 1826년 殿試에 探花로 급제하면서 文名이 알려졌다. 한림원 編修를 거쳐 京畿道 감찰어사까지 지낸 뒤, 귀향하여 白鹿經訓書院의 主講이 되었다. 저서에 『江西通志』, 『咫尺軒詩草』 등이 있다.

그 중 帥方蔚이 김영작·홍경모와 학술을 논한 서신[13]은 당시 사상사의 추이와 관련해서 주목된다.

「完貞伏虎圖集」은 董文渙의 벗으로서 그에 못지 않게 조선인과 광범한 교분을 맺은 黃雲鵠의 『實其文齋全集』(1888)에 포함되어 있다. 자신의 가문을 중흥시킨 太祖母 談孺人의 事蹟을 그린 黃雲鵠의 「完貞伏虎圖」에 許宗衡·馮志沂·박규수·金尙鉉 등 한중 양국 인사 17인이 부친 題跋(주로 題詩)을 엮은 것이다.[14] 卷頭에 黃雲鵠의 序(1872)와 그의 관련 詩文 3편이 실려 있다. 董文渙의 『추회창화집』과 마찬가지로 1860년대의 활발한 문학적 교류를 잘 보여주는 자료라 하겠다.

끝으로 「竹亭先生遺事」는 趙光祖의 門人인 處士 張潛(호 竹亭, 1497-1552)의 年譜·詩賦·언행록 등을 모은 것인데, 중국 산서대학교 고전연구소 所藏本(1795년 家刻本)을 대본으로 하였다. 편자는 이 책이 한중 양국의 각 대학 도서관 古書目錄에 기록되지 않은 진귀한 판본이라고 보아 『한객시존』에 굳이 포함시켰지만,[15] 국내에도 奎章閣이나 藏書閣 등에 '竹亭先生逸稿'라는 題下의 동일한 판본이 소장되어 있다.

3. 19세기 한중문학 교류의 양상

1765년(영조 41년) 홍대용을 시발로 한 북학파의 燕行은 柳琴과 羅杰(1777) → 이덕무와 박제가(1778) → 박지원(1780) → 李喜經(1782·1786)

---

13 帥方蔚. 「報朝鮮金卲亭解元書之二」; 김영작. 「朝鮮金卲亭寄帥方蔚書之四」; 帥方蔚. 「報朝鮮洪冠巖樞密書」; 홍경모. 「朝鮮洪敬謨寄帥方蔚書之三」.

14 이밖에도 李豊翼의 題詩(이풍익. 『六玩堂集』 권3. 「爲黃雲鵠題完貞伏虎圖」) 등 실제로는 더 있을 것으로 추측된다.

15 『한객시존』. 21면.

→ 유득공·박제가·이희경(1790) → 이희경(1794·1799) 등으로 꾸준히 이어지다가, 1801년(순조 1년) 柳得恭과 박제가의 연행을 끝으로 단절되고 만다. 한중 문학 교류의 새 시대를 연 것은 金正喜였다. 1809년 동지 부사인 부친 金魯敬을 수행하여 入燕한 그는 翁方綱과 阮元 등 당대 중국의 碩學名士들을 만난 이후 부단한 서신 왕래를 통해 교분을 다지고 확대해 나감으로써, 양국의 학계와 문단을 중개하는 중심 인물이 된다. 그를 뒤이어 선배 申緯(1812), 벗 趙寅永(1815)·權敦仁(1819), 아우 金命喜(1822) 등 가까운 知人들이 잇달아 연행에 나섰고, 門下의 譯官들도 그의 부탁을 부지런히 수행하였다. 그 중 특히 수제자인 이상적은 무려 열두번 북경을 다녀 왔는데, 1829년 이후 김정희가 타계하기 전까지 이미 아홉차례나 入燕하였다.

한편 1826년 洪良厚의 入燕은 북학파의 연행 전통을 계승하고자 한 최초의 시도였다. 그는 일찍이 조부 홍대용과 결교한 嚴誠·潘庭筠·陸飛의 후예를 찾아내어 조부의 사후 끊어진 우의를 되살리려는 염원을 품고, 동지 부사인 외숙 申在植의 수행원으로 연행에 나섰던 것이다. 연행에 앞서 홍양후는 박규수에게 贈言을 청했으며, 이를 계기로 두 사람도 先代에 이어 굳건한 우정을 맺게 된다. 1827년 초 북경에서 홍양후는 翰林編修 李鈞(자 伯衡)[16]과 사귀게 되었다. 그를 통해 杭州 출신으로 홍대용과 엄성 등이 교유한 고사를 안다는 翰林 許乃賡(호 藕舲)을 소개받았으나, 일정에 쫓기어 만나지는 못한 채 嚴誠 등의 후예에게 소식 전해주기를 당부하는 편지만 남기고 귀국 길에 올라야 했다.[17]

이와 같이 홍양후의 연행은 世交를 이으려는 숙원을 이루지는 못한 대신 李鈞·帥方蔚과 홍양후·金永爵 사이에 새로운 교분을 낳았다. 당시 북경에서 李鈞은 홍양후에게 그의 제자로서 探花가 된 帥方蔚의 試券을 보여주었으며, 또한 홍양후가 보인 조선인의 글 중에서 김영작의 시를 특히 칭

16 호 雨帆. 河北 河間人. 大理寺少卿, 河南河道總督 등을 지냈다. 1859년 卒.

17 김명호.「환재 박규수 연구(1)-수학기의 박규수」.『민족문학사연구』4(1993). 80-86면 참조.

찬하고 和韻한 시를 지어 주었다. 이에 감격한 김영작은 해마다 李鈞에게 서신과 글을 보내 가르침을 청하는 한편, 帥方蔚과도 결교하고 빈번하게 서신을 주고 받았다.[18] 귀국 이후 許乃賡의 주선으로 어렵사리 潘庭筠의 후손과 연락이 닿게 된 홍양후 역시 帥方蔚과 교분을 맺고, 潘帶銘에게 보내는 편지를 전해줄 것을 부탁하기도 했다.[19]

그 뒤 帥方蔚이 낙향하고 홍양후가 地方官으로 전전하다 향리에 은거함에 따라 교류가 소원해졌지만, 李鈞과 김영작의 交信은 나중에 회복되었다. 여기에 홍양후·김영작의 벗 申錫愚가 가세하여, 타계한 종숙부 신재식의 뒤를 이어 李鈞과 서신 왕래를 시작했다. 그리하여 마침내 1858년 김영작이 동지 부사로, 1860년 신석우가 동지 정사로 잇달아 연행에 나서게 되자, 이들은 무엇보다 먼저 李鈞과 만나기를 희구하는 한편 嚴誠과 潘庭筠·陸飛의 후예에 대해 탐문하고자 애썼다.[20] 이들에 바로 뒤이은 것이 1861년 박규수의 연행이다.

이렇게 볼 때 19세기의 한중 문학 교류는 추사 계열에 속하는 주로 역관 신분의 문인들과 아울러, 북학파의 전통을 계승하고자 한 그 후대 문인들에 의해 주도되었다고 할 수 있다. 물론 이러한 두개의 흐름은 확연히 가를 수는 없으며, 때로 합류하기도 한다. 예컨대 이상적은 首譯으로 김영작과 동행한 바 있고, 이용숙은 신석우의 사행에 수행했으며 누차 박규수를 위해 서신과 贈物을 전달했다. 오경석도 1872년 박규수의 두 번째 연행 때 수역으로 동행한다. 뿐만 아니라 이 두 계열의 문인들을 상대한 중국 인

18 김영작. 『邵亭詩稿』 권1. 「送洪三斯良厚赴燕」. 附「河間李雨帆編修伯衡遙和七律三章」; 『邵亭文稿』 권1. 「與李雨帆伯衡書」(丁亥·戊子·己丑·庚寅). 권2. 「石帆赤牘跋」; 『한객시존』. 「左海交遊錄」.

19 潘帶銘은 1832년 홍양후에게 편지를 보낸 '반공수'(漢字 未詳)와 동일인이며, 帶銘은 그의 字로 짐작된다. 홍대용. 『을병연행록』 부록 반공수의 편지; 『한객시존』. 「좌해교유록」. 379면. 382-3면. 390면 참조.

20 김영작. 『소정시고』 권2. 「寄贈申海藏尙書錫愚赴燕」; 『소정문고』 권3. 「祭李雨帆河督文」; 신석우. 『해장집』 권16. 「李郎中心傳家弔慰」. 「程少卿委訪」; 『한객시존』. 吳昆田. 「朝鮮使者金永爵筆談記」. 261-266면.

사들은 서로 중복되거나 대개 같은 그룹에 속했다. 그들은 孔憲彝[21]와 葉名澧[22]을 중심으로 한 同人的 성격이 강하였다.

우선 정치적인 면에서 그들은 아편 嚴禁論者로 유명한 黃爵滋,[23] 제1차 아편전쟁기의 병부상서 祁寯藻, 直臣 朱琦와 王拯[24] 등의 예에서 단적으로 볼 수 있듯이 내정 쇄신과 對英 투쟁을 주장한 淸流 인사로서, 魏源·龔自珍·林則徐 등과 개혁적 성향을 같이하였다. 또한 학술적인 면에서 그들은 대개 考證學에 조예가 깊었으며, 특히 顧炎武를 숭배하고 私淑하였다. 『顧亭林年譜』를 저술한 張穆은 벗 何紹基[25]·朱琦·馮志沂 등과 함께 북경에 고염무의 사당을 세우고 춘추로 제사를 지냈으며[26], 王軒은 고염무를 숭배한 나머지 호를 顧齋라고 지었다.[27] 그리고 문학적인 면에서 그들은 대체로 姚鼐와 梅曾亮의 계보에 속하는 桐城派 문인들이었다. 孔憲彝와 祁寯藻는 각기 姚鼐를 師事한 李宗傳과 陳用光[28]에게서 고문을 배웠고, 馮志沂와 王拯 등은 梅曾亮을 사사하였다.[29] 이와 같은 특징들은 孔憲彝·葉名澧 그룹의 少壯派에 해당하는 沈秉成·董文渙·潘祖蔭 등에게서도 공통적으

---

21 호 繡山. 1808-1863. 공자의 72代孫으로, 1837년 擧人이 되고, 內閣侍讀을 지냈다. 梅曾亮·曾國藩·魏源·何紹基 등과 古文을 講磨하였다. 그림에도 능해 墨蘭을 특히 잘 그렸다. 그의 형 孔憲庚과 합작으로 그린 「淮陽鴻爪圖」에 龔自珍이 題詩하기도 했다.

22 자 潤臣. 1811-1859. 孔憲彝와 同年으로, 역시 內閣侍讀을 지냈으며, 많은 산수시를 남긴 시인으로 이름이 있었다. 그의 부친은 翁方綱의 문인이자 사위로 추사와 친교가 깊었던 葉志詵이고, 형은 1858년 英佛 연합군의 廣州 공격 때 체포되어 印度에 끌려가 죽은 兩廣總督 葉名琛이다.

23 그의 嚴禁論을 당시 湖廣總督 林則徐가 적극 지지하고 나섰다. 또한 그는 1839년 祁寯藻와 함께 福建에 파견되어 海防과 禁煙 상황을 조사하고 戰守 방략을 건의하기도 했다.

24 孔憲彝와 同年이고, 朱琦와 同鄕이다.

25 龔自珍과 절친했다.(龔自珍. 『己亥雜詩』. 제32수. 최종세 評釋. 月印 1999. 37면)

26 江蘇學政 당시 祁寯藻의 幕僚를 지냈으며, 祁寯藻가 그의 遺著 발간을 도왔다. 張穆은 死後 고염무의 사당에 陪祀되었다.

27 祁寯藻의 同鄕 後進이다. 祁寯藻가 張穆의 뒤를 잇는 人才라고 칭찬하고, 經行으로 천거하여 發身하였다. 王軒은 同鄕 後進인 董文渙 형제에게 詩를 가르쳤다.

28 祁寯藻의 장인으로 黃爵滋와 친교가 있다. 卞鍾運. 『嘯齋集』 권4. 「和陳侍郎用光永平府韻幷引」 참조.

29 또한 祁寯藻·何紹基 등은 晩淸 宋詩派의 대표적 인물이기도 하다.(黃霖. 『近代文學批評史』. 上海古籍出版社 1993. 112-124면)

로 발견된다.

이러한 중국측 인사들의 성향은 이들과 조선 사행의 접촉에도 일정한 영향을 미쳤다. 英佛 연합군의 北京 점령과 咸豊帝의 熱河蒙塵 직후에 북경에 당도한 신석우가 程恭壽를 만나 『海國圖志』 續本과 魏源에 관해 묻자, 그는 자신이 林則徐의 제자임을 밝히면서 魏源이 불우하게 죽은 사실을 전하고 위원의 또다른 대표적 저술로 『聖武記』를 소개했다.[30] 丙寅洋擾를 전후해서 이같은 교섭은 아연 활발해진다. 1866년 6월 북경에 도착한 奏請使(정사 柳厚祚) 일행은 黃雲鵠·王軒·張丙炎·董文渙 등을 만나 "法夷(프랑스)"의 朝鮮出兵說과 그 대비책에 관해 조언을 구했으며, 필담 내용은 즉각 국내의 興宣大院君에게 보고되었다.[31] 黃雲鵠은 당시 兵部主事로서 적극 협력했을 뿐더러 江華陷落 때 殉節한 李是遠 형제를 기린 輓詩를 짓기까지 했으므로, 이를 계기로 흥선대원군과도 시와 편지를 주고 받게 된다.[32] 김영작은 절친한 張丙炎을 통해 董文渙에게 『瀛寰志略』을 구해 주도록 부탁했고, 程恭壽에게 "俄夷(러시아)"의 침략를 경계하는 편지를 보냈다. 박규수 역시 왕헌과 황운곡 등에게 제너럴 셔먼호 사건과 병인양요 소식을 전하며 함께 시국을 염려하였다.[33]

한편 추사 이후 고증학에 대한 관심이 고조되면서 중국 인사들과 희귀한 金石 拓本을 주고 받는 것이 교류상의 관례처럼 되었다.[34] 그 중 특

---

30 신석우. 『해장집』 권16. 『입연기』. 「程少卿委訪」. 程恭壽(字 容伯)는 1804년생. 道光 때 擧人으로 光祿寺少卿을 지냈으며, 글씨를 잘 써 咸豊·同治中 都下第一이라 일컬어졌다. 그는 孔憲彝·葉名灃 그룹의 일원인 工部尙書 張祥河와 사돈간이었다.

31 金奎洛. 『雲下見聞錄』(아세아문화사 영인). 『赤虎記』. 「奏請使先來便伴倘沈雅士私書草」. 「副使徐堂輔筆談草」; 『洋擾記錄』(국립중앙도서관 葦滄文庫). 「筆談」. 「上使伴倘沈裕慶錄送」; 『龍湖閑錄』 제18책. 「上副使錄來紙」; 柳厚祚. 『洛坡先生文集』(大邱; 大譜社, 1995). 「上書雲峴」 別紙.

32 『한객시존』. 황운곡. 「寫竹石答朝鮮李石坡贈蘭」; 李昰應. 「和緗雲 寫竹石答余贈蘭韻」; 황운곡. 「聞江華李尙書是遠太守正(止의 誤字)遠兄弟殉節事於玉河館席中慨賦長律」; 이하응. 「和緗雲玉河館席中慨賦長律韻」; 황운곡. 「答李石坡院君」(1)(2); 「答朝鮮卞秋舲使者」; 동문환. 『연초산방일기』 同治 7년 1월 14일; 박규수. 『환재집』 권10. 「與黃緗雲」(4).

33 『한객시존』. 동문환. 『연초산방일기』 同治 8년 1월 24일; 김영작. 『소정문고』 권1. 「與程容伯恭壽書」; 박규수. 『환재집』 권10. 「與王霞擧」(3). 「與黃緗雲」(3).

히 중국인의 관심을 끌었던 것은 추사에 의해 널리 알려진 신라 진흥왕 巡狩碑이다. 오경석은 北狩碑(黃草嶺碑) 탁본을 葉名灃에게 증정했고, 김석준과 이용숙은 孔憲彝의 모임에서 이 탁본을 보이고 諸家의 贊을 받았으며, 신석우는 沈秉成에게 「新羅眞興王北狩碑攷」를 지어 보냈다. 1869년 초 동지 정사 金有淵도 董文渙의 아우 董文燦에게 북수비 탁본을 증정했으며, 그 뒤 재차 入燕한 박규수는 여기에 題詞를 써주었다.[35] 한편 董文渙은 고려시대 銅鐘의 탁본을 王拯 등과 함께 鑑定하였고, 조운주의 간청으로 阮元의 『積古齋鐘鼎彝器款識』를 구해 부쳤으며, 박규수와 변원규에게 唐碑 탁본을 기증하기도 했다.[36]

이와 같이 金石學 방면에서 두드러지게 활발한 교류가 있었지만, 고증학에 대한 관심은 비단 여기에만 국한된 것은 아니었다. 특히 주목할 것은 天文數學 분야의 교류이다. 청조 고증학은 서양의 천문 수학을 비판적으로 수용하는 가운데 고대 중국의 천문 수학을 復活하고자 하여, 乾隆·嘉慶 이후 천문 수학은 經學 연구자의 副業이 되다시피 했고, 고증학자치고 그에 관한 상식이 없는 이가 드물 정도로 시대적 風尙이 되었기 때문이다. 그리하여 일찍이 추사는 阮元과 算學家 徐有任을 위해 당시 중국에는 逸失된 元 朱世傑의 『算學啓蒙』 朝鮮板本을 구해 보낸 바 있으며, 박규수는 자신의 절친한 벗으로 천문 수학에 정통했던 南秉哲을 王軒 등 중국 인사들에게 소개하면서 그의 대표적 저술인 『儀器輯說』·『海鏡細草解』·『推步續解』를 기증하였다.[37]

---

34 예컨대 이상적은 왕증에게 平百濟碑 탁본을 寄贈했고, 김석준과 변원규는 동문환에게 각각 眞鑑國師碑와 眞澈禪師碑 탁본을 증정했다. 박규수도 심병성에게 眞澈禪師碑 탁본을 보냈다.(『한객시존』. 왕증. 「高麗銅鐘榻本歌幷序」; 『연초산방일기』 同治 1년 1월 17일; 同治 5년 1월 14일; 『환재집』 권10. 「與沈仲復」(4))

35 『한객시존』. 葉名灃. 「新羅眞興王北狩定界石刻殘字幷序」; 藤塚鄰. 앞의 책. 389-391면; 신석우. 『해장집』 권9. 「又(與沈翰林仲復書)」(壬戌); 김명호. 「박규수의 金石書畵論」. 『한문학보』 1(우리한문학회. 1999). 487면 참조.

36 『한객시존』. 王拯. 「高麗銅鐘榻本歌幷序」. 董文渙. 「高麗銅鐘歌」. 董文渙. 「跋送朝鮮趙蘭西積古齋鐘鼎後」; 『연초산방일기』 同治 1년 1월 5일. 同治 10년 8월 3일.

37 『한객시존』. 張穆. 「爲朝鮮貢使李藕船題其師金秋史所書歲寒圖....」; 藤塚鄰. 앞의 책. 400

顧炎武에 대한 관심이 현저히 증대한 것도 교류의 한 결과라 할 수 있다. 신석우를 만난 王軒은 자신이 평생 顧炎武를 사숙했다고 밝히며 顧炎武의 학술을 극도로 예찬하였다.[38] 1861년 제1차 연행 당시 박규수는 "顧氏의 門徒"인 沈秉成·董文渙·王拯·黃雲鵠·王軒과 함께 顧炎武 사당을 참배하고 그들과 "古音의 正訛와 經學의 興衰"를 논했으며, 귀국할 때 黃汝成의 『日知錄集釋』을 구해 가지고 왔다.[39] 王軒·董文渙 등과 만난 진하 부사 兪致崇과 박규수의 "至友" 丁學韶는 평소 顧炎武의 학문을 景仰했다면서 그들과 함께 顧炎武 사당에 특별히 제사를 올렸고, 박규수의 제자로서 董文渙과 교분을 맺게 된 徐相雨도 그에게 『日知錄集釋』과 『顧亭林遺書十種』, 顧炎武의 眞像 摹本 등을 구해 줄 것을 간청하였다.[40]

桐城派 文人들과의 직접적인 교류는 1839년 동지사 서장관 李正履의 연행으로 거슬러 올라간다. 박규수의 表叔으로 그의 학문을 지도한 이정리는 이듬해 초 북경에서 梅曾亮과 그 문인 吳嘉賓을 만났으며, 그들에게 당시 조선의 대표적 문인으로 金邁淳을 소개했다. 이에 吳嘉賓은 김매순의 詩文에 대한 序를, 梅曾亮은 김매순의 글을 칭송한 評語를 써 주었던 것이다. 바로 그 해 김매순이 타계하자 梅曾亮은 追悼詩를 짓기까지 하였다.[41] 1861년 초 북경에서 馮志沂를 만났을 때 신석우는 지난날 梅曾亮과

면; 『한객시존』. 王軒. 「集石鼓字次前韻寄朝鮮南圭齋尙書圭齋精句股瓛卿來書及之.....」; 『연초산방일기』 同治 4년 1월 18일; 김명호·남문현·김지인. 「남병철과 박규수의 天文儀器 제작」. 『朝鮮時代史學報』 12(朝鮮時代史學會. 2000). 103-6면 참조.

38 『한객시존』. 王軒. 「霞擧和贈朝鮮申琴泉」. 「霞擧答朝鮮申琴泉作」.

39 『한객시존』. 董文渙. 「三月二十八日與仲復同年置酒慈仁寺邀同少鶴緗雲霞擧并朝鮮朴瓛齋侍郞 展祭顧祠分賦」; 王軒. 「三月二十八日朝鮮副使朴瓛齋侍郞珪壽展謁顧祠并拜石洲先生栗主沈仲復編修秉成硏秋招集同人置酒賦贈」; 馮志沂. 「沈仲復編修招陪朝鮮朴瓛齋小飮寓樓卽席賦贈」; 黃雲鵠. 「答 朝鮮朴瓛卿侍郞千言次原韻」; 김명호. 「1861년 熱河問安使行과 박규수」. 『한국문화』 23(서울대 한국문화연구소. 1999). 13-16면; 김명호. 「박규수의 학문관」. 『진단학보』 88(1999) 참조.

40 『한객시존』. 『연초산방일기』 同治 1년 3월 29일. 4월 5일; 同治 2년 1월 11일; 同治 3년 11월 24일. 단 丁學韶에 대해 박규수는 그가 중국 인사들에게 자신의 至友로 자처한 데 불쾌해 하며 그와는 一面識도 없다고 했다.(『환재집』 권10. 「與沈仲復」(4))

41 김명호. 「환재 박규수 연구(3)-은둔기의 박규수 下」. 『민족문학사연구』 8(1995). 129-131면 참조. 梅曾亮은 이상적과도 교분이 있었다.(『한객시존』. 朱琦. 「朝鮮吳亦梅攜藕船和

김매순의 인연을 이야기하면서, 그에게 자신의 벗이자 김매순의 수제자인 金尙鉉을 소개하였다. 그리고 "兩門之緣"을 잇고자 하는 신석우의 간청에 따라, 馮志沂는 同門인 王拯으로부터 구한 스승 梅曾亮의 『栢梘山房集』을 증정하고 김상현에게 전해주도록 당부하였다.[42] 신석우에 뒤이어 북경에 당도한 박규수도 馮志沂를 만나고 지은 시에서, 梅曾亮이 작고한 데 애도를 표하면서 그 제자인 馮志沂가 북경 문단의 盟主 자리를 이어갈 것을 기대하였다.[43]

『연초산방일기』를 살펴 보면, 당시 양국 문사 간에 詩文集의 교류가 대단히 활발했음을 알 수 있다. 우선 중국측(주로 董文渙)에서 조선측으로 보낸 것으로는 董文渙의 『秋懷唱和集』, 『金陵誌喜百韻』, 『硏樵詩草』[44], 沈秉成의 『詠樓詩選』[45], 許宗衡의 『玉井山館詩餘』, 『海秋詩錄』, 張茂辰의 『蝶庵集』[46] 등 董文渙과 그 同人들의 시문집을 들 수 있다. 그 중 『秋懷唱和集』은 董文渙의 「추회시」(五律 八首)에 대해 1862년에서 1863년 사이에 조선 사행 이원명·이용숙·박영보·임치학·박봉빈·이상적·조휘림이 창화한 시를 모아 간행한 것인데, 곧 국내에 유입되어 큰 반향을 일으켰다. "一時의 명사들이 모두 창화하였다"고 하며[47], 이로 인해 續集까지 나온 듯하

詩幷恩頌堂集見貽題寄」. 111면)

42 신석우. 『해장집』 권9. 「與王少鶴拯書(辛酉)」; 박규수. 『환재집』 권10. 「與王少鶴拯」.

43 김명호. 「박규수의 문학관」. 『韓國漢文學硏究』 20(1997). 382-388면 참조.

44 『硏樵詩錄』의 別稱인 듯하다. 『연초산방일기』 同治 10년 8월 2일조에 박규수와 변원규에게 각 1부를 보냈다고 했는데, 박규수의 장서 목록인 「錦篋藏弆錄」 '藝海珠囊' 下函에는 "硏樵詩錄 1권"이라 기입되어 있다. 동문환의 저술 중 『硯樵山房詩草』라는 것이 있지만 稿本이라 하므로(『한객시존』. 7면), 박규수·변원규에게 기증한 바로 그 책은 아닌 듯하다.

45 詠樓는 沈秉成의 書齋이므로, 『영루시선』은 곧 沈秉成이 馮志沂·許宗衡·王軒·董文渙·黃雲鵠 등 同人들을 비롯한 "當代名家"의 詩選을 편한 『詠樓盍簪集』을 가리키는 듯하다. 『顧齋詩錄』(王軒)·『硏樵詩錄』(董文渙)·『海秋詩錄』(許宗衡) 등은 『詠樓盍簪集』의 一部로 간행된 것이다(『顧齋詩錄』. 왕헌 「序」 참조). 『詠樓盍簪集』의 출간은 조선 인사들에게도 큰 관심사였던 듯하다.(신석우. 『해장집』 권9, 「又(與沈翰林仲復書) 壬戌」; 박규수. 『환재집』 권10. 「與沈仲復秉成」(2) 및 (4); 이상적. 『海隣尺素』. 「王固齋軒」. 『은송당집』. 아세아문화사 영인. 670면)

46 張茂辰은 尙書 張祥河의 아들로 자는 良哉, 호는 蝶庵. 1838년생으로 刑部主事를 지냄.

47 金允植. 『雲養集』 詩 권1. 「秋日遣興步董文煥秋懷詩韻」 題下 小注. 추가로 창화한 시 중

다.[48] 그밖에 『蓮洋詩集』[49], 『西㠘詩集』[50], 『覺生詩集』[51] 등 "近世人의 시문집"들도 다수 증정되었다.

그런데 조선측에서 중국측(주로 董文渙)에 보낸 시문집은 그보다 훨씬 많고 다양하다. 이는 당시 董文渙이 『韓客詩錄』을 편찬하고 있었기 때문이다. 董文渙은 늦어도 1862년 초부터 『한객시록』의 편찬에 착수하여 1868년까지 꾸준히 작업을 추진했지만, 그 뒤 外職으로 나가게 되고 끝내는 병사함으로써 완성을 보지는 못했다. 그러나 일시 북경에 돌아와 있던 1871년의 일기에도 鄭夢周의 시를 抄錄했다는 기사가 있음을 보면, 그가 이 시집의 완성을 위해 얼마나 집요하게 노력했는지를 알 수 있다. 이와 같은 『한객시록』 편찬 사실이 알려지면서 조선인들이 다투어 그에게 시문집을 증정했던 것이다.

1866년 1월 동지사 서장관 김창희는 董文渙으로부터 "朝鮮詩錄" 즉 『한객시록』을 얻어 보고는 "前代의 名家는 이미 遺漏가 없지만, 오직 近時 시집의 경우는 미처 採入되지 못한 數家가 있다"면서 鄭元容·趙斗淳·洪鍾應·申錫禧·김영작을 들고, 귀국하면 이러한 선배들의 시문집을 부쳐주겠노라고 약속하였다.[52] 또한 이듬해 김영작의 시집에 부치는 서문에서 董文渙은 김영작과 같은 金氏로서 『한객시록』에 이미 편입되어 있는 대가들로 金九容·金安老·金安國·金尙憲·金麟孫·金謹思·金宗直·金淨 등을 들고 있다.[53]

卞元圭와 沈英慶의 작품이 『한객시존』에 수록되어 있다.(224-7면) 신석우의 「老柳詩」(『한객시존』. 212면)는 「秋懷詩」에 창화하는 대신 舊作을 보낸 것이었다.(『해장집』 권9. 「又(與董翰林硯秋書) 壬戌」)

48 또한 "十八疊山房唱和詩"라는 책도 기증되었던 것으로 기록되어 있는데(同治 3년 4월 18일), 『추회창화집』 또는 그 續集과 어떤 관계에 있는지 모르겠다. 박규수의 장서 목록인 「錦篋藏弆錄」 '藝海珠囊' 下函에는 "秋懷唱和詩 1권" 다음에 별개로 "十八疊山房唱和艸 1권"이라 기입되어 있다.

49 蓮洋은 吳雯의 호. 吳雯은 康熙朝의 유명한 시인으로 『蓮洋集』(20권)을 남겼다.

50 西㠘는 王星諴(生沒未詳)의 호. 王星諴은 『王孟調明經西㠘草』(1권)를 남겼다.

51 覺生은 鮑桂星의 호. 鮑桂星은 嘉慶 · 道光 때의 大臣으로, 姚鼐를 사사했으며 시에 능하였다. 저서로 『覺生詩鈔』 등이 있다.

52 『연초산방일기』 同治 5년 1월 27일; 『한객시존』. 董文渙. 「贈朝鮮金石菱郎以送別」. 233면.

53 『한객시존』. 董文渙. 「朝鮮金邵亭侍郎詩序」. 297면.

이로써 추측컨대 董文渙은 『한객시록』에 적어도 고려 말부터 당대인 1860년대까지의 조선의 명시를 망라하려고 했던 듯하다.

董文渙 등 중국 인사들에게 보내어진 시문집에서 주목되는 것은 『松穆館集』(李彦瑱)·『恩頌堂集』과 그 續集(李尙迪)·『天籟詩稿』(李廷稷[54])·『夢觀詩稿』(李廷柱[55])·『紅藥樓稿』(김석준)와 이미 언급한 『海客詩鈔』 등 閭巷詩人들의 시문집이 다수를 차지하고 있는 점이다.[56] 이것은 일차적으로, 교류를 담당한 이들이 주로 역관이었다는 사정에 기인하겠지만, 국내에서 제대로 평가받지 못한 閭巷漢詩의 성과를 국제 무대에서 인정받고자 한 욕구 또한 크게 작용했기 때문일 것이다. 다음으로 들 수 있는 것은 『雅經堂詩鈔』와 『燕槎錄』(박영보)·『海所詩章』(정현덕)·『友石詩鈔』와 『友石漫鈔』(이풍익)·『存春軒詩鈔』(김영작) 등 三使의 시문집이다.[57] 그리고 使行의 중개로 『雨觀詩草』(金炳陸[58])· 『鍾山詩草』(沈英慶[59])·『鼎金齋詩草』(徐相雨)·『峨洋詩錄』(李近憲[60])·『雲巢山房詩草』(朴文逵[61])·『金剛山記』(趙成夏) 등 당시 사대부 문인들의 시문집도 소개되었다.

董文渙은 이와 같은 조선의 시문집들을 대상으로 엄정한 안목으로 시를 채록했던 것 같다. 그의 일기에서 "이정직의 『천뢰시고』를 選하여 15수

54 1781-1816. 호 天籟. 이상적의 生父. 李琦, 『朝野詩選』 권1에 그의 시가 수록되어 있다.

55 1778-1853. 호 夢觀. 李廷稷의 從兄, 이상적의 從叔이다. 道光初 사행을 통해 그의 시가 북경에 전해져 蘭雪 吳嵩梁의 칭찬을 받았다고 한다.(『몽관시고』. 李閏益 序)

56 특히 이언진과 이상적의 시문집이 누차 증정되었다. 이 외에도 이용숙의 여러 시들, 최성학과 그 아들의 詩稿, 白斗鎭·白光鎭 형제의 시(『한객시존』에는 '白光鎭·白光斗 형제'로 기록되어 있음), 여류시인 박씨의 『竹西詩稿』 등을 추가로 들 수 있다.

57 이밖에 조성교의 詩鈔, 서형순·신철구·엄세영 등의 시, 수행원(伴倘) 최병한의 『金蘭館文』, 박봉빈의 『蓬桑錄』 등을 추가로 들 수 있다.

58 安東金氏 勢道政權의 한 핵심 인물인 판서 金炳國의 아들.

59 字 伯雄. 호 鍾山. 靑松人. 1809년생. 進士 급제후 음직으로 同敎寧을 지냈다. 정현덕·이용숙·김석준 등과 친교가 있다.(김석준. 『續懷人詩錄』 上. 「沈鍾山英慶知府」)

60 一名 憲明. 1797-1861. 자 德潛, 호 西淵·韋堂. 平昌人. 홍석주 형제 및 박규수·申櫶·김윤식 등과 교분이 있었다. 武班 출신이나 진사 급제후 시인으로 명성을 얻었다.

61 1805-1888. 자 露鴻. 호 雲巢子, 天遊子. 金澤榮, 『重編韓代崧陽耆舊傳』에 그의 생애가 소개되어 있다.(『김택영전집』. 아세아문화사 1978. 제5권) 김석준과 친교가 있다.(김석준. 『續懷人詩錄』 上. 「朴天游文逵參議」)

를 刪存하였다" "이언진·楊士彦·이상적 三家의 詩稿를 選하여 각 數十首를 錄存하였다"는 등의 記事와 함께, 金炳陸의 시에 대해 "문인의 習氣가 東國은 더 심하다. 대체로 볼만 것이 없다"고 비판하거나, 이근헌의 『아양시록』에 대해 "채록할만한 것이 없다"든가, 이풍익과 엄세영의 시에 대해 "佳妙함이 보이지 않아 대개 채록하지 않았다"는 등의 기사를 종종 발견할 수 있다. 이러한 選詩와 채록 과정을 거치면서 『한객시록』은 20권이나 되는 방대한 분량으로 늘어나게 되었던 듯한데,[62] 애석하게도 오늘날 전하지 않는다. 그러나 董文渙의 일기에 전하는 그 편찬 과정에 관한 기사들을 통해 당시 활발했던 한중 문학 교류의 실상만은 넉넉히 엿볼 수 있다고 하겠다.

4. 董文渙과 朴珪壽

董文渙이 교분을 맺었던 조선 인사 중에서 그와 가장 가까운 사이였던 이는 박규수라 할 수 있다. 1861년 북경에서 結交한 이후 두 사람은 서로 꾸준히 서신과 贈物을 보내어 우정을 다져나갔으며, 이러한 우정은 1872년 董文渙이 鞏秦階兵備道로서 머나먼 甘肅 秦州에 부임하게 된 뒤까지도 변함이 없었다. 그 해 연말 秦州의 외로운 官所에서 뜻밖에 박규수의 옛날 편지를 받아보게 된 董文渙은 "異方의 老友가 쓴 이 편지를 십수년이 지나 얻게 되니, 진실로 至寶를 얻은 것 같다"고 감격해 하였으며, 그가 조선인에게 쓴 마지막 편지 역시 박규수에게 보내는 답신이었다.[63] 그러므로 이 두 사람의 교유를 집중적으로 고찰하는 것은 당시 한중 문학 교류의 실

62 박규수. 『환재집』 권10. 「與董研秋」(5). "韓客詩錄, 何至二十卷之多也?"
63 『연초산방일기』 同治 11년 12월 22일; 同治 12년 9월 17일.

상을 구체적으로 파악하는 데 도움이 되리라 본다.

1861년 熱河 問安使行에 임하여 박규수는 그의 조부 燕巖의 연행을 깊이 의식하면서 차제에 조부의 글을 중국에 소개하려는 뜻을 품었던 것 같다. 그는 장도에 오르기에 앞서 조부가 연행 당시 馬頭로 고용했던 張福의 후손을 수소문 끝에 찾아내어 데리고 갔다.[64] 또한 그는 북경에서 慈仁寺 경내의 고염무 사당을 참배한 뒤 詩酒의 모임을 가졌을 때 董文渙에게 자신의 조부가 이 절에 들러 毘盧閣에 앉았던 옛일을 이야기하기도 했다.[65] 당시 박규수는 조부의 글을 뽑은 文鈔를 휴대했을 뿐 아니라 『열하일기』 중의 한 명문인 「文丞相祠堂記」를 자신의 글씨로 손수 써서 가지고 갔다. 북경에서 그는 南宋 충신 文天祥의 사당인 文丞相祠를 유람하는 데 그치지 않고 연암의 「문승상사당기」가 그곳에 게시되도록 주선해 줄 것을 沈秉成에게 당부하기까지 했다.[66]

박규수는 북경에서 사귄 중국 명사들에게 조부 연암의 글을 소개하면서 아울러 자신의 글에 대한 비평도 요청하였다. 馮志沂·黃雲鵠·沈秉成·王軒과 董文渙이 評語를 남겼는데, 그 중 馮志沂는 "연암의 文鈔를 거듭 읽어 보니" 「地勢儀銘」 등 박규수의 글이 家學에서 유래함을 알겠다고 하였다. 王軒도 박규수의 「答金德叟論箕田書」가 가학에 근본을 두었다고 하여, 이 글이 연암의 「箕子田記」와 일맥 상통함을 지적하였다. 董文渙 역시 박규수의 글에 대해 "本體에 밝고 活用에 통달하여, 잘 쓰려고 애쓰지 않았는데도 글이 저절로 잘 되었다. 이는 진실로 經術에 깊이 심취한 데에 기인한다. 그러므로 정밀한 의리가 장려한 문장으로 남김없이 성취되었다"고 총평하고 나서, "연암의 문집을 읽고" 홍대용이 일찍이 地轉論을 주장했음을 알았을 뿐더러 박규수의 「地勢儀銘」이 가학에서 유래함을 徵驗할 수 있다고 하

---

64 박규수. 『환재집』 권8. 「與溫卿」(12).

65 『한객시존』. 동문환. 「三月二十八日與仲復同年置酒慈仁寺邀同少鶴緗雲霞擧幷朝鮮朴瓛齋侍郎 展祭顧祠分賦」. 171면.

66 『환재집』 권10. 「與沈仲復」(2). 「與董硏秋」(1).

였다. 즉 「지세의명」은 『열하일기』에 소개된 바 홍대용과 연암의 地轉說을 계승한 글이라 본 것이다.[67]

당시 박규수의 북경 유람에서 특기할 것은, 그가 慈壽寺와 長椿寺를 찾아 명나라 神宗의 母后인 孝定太后와 마지막 황제 毅宗의 모후인 孝純太后의 遺像을 각각 참배한 사실이다. 이는 그가 평소 열렬한 尊明意識을 품고 있었음을 시사한다. 그 중 慈壽寺는 神宗이 효정태후를 위해 세웠다는 절로서 九蓮菩薩의 後身으로 그려진 태후의 影幀이 모셔져 있었다. 박규수가 방문했을 당시 절은 이미 피폐하여 영정 역시 퇴색된 채 낡아가고 있었으므로, 참배를 마친 뒤 깊이 탄식하고 성금을 기탁하여 이를 보수하게 하고 싶었지만 "나그네라 자금이 부족하여 작은 정성이나마 표할 수 없음을 남몰래 한스러워 하였다"고 한다.[68]

귀국 직후인 1861년 10월 董文渙에게 보낸 편지에서 박규수는 "북경에서 從遊하던 즐거움을 회상할 때마다 依然히 몽상에 젖어, 여행 상자 속의 편지와 글씨들을 모두 꺼내어서는 마치 얼굴을 마주한 듯 대하고 수백번 쓰다듬어도 지루한 줄 모르겠습니다. 남들은 혹 이런 나를 조소하겠지만, 그래도 개의치 않습니다"라고 절절한 그리움을 토로하고 나서, 董文渙과 같은 山西 출신의 郭泰峯·郭執桓 부자와 『繪聲園集』에 대해 질문하였다.

> 貴省의 선배에 郭泰峯, 자가 靑嶺, 호가 木菴이란 분이 있으며, 그 아들 執桓은 자가 封圭 또는 勤庭이고, 『회성원집』이 있는데, 이는 어느 縣을 본적으로 한 성씨인지, 형은 알 수 있는지요? 그의 시는 淸虛淡遠하여 俗氣가 적은데, 형은 이를 본 적이 있는지요? 나의 조부가 예전에 靑嶺을 위해 「澹園八詠」을 지었기 때문에 여쭙는 것입니다.[69]

67 박규수. 『瓛齋叢書』(성균관대 대동문화연구원 영인) 권5. 「朴瓛齋文」. 358-362면.
68 『환재집』 권4. 「孝定皇太后畵像重繕恭記」; 『한객시존』. 李豫. 「慈壽寺及其碑亭考略」.

일찍이 郭執桓(1746-1775)은 부친 郭泰峯을 祝壽하기 위해 부친의 거처인 澹園을 노래한 시를 조선의 명사들에게 구하고자 하였다. 그의 친구로서 홍대용과 교분을 맺은 鄧師閔이 그 부탁을 국내에 전했으므로, 연암과 柳得恭 등이 「담원팔영」 시를 지었으며, 『회성원집』에 대해서도 연암과 홍대용이 발문을 지어준 바 있다.[70] 박규수는 마침 산서 출신인 董文渙을 통해 조부 때의 文緣을 되살리고 싶었던 것이다. 이듬해 초 동지사편에 이같은 박규수의 편지를 전해 받은 董文渙은 郭泰峯에 관해 “同人들에게 두루 물어 보았으나” 알 수 없었다고 하면서, 『魯川詩集』(馮志沂)과 『詠樓詩選』 및 『추회창화집』 등을 보낸다고 답하였다.[71]

귀국 이후 박규수는 북경 慈壽寺의 九蓮菩薩像(孝定太后影幀)을 보수하려는 염원을 품고 중국의 지인들을 통해 그 보수 사업을 추진하는 데에 심혈을 기울였는데, 董文渙이 여기에 적극 협력하였다. 평안감사로 부임한 1866년 박규수는 董文渙에게 보낸 편지에서, 자신이 영정 보수의 뜻을 세우게 된 경위를 곡진하게 설명한 뒤, “薄俸을 덜어 白金 50냥을 바치니, 여러 군자들이 이 衷曲을 헤아려 나를 위해 한번 수고하시기를 감히 바란다”고 하였다.[72] 이같은 박규수의 간절한 부탁에 감동한 董文渙은 이듬해 4월 선배 王軒과 함께 慈壽寺를 찾아갔으며, 박규수가 보내준 白金으로 工匠을 시켜 그 해 5월말 마침내 영정의 보수를 완수할 수 있었다. 또한 이를 기념하여 董文渙과 王軒은 각기 장편 古詩를 짓고, 王軒은 따로 「九蓮像重裝記」를 지어 보냈다.[73]

---

69 『환재집』 권10. 「與董研秋」(1).

70 박지원. 『연암집』, 권14. 『열하일기』 「避暑錄」. 장51뒤~52뒤; 『연암집』 권3. 「繪聲園集跋」. 권4. 「담원팔영」; 홍대용. 『湛軒書』 內集. 권3. 「繪聲園詩跋」; 유득공. 『泠齋集』 권1. 「담원팔영」.

71 『한객시존』. 동문환. 「答朝鮮朴瓛卿書」. 278면.

72 『한객시존』. 박규수. 「致研秋函」. 296-7면.

73 『연초산방일기』 同治 6년 1월 8일, 4월 28일, 5월 3일; 『한객시존』. 董文渙. 「重裝九蓮菩薩畫像歌並寄朝鮮朴瓛齋尙書」. 왕헌. 「明孝定李太后九蓮菩薩畫像歌」; 『환재집』 권10. 「與王霞舉」(4).

1868년 5월 董文渙에게 보낸 편지에서 박규수는 董文渙이 영정 보수를 완수하고 「重裝九蓮菩薩畵像歌」를 지어 보낸 데 깊은 감사를 표하면서, 아울러 『韓客詩錄』에 대해서도 언급하였다.

> 『한객시록』은 어찌하여 20권이나 되기에 이르렀는지요? 東人의 시는 본래 聲律이 맞지 않지만, 中古의 志士와 畸人의 작품은 그래도 내용(辭)으로 보아 취할 수는 있지요. (그러나) 鄭 以下는 다시 말할 만한 것이 없고 단지 梨棗의 재앙이 될 뿐이니, 다행히도 거듭 刪去하시어 中原 사대부들이 東人의 비루함을 傳笑하지 않도록 하신다면 이 역시 군자가 베푸는 은혜라 하겠습니다. 『牧隱集』과 『河西集』 이 두 문집은 卷帙이 몹시 많으니, 제가 選錄하여 寄呈하기를 좀 기다려주시오.[74]

그에 뒤이어 보낸 편지에서 박규수는 감숙 甘凉으로 轉出된 董文渙을 격려하며 자신의 예를 들었다. "기억하건대 咸豊 辛酉年에 제가 열하로 갈 때 사람들이 모두 險地에 뛰어들어 위험을 무릅쓴다고 생각하여 몹시 두려워했지요. 제가 被選된 것은 이 때문이었습니다. (그러나) 한바탕 웃으면서 용감하게 떠나가매 무엇을 생각하며 무엇을 염려하리오?"라고 豪氣롭게 말하면서, 그 결과 뜻밖에도 북경에서 여러 군자와 교유하며 인생의 至樂을 맛보는 행운을 만났으니 "이는 비록 사소한 사례지만 역시 類推할 수 있을 것이오"라고 위로하였다. 이어서 『한객시록』에 관해 재차 언급했다.

> 전에 李牧隱과 金河西의 시집이 卷帙이 繁多하여 멀리 보내기에 적합치 않아, 이에 1책으로 選錄하고, 겸하여 다른 數家의 시를 덧붙였으니, 다시 精選하여 入錄하시기 바랍니다. 또한 저의 선조 汾西公의 詩鈔 1책에다가, 조부 연암공의 詩鈔를 덧

---

74 『환재집』 권10. 「與董硏秋」(5).

> 붙여 모두 함께 보냅니다. 받아 주시기 바라며, 다시 諫選해 주심이 어떨지요? 조부는 본래 시짓기를 좋아하지 않으시어, 이와 같이 草草합니다. 그러나 역시 志尙의 如何를 알 수 있으며, 汾西 할아버지는 그 분이 遭値한 상황과 持守한 절조로 인해 더욱 읽을 만하며 그 사람됨을 알게 됩니다.[75]

이와 같이 박규수는 李穡과 金麟厚 등의 시를 뽑은 『東韓諸家詩鈔』를 보내어 동문환의 『한객시록』 편찬을 돕는 한편, 『汾西詩鈔』를 보내어 자신의 7대조인 汾西 朴瀰(1592-1645)와 조부 연암의 시를 중국 문단에 소개하고자 노력하였다.

1872년 박규수는 同治帝의 결혼 축하 사절로 다시금 북경에 갔으나, 董文渙을 만날 수는 없었다. 대신 그의 아우 董文燦을 만나 함께 顧炎武의 사당을 참배하고 자신의 성금으로 보수된 慈壽寺의 九蓮菩薩像을 展謁한 뒤 董文渙에게 보내는 편지만을 남기고 떠나야 했다.[76]

5. 맺음말

『韓客詩存』은 淸 董文渙(1833-1877)의 저술들을 주자료로 삼아 한중 양국 인사들이 주고 받은 시문을 광범하게 발췌·편집한 것이다. 지금까지 국내에 알려지지 않은 작품들을 풍부히 수록하고 있어, 19세기의 한중 문학 교류를 연구하는 데 寶庫와도 같은 존재라 할 수 있다. 본고에서는 『한객시존』의 자료적 가치를 검토한 다음, 董文渙과 박규수의 교유를 중심으

75 『환재집』 권10. 「與董研秋」(6).
76 『환재집』 권10. 「與董研秋」(7).

로 19세기 한중 문학 교류의 양상을 살펴 보았다.

영정조 시대 북학파의 연행 이후 비약적으로 증진한 한중 문학 교류는 19세기 들어 추사 문하의 이상적·이용숙·김석준·변원규 등 주로 역관 신분의 문인들과, 홍양후·김영작·신석우·박규수 등 북학파의 후예에 해당하는 문인들에 의해 주도되었다. 이들과 친교를 맺은 중국 인사들은 孔憲彝·葉名灃의 同人에 속했는데, 대체로 西洋 열강에 대한 항쟁을 주장한 개혁파 관료였고, 顧炎武를 숭상하는 고증학자였으며, 桐城派에 속하는 문인이었다.

중국측 인사들의 이러한 성향은 양국의 교류에도 영향을 미쳤다. 한중 양국 인사들은 서양과의 분쟁에 직면하여 連帶意識을 가지고 긴밀히 접촉하였고, 금석학과 천문 수학 등 고증학 전반에 대해 관심을 공유했으며, 동성파 대가 梅曾亮과 金邁淳의 文緣을 그 제자 세대에서도 이어가고자 노력했다. 뿐만 아니라 이들은 수많은 시문집을 주고 받았다. 董文渙의 1860년대 일기를 보면, 이언진·이상적 등 여항 문인의 시문집이 적잖이 중국에 소개되었으며, 董文渙이 역대 조선의 명시를 망라한 『韓客詩錄』을 편찬하고자 한 사실 등을 알 수 있다.

董文渙은 조선 인사 중 박규수와 가장 가까왔다. 박규수는 연행 당시 그의 조부 燕巖의 글을 가져가 董文渙 등 중국 인사들에게 소개했으며, 귀국한 뒤에도 董文渙에게 연암과 교분이 있던 郭泰峯 부자에 관해 묻는 편지를 보내는가 하면, 『한객시록』 편찬과 관련하여 연암의 시를 그에게 부치기도 했다. 이는 박규수가 북학파의 전통을 계승하려는 분명한 의식을 지니고 교류에 임했음을 보여준다. 또한 박규수는 董文渙 등과 함께 북경의 顧炎武 사당을 참배하였고, 明 神宗母后의 影幀 補修를 위해 합심 노력하였다. 이같은 학술적·정치적 방면의 깊은 紐帶 위에서 활발한 문학 교류가 이루어질 수 있었다.

끝으로, 『한객시존』과 같은 귀중한 자료를 학계에 제공한 李豫 교수의 노고에 감사드리면서도 몇가지 아쉬운 점을 지적한다. 책의 맨 첫부분에 「海客詩鈔」가 배치되어 있고, 한중 문학 교류와는 무관한 「竹亭先生遺

事」가 편입되어 있으며, 「韓客文存」에 題畵詩가 섞여 있는 점 등 편집의 일관성에 문제가 없지 않고, 해설이나 編輯者注에서도 부정확한 점이 더러 눈에 띤다.[77] 또한 淸人의 시문집을 널리 수집했지만, 沈秉成·潘祖蔭·程恭壽·張丙炎 등 董文渙에 못지 않게 조선인들과 널리 교유한 인물의 시문집이 누락된 점도 아쉽다. 여기에 더하여, 이상적·김석준·김영작·신석우·박규수 등 중국인들과 적극 교유한 조선 인사들의 시문집을 활용했더라면, 한중 문학 교류의 총체적인 실상에 더욱 근접한 자료를 제시할 수 있었을 것이다.

그러나 사실 이러한 지적 사항은 대부분 李豫 교수가 아니라 우리 학계가 떠안아야할 과제이다. 『한객시존』의 자료적 미비점을 보완하고, 나아가 1870년대 이후에도 지속된 한중 문학 교류의 실상을 규명하는 작업을 숙제로 남기면서 小考를 마친다.

참고문헌

1. 자료

金奎洛. 1990. 『雲下見聞錄』. 아세아문화사 영인.

金奭準. 『懷人詩錄』. 국립중앙도서관 위창문고 소장.

김석준. 『續懷人詩錄』. 국립중앙도서관 위창문고 소장.

金永爵. 『邵亭文稿』. 서울대 규장각 소장.

77 예컨대 『한객시록』의 채록 대상이 된 조선인의 시문집을 소개한 해설(10면)에 『正雅集』이 끼어 있으나, 이는 董文渙의 선배 符葆森(호 南樵)의 저술이다.(이상적, 『은송당속집』 권5, 「江都符南樵葆森孝廉輯國朝正雅集略載東國人詩拙作亦在其中題絶句五首」 참조)

金永爵. 『卲亭詩稿』. 서울대 규장각 소장.
金澤榮. 1978. 『重編韓代崧陽耆舊傳』. 『김택영전집』 제5권. 아세아문화사 영인.
金允植. 『雲養集』. 성균관대 존경각 소장.
朴珪壽. 1913. 『瓛齋集』. 普成社.
박규수. 1996. 『瓛齋叢書』. 성균관대 대동문화연구원 영인.
박규수. 「錦篋藏弆錄」. 실학박물관 소장.
朴趾源. 1932. 『燕巖集』. 朴榮喆 편.
卞鍾運. 『嘯齋集』. 국립중앙도서관 소장.
申錫愚. 『西槎詩集』. 계명대 도서관 소장.
신석우. 『海藏集』. 서울대 규장각 소장.
柳得恭. 2000. 『泠齋集』. 한국고전번역원. 『한국문집총간』 260.
柳厚祚. 1995. 『洛坡先生文集』. 大邱; 大譜社 영인.
李尙迪. 1983. 『恩誦堂集』. 아세아문화사 영인.
李豊翼. 『六玩堂集』. 국립중앙도서관 소장.
『洋擾記錄』. 국립중앙도서관 위창문고 소장.
『龍湖閑錄』. 1979. 서울대 규장각 소장; 국사편찬위원회.

董文渙. 1996. 『韓客詩存』. 李豫·崔永禧 輯校. 北京: 書目文憲出版社.
龔自珍. 1999. 『己亥雜詩』. 최종세 評釋. 月印.
王軒. 『顧齋詩錄』. 국립중앙도서관 위창문고 소장.

2. 연구 논저

김명호. 1993. 「환재 박규수 연구(1)-수학기의 박규수」. 『민족문학사연구』 4. 민족문학사연구소.
김명호. 1995. 「환재 박규수 연구(3)-은둔기의 박규수 下」. 『민족문학사연구』 8. 민족문학사연구소.

김명호. 1997.「박규수의 문학관」.『韓國漢文學研究』20. 한국한문학회.
김명호. 1999.「1861년 熱河問安使行과 박규수」.『한국문화』23. 서울대 한국문화연구소.
김명호. 1999.「박규수의 학문관」.『진단학보』88. 진단학회.
김명호. 1999.「박규수의 金石書畵論」.『한문학보』1. 우리한문학회.
김명호·남문현·김지인. 2000.「남병철과 박규수의 天文儀器 제작」.『朝鮮時代史學報』12. 조선시대사학회.

黃霖. 1993.『近代文學批評史』. 上海古籍出版社.
王力. 1988.『漢語詩律學』. 上海教育出版社.
青木正兒. 1983.『清代文學評論史』.『青木正兒全集』제1권. 東京; 春秋社,
藤塚鄰. 1975.『清朝文化東傳の研究』. 東京: 國書刊行會.

明清 시기 永平府 夷齊廟의 변천과 조선 사신의 '백이·숙제 고사'에 대한 인식

楊雨蕾

明清 시기 永平府 夷齊廟의 변천과 조선 사신의 '백이·숙제 고사'에 대한 인식

楊雨蕾

孤竹國은 殷나라 때 灤河 하류 지역에 分封된 중요한 제후국으로, 『史記·索隱』에는 "湯 정월 丙寅에 支庶 墨臺氏를 孤竹에 봉하였다."고 기록되어 있다. 고죽국의 구체적인 지역과 범위, 사회생활 및 그 역사적 변천에 대해서는 문헌과 고고학 자료의 결핍으로 알려진 바가 제한적이고 논쟁의 여지가 많다.[1] 다만 백이·숙제가 "禮讓으로 나라를 다스렸다"거나 "말고삐를 잡고 諫하였다"거나 "周나라의 곡식을 먹지 않았다"거나 "수양산에서 고사리를 뜯어 먹었다"는 고사는 매우 널리 알려져 있다. 역대의 군주와 문인 騷客들은 이를 많이 칭송하였고, 두 사람의 이른바 유적지에 사당을 세우고 제사를 지내며 비석에 새긴 詩文을 남기고 있다.[2] 明清 시대에 고죽국 유적은 永平府에 속하므로 이곳에 건립된 夷齊廟는 興廢와 변화가 많았는데, 과거 地方史志 등 중국 문헌자료의 기록은 한계가 있어서, 이 문제에 대해서는 구체적 토론이 많지 않다.

근년에 한국의 한문 기록 史料가 중국 학계에 점점 더 많은 주목을 받으면서, 조선 사신이 중국을 여행한 기록-- 朝天錄과 燕行錄에 언급된 백이·숙제에 관한 자료도 발굴되고 있다. 하지만 이와 관계된 토론은 특정 역사 시기 조선 문인의 백이·숙제에 대한 형상을 분석한 경우가 많다.[3]

1 何光岳. 「孤竹의 來源과 변천」(『黑龍江民族叢刊』. 1991년 제2기). 60-63면.

2 董耀會 主編. 『秦皇島歷代志書校注-永平府志』(清光緒十七年校注本. 北京. 中国審計出版社. 2001). 1417면.

3 이와 관계된 연구는 다음과 같다. 이성형. 「燕行錄의 伯夷·叔齊 관련 漢詩 硏究-壬亂收拾期를 中心으로」(『漢文學論集』 31집. 2010.8). 177-212면 ; 이현식. 「연암 박지원 문학

실제로는, 명청 시기 永平府 夷齊廟가 조선에서 중국에 가는 사신들이 왕래하는 길에 항상 들르는 곳이 되면서, 그들의 중국 여행 기록에서, 그들이 본 夷齊廟의 지리적 공간을 상세하게 묘사한 글이 적지 않다. 본고는 조선 사신의 중국 여행 기록에서 이와 관계된 내용을 모두 찾아내었다. (附表1 참고) 우선 중국의 문헌자료를 종합해서 명청 시기 영평부의 이제묘에 대한 구체적인 변천을 살펴본 뒤에 16~19세기 조선 사신의 백이·숙제 고사에 대한 인식을 더 깊이 있게 분석해서, 명청 사회는 물론 중국과 한반도 관계의 변화를 깊이 있게 이해하고자 한다.

1. 명대 夷齊廟의 재건과 重修

永平府 이제묘의 역사 연혁은 가장 먼저 『史記正義』에 『括地志』를 인용해서 唐나라 때 孤竹國의 故城이 "盧龍縣 남쪽 12리에 있다."[4]고 기록하고, 당시에 "이미 그 흔적이 없"고, 다만 이제묘와 孤竹君의 세 개 무덤만 남아있다고 하였다. 명대에 이르러 弘治 14년(1501) 『永平府志』에 따르면, 洪武 9년(1376)에 同知 梅圭가 孤竹故城에 있던 祠廟를 영평부의 성 안 동북쪽 모퉁이로 옮겨 세웠다고 한다. 景泰 5년(1454), 知府 張茂가 다시 고

속의 백이 이미지 연구」(『東方學志』 123집). 331-369면 ; 이홍식(「조선후기 백이 수용의 한 양상」. 『한국고전연구』 23집). 67-100면 ; 王元周. 「夷齊論과 조선조 후기 정치」(復旦大學 韓國學硏究中心主編 『한국연구논총』 25집. 北京. 社會科學文獻出版社. 2013), 140-159면 ; 金哲·秦亞偉. 「조선조 문인의 백이·숙제 수용과 인식 연구－연행록 중의 백이·숙제 기록을 중심으로」(『當代韓國』 2014년 제3기) 등.

4 康熙十八年『永平府志』：“『括地志』云：‘孤竹古城在盧龍縣南十二里.’ 肥如縣：唐武德二年(唐初第二年), 更名盧龍.” 淸光緖五年『永平府志』：“肥如城：府西北三十里”, 又記孤竹城“在府西十五里.” 可見『括地志』, 盧龍縣非明淸時期的盧龍縣, 孤竹城遺址當在今河北盧龍縣. 李學勤. 「試論孤竹」. 『社會科學』. 1983年 第2期 참고.

죽고성에 세웠다. 成化 9년(1473)에 永平知府 王璽는 사당을 수리해서 완성하고, 조정에 요청해서 '淸節'이라는 편액을 하사받았다. '淸節祠', '淸節廟'라는 이름은 여기에서 유래하였는데, 이 지역의 夷齊 신앙은 명나라 조정의 승인을 받아 공식 신앙 체계에 편입되었다. 명나라 商輅의 『淸節廟碑記』에 따르면 이제묘는 지방관이 봉급을 덜어서 중수하였는데, "正堂 세 칸, 측칸 두 칸, 문 두 개에다 神庫, 부엌, 齋房이 각 세 칸"이라고 한다.[5] 弘治 10년(1497)에는 "知府 吳杰이 祠宇와 廊廡와 廚庫를 다시 짓고, 神像을 그리고 담을 세우고 바깥에는 나무를 심고, 사람이 거주하면서 지키도록 하였다."고 한다.[6] 이제묘는 "嘉靖 26년(1547)에 郡守 張玭이 중수하여 규모가 크게 갖추어진"[7] 뒤에 또 몇 차례의 중수를 거쳤는데, 명나라 穆宗 隆慶 6년(1572)에 知府 辛應乾이, 神宗 萬曆 11년(1583)에 兵備 雷以仁과 永平知府 任愷가, 만력 27년(1599)에 知府 徐准과 曹代蕭가 각각 중수하였다. 이상, 중국의 지방지 자료에 근거하여 明代 夷齊廟의 이전과 중수의 대개는 알 수 있다. 그러나 廟殿의 구체적인 공간 구도와 내부 모습에 대해서는 지방지의 기록이 제한적인데, 이에 대해 조선 사신은 적지 않은 기록을 남기고 있다. 1539년에 사신으로 간 權橃(1478-1548)은 『조천록』에서 처음으로 이제묘의 내외부 공간을 선명하게 묘사했다.

> 이제묘는 灤河 상류의 土城에 있다. 성문에 孤竹城이라고 쓰였고 그 아래에는 "仁賢舊居"라고 쓰였고, 中門에는 "勅賜淸節廟"라고 쓰였다. 동서의 작은 문에는 한쪽에는 "天地經常", 다른 쪽에는 "古今師範"이라고 쓰였다. 안쪽에는 누각과 문이 있는데 門楣에 "上古逸民"이라고 쓰였고 그 아래에 "伯夷叔齊"라

5 董天華等修. 李茂樹等纂. 『盧龍縣志』(民國二十年鉛印本. 載『中國方志叢書』. 華北地方 145. 臺灣成文出版社. 1967). 129면.

6 董耀會主編. 『秦皇島歷代志書校注-永平府志』(明萬曆二十七年校注本. 北京 : 中國審計出版社. 2001). 41면.

7 앞의 책, 같은 곳.

고 쓰였다. 누각 위 큰 비석은 올라가 볼 겨를이 없었다. 內庭에 있는 전각에는 공자와 맹자, 증자 세 성인을 찬양하는 말을 새겨서 세 개의 비석을 鼎立해두었다. 전각의 문에는 "孔孟稱賢"이라고 쓰였고, 내정의 좌우 비각의 비석은 요즈음 사람이 지은 것이었다. 그 안에는 神門이 있는데 "明朝廟祀"라고 쓰였고 돌난간을 두르고 큰 벽돌을 바닥에 깔았다. 塑像이 엄숙한데, 절을 하고보니 숙연하였다. 좌우에는 庖廚와 긴 회랑이 있었고 뜰에도 비석이 있었다. 사당 뒤쪽 담장 문에는 "古賢肇迹"이라고 새겨 있었다. 문 안쪽 門楣에는 "灤河上流"라고 쓰였는데 그 안에는 揖遜堂이 있고 좌우로는 정숙하고 밝은 회랑이 있고 뒤쪽에는 淸風臺가 있었다. 청풍대 위 採薇亭은 문이 두 개였는데 동쪽 문에는 "高蹈風塵", 서쪽 문에는 "大觀寰宇"라고 쓰여 있었다. 문을 들어가서 점점 높아지다가 또 두 개의 문이 있는데, 왼쪽에는 "百代山仰", 오른쪽에는 "萬古雲霄"이라고 쓰였다. 채미정에 기대어 서서 눈을 들어 바라보면 아주 탁 트인 광경이었다. 강 가운데 작은 섬에는 새로 孤竹君의 사당과 정자를 지었다. 채미정 동쪽에 강으로 내려가는 문이 있는데, 바위를 깎아 계단을 만들고 계단 옆으로 木蘭을 심어서 나무를 잡고 오르내리는데, 아래로 내려가서 강물에서 위로 절벽을 바라보았다.[8]

---

8 權橃. 『朝天錄』(林基中 편 『연행록전집』 제2권. 동국대학출판사. 2001). 288면 : "夷齊廟在灤河上流土城中. 城門書:孤竹城, 下書:仁賢舊居, 中門書:勅賜淸節廟. 東西小門, 一書:天地經常, 一書:古今師範. 內有樓門, 門楣書:上古逸民, 下書:伯夷叔齊. 樓上巨碑, 未遑登眺. 內庭有閣, 刻孔孟曾三聖贊言, 爲三碑鼎立之, 閣門書:孔孟稱賢, 庭之左右碑閣, 時人所述. 內有神門, 書明朝廟祀, 圍以石欄, 鋪以大甎. 塑像儼然, 瞻拜肅然, 左右立庖廚長廊, 庭亦有碑. 廟後墻門, 刻:古賢肇迹. 門內楣書:灤河上流, 內構揖遜堂, 左右立齋明之廊, 後築淸風臺. 臺上採薇亭, 亭門有二,東書:高蹈風塵, 西書:大觀寰宇. 入門漸高, 又有二門, 左書:百代山仰, 右書:萬古雲霄. 倚亭擧目, 極爲洞豁. 河中小島, 新刱孤竹君廟亭. 東有下河之門, 鑿巖爲梯, 邊樹木蘭, 扶執上下, 下步氷上, 仰見層壁." ※ 역자 주 : 權橃의 『조천록』은 한국고전번역원이 간행한 한국문집총간에도 수록되어 있고, 위 기사는 中宗 34년(1539) 10월 12일 기록이다.

1547년 張玭이 중수하기 이전의 夷齊廟의 구조에 대해 중국에서는 明 商輅의 『清節廟碑記』와 지방지에서 간단히 기술했을 뿐 구체적인 건축은 알지 못했다. 權橃의 기록은 당시 이제묘의 구조를 분명하게 펼쳐 드러내준다. 성문을 들어서서 正殿 앞쪽은 三進式 庭院이다. 곧 中門과 樓門, 그리고 神門이다. 누문과 신문 사이의 정원, 그리고 신문 안뜰에는 모두 비석이 있지만, 그 구체적인 내용은 알 수 없다. 正殿의 뒤쪽에는 揖遜堂과 清風臺가 있고, 청풍대 위에는 采薇亭이 있다. 만력 27년(1599) 『永平府志』의 기록에 의하면 가정 42년(1563) 兵備道 温景葵의 주관으로 이제묘 뒤쪽 灤河의 강물 속 작은 섬에 夷齊의 父母를 기리는 孤竹君祠를 지었다고 한다. 권벌이 직접 들른 기록으로 보아 그의 사행 출발에서 그리 멀지 않은 시기에 난하 강물 속의 섬에는 이미 고죽군의 사당과 정자가 신축되었다.

1547년 장빈이 이제묘를 중수한 것은 중국 史料에 '규모가 크게 정비되었다.'고 기록되어 있지만, 1572년에 또 중수가 있었다. 중수한 뒤 이제묘의 구조는 어떠했을까? 그 이전의 이른바 '규모가 크게 정비되었다'는 말은 무엇을 가리킬까? 중국 史料는 답을 주지 못한다. 조선 사신 許篈(1551-1588)은 1574년 명나라에 사신으로 갔는데 그의 『荷谷先生朝天記』는 1572년 중수 이후 이제묘의 묘사가 상당히 구체적이다. 그는 북경에 들렀다가 귀국하는 길에 이제묘를 방문하고 다음과 같이 기록하였다.

> 夷齊廟에 이르자 城에 '孤竹國, 賢人舊里'라는 편액이 있었다. 성문을 들어서자 사당 앞쪽 牌樓에는 '敕賜清節祠'라고 하였고, 왼쪽 담장의 문에는 '古今師範', 오른쪽 담장의 문에는 '天地綱常'이라고 하였고 대문의 편액은 '廉顽立懦, 伯夷叔齊'라고 하였다. 위쪽에 永平府가 백이·숙제를 받드는 전례를 거듭 천명한 비석(永平府申明祀典之碑)을 세웠는데 이중 지붕으로 덮었다. 좌우의 벽에는 여러 시대에 걸쳐 백이·숙제 두 사람을 존숭한 내력을 새겼다. 중문의 편액은 '百世之師'였다. 문에 세 개의 석비가 줄을 지어 있는데, 중간에는 공자의 말, 동쪽에는 曾子의 말, 서쪽에는 맹자의 말을 기록했다. 동쪽 문에는 '廉

顽', 서쪽 문에는 '立懦'라는 편액이 있었다. 사당의 문에는 '明朝封祀'라는 편액이 있는데 知府인 張玭이 글씨를 썼다. 뜰에 두 비석이 있는데 동쪽은 翰林侍讀 袁煒가 짓고 서쪽은 翰林檢討 郭鎜이 지었는데 모두 嘉靖 경술년(1550)이었다. 正堂은 清聖祠였는데, 塑像 2좌를 안치하였고 소상 앞에는 위판을 세웠는데, 하나는 昭義清惠公이니 곧 伯夷고, 다른 하나는 崇讓仁惠公이니 곧 叔齊다. 동서로 좁고 긴 복도길이 있는데 돌로 난간을 둘렀다. 계단 아래 나열된 비석이 아주 많았는데 하나는 元御史中丞 馬祖常이 글을 쓴 비석이고, 하나는 成化 갑오년(1474)에 吏部尚書 商輅가 짓고 太常寺卿 劉珝가 글을 쓴 것이고, 하나는 嘉靖 경술년(1550)에 行人 張廷綱이 지은 비석이고, 하나는 永平府申明祀典之碑인데 知府 王璽 등이 세웠고, 하나는 嘉靖 경술년에 提學御史院의 鶚遣과 盧龍知縣 등이 薇二品(고사리 두 가지를 제수로 한 것임)과 玄酒(맹물) 두 잔으로 제사를 드리고 글을 지었다고 하였다. 正堂의 뒤는 逸民肇跡門으로부터 揖遜堂이 되는데 당 앞에는 동쪽이 盥薦門, 서쪽이 齋明門이었다. 당의 북쪽은 清風臺인데, 대 위에는 采薇亭을 세웠다. 동서로 돌을 쌓아 계단을 만들어서 올라가는데 그 동쪽 小門의 편액은 '高蹈風塵', 서쪽은 '大觀寰宇'라고 하였다. 채미정 앞의 좌우 石門에도 역시 '百世山斗, 萬古雲霄' 여덟 개 큰 글자를 새겼다. 정자의 편액은 '清風高節'이라고 하고 또 '北海之濱'이라고 하였다. 사당 전체의 좋은 경치가 여기에 모였다. 灤河는 북쪽에서 흘러와 대 아래에 이르러 다시 나뉘어 두 줄기가 되는데, 돌섬이 바로 한 가운데 있었고 그 위에 墨氏廟를 지었는데, 곧 孤竹君이었다. 아래로 흘러 꺾여서 남쪽으로 가면서 洲渚(강 가운데 있는 작은 섬)가 엉키고 물결이 맑아서 아득하고 심원한 기상이 있으니, 참으로 關內에서 奇絶한 곳이었다.[9]

9 許篈. 『荷谷先生朝天紀』(『연행록전집』 제6권). 301면 : "抵夷齊廟, 有城扁曰:孤竹國賢人舊里. 由城門而入. 廟前牌樓曰:勅賜清節祠. 左墻門曰:古今師範, 右墻門曰:天地綱常. 大門額曰:廉頑立懦. 伯夷叔齊. 上建永平府申明祀典之碑, 覆以重屋. 左右壁鐫累代尊崇二子首

유사한 기록을 같은 사행단의 질정관 趙憲(1544-1592)의 『朝天日記』에서도 볼 수 있다.[10] 그들의 묘사에 따르면 중수한 뒤의 이제묘는 이전보다 규모가 크게 달라지지는 않았지만 구도가 더욱 정연해졌다. 성문에 들어서면 이제묘의 正殿 앞에는 여전히 三進式 庭院 곧 牌樓, 대문, 중문이 있다. 앞서 권벌의 진술과 비교하면, 패루는 앞쪽의 중문으로 되어 있고, 쓰인 글씨는 "敕賜淸節祠"로 바뀌었으며, 대문 바로 앞 누각의 문에는 "廉頑立懦"[11]라고 쓴 글씨가 더 있고, 중문은 본디 있던 비각이 옮겨 세워진 것으로 廟門과 앞뒤로 연결된 하나의 건물이다. 그가 말한 묘문이란 권벌이 말한 神門으로, 題字는 장빈의 글씨고, 원래의 '明朝廟祀'도 '明朝奉祀'로 바뀌었다. 廟門과 중문 사이에는 따로 동서 양편으로 문이 있는데 각각 '廉頑', '立懦'라는 題字가 쓰여 있다. 正殿 앞에는 두 개의 비석이 새로 세워졌는데, 嘉靖 경술년(1550)이었다. 大殿의 양쪽 계단 아래에도 여러 개의 비석이 있는데, 원나라 때와 명나라 成化 연간, 그리고 당시에 쓴 비문이 있었다. 대전 안에는 백이·숙제의 塑像과 위패가 있었다. 그밖에 揖遜堂 앞에는 동과 서로 盥薦門과 齊明門이 있었는데, 새로 지은 것이었다.

명나라 萬曆 시기 『永平府志』가 말한 "규모가 크게 정비되었다."는 말

末. 中門額曰:百世之師. 門列三石碑, 中記孔子語, 東記曾子語, 西記孟子語. 東偏門曰:廉頑, 西偏門曰:立懦. 廟門題曰:明朝封祀, 知府張玭所書. 庭中有二碑, 東, 翰林侍讀袁煒撰; 西, 翰林檢討郭鎜撰, 皆在嘉靖庚戌. 正堂曰:淸聖祠, 安塑像二坐. 像前竪位版, 一曰:昭義淸惠公, 卽伯夷也; 一曰:崇讓仁惠公, 卽叔齊也. 東西夾以長廊月臺, 迤以石欄. 堦下列碑甚多, 一元御史中丞馬祖常撰; 一成化甲午吏部尙書商輅撰, 太常寺卿劉翊書; 一嘉靖庚戌行人張廷綱撰; 一永平府申明祀典之碑, 知府王璽等立; 一嘉靖庚戌, 提學御史阮鶚遣盧龍知縣等以薇二品玄酒二盞致祭而撰文. 直正堂之後, 又由逸民肇跡門, 爲揖遜堂. 堂前東爲盥薦門, 西爲齊明門. 堂之北是爲淸風臺, 臺上建采薇亭. 東西累石爲砌以上, 東扁小門曰:高蹈風塵; 西曰:大觀寰宇. 亭前左右石門, 亦刻:百世山斗, 萬古雲霄八大字. 亭扁曰:淸風高節, 曰: 北海之濱. 一廟之勝萃於此. 灤河自北而來, 到臺下分爲二派, 有石嶼正當其心, 上構墨氏廟, 卽孤竹君也. 下流折而南去, 洲渚縈紆, 波瀾湛淨, 杳有奧邃深遠之意, 眞關內奇絶之地也." ※ 역자 주 : 許篈의 『조천기』는 한국고전번역원의 전신인 민족문화추진회 시기에 이미 번역되었는데, 여기 인용 부분은 갑술년(1574, 선조 7) 9월 13일 기록이다. 1976년 윤남한 교수 번역이 한국고전종합DB에 올라 있는데, 역자는 그 번역을 참고하였다.

10 趙憲. 『朝天日記』(『연행록전집』 제5권). 287-289면.

11 이 외의 題字로 許篈의 기록에 "上古逸民" 4자는 없고, 趙憲의 『朝天日記』에는 있다.

은 앞에 서술한 사묘 건축의 정비를 완전히 가리킨 말은 아니라는 점을 지적할 필요가 있다. 우리는 嘉靖 9년(1530)부터 명나라 世宗이 추진한 孔廟의 제도 개편이 공자에 부여된 王號를 없애고, 大成殿을 先師廟로 개칭하고, 啟聖祠를 신설하여 공자의 아버지를 추모하고, 작위와 칭호를 삭제하고, 祭享으로 받드는 儒者들을 다시 정비한 것과 塑像을 옮기거나 없애고, 제사에 다시 木主를 쓰고, 章服을 입지 않고, 제기를 줄이는 등의 내용이라는 점을 알고 있다.[12] 이 제도 개편은 이후 명나라 한 시대 대부분 지역에서 추진됐다. 바로 이런 배경에서 戚繼光 幕府의 郭造卿(1532-1593)이 "천하 공통의 예를 시행한다."는 관점에서 이제묘의 지위와 호칭을 바로잡아 塑像에 관작을 부여하거나 제사를 올리는 일을 하지 말도록 건의한 것이다. 그의 관점에서는 "백이·숙제는 이미 百世의 스승이므로, 그 사당은 先師 孔子와 견주어 같아야 한다."고 하였다. 이런 생각에서 "大禮를 의논한 뒤에 永平의 守臣은 孔廟의 典例를 따라, 木主는 '逸民先聖伯子', '逸民先生叔子'라고 하고, 고죽군의 사당은 啓仁이라고 부르기를 요청해야 한다."고 하였다.[13] 위에 기술한 조선 사신의 기록과 張玭의 중수에서 이른바 '규모가 크게 완비되었다.'는 말에 따르면 사당 안에 백이·숙제의 位號를 더해서, '昭義 淸惠公', '崇讓仁惠公'으로 나누었는데, 淸惠와 仁惠는 원나라 황제가 내린 것이고, 다만 塑像을 없애지는 않았다. 또 청풍대 뒤편 난하 강물 속 작은 섬에 墨氏廟를 지었으니, 곧 『永平府志』에 있는 "孤竹君祠"이다. 앞에 말한 權橃의 기록에는 이곳에 새로 지은 고죽군의 사당과 정자가 있었다고 하는데, 양자는 분명 계승 관계가 있을 것이다.

그 뒤 조선사신 중에서 이제묘를 상세히 기록한 이는 1610년에 사신으로 간 鄭士信(1558-1619)이다. 이제묘는 1599년에 한 차례 중수를 거치는데, 정사신의 기록은 중수한 지 10년 뒤 이제묘의 내외 지리적 공간을

12 『明世宗實錄』 권119. 제4면. 黃進興. 『優入聖域 : 權力, 信仰과 正當性』(섬서사범대학출판사. 1998). 151-161면 참고.

13 『秦皇島歷代志書校注- 永平府志 康熙二年修康熙十八年續』(中國審計出版社. 2001). 93면.

전면적으로 드러내준다. 기술에서 그는 우선 이제묘가 자리하고 있는 고죽성의 지리적 위치와 성문 안팎의 모습을 보여준다. "10여리를 가서 비로소 고죽성에 도착했다. 서남쪽에 산이 있는데 그 빛나는 언덕의 끝이 평평하게 펼쳐져서 북으로 달리다가 灤河에서 툭 끊어져서 일천 척 절벽이 되었는데, 고죽고성은 그 꼭대기에 있었다. 성에 이르기 전 들판에는 수목이 펼쳐 있는데, 수십 보를 가서 성문에 이르니, 성의 모양은 우리나라 고을의 성과 같았다. 이것이 바로 고죽군의 옛 성터로, 더 넓히지 않은 그대로였다."[14] 그런 뒤에 밖에서 안으로 들어가면서 당시 이제묘의 건축 구조와 기둥의 柱聯과 편액, 내부의 배치와 진설 등을 포괄해서 공간을 순서대로 묘사해서, 독자들이 직접 그 곳에 간 듯한 느낌을 갖게 하였다. 그는 때로는 자신이 발을 붙이고 있는 곳에 고정시킨 관찰 방법을, 때로는 자신의 공간적 위치의 변화에 따라 걸음을 옮기면서 장면을 바꾸는 방법으로 자신이 본 장면을 스케치하였다.

그 기술을 종합하면 이제묘의 내부 구도는 전과 같다. 성문을 들어가서 正殿까지는 예전처럼 세 차례 펼쳐지는 정원이다. 사당 내부 건축은 정전 다섯 칸, 그 동서 쪽 두 건물은 각각 일곱 칸이 있는데, 이는 商輅의 『淸節廟碑記』에 인용된 '正堂 세 칸'에 비해 규모가 확대된 것이다. 또 1574년 許篈과 趙憲이 들른 이제묘에 비해 성문 안쪽에 담장 하나가 더 세워지고 그 담에는 "淸風百代" 넉 자가 쓰여 있고, 바깥 정원에는 비각이 더 건립되었고, 정전 뒤 揖遜堂 좌우에는 유생들이 거처하는 방이 증설되었고, 淸風臺 위에 본디 있던 采薇亭은 정자에서 세 칸의 누각으로 커졌다. 여러 문의 편액 글자도 변화가 보이는데, 二進門에 있던 "廉顽立懦"가 보이지 않고, "伯夷叔齊"만 남았으며, 정전의 세 개 큰 편액은 이전에 없던 것이었다.

---

14 鄭士信. 『梅窓先生朝天錄』(『연행록전집』 제9권). 314-315면 : "行十餘里始到孤竹古城, 有山峙于西南, 而其矓阜之足平衍而北走, 斗斷于灤河爲千尺斷岸, 孤竹古城居其案頭者也. 未至城而平原上樹木散布, 行數十步而抵城門, 城之形樣僅如我國縣城, 即是孤竹君舊城形址而不加廣拓者也。…" ※ 역자 주 : 정사신의 『매창집』이 한국문집총간에 들어 있지만, 『조천록』은 그 문집에 들어 있지 않다.

1599년 중수된 이제묘는 정전의 규모가 확대되었을 뿐만 아니라 碑閣과 齋房 등을 증축한 것을 알 수 있다. 鄭士信은 마지막에 정전 뒤쪽 청풍대의 지리적 위치와 건축의 경관을 상당히 상세하게 묘사하였다.[15]

2. 清代 夷齊廟의 수축과 황제의 방문

명청 교체기에 夷齊廟에 대한 중국 문헌의 기록은 비어 있다. 조선에서는 1656년 麟坪大君 李湝(1622-1658)가 사신으로 북경에 가는 도중에 이제묘를 보았는데, 그의 『燕途記行』은 이제묘의 건축 구조와 건립 비문 등을 상세히 기록하였고, 동시에 정전 뒤쪽의 청풍대를 기술하면서 "높은 누대가 아주 빼어난데 그 이름이 '清風'이라고 한 것이 비각의 위쪽에 있다. 단청을 올린 아스라한 정자는 또 '砥柱'라고 이름하였는데 높은 누대의 위에 있다. 동쪽 甬道(양쪽으로 담을 쌓은 길)로 올라가면, 아래쪽 문은 高蹈風塵, 위쪽 문은 百代山斗라고 쓰여 있다. 서쪽 甬道의 위 아래쪽 문도 동쪽과 같은 방식이었는데 위쪽에는 萬古雲霄, 아래쪽에는 大觀寰宇라고 쓰여 있다. 砥柱亭의 북쪽에 두 개의 石碑가 있는데 동쪽은 北海清風이라 쓰여 있고 서쪽은 감찰어사 王命璇의 題咏이었다. 남쪽 기둥 동편에 또 석비가 하나 있는데 바로 重修에 대한 기록이고, 비석의 위쪽에는 '萬古流芳', '顺治 시기에 건립하다.'라고 쓰여 있다."[16]고 하였다. 1610년 鄭士信의

15 鄭士信. 『梅窓先生朝天錄』(『연행록전집』 제9권). 318면 : "堂後爲清風臺, 高筑十餘丈, 而衛以石, 由東階而上數十步, 曲折向北而將入門, 門外之扁曰: 高蹈風塵, 入門向北十餘步, 抵短墻之内俯臨灤河, 然後曲折向西, 尋短墻而行, 未十步入臺門, 門内扁曰: 百代山斗, 是門與西門相對, 西門之扁曰: 萬古雲霄, 西門之外從階而升, 循墻而入, 亦如東之山斗門, 入其中爲清淸風臺, 构三間閣, 虛其北以臨清江北,檐之内現額曰: 清風高節. 閣内南壁匾额曰: 碧水青山. 又有'北海之濱', '清風徐來'等扁."

16 李湝. 『燕途紀行』(『연행록전집』 제22권). 114-115면 : "高臺迥絶, 其名'淸風'者, 在碑閣之

서술과 비교하면 청풍대에는 順治 시기에 세워진 것을 비롯한 일부 石碑가 늘어났다.

인평대군은 이제묘 기술의 끝에 "사당을 지키던 秀才가 옛날에는 있더니 지금은 없어서 오랫동안 수리하지 않았다."고 했으므로, 당시 이제묘가 상당히 황폐해진 모양을 알 수 있다. 그에 따르면 당시 이제묘 전체의 三進式 庭院 구도는 그대로다. 그러나 1610년에 비해 정전 앞 重門 건물의 뒷문은 "삼칸의 붉은 색칠을 한 板門인데, 안팎으로 다 현판이 있어서 바깥은 西山北海, 明朝奉祀, 呂尙微箕라고 하였고, 안쪽은 古之賢人, 孤竹淸風이라고 하였다."[17]고 한다. 다른 변화로는 정전 뒤에 원래의 揖遜堂이 보이지 않는 듯한데 정자 하나가 남아 있고, 또 안뜰에 順治 때 세운 비석이 더 있다. 그 하나는 "追復香火記로서 永平兵備道 石鎭國이 지은 것을 順治 병술년에 건립"한 것이고, 그 둘은 "御史大夫 韓應庚이 題咏한 것인데 순치 병술년에 追建"한 것이다. 이로써 순치 병술년(1646)에 청나라 조정이 이제묘를 수리한 일이 있었음을 알 수 있지만, 청대 地方志에는 전혀 기록이 없다. 강희 50년(1711) 『永平府志』[18]에 따르면 이제묘 주변의 사당 재산은 한때 "행실이 고약한 생원 石謨 등 그 고장 사람들이 圈補(청초, 八旗에 토지를 분배한 일)의 토지로 차지하였고" 순치 3년(1646)에 "兵備 石鎭國과 知府 李中梧가 명나라 때의 토지를 되찾기로 의논을 정하고, 이미 백성들에게 편입된 토지를 살펴, 어사가 中과 下 등급의 토지 2頃을 떼어내어서 56畝의 토지를 상환"하였는데, 뒤에 石謨 등이 점유하고 있던 토지를 "스스로 측량해 돌려주어서", 그 한 해에 사당 재산이 확충되었다. 이런 변화는 분

上. 畫閣縹緲, 又號'砥柱'者, 卽高臺之上也. 從東邊甬道以登, 下門曰: 高蹈風塵, 上門曰: 百代山斗. 西邊甬道上下門, 亦與東制同, 上曰:萬古雲霄, 下曰: 大觀寰宇. 砥柱亭北楹傍, 有二石碑, 東曰: 北海淸風, 西是監察御史王命璿題詠. 南楹東又有一石碑, 迺重修記, 上刻: 萬古流芳, 順治建." ※ 역자 주 : 인평대군의 『燕途紀行』은 그의 문집인 『松溪集』에 실려 있고, 한국고전종합DB에서 번역문을 볼 수 있다.

17 李㴭. 『燕途紀行』(『연행록전집』 제22권). 112-113면.

18 『秦皇島歷代志書校注 永平府志 康熙五十年』(中國審計出版社. 2001). 140면을 참고.

명 順治 시기의 중수와 관계가 있을 것이다. 또 인평대군이 말한 崇禎 갑신년(1644)에 고죽성 성문 밖에 서 있었다고 한 秀才 李在公이 題咏한 石碑는 구체적 상황이 자세하지 않다.

강희 4년(1665)에 知府인 彭士聖이 이제묘가 다 무너진 것을 보고 重建을 하고, 아울러 『重修淸節祠碑記』를 지었다. 이 碑記에 의하면 당시에 모금한 돈이 부족했는데, 다행히 큰비가 내려 목재와 인부의 공임에 드는 비용이 낮아져서, 공사가 마치 신의 도움을 받은 듯 순조롭게 완성되었다고 한다. 碑記는 중수한 뒤의 이제묘를 기술하여, "門樓, 殿堂, 臺廡, 庫廚, 齋舍를 모두 철거하고 새로 지어, 환하게 일신하였다."고 하였다.[19] 하지만 구체적인 건축 구조 등은 기술하지 않았다. 강희제는 1667, 1668년과 1671년에 세 차례나 이제묘를 찾아 손수 지은 이제묘 시와 그 시에 붙인 서문을 남겼다. 강희 40년(1701), 이제묘는 또 蔡維賓이 다시 보수했다. 건륭 연간에 백이·숙제에 대한 추앙은 더욱 심해진 듯하다. 건륭제는 네 차례 동쪽을 순행해서 盛京을 찾아 조상의 능을 배알하였는데, 그 중에서 8년(1743)과 19년(1754) 두 차례 이제묘를 방문하여 「夷齊廟詩序」 및 '夷齊廟即事'와 '夷齊廟四景' 등 8수의 시를 남겨, 그들의 '말고삐를 잡고 간언을 한 일'과 '수양산에서 고사리를 먹은' 덕행을 강조하였다.[20] 건륭 43년(1778)에는 夷齊廟 東行宮을 대규모로 지었다. 18세기에 夷齊 신앙은 조정의 추앙을 받아, 지방 정부만 현창한 것이 아니라 황제가 존숭하는 대상이 되었다.

19 董天華等修. 李茂樹等纂. 『盧龍縣志』(民國二十年鉛印本. 載『中國方志叢書』. 華北地方 145. 臺灣成文出版社. 1967). 132면.

20 「夷齊廟詩序」有云 : "盧龍孤竹城, 夷齊廟在焉. 史稱夷齊耻食周粟, 餓死首陽. 『詩』云: '采苓采苓, 首陽之顚.' 疏謂在河南蒲坂, 而莊子則曰首陽山在岐山西北, 曹大家云在隴西, 『元和郡國志』謂首陽山在河南偃師, 『說文』又謂在遼西. 則是首陽凡五, 各有證據, 而其爲夷齊餓死之處則一也. 將孰之從, 惟遼史所載, 营州臨海軍下刺史, 本商孤竹国, 今之盧龍, 即遼营州地也。『爾雅』所擧孤竹, 北户, 注謂孤竹在北. 周時幅員不廣, 其以此處爲極北, 故宜. 然則『說文』所謂首陽山在遼西者, 此爲近之. 殆以詩在『唐風』, 而叩馬而諫當武王伐紂之時, 由是岐、隴、蒲、偃, 皆附會其說耳. 夫夷齊清風在, 天下何處非首陽, 豈争疆城乎? 冕旒而墨胎以祀者, 尤非其志. 因系以詩而考其說如此." 앞의 책 참고.

위에 기술한 1665, 1701, 1778년의 세 차례 중수 가운데 앞쪽 두 차례 중수는 규모가 크지 않았다. 1665년 彭士聖의 중수에서 1777년 대규모로 이제묘 동행궁을 건축하기 전까지, 필자가 읽은 관련 연행록 중에서는 35종의 시 또는 산문이 상세하거나 간략하거나 이에 대한 서술이 있었다. 이 기록들로 보건대 이제묘의 전반적인 구조는 기본적으로 변화가 없었다. 주목할 만한 것은 이 기록들은 비교적 구체적인 내부 배치의 세부 묘사가 있다는 것이다. 이를테면 1686년 吳道一(1645-1703)의 『丙寅燕行日乘』 기록이 보여주는 바, 이때 청풍대 위 높은 전각의 편액이 '淸風閣'이었다거나, 1720년 李宜顯(1669-1745)이 묘사한 정전 내 백이 숙제의 塑像이 "머리에는 平天冠을 쓰고 冕旒를 드리우고, 용무늬를 그린 소매가 넓은 도포를 입고 붉은 자리 위에 앉아 있는데, 얼굴 모양이 매우 豐厚하였다. 다만 분칠을 해서 참다운 얼굴빛과는 다른 듯하였다."[21]거나, 1721년 李正臣(1660-1727)이 묘사한 두 소상이 "면류관을 쓰고 圭를 잡고 엄숙히 단정하게 팔을 모으고 있었다."[22] 같은 것이다. 이를 통해서 우리는 당시에 백이·숙제를 받든 구체적인 모습을 엿볼 수 있는데, 오도일과 이정신 두 사람은 정전 내에 놓인 향로와 石甁, 편액 및 정전 바깥에 서 있는 여덟 개 석비에 대해서도 많이 기술하고 있다.

李坤(1737-1795)은 1777년 10월 進賀謝恩陳奏兼三節年貢行의 副使가 되어 청나라에 사신으로 갔다가 1778년 2월에 北京을 떠났는데, 그는 귀국길에 이제묘에 들렀으니, 바로 1778년 대규모 중수 이후 처음이었다. 그가 기술한 이제묘는 여전히 三進 건축 구조이지만, 正殿 앞의 그 문에는 "내외 문의 門楣에 모두 '淸節祠' 석 자를 새겼"고,[23] 정전 안의 동서 양쪽 벽 石刻에는 건륭이 지은 시와 和親王의 시가 있었고, 정전 밖에는 석비가

21 이의현. 『庚子燕行雜識』(『연행록전집』 제35권). 423면 : "頂平天冠, 垂冕旒, 穿畵龍紋廣袖白袍, 踞坐朱榻之上. 面貌俱極豐厚, 但施以粉, 似乖眞面肉色也."

22 李正臣. 『燕行錄』(『燕行錄全集』 제34권). 269면 : "戴冕執圭, 儼然端拱." *역자 주 : 이정신의 문집에도 실려 있다(『櫟翁遺稿』 권7. 「燕行錄」). 1721년(신축) 4월 24일의 기록이다.

23 李坤. 『燕行紀事』(『연행록전집』 제52권). 520면 : "第四門門內外楣, 皆刻淸節廟三字."

다섯 개 뿐이었다. 그는 또 "다만 황제가 瀋陽으로 가는 길에 장차 들르기 때문에 銀을 주어 중수하였다. 공사가 바야흐로 시작되어 外堂과 殿內에 걸어 두었던 板額은 다 철거하여 없앴고 正殿의 감실 위에 한 개 扁額만 남았는데 '古之賢人'이라 하였으니, 바로 건륭의 글씨였다. 듣자니 神楊 양쪽에 '求仁得仁', '萬古淸風孤竹國', '以暴易暴', '千秋高節首陽山' 편액이 있었다고 한다. 殿門의 바깥 기둥에도 '天常成獨至', '心跡喜雙淸' 등 여러 편액이 있었다고 하는데 역시 모두 철거하였다."[24]고 했는데, 중수 초기의 상황을 대략 알 수가 있다.

李德懋(1741-1793)는 1778년 謝恩兼陳奏使로 간 正使와 書狀官의 수행원으로 청나라에 갔는데, 이 使行은 3월 17일 조선의 서울을 출발해 5월 9일, 아직 중수 중이던 이제묘에 도착했다. 이덕무는 『入燕記』에, "두 塑像은 전신을 종이로 싸서 먼지를 막았고, 뜰에는 대여섯 개의 비석이 늘어서 있었는데, 명 나라 商輅가 지은 비문이 가장 典雅하고 굳세었다. 또 元 나라 마조상 백용(馬祖常伯庸 백용은 마조상의 字)이 지은 비문이 있는데 명 나라 때에 追刻한 것이다. 廟壁에는 황제의 七律詩와 和親王의 시를 새겨 두었고…"[25]라고 기록하였다. 그는 또 당시 그곳에서 짓고 있던 행궁에 대해 기술하여, "樓와 臺와 廊과 閣이 있고 창문과 난간이 영롱한데 楠木·紫檀·花梨로 모란을 새겼다. 卍 字 건물에는 二靑을 바르고 황금색에 주홍색이 극히 화려했는데, 조각하는 이는 모두 江南의 솜씨 좋은 장인들이었다."[26]고 하였다. 또 각 종류의 장인의 인원수와 가격, 전체 건축의 工期를 매우 상세히 기록하여, "瓦匠·石匠·木匠·刻匠이 모두 1백 70인인데, 각장은 하

24 李坤. 앞의 책, 같은 곳 : "而但皇帝瀋陽之行, 將歷入, 故賜銀重修. 工役方擧, 外堂及殿內所揭板額, 已皆撤毁. 正殿龕上只有一扁, 曰 : 古之賢人, 即乾隆筆也. 聞神榻兩傍, 有 : 求仁得仁, 萬古淸風孤竹國 ; 以暴易暴, 千秋高節首陽山. 殿門之外楹, 又有 : 天常成獨至, 心迹喜雙淸諸扁, 而亦盡撤去矣."

25 李德懋. 『入燕紀』(『청장관전서』 권66. 서울. 솔출판사. 1981년 국역본. 제11책). 90면 : "二塑像紙冒全身, 以防塵埃. 庭列五六碑, 明商輅所撰最爲雅健, 亦有馬祖常伯庸碑, 明時追刻. 廟壁安皇帝七律及和親王詩…"

26 앞의 책, 같은 곳 : "有樓有臺, 亦有廊閣, 而窓櫳玲瓏, 以楠木紫檀花梨刻牧丹. 卍字棟宇, 塗二靑, 泥金朱紅, 極其奢麗. 而雕刻之, 皆江南巧工也."

루에 銀 3錢씩을 받고 다른 匠人은 2전 5푼씩을 받는다. 役夫는 4백여 인은 하루에 은 1兩 5전씩을 받는다. 장인들에게는 또 날마다 쌀 1升씩을 준다. 內帑의 은 5만 냥과 通州의 稅銀 7만 냥을 내었다. 영평부에서 감독하여 만드는 재목 값은 이 12만 냥 속에 들어 있지 않다. 금년 정월 26일에 시작했는데 오는 6월 30일에 준공할 예정이라고 한다."[27]고 하였는데, 당시 행궁 건립 상황의 일부를 여기서 알 수 있다.

1778년 수리된 뒤의 구체적인 건축구조에 대해서는 연행 사신의 기록이 많다. 이 기록들이 약간의 차이를 보이고 있지만, 종합적으로 볼 때 전체 三進 구도는 여전히 변하지 않았다(附表 2 참조). 명백한 변화는 세 가지다. 먼저 제2문 石門의 편액이 '淸風可挹'으로 바뀌었는데, 1790년 徐浩修(1736-1799)의 기록은 이것을 "지금 황제의 글씨"라고 하였다. 다음, 제3문은 본디 重門이었는데 이때 하나의 문으로 된 듯하고, 또 본디 그 안에 놓여 있던 비석이 줄어든 듯하다. 마지막으로, 正殿의 뜰 안 등의 장소에 청나라가 세운 御碑가 증가하였다. 이를테면 1793년 李在學(1745-1806)의 기록에 정전 뒤쪽 "揖遜堂 세 칸에 또 乾隆이 짓고 글씨를 쓴 시를 새긴 비석 두 개가 있다."[28]고 한 것과 같은 것이다. 일부 사신은 정전 내부 모습을 매우 상세히 묘사해서 내부 배치 상황을 보여주기도 했다. 이를테면 서호수는 이렇게 기록하고 있다. "東西로 5칸, 남북이 2칸이다. 가운데 한 榻에다 동쪽에는 昭義淸惠公 伯夷를 모시고, 서에는 崇讓仁惠公 叔齊를 봉안하였는데, 다 곤룡포에 면류관을 쓴 塑像으로 두 손에는 碧玉圭를 잡았다. 앞에는 萬曆 때 만든 黃花班石香鑪가 있는데, '기장과 메기장이 향기롭지 않고, 밝은 德이 오직 향기롭다.'는 두 구절을 새겼다. 殿의 들보에 있는 편액은 '古之賢人'인데, 지금 황상의 어필(御筆)이다. 북쪽 벽에 또 황상의 御

27 앞의 책, 같은 곳 : "瓦匠、石匠、木匠、刻匠総一百七十人, 刻匠日食銀三錢, 他匠二錢五分. 役夫四百餘人, 日銀一兩五錢. 諸匠又日給米一升. 出內帑銀五萬兩, 通州稅銀七萬兩. 永平府督造材木之價, 不與於十二萬兩之數. 今年正月二十六日營建, 六月三十日當訖工云."

28 李在學. 『연행일기』(『연행록전집』 58권). 204-207면.

製와 어필이 있는데 돌에 이렇게 새겨져 있다. 淸聖의 맑기 누가 같으랴. 수양산 가는 길 이것을 의지해 오름이 편리하겠네. 公信(백이의 字)과 公遠(숙제의 字)의 淸節을 전하기 위함이니, 어찌 요서와 농서를 비교할 것인가. 무슨 일로 宋朝는 규면을 내렸던가. 夫子는 진흙처럼 보았을 것 알겠네. 사마천이 슬프게 청운의 선비를 부러워할 뿐, 헛된 이름 잡초만도 못하다는 것 모르네.[29]

문자 기록 이외에 1784년 陳賀謝恩兼三節年貢行의 副使였던 姜世晃(1713-1791)은 "夷齊廟"(그림 1)와 "孤竹城"(그림 2)을 그림으로 그렸다. 「夷齊廟圖」는 지금 통도사 聖寶博物館에 소장되어 있는데, 그림 위쪽에 題名이 있고, "三世耆英"이라는 方印이 찍혀 있다.[30] 「孤竹城圖」는 姜世晃의 '孤竹城' 시와 같이 만들어진 詩畵 작품인데 그림에 題名은 없다. 「孤竹城」 시는 이러하다.

> 山腰粉堞勢周遭, 산허리에 하얀 성첩 기세 좋게 둘렀고,
> 灤水東來自作濠, 동쪽에서 오는 灤水 저절로 垓字 되네.
> 皇帝行宮何壯麗, 황제 행궁 어찌 그리 크고도 화려할까.
> 古賢遺像尙淸高, 옛 현인 담은 塑像 아직도 맑고 높네.
> 林開落照明雕檻, 숲에 열린 저녁노을 고운 건물 비쳐 밝고,
> 岸曲澄波閣小舠, 언덕 굽이 맑은 물결 작은 배 대어 있네.
> 向晩登車更回首, 저물녘 수레 올라 고개 돌려 바라보니,
> 緇塵多愧滿征袍. 검은 먼지 가득한 옷 새삼 많이 부끄럽네.[31]

---

29 徐浩修. 『燕行紀』(『연행록전집』 51권). 264-267면. "東西五間, 南北二間. 正中一榻, 東奉昭義淸惠公伯夷, 西奉崇讓仁惠公叔齊, 皆袞冕塑像, 而手執碧玉圭. 前有萬曆所製黃花班石香爐, 刻:黍稷匪香, 明德惟馨二句. 殿梁有扁曰:古之賢人, 今皇上御筆. 北壁又有皇上御制御筆, 石刻曰:淸聖之淸孰與齊, 首山途便此憑躋, 爲傳公信及公遠, 底遼西復隴西, 何事宋朝錫圭冕, 可知夫子視塗泥, 史遷慨羡靑雲士, 未識浮名不稗稊."

30 姜世晃은 1783년에 耆老所에 들어가는데, 그의 조부 姜栢年(1603-1681)과 부친 姜鋧(1650-1733)도 다 일찍이 기로소에 들어갔으므로 "三世耆英"이라고 한 것이다. 조선조에서는 통상 나이 70세 이상의 정2품 문관과 60세의 국왕이라야 기로소에 들어갈 자격이 있었는데, 극히 높은 예우를 받게 된다.

이 작품은 『槎路三奇帖』에 수록되어 있고, 지금 국립중앙박물관에 소장되어 있다. 두 폭의 그림이 온전히 실제 모습을 그린 것은 아니지만 三進의 구도가 어렴풋이 보이고, 그 자리 잡은 지리적 환경은 사실 그대로여서, 이 산 사이 작은 강가의 터는 세상을 벗어난 무릉도원으로 묘사되는 先賢의 유적지가 시야에 들어온다.

그림 1 「夷齊廟圖」
(통도사 聖寶博物館 소장)

그림 2 『槎路三奇帖』 중에서 「孤竹城圖」
(국립중앙박물관 소장)

이후 嘉慶帝도 이곳을 순행했고, 그와 道光, 咸豊도 다 이제묘와 관련된 시를 지었다. 이곳을 왕래한 연행 사신의 기록도 끊이지 않아서, 1801년 李基賢의 『燕行錄』, 1803년 李海應의 『薊山紀程』, 1812년 金景善의 『燕轅直指』, 1850년 權時亨의 『石湍燕記』, 1860년 申錫愚의 『入燕記』와 1876년 林翰洙의 『燕行錄』이 있다. 전체적으로 볼 때, 祠廟 건축의 구조와 내부 시설의 변화는 크지 않다. 함풍 연간에 이제묘는 이미 낡고 허물어져서, 1853년 姜時永이 사신으로 이곳을 들렀을 때 행궁이 "뜰의 잡초는 무릎을

31 詩畫 작품에 있는 기록과 『豹菴遺稿』(한국정신문화연구원. 1995年版. 165면)에 수록된 「孤竹城」 詩를 참고하였다. * 역자 주: 『표암집』 권2에 있는 「孤竹城」에는 '首'가 '頭'로 되어 있다.

덮고, 채색 기와는 퇴색하고 무너졌다."[32]고 하였다. 이런 상태는 곧장 이어졌지만, 그러나 民國 시기까지도 일부 건축은 남아 있었다.[33]

3. 夷齊故事에 대한 조선 사신의 인식

조선 사신은 夷齊廟와 그 주변의 지리 경관을 비교적 사실적으로 자세히 묘사하는 한편, 자주 시를 읊어 자신의 감정을 표현하였다.[34] 명나라 때에 조선 사신은 이곳에 와서 백이·숙제를 조문하고, 특히 그들의 '淸風高節'에 감탄하였다. 1574년 許篈과 趙憲 일행은 북경으로 가느라 바빠 이제묘를 돌아볼 시간이 없었지만, 이제묘 남쪽의 이른바 孤竹城遺址를 지날 때, "옛날의 자취는 지금 이미 깨끗하게 없어져서 한 가지도 찾을 수가 없지만, 유독 맑은 바람은 상쾌해서 萬古의 일이 어제와 같다."[35]고 감탄하였다. 돌아갈 때 그들은 큰비를 무릅쓰고 끝내 이제묘를 찾아 참관하였다. 許篈의 기록에 사신들이 正殿에 이르러서 "再拜의 예를 행하고 우러러 돌이켜 생각해 보니 심신이 상쾌하였다."[36]고 하고, 뒤쪽으로 淸風臺에 올라서 "멀리 永平府의 들판을 바라보니 煙樹가 우거졌는데, 세상을 떠나서 홀로

32 姜時永. 『輶軒三錄』(『연행록전집』 제73권). 404면.

33 董天華等修. 李茂樹等纂. 『盧龍縣志』(民國二十年鉛印本. 載『中国方志叢書』. 華北地方 145. 臺灣成文出版社. 1967). 132면을 참고.

34 본고의 초고는 2012년에 쓰였는데, 뒤에 여러 차례 수정되었다. 그 사이에 金哲, 秦亞偉의 「조선조 문인의 백이·숙제에 대한 수용과 인식 연구－－연행록의 백이·숙제 기록을 중심으로」(『當代韓國』. 2014년 제3기)를 보았다. 이 논문은 연행록에서 백이·숙제 관계 기록을 분석해서, 조선 사신의 백이·숙제 형상에 대한 인식은 明代에 賢者와 도덕적 典範이라는 데서 淸代에는 仁義와 忠節의 상징으로 바뀌었다고 하였다. 본고는 이 관점에 동의하지 않는다.

35 許篈. 『荷谷先生朝天紀』(『연행록전집』 제6권). 181면 : "舊日之跡, 今已夷漫滌蕩, 無一可尋, 而獨淸風爽然, 萬古如昨."

36 許篈. 앞의 책. 301면 : "遂上正堂, 行再拜禮, 瞻仰回思, 心神颯爽."

선 기분이 들었다."[37]고 한다. 趙憲은 유람한 뒤에 다시 시 두 수를 남겼다. "흉중에 한 터럭 사심 모두 끊고서, 높은 절조, 만고 彝倫 길이 붙들었네. 맑은 그 풍모를 우러러 흠모하여, 나약하고 완고한 자질 벗어났으면." / "고죽국의 두 현인 절을 하고 뵈오니, 仁을 얻은 두 분이 깊이 그리워라. 낡은 신발 보듯이 군주 지위 버렸고, 아름다운 고사리 古今의 인륜을 도왔네. 맑은 바람 치는 곳 완고한 사람 부끄럽고, 이전 악을 잊을 때 경박한 습속 순후해져. 동해의 보잘 것 없는 나는 흠앙한 지 오래, 옛 터를 찾고 보니 마음 상쾌해지네.[38] 그들이 여기서 절을 하고 제사를 드리면서 감개한 것은 백이·숙제의 仁義와 맑은 절개, 겸양과 다투지 않는 마음이었고, 두 사람의 公心과 청렴과 禮讓의 의리를 기린 것이었다.

비슷한 감개는 같은 시기에 적지 않게 볼 수 있다. 1577년에 崔岦은 사신으로 나갔다가 귀국하는 도중에 「永平清節祠次韻」 한 수를 남겼다. "절조와 풍도 드높아라 죽어도 살아 계시나니, 오늘도 홀로 우뚝 서서 우주를 떠받치고 있네. 삼강이 중한 것을 당시에 알기만 했더라면, 이 분들이 만세토록 이름을 떨치지 못했을걸. 그 뒤로도 성군과 폭군이 얼마나 분분히 일어나서, 正道와 權道 구질구질 각축을 벌였던고. 난하의 위쪽이요 수양산 아래의 廟, 황제가 내린 편액 위엄이 짓누르네.[39] 여기서 백이·숙제의 "峻節高風"을 강조하여, 높여야 할 것은 이런 정신이지, 夷齊 당시에 '三綱'을 지키는 구체적인 행위를 찬양하는 데 중점이 있는 것이 아니다. 시대가 변하기 때문에 이런 일은 단지 한 때일 뿐이다. 1581년, 崔岦이 두 번째로 사신으로 갔을 때 또 「夷齊廟次韻」을 지었다. "수양산에서 굶어 죽어도 슬

37 許篈. 앞의 책, 같은 곳 : "遠望永平府之野, 烟樹掩翳, 依俙然有遺世獨立之思."

38 趙憲. 『朝天日記』(『연행록전집』5). 289면: "胸中都是絶毫私, 高節長扶萬古彝. 願得清風熏一仰, 醒然起我懦顽資." / "拜瞻孤竹二賢人, 深慕當年两得仁. 弊屣任看尊富位, 芳薇扶起古今倫. 淸風激處顽夫耻, 舊惡忘時薄俗淳. 東海小生欽仰久, 臨墟猶覺爽心神."

39 崔岦. 『丁丑行錄』(『연행록전집』 제4권). 413면 : "峻節高風死亦生, 支撑宇宙一亭亭. 當時但識三綱重, 此子非須萬世名. 自後紛紛幾聖暴, 從他屑屑較權經. 首陽山下灤河上, 廟貌森嚴勅額明." 한국고전번역원의 번역(이상현 역)을 인용.

펴하지 않았던 분, 영원히 기릴 그 의리 드높은 사당에 부쳤어라. 난하 건너 고죽군의 영령을 또 모셨나니, 맑은 바람 끊임없이 불어오고 불어 가리."[40]라고 하였으니, 백이·숙제의 清風 節義에 대한 尊崇이 孤竹君에까지 이르고 있다.

당연하게도, 사신은 백이·숙제가 '君臣의 의리'를 지킨 일을 칭송한다. 1548년 崔演(1503-1564)은 사신으로 북경에 가면서 고죽성 터에 이르러 "갈 길이 바빠" 이제묘에 들어가지 못하고 「이제묘를 바라보고」 두 수를 썼다. "采薇의 높은 절개 누가 다투랴. 드높이 든 綱常이 日月 같이 밝네. 義를 지킴 어찌 천품 좁아서일까. 仁을 얻음 본디 맑은 천성대로네. 존숭해서 천년 사당 아름답게 꾸몄고, 廉義는 백세 명성 삼가 듣겠네. 두 번을 지나면서 들르지 못해, 갈림길에 탄식하며 아쉽기 그지없네." "말고삐 잡고 간한 의로운 사람, 만세토록 군주와 신하 바로잡은 것. 백이는 나라 사양해서 군주를 높였고, 숙제는 형에 미루어 인륜을 무겁게 했네. '성인 중에 맑은 분'은 참으로 백이를 아신 말, '인을 얻었으니 무엇 원망했겠나'는 스스로 인을 구한 것. 천 년의 풍모를 직접 뵙고 싶지만, 아쉽게도 사당에 들러 예를 드리지 못하네."[41] 詩는 綱常을 지키는 입장에서 백이·숙제의 高節, 守義, 廉義의 품성을 찬양하고, 두 사람이 "말고삐를 잡고 간한" 군신의 의리와 "나라를 사양하고 군주의 명령을 높인" 형제의 인륜을 강조한다. 1569년 李濟臣도 夷齊廟를 찾아 한 수의 시를 읊었다. "아직도 남은 孤竹 황폐한 성에 있고, 이제묘는 천 길의 돌 언덕에 평평하네. 父子와 君臣, 兄弟의 義를 지키고, 乾坤과 夷夏, 古今의 名分 바루었네. 형제의 남은 塑像 오늘의 표상, 만고의 긴 바람은 어제도 맑았으리. 灤河 물결 움켜쥐고 고사

40 崔岦. 앞의 책. 430면 : "餓死西山不自悲, 千秋慕義寄高祠. 隔河孤竹君靈在, 長有淸風來往吹." 한국고전번역원의 번역(이상현 역)을 인용.

41 崔演. 『西征錄』(『연행록전집』 제3권). 198-199면 : "采薇高節孰堪爭, 昭揭綱常日月明. 守義豈云資也隘, 得仁元自聖之淸. 尊崇賁飾千年廟, 廉義欽聞百世名. 再過未能成一拜, 臨岐嗟悼謾含情.", "叩馬陳辭是義人, 要令萬世正君臣. 伯能遜國知尊命, 弟亦推兄見重倫. 論聖稱淸眞識聖, 得仁何怨自求仁. 聞風千載思親炙, 恨不升階薦澗蘋."

리 손에 잡고, 묵은 가슴 씻어내니 정신이 새로워라."[42] 시를 읊은 사람은 백이·숙제에 대해서 "父子와 君臣, 兄弟의 義를 지키고"라고 긍정하는 것을 알 수 있다. 1577년 金誠一은 명나라에 가는데, 뒤에 『朝天紀行』에 남긴 시에서 "난하 가의 고죽에는 외로운 성 있으니, 백대의 강상 오직 동생과 형이었네. 깨끗하고 높은 모습 완악한 날 일으키니, 재배하자 갑자기 맘 성성해지는구나. 반나절을 배회하며 차마 못 떠나고서, 채미정에 다시 올라 앞 난간에 기대었네.[43]라고 하였다. 김성일은 백이·숙제가 綱常을 지킨 일에 대해 깊이 알아주는 마음을 나타내고 있다.

백이·숙제의 事迹과 정신에 대해서는 중국 역대로 여러 가지 해석이 있다. 漢나라 劉向은 『立節』에서 "백이·숙제가 수양산에서 아사하여 그 뜻이 더욱 드러났으니, 죽음을 가벼이 여기지 않았다면 어찌 이럴 수가 있었겠는가."라고 하고 또, "백이·숙제는 자신을 죽여서 廉義를 이루었다."고 해서, 백이·숙제가 갖고 있는 士人 기질을 설명했다. 唐나라 韓愈의 『伯夷頌』은 백이가 "홀로 주나라 곡식 먹기를 부끄럽게 여겨서 굶어죽어도 쳐다보지 않았다."는 忠義 정신에 착안해서, "굶어죽어도 더더욱 義를 지켜서 두려워하지 않은" 자세로, 단지 혼자서 세상에 가르침을 세운 일을 말하였다. 皇浦湜은 夷齊에 대해 유보적인 태도를 지녀서, 夷齊와 柳下惠의 행한 일을 성인에 비기면 "모두 하나의 방면에 국한되는 사람"이라고 하였다. 宋의 王安石은 『伯夷論』에서 韓愈의 夷齊에 대한 칭송을 힐책하고, 백이가 "말고삐를 잡고 간한 것"은 "이치에 닿지 않은 일"이라고 말하였다. 蘇軾은 "이익을 보고 동요하지 않은 자"라고 백이·숙제를 칭찬하였다. 朱熹는 伯夷가 商을 치려는 주나라 무왕을 "말고삐를 잡고 간한 마음"과 太公이 商

42 李濟臣. 『淸江先生集』 권1(한국문집총간 제43책. 1997). 499면 : "尙鐫孤竹在荒城, 廟宇千尋石岸平. 父子君臣兄弟義, 乾坤夷夏古今名. 一家遺像當時表, 萬代長風昨日淸. 滿掬灤波盈握蕨, 洗乾塵肺改精明."

43 김성일. 『학봉선생문집속집』(한국문집총간 제48책). 182면 : "河邊孤竹有孤城, 百代綱常惟弟兄. 淸高遺像起我頑, 再拜陡覺心惺惺. 徘徊半日不忍去, 更上采薇憑前楹." 한국고전번역원의 번역(정선용 역)을 인용.

을 치려고 "孟津에 모인 마음"을 말하면서 "두 사람의 道는 양립할 수 있고, 서로 어긋나지 않는다."고 논하였다.[44]

기실, 명나라 시기에도 소수의 조선 사신은 夷齊가 "나라를 사양해서 義를 지킨 일"과 "주나라 곡식을 먹지 않은 일" 및 "말고삐를 잡고 간한" 행위에 대해 유보적 태도를 갖고 있었다. 鄭昆壽(1538-1602)는 1592년 陳奏使로 명나라에 갔고 1597년에는 謝恩兼辨誣陳奏使로 두 번째로 명나라에 사신으로 갔는데, 도중에 이제묘에 들러 「謁夷齊廟辞」를 남겼다.

> "하늘 우러르고 땅을 굽어, 인간은 그 사이에 섰네. 인간이 존귀하다는 것은 군신과 부자의 綱常이 있기 때문이네. 존귀한 천자와 거룩한 덕을 지닌 聖人, 이를 버리면 하늘의 倫常과 부모의 명령을 어찌하리. 나는 그 둘의 輕重을 모르지만, 나라 버리기를 낡은 신발 버리듯 하였다네. 먼 길을 왔노라, 서쪽에서 온 용사들! 어찌하여 孟津 나루를 건넜던가? 저들 팔백 제후 비록 숫자는 많지만, 무엇을 어쩔 수 있단 말인가! 천만 인이라도 나는 당당히 가리라. 말고삐 잡고 간언을 했지만 내 말은 듣는 척도 않는구나. 폭력으로 폭력을 대체하다니, 누가 옳고 누가 그를까? 神農·虞夏 이미 없으니, 아하! 어디로 돌아가랴 갈 데가 없구나. 周나라에 곡식 있은들 내가 먹을까, 西山의 고사리 몹시 좋다네. 천하 만세에 군주가 없어졌으니, 오호, 아하! 삶이 죽느니만 못하구나. 군신과 父子의 기강은 夫子(夷齊)를 힘 입어 정해지니, 夫子가 夫子되신 이유로다. 아득한 우주에 홀로 우뚝 서셨나니, 형과 아우, 두 분뿐이로다. 덕으로 聖人이 되시고 백세의 스승이 되시어, 완고한 사람 나약한 사람이 모두 힘을 입어 일어나도다. 천년 지나 감동하여 夫子 우러러 사모하니, 실로 타고난 衷心에서 나온 마음이로다. 사람에게 물어 찾아와서, 夫子 사당에 절을 하고, 이에 노래를 부

44 歐陽健. 『백이 정신 독법(伯夷精神之解讀)』(『厦門教育學院學報』. 제6권 제3기. 2004.9) 참고.

르노라. '강물은 넓디넓고, 산은 높디높네. 孤竹의 사당, 만고의 맑은 바람.'"[45]

이 글에서 작자는 백이·숙제가 군신, 부자의 綱紀를 지킨 것을 긍정하지만, 夷齊와 太公 사이에서 어느 쪽을 따를지 모르는 느낌이 상당하다. 李恒福(1556-1618)은 1598년에 辨誣陳奏使行의 正使로 명나라에 가면서 도중에 이제묘에 들러 장편시 「謁淸節祠」를 썼다. 그 시에, "서방의 미인은 성덕이 있다 일컬어졌기에, 曷喪의 유민들이 모두 그를 송축했거니와. 풍운의 만남이 고기 낚는 노인을 일으키니, 탁록의 뛰어난 戰功을 오히려 압도하였네. 팔백인의 제후와 함께 맹진 나루 건넜으니, 천명과 인심이 돌아갈 길이 분명 있었도다. 그래도 도망쳐서 죽지 않은 이가 있었기에, 역사의 기록에서 후인이 상고할 수 있는데."[46] 이항복은 백이·숙제에 대해 부정적 태도를 지녔다. 그는 이 시의 서문에서 이렇게 말하고 있다. "伯夷의 道는 협착하니, 聖人의 처신에 있어 진중히 여길 바는 아니다. 그러나 나는 삼가 그가 나라를 사양하고 의리를 지켜 周나라에서 난 곡식을 먹지 않은 것을 고상하게 여겼으므로, 매양 『사기』를 읽을 때마다 책을 덮고 탄식하지 않은 적이 없었다."[47]

그럼에도 불구하고 明代의 조선 사신이 이런 유보적 태도를 지닌 경

---

45 鄭崑壽. 『栢谷先生集』 권1(한국문집총간 제48책. 1997). 406면 : "仰天俯地, 人立乎其間兮, 所貴以其有君臣父子之綱紀. 天子之尊, 聖人之德兮, 顧舍是何以天倫父命, 我不知其輕重兮, 視棄其國如棄弊屣. 遜矣! 西土之人兮, 胡爲乎孟津之涘. 彼八百雖多, 亦奚爲兮, 千萬人吾往之矣. 試叩馬聽我邈邈兮, (以)暴易暴, 孰非孰是. 神農虞夏之已沒兮. 嗚呼! 曷歸靡所底止. 周有粟吾其食諸兮, 西山之薇蕨甚美. 天下萬世之無君兮, 嗚呼! 噫嘻! 生不如死. 君臣父子之綱紀, 賴夫子以定兮, 夫子所以爲夫子, 茫茫宇宙特立獨行兮, 兄及弟矣, 二人而已. 德爲聖人, 爲百世師兮, 頑夫懦夫, 皆爲之興起. 後千祀而相感兮, 景慕夫子, 實由乎天降之衷. 問征夫而來尋兮, 稽首夫子之閟宮, 遂爲之歌曰: 有河浩浩, 有山崇崇, 一區孤竹, 萬古淸風."

46 이항복. 『조천록』(『연행록전집』 제9권). 50면 : "西方美人稱聖德, 曷喪遺民咸頌禱. 風雲喚起釣魚翁, 涿鹿奇功猶壓倒. 珪璋八百孟津渡, 天命人心歸有道. 云亡還有不死者, 太史遺編後人考." 한국고전번역원의 번역(임정기 역)을 인용.

47 이항복. 앞의 책. 50면 : "伯夷之道隘。非聖人居身之所珍。然余竊高其讓國守義。不食周粟。每讀遷史。未嘗不廢書而嘆息."

우는 '朝天錄'에서 매우 드물어서, 사신들은 대개 백이·숙제의 淸節과 忠義를 긍정하고, 임진왜란 뒤에는 백이·숙제가 君臣의 道를 지킨 데 대한 찬양이 더욱 현저하게 강렬해진다. 이수광(1563-1628)은 1597년과 1611년에 進慰使의 正使와 冬至兼奏請使의 副使 신분으로 두 차례 명나라를 방문하였다. 첫 번째 방문에서 그는 「夷齊廟」라는 시를 썼다. "고금 세월 도도히 흐르는 저 난하수, 이름이 두 분 덕분에 유명해졌다오. 오래된 고죽국의 성은 썰렁하고, 고사리 캐먹던 산은 멀기도 해라. 사당 향사는 천 년을 받들어 오고, 맑은 풍도는 백세의 스승일세. 길손 찾아와 거듭 공경심이 일어나니, 두 번 절하고 낡은 비석을 읽노라."[48] 백이·숙제에 대한 존경을 표할 뿐이다. 두 번째 방문에서도 「夷齊廟」라는 시를 썼다. "위엄 있는 塑像 남은 옛 사당에서, 두 분의 맑은 기상 상상을 하네. 군신 형제 도리를 극진히 하여, 고금 천지에 그 이름 찬란하네. 성에는 북해의 그때 달 걸려 있고, 들에는 西山의 백대 바람 울리네. 고죽국 지난 일 가슴이 아파, 석양에 말을 잊네 강물 흐르고."[49] 이외에도 「백이·숙제를 읊음」 두 수가 더 있다. "은나라에 인자가 셋뿐임을 못 믿겠으니, 동시대의 두 분이 진짜 사내대장부라네. 당초 나라 양보한 건 원래 작은 일이니, 湯武는 천년 뒤에도 부끄러워하리라." "죽을 각오로 말고삐 잡고 간하였으니, 고사리 캔 것 목숨 보전 위함 아닐세. 미력하나마 서산의 흙을 움켜쥐고서, 은나라 한 조각 하늘 보존하려 해서라오."[50] 여기서 이수광은 백이·숙제가 군신의 기강을 삼가 지킨 데 대한 무한한 존경을 아주 분명하게 표현하였다.

48 이수광. 『조천록』(『연행록전집』 제10권). 188면: "今古灤河水, 名因二子奇. 城寒孤竹國, 山遠採薇時. 香火千年廟, 淸風百世師. 客來重起敬, 再拜讀殘碑." 한국고전번역원의 번역(김광태 역)을 인용.

49 이수광. 『속조천록』(『연행록전집』 제10권). 236면: "凜然遺塑舊祠宮, 猶想雙淸氣象同. 倫紀君臣兄弟際, 姓名天地古今中. 城懸北海當年月, 野響西山百世風. 往事傷心孤竹國, 夕陽無語水流東."

50 이수광. 앞의 책. 237면 : "未信殷仁只有三, 同時二子是眞男. 當初讓國元微事, 湯武千秋也自慙." "已分捐生叩馬前, 採薇非是爲身全. 區區欲把西山土, 保得殷家一片天." 한국고전번역원의 번역(강여진 역)을 인용.

앞에 서술한 왜란 이후 조선 사신의 백이·숙제 관련 詩作이 그들의 위국충절과 춘추의리를 칭송하는 경우가 많다면, 이는 조선이 명나라가 원군을 보내 왜에 대항한 "再造의 은혜"에 대한 의식으로 對明義理를 강조한 것과 관계있고,[51] 명청 교체 이후 이제묘를 참배한 사신은 대개 尊明排淸의 의식을 갖고 있다. 任相元(1638-1697)은 1687년에 사신으로 가면서 永平府에 이르러 두 수의 시를 읊었다. "텅 빈 언덕 멀찍이 변방 구름 이어서, 낮에도 묵은 마을 찾기가 쉽지 않네. 사냥 간 말 돌아올 때 먼 데 불 밝고, 마을 집들 빼곡한 곳 숲 너머 있네. 산과 강의 장한 형세 변방과 중국에 이었고, 수자리 가는 슬픈 노래 고금에 그대로네. 飛將軍 화살 꽂힌 바위 다시 볼 것 없고, 천년 세월 고죽성 공경하는 마음 이네." / "灤河의 푸른 물결 성 모퉁이 둘렀으니, 雄鎭이라 예로부터 오랑캐를 제압했네. 눈 속에 첩첩의 산 먼 강물이 둘렀고, 연기 속 앙상한 버들 빈 들판에 아득하네. 수자리 예전 자취 빈터만 남았고, 나라 사양 남은 풍모 사당만 고즈넉해. 개탄스럽네, 召公이 사직을 연 이곳에서, 갓 쓴 사람 돌아보는 이 끝내 없다니."[52] 趙文命(1680-1732)은 1725년에 謝恩兼陳奏使의 서장관으로 북경을 방문했는데, 도중에 「夷齊廟」 두 수를 남겼다. "한굽이 灤河의 강물, 우뚝한 半畝의 사당. 천년에 엄숙한 遺像, 유월에 청풍이 서늘. 倫常이 큰 줄만 알아, 餓死 곤궁 마다 않았지. 칼 앞에 부끄러웠으리니, 탄식할 일이로다 渭川翁." / "또렷또렷 성벽에 남은 고죽국, 사당은 말없이 황무한 언덕에 섰네. 엄중한 인륜을 한몸에 홀로 지니, 두 분의 높은 절조 만대에 우러르네. 솔바람 소리 상쾌하기 운을 더한 듯, 강물은 다투어 비린내 씻으려는 듯. 지금도 西山 고사리 있을 테지만, 남들 따라 제수를 바치지 못하겠네."[53] 이

---

51 이성형. 「燕行錄의 伯夷·叔齊 관련 漢詩 硏究-壬亂收拾期를 中心으로」(『漢文學論集』 31집. 2010.8). 177-212면을 참고.

52 任相元. 『燕行詩』(『연행록전집』 제28권). 45-46면 : "曠原遙接塞雲陰, 漢日荒屯未易尋. 獵騎歸時明遠火, 村廬密處隔平林. 山河壯勢連夷夏, 征戍悲歌自古今. 不必更觀飛將石, 千秋孤竹起人欽." "灤河漾綠遶城隅, 雄鎭從來制北胡. 雪裏疊山環遠碧, 煙中衰柳際平蕪. 防秋舊迹臺空在, 讓國遺風廟自孤. 堪歎召公開社地, 竟無巾幘飾頭顧."

런 詩句에서는 모두 그들이 백이·숙제를 칭송할 때 지니는 명나라를 생각하는 정회를 볼 수 있다.

또 하나 언급할 만한 것은 조선 사신은 백이·숙제를 참배한 뒤에 夷齊가 고사리를 먹은 일을 본받아, 조선에서 가져온 말린 고사리를 탕으로 만들어서 그들의 명나라 생각하는 마음을 표현하고 그들이 춘추의 대의를 잊지 않음을 드러낸 일이다. 김창업(1658-1721)은 1713년에 청나라에 갔는데, 그는 『老稼齋燕行日記』에, 使臣의 이런 행동이 이미 관례가 되었음을 기록하고 있다.[54] 1780년 박지원의 연행 길 이제묘 오찬에는 "고사리 닭찜"이 있었는데, 뒤에 조선 사신은 청나라에 가는 도중에 "이제묘는 으레 점심을 먹는 곳인데 사시사철 막론하고 반드시 고사리를 먹는다."고 알려졌다.[55] 1791년 金正中은 冬至兼謝恩使를 따라 갔는데, 그는 사행단이 이제묘를 돌아본 뒤에 역시 전례에 따라 고사리 국을 먹었다고 기록하고 있다.[56] 그러나 이에 대해서 세 사람은 모두 가소로운 일이라고 느꼈다. 박지원은 세간에서 이 일을 달갑게 여기지 않는 몇 가지 우스개를 기록하고 明淸의 교체에 감탄의 말을 한 뒤에 지금은 "노인들이 다 돌아가셨는데, 또다시 백이의 고사리 때문에 이런 분분한 일이 생긴다."고 하였다.[57]

한데, 주의해야 할 것은, 18세기에 이르면 백이·숙제의 사적에 대해 이미 적지 않은 조선 문인들이 회의적이다. 박지원은 그의 「백이론」에서 처음부터 "伯夷가 武王을 간한 일은 경전에 보이지 않으니 이것은 齊나라 동쪽 시골 사람들의 말인데 사마천이 가져다가 역사에 기록했으니, 이는

---

53 조문명. 『연행록』(앞의 책. 제37권). 55면 : "一曲灤河水, 巋然半畝宮. 千年儼遺像, 六月颯淸風. 但識經常大, 寧辭餓死窮. 兵前應愧色, 嘆息渭川翁." / "歷歷城垣孤竹國, 遺祠無語立荒皐. 一身獨任三綱重, 萬代爭瞻二子高. 松籟爽如添韻操, 河流爭欲洗腥臊. 祗今定有西山蕨, 不敢隨人薦澗芼."

54 김창업. 『노가재연행일기』(앞의 책. 제32권). 509면을 참고.

55 박지원 저. 朱瑞平校点. 『열하일기』 93면.

56 金正中. 『燕行日記』(『燕行錄全集』 제74권). 400면.

57 박지원 저. 朱瑞平校点. 『열하일기』 93면. * 역자 주 : 『關內程史』의 「射虎石記」에 있는 말이다.

믿을 수가 없다."고 말한다.[58] 김창흡(1653-1722)은 王安石의 관점에 동의해서 "백이·숙제가 무왕의 정벌을 간했다는 일은 방향을 잃은 잘못된 견해로, 모두 荊公의 뛰어난 식견에 미치지 못한다. 장자의 寓言에서 처음 나온 말인데 사마천이 그대로 전하였고 한유가 칭송하는 글을 지어서 천년을 흘러 전해내려 견고해져서 깨뜨릴 수가 없었는데 형공에 이르러서야 그 잘못을 부수었다."고 하였다.[59] 丁若鏞(1762-1836)도 백이가 "말고삐를 잡고 간했다", "고사리를 뜯어 먹었다"는 말을 믿지 않아서, "微子는 封해져서도 부끄러워하지 않았고 箕子는 道를 진술해서 의문을 갖지 않았는데 어째서 유독 백이만은 말고삐를 잡고 간하고 고사리를 뜯어 먹다가 굶어죽기에 이르렀을까?"라고 하였다.[60] 백이가 무왕의 정벌을 간했다는 것과 太公이 무왕을 도와 紂를 정벌했다는 데 대해서는 북학사상을 지닌 조선 문인은 흔히 양쪽이 다 옳다는 태도를 갖고 있다. 박지원 같은 경우, 사마천이 기록한 夷齊 고사가 진실이라고 하더라도 그 중에서 백이는 옳고 태공은 그르다는 관점은 토론할 가치가 있다고 생각했다. 그가 보기에 백이가 정벌을 간한 것과 무왕이 紂를 정벌한 것은 '道가 같기' 때문에 이른바 "백이가 무왕을 그르다고 여긴 것은 무왕이 한 일을 비난한 것이 아니라 자기의 義를 밝히는 것일 뿐이었고, 무왕이 백이를 봉해주지 않은 것은 잊어버려서가 아니라 그의 義를 드러내준 것일 뿐이었다. 그들이 후세와 천하를 염려한 것은 같았다."[61] 박제가(1750-1805)는 「伯夷와 太公이 서로 어긋나지 않는다는 데 대한 論」에서 "伯夷의 근심은 萬世의 근심이고 太公의 마음은 天

58 박지원. 『연암집』 권3(서울. 경희출판사. 1966). 64면.

59 김창흡. 『삼연집』 권33. 「日錄」. 己亥(1719)三月初一日(한국문집총간 제166책). 122면 : "至夷齊諫伐事, 則七聖皆迷, 捻輸於荊公一隻眼. 始出於莊周寓言, 馬遷傳之, 韓愈頌之, 流傳千百年, 牢不可破, 至荊公而方碎其說."

60 정약용. 『정본 여유당전집』 제2집. 『孟子要義』. 公孫丑 제2. 「伯夷柳下惠章」(다산학술문화재단. 2013). 108면 : "微子受封而不恥, 箕子陳道而不疑, 何獨伯夷叩馬而諫, 採薇而食, 以至餓死乎?"

61 박지원. 『연암집』 권3(경희출판사. 1966). 65면 : "因爲在他看來伯夷諫伐與武王伐紂'同道', 所謂'伯夷之非武王非非其擧也, 明其義而已矣; 武王之不封伯夷, 非忘之也, 顯其義而已矣. 其慮後世天下, 同也.'"

下의 마음이다. 횡으로 보자면 經이 되고 종으로 보자면 權이 된다. 仁한 사람의 마음이 동일하게 至誠惻怛에서 나와서 한 터럭만큼이라도 사사로운 뜻이 없다면 쓰임새가 다르더라도 그 의리는 마찬가지이니, 검은색 흰색이 나뉘고 향기와 악취가 서로 다른 것과는 같지 않다. 저쪽이 군자라면 이쪽도 군자, 저쪽이 賢人이면 이쪽도 賢人이니, 天下의 이른바 二老이고 千古의 이른바 兩是이다."[62]라고 말했다.

18세기에 북학을 창도한 조선의 많은 문인들은 연행 경험이 있다. 도중에 그들은 이제묘를 참배하고 한편으로는 夷齊가 "禮讓으로 나라를 다스리고", "주나라 곡식을 먹지 않은" 淸風 大義의 훌륭한 행동을 추앙하여 그들이 '명나라를 높이는' 의리를 견지한다는 점을 나타내었고, 다른 한편으로는 청나라가 이제묘를 여러 차례 수선한다거나 황제가 직접 참배한다거나 하는 일에 대해서 감탄하면서 청나라 정부가 중화문화의 계승과 사회적 번영과 안정을 이룬 것을 마음속에 이해하였다. 이런 모순적 심리 상태는 이전의 학계에서 관심이 적었다. 더욱이 중국학자는 근년 이래 명청 시기 중국과 한반도의 관계를 구체적으로 토론하면서 조선에서 '明을 높이고 淸을 배척하는' 측면을 더 강조한다.

실상, 18세기 청조 사회의 안정, 경제적 발전 및 조선에 대한 각 방면의 넉넉한 정책에 따라 조선 문인의 심리 상태도 점점 바뀌어갔다. 더욱이 청나라에 가는 연행 사신은 몸소 청조의 변화를 체험할 수 있었고, 조선의 북학사상을 연행 사신이 창도한 주요 원인이 되었다. 정서상으로 그들은 '天朝' 大明을 버리기 어려웠지만 이성적으로는 皇淸 大一統의 현실을 직시해야 하므로 '백이와 태공이 둘 다 옳다는 설'을 주장하는 것과 북학사상이 관계가 없지 않다는 것은[63] 이런 역설적 심경을 극히 잘 묘사한 것이라

62 박제가. 『정유집』(국사편찬위원회. 1961). 260면 : "伯夷之憂, 萬世之憂也. 太公之心, 天下之心也. 橫之爲經, 豎之爲權. 仁人之心, 同出於至誠惻怛, 無一毫私意於其間, 則爲用雖殊, 其義則同, 非若黑白之可辨, 薰蕕之相別也. 彼君子此亦君子, 彼賢人此亦賢人, 天下之所謂二老也, 千古之所謂兩是也."

63 이현식. 「연암 박지원 문학 속의 백이 이미지 연구」(『東方學志』 123집). 331-369면 : 이

고 할 수 있다. 19세기가 되면 명나라에 대한 그리움은 시간의 흐름을 따라 사대부 계층에서는 남아 있다고 하더라도 점점 사라져갔다. 甲午戰爭 이후 일본이라는 강한 적을 만나면서 청나라는 조선 士人에 대해 말을 할 때 엄연한 중국의 대표가 되었고, '尊明' 의리는 간 곳 없이 되었다. 이와 동시에 서양의 정치 세력과 사상 관념도 사회에 들어오기 시작했다. 전통 사회에서 현대로 가는 대변혁의 과정에 조선 사회는 각종 사조가 대량으로 나타나서 전통문화는 도전을 받고 백이·숙제의 전통적 형상은 점점 소외되어, 연행록에서도 백이·숙제 고사에 감탄하는 것을 다시 보기는 매우 어려워졌다.

4. 맺음말

명청 시기 永平府 夷齊廟와 주변의 경관, 건축 구조와 기둥의 주련과 편액 등 내부 배치의 구체적이고 자세한 내부적인 興衰와 변화는 과거에는 중국 문헌자료가 부족해서 상세하게 기술하기 어려웠지만, 지금은 조선 사신들이 남긴 조천록과 연행록의 관련 내용을 정리하고, 중국의 地方志 문헌을 더해서 기본 자료를 복원할 수 있게 되었다. (附表2 참고) 다시 보자면, 명나라가 1454년에 이제묘의 옛터를 다시 정비한 뒤에 건축 규모가 계속 확대되고 내부 시설이 "규모가 크게 갖추어진" 과정을 거쳤다. 명청 교체기에 사당이 한때 황폐한 적이 있었지만 지방 정부 주도로 신속히 중수되어, 이후 강희제 및 그 뒤 몇몇 황제가 순행하는 곳으로 되었고, 한층 더 진전된 수선과 유지가 가능해졌다. 종합적으로 보자면 명청 시기 이제묘의

홍식. 「조선후기 백이 수용의 한 양상」(『한국고전연구』 23집). 67-100면을 참고.

구체적 변화는 건축 구조의 확대를 제외하고, 규모가 점차 완비되고 柱聯과 題額, 碑刻 등은 그대로 이어가기도 하고 변동되고 증가하기도 해서, 명청 교체 이후 永平府 夷齊廟에 대한 청나라의 정통 지위의 확인뿐만 아니라 "말고삐를 잡고 간하고" "고사리를 뜯어 먹는" 등의 夷齊 精神의 한층 진전된 追崇을 분명하게 반영한다.

조선 사신의 경우, 영평부 이제묘에 이렇게 관심을 갖고 상세히 기록한 이유는 여기가 그들이 반드시 경유하는 곳이라는 점과 관계있다는 것은 물론이지만 더 중요한 것은 그들이 중국의 유교문화가 창도하는 군주와 신하와 士人의 도리를 받들기 때문이다. 기실 이제묘는 그들이 도중에 경유하는 지리적 공간일 뿐만 아니라 현실적 관심을 갖고 있는 문화 광장이므로, 사신들은 이곳을 지나면서 항상 경관을 빌어 감정을 詩文으로 쓰거나 경관에다 자기 감정을 융합하거나 하였다. 임진왜란 이전에 백이·숙제의 "清風高義"에 대한 감회로부터 왜란 이후 그들의 "나라 위한 忠節"과 "春秋義理"를 강조하기까지, 다시 明清 교체 이후 사신들이 백이·숙제의 "고사리를 뜯어 먹은 일"을 따라 하거나 18세기에 "伯夷와 太公이 둘 다 옳다는 설"을 주장하기에 이르기까지, 그들이 이제묘를 경유할 때의 감회는 당시, 곧 명청 시기 중국의 역사 환경과 중국과 한반도의 관계 및 조선 사회 그 자체와 긴밀하게 관련되어 있다. 같은 장면이 다른 시대에 다른 感慨를 촉발하는 것이다. 다른 시기의 조선 사신들이 夷齊 고사에 대한 다른 해석을 함으로써, 우리는 역사의 시기별로 중국과 한반도 관계의 발전과 변화를 생생하게 파악할 수 있다.

(번역 : 김윤조, 계명대학교 한문교육과 교수)

참고문헌

林基中 편. 2001.『연행록전집』. 서울. 동국대학출판사.

董耀會 主編. 2001.『秦皇島歷代志書校注』. 北京. 中國審計出版社.

董天華等修. 1967. 李茂樹等纂.『盧龍縣志』(民國二十年鉛印本, 載『中國方志叢書』, 華北地方145). 臺北. 成文出版社.

이덕무.『入燕記』(『청장관전서』 권66). 서울. 솔출판사. 1981년 국역본. 제11책.

李濟臣. 1997.『淸江先生集』. 한국문집총간 제43책. 서울. 한국고전번역원.

金誠一. 1997.『鶴峰先生文集續集』. 한국문집총간 제48책. 서울. 한국고전번역원.

鄭昆壽. 1997.『栢谷先生集』. 한국문집총간 제48책. 서울. 한국고전번역원.

朴趾源著. 1997. 朱瑞平校點.『熱河日記』. 上海. 上海書店出版社.

박지원. 1966.『연암집』. 서울. 慶熙出版社.

김창흡. 1997.『삼연집』. 한국문집총간 제166책. 서울. 한국고전번역원.

정약용. 2013.『정본여유당전집』. 서울. 다산학술문화재단.

박제가. 1961.『정유집』. 국사편찬위원회.

이성형.「연행록의 伯夷·叔齊 관련 漢詩 연구-壬亂收拾期를 중심으로」.『漢文學論集』31집(2010.8)

이현식.「연암 박지원 문학 속의 백이 이미지 연구」.『東方學志』123집.

이홍식.「조선후기 백이 수용의 한 양상」.『한국고전연구』23집.

王元周. 2013.『夷齊論과 조선조 후기 정치』. 復旦大學韓國學研究中心.『한국연구논총』제25집. 北京. 사회과학문헌출판사.

李學勤.「試論孤竹」.『社會科學』1983년 제2기.

黃進興. 1998.『優入聖域 : 權力, 信仰과 正當性』. 섬서사범대학출판사.

姜世晃. 1995.『豹菴遺稿』. 한국정신문화연구원.

歐陽健.「백이 정신 독법(伯夷精神之解讀)」.『廈門教育學院學報』. 제6권 제3기(2004.9)

附表1 : 永平府 夷齊廟가 기록된 15~19세기 『朝天錄』과 『燕行錄』 일람

燕行시기	作者	書名	관련 내용
1472	成俔	觀光路	詩 (『過孤竹古城』)
1500	李荇	朝天錄	文
1537	丁煥	朝天錄	文
1539	權橃	朝天錄	文
1544	鄭士龍	甲辰朝天錄	『永平府』詩注
1548	崔演	西征錄	詩 (『望夷齊廟兩首』)
1569	李濟臣	淸江先生文集	詩 (『謁夷齊廟』)
1572	許震童	朝天錄	文
1574	趙憲	朝天日記	文
1574	許篈	荷谷先生朝天記	文
1577	金誠一	金誠一朝天日記	文
1577	崔岦	丁丑行錄	詩 (『永平淸節祠次韻』)
1581	崔岦	辛巳行錄	詩 (『夷齊廟次韻』)
1589	尹根壽	朝天錄	詩 (『吊夷齊廟二首』, 『又咏夷齊廟』)
1594	崔笠	甲午行錄	詩 (『次臺韻夷齊廟』)
1595	閔仁伯	朝天錄	文
1597	權挾	石塘公燕行錄	文
1597	許筠	丁酉朝天錄	詩 (『夷齊廟』)
1597	李睟光	朝天錄	詩 (『夷齊廟』、『次夷齊廟板上韻』)
1598	李恒福	朝天錄	詩 (『謁淸節祠』)
1598	李廷龜	戊戌朝天錄	詩 (『淸節祠』、『次重過淸節祠韻』)
1598	黃汝一	銀槎錄詩, 銀槎日錄	詩 (『謁淸節祠弼云用西岳廟韻』、『重過淸節祠韻』) 、文
1599	趙翊	皇華日記	文
1601	李安訥	朝天錄	詩 (『謁夷齊廟』、『夷齊廟作』、『淸節祠』、『題夷齊廟』) , 文
1602	李廷馨	朝天錄	詩 (『謁夷齊廟』)
1602	李民宬	壬寅朝天錄	文
1603	朴而章	朝天錄	詩 (『夷齊廟』、『謁夷齊廟』、『題夷齊廟』)
1605	李馨郁	燕行日記	文
1608	蘇光震	朝天日錄	文 (『夷齊廟』)
1609	柳夢寅	朝天錄	詩 (『夷齊廟』)
1610	黃士佑	朝天錄	文
1610	鄭士信	梅窓先生朝天錄	文
1611	李睟光	續朝天錄	詩 (『夷齊廟』、『咏夷齊二首』)
1614	金中淸	朝天詩	詩 (『謁夷齊廟有感』)
1620	黃中允	西征日錄	文

燕行시기	作者	書名	관련 내용
1620	李廷龜	庚申朝天錄	詩（『夷齊廟有感』）
1636	金堉	朝天日錄	文
1645	成以性	燕行日記	文
1646	李景奭	燕行錄	詩（『謁夷齊廟』）
1651	黃杲	燕行錄	詩（『清節祠』、『次正使清節祠韻』）
1652	申濡	燕臺錄	詩（『謁夷齊廟』）
1653	沈之源	癸巳燕行日程	文
1656	麟坪大君李㴭	燕途紀行、燕行詩	文、詩（『清聖廟』）
1660	姜栢年	燕京錄	文（『伯夷廟荒廢』）
1666	南龍翼	燕行錄	詩（『謁清節祠』）
1668	朴世堂	西溪燕錄	文
1669	成後龍	燕行日記	文
1677	孫萬雄	燕行日錄	文
1682	金錫胄	擣椒錄	詩（『清風臺』、『夷齊廟』）
1682	韓泰東	兩世燕行錄	文
1685	崔錫鼎	椒余錄	詩（『題清節祠』）
1687	任相元	燕行詩	詩（『謁夷齊廟』）
1689	金海一	燕行續錄	詩（『渡灤河望夷齊廟』）
1690	徐文重	燕行日錄	文
1693	柳命天	燕行日記	文
1694	吳道一	丙寅燕行日錄	文
1695	李世白	雩沙集	詩（『謁清節祠』）
1697	崔奎瑞	艮齋集	詩（『次書狀清節祠韻』）
1708	不詳	燕行日錄	詩（『謁清節祠次正使韻、『清節祠次副使韻』）
1712	閔鎭遠	燕行錄	文
1712	崔德中	燕行錄	文
1712	金昌業	老稼齋燕行日記	文
1713	韓祉	兩世燕行錄	文
1719	趙榮福	燕行日錄	文
1720	李宜顯	庚子燕行雜識	文
1721	李正臣	燕行錄	文
1723	黃晸	癸卯燕行錄	文
1724	權以鎭	燕行日記	文
1729	金舜協	五友堂燕行錄	文
1731	趙尚絅	燕槎錄	詩（『夷齊廟、『清風臺』）
1732	李宜顯	壬子燕行日記	詩（『謁清節祠、『次副使清節祠韻』）
1732	韓德厚	承旨公燕行日錄	文

燕行시기	作者	書名	관련 내용
1737	李喆辅	燕槎錄 丁巳燕行日記	詩(『夷齊廟』) 文
1740	洪昌漢	燕行日記	文
1745	趙觀彬	燕行詩	詩(『夷齊廟』)
1749	趙顯命	燕行錄	詩(『夷齊廟』)
1754	俞拓基	燕行錄	文
1755	不詳	燕行日錄	文
1766	洪大容	湛軒燕記	文
1777	李押	燕行記事	文、詩(『清聖廟』)
1778	李德懋	入燕記	文
1778	蔡濟恭	含忍錄	詩(『夷齊廟』)
1780	盧以漸	随槎錄	文
1780	朴趾源	熱河日記	文
1782	洪良浩	燕雲紀行	詩(『滦河清節祠』)
1785	未詳	燕行日錄	文
1786	沈樂洙	燕行日乘	文
1790	徐浩修	燕行記	文
1791	金正中	燕行錄	文
1793	李在學	燕行日記	文
1797	徐有聞	戊午燕錄	文
1801	李基憲	燕行錄	文
1803	李海應	薊山紀程	文
1808	朴思浩	燕薊紀程	文
1812	金景善	燕轅直指	文
1828	佚名醫官	赴燕日記	文
1829	姜時永	輶軒續錄	文
1848	李遇駿	夢游燕行錄	文、詩(『七絶三首』)
1850	權時亨	石湍燕記	文、詩
1853	姜時永	輶軒三錄	文
1855	徐慶淳	夢經堂日史	文
1856?	不詳	燕行錄	文
1860	朴齊仁	燕行日記	文
1860	申錫愚	入燕記	文(『清節廟記』、『滦河行宮記』)
1862	李恒憶	燕行日記	文
1866	柳厚祚	燕行日記	文
1869	成仁浩	游燕錄	文
1876	林翰洙	燕行錄	文
1887	李承五	燕槎日記	文

附表2 : 16세기부터 19세기초 『조천록』*『연행록』에 기록된 永平府 夷齊廟 전체 구조 일람표

연대	作者와 서명	城門牌匾	第一門	第二門	第三門	正殿	비고
1539	權橃 『朝天錄』	書 : 孤竹城, 下書 ; 仁賢舊居。	中門書 : 敕賜清節廟 ; 東西小門, 一書 : 天地經常, 一書 : 古今師範。	樓門, 門楣書 : 上古逸民, 下書 : 伯夷叔齊。	前有碑閣, 后有神門, 書 : 明朝廟祀。		
1574	許篈 『荷谷先生朝天紀』	同上	廟前牌樓 : 敕賜清節祠。 左墻門日 : 古今師範, 右墻門日 : 天地綱常。	大門额日 : 廉顽立懦, 伯夷叔齊。	中門题额 : 百世之師, 東偏門日 : 廉顽, 西偏門日 : 立懦。廟門題 : 明朝封祀。	清聖祠	第三門當为重門。
1610	鄭士信 『梅窓先生朝天錄』,	同上	敕賜清節祠 ; 門外屏墻, 書 : 清風百代。 東門则扁日 : 天地綱常, 西門则扁日 : 古今師範。	虹門, 題日 : 伯夷叔齊。	三間閣, 匾日 : 百世之師。 西夹門扁日 : 立懦, 東夹門扁日 : 廉顽。	正間扁日 : 到今称聖, 東扁日 : 千古清風, 西边日 : 清風百世。 合三大扁也。	未能看出第三門为重門,
1656	李濬 『燕途紀行』	同上	外墻嵌石, 刻字日 : 淸風百代。 水牌樓, 刻字填金, 日 : 敕賜清節祠。 東西墻俱有夹門, 東刻 : 天地綱常, 西刻 : 古今師範。	同上	前有虹門。后有三間, 門内外, 俱有悬板。 外日 : 西山北海, 日 : 明朝封祀, 日 : 吕尙微箕 ; 内日 : 古之賢人, 日 : 孤竹淸風。 有左右夹門, 右日 : 立懦, 左日 : 廉顽。	檐楹俱有悬板, 日 : 聖之淸, 日 : 求仁得仁, 日 : 山高水長, 日 : 淸風百世, 日 : 千古淸風。	第三門當为重門。
1712	金昌業 『老稼齋燕行日記』	賢人舊里	牌樓, 匾日 : 敕賜清節祠 ; 牌樓南设土墙, 書 : 清風百代。 夹門, 左日 : 天地綱常, 右日 : 古今師範。	上古逸民, 下書 : 伯夷叔齊。	三間屋, 門内三碑。正門无匾。左右各有夹門。東日 : 廉顽, 西日 : 立懦。	内匾日 : 伦常師範, 外日 : 万世标准。	疑城門牌匾不全。第三門當为重門。
1712	崔德中 『燕行錄』	孤竹城, 賢人舊里	大門外砖屏, 書日 : 百代清風。 大門上書 : 敕賜清節祠。	上書日 : 上古逸民, 其下書 : 伯夷叔齊。	有三立碑, 其他未有說明。	正堂前書板日: 万古标准, 伦常師範。	

연대	作者와 서명	城門牌匾	第一門	第二門	第三門	正殿	비고
1721	李正臣 『燕行錄』	同上	正門前墻壁 大書： 清風百代。門内 有左右夹門。 右日：天地綱常, 左日：古今師範。	外额：千古逸民, 内额：伯夷 叔齊。	立三碑。 正門无额, 左右各有夹門, 左：立懦, 右：廉顽。	座塌上悬额： 万世标准。正殿 門外上悬额： 伦常師範, 門之檐内悬额, 日古賢人云云。	第三門 當为 重門。 疑第二 門外 额为 "上古 逸民"。
1777- 1778	李坤 『燕行記事』	同上	清節廟, 前墙： 清風 百代。 門内有東西 夹門。東日 天地綱常。 西日古今師範。	伯夷叔齊	門内有三碣。后 門内外楣刻： 清節廟。	正殿龛上, 只有一扁, 日：古之賢人。	
1790	徐浩修 『燕行紀』	同上	門前華表上有匾 ：清節廟。門左右 墙嵌石片, 刻: 百世清風, 東西各有石門, 東扁日: 天地綱常, 西扁日: 古今師範。	石門, 扁日: 清風可挹, 今皇上御笔。	中有三碑。 東西庭有碑。	殿梁有扁日: 古之賢人, 今皇上御笔。 北壁又有皇上 御制御笔。	疑華表 當指 牌樓。
1803	李海應 『蓟山紀程』	同上	牌樓扁日： 敕賜清節廟, 牌樓南设土墙, 墙面書： 清風百代, 牌門之内, 又设東西牌門, 東日：天地綱常, 西日：古今師範。	外門之内, 又有一門, 揭"清風可挹" 四字, 有小樓于門上。	門内廊立三碑。		
1812	金景善 『燕轅直指』	同上	牌樓内外扁皆書 ：清節廟。牌樓 内有一字面墙, 墙壁大書：清風 百代。門左右各有 小夹門。 左門前有碑日： 天地綱常, 右門前有碑日： 古今師範。	門上樓扁書： 清風可挹。	中有两碑。 无匾, 无夹門。	正殿匾書： 古之賢人。	

저자소개

저자소개

徐毅: 清代中朝文士書籍互贈考略 - 以中朝文士尺牘爲中心

중국 남통대학 교수, 석사 지도교수, 대학원 부원장, 중한문화연구중심(中韓文化研究中心) 부주임으로 재직 중이다. 남경대학(南京大學)문학박사이며 한중 비교문학을 전공하였다. 2009년 4월부터 2010년 4월까지 한국 국제교류재단 방문학자였으며 현재 중국 국가사회과학기금 항목 "명청시기 한중 문인교류 서간 수집, 정리 및 연구"를 수행하고 있으며 한중 비교문학 관련 논문 20여 편을 발표한 바 있다.

E-mail: xuyi@ntu.edu.cn

李姝雯: 清代中朝文士書籍互贈考略 - 以中朝文士尺牘爲中心

중국 남통대학교 중국고대문학 전공의 석사과정생, 주로 해외한적을 연구하고 있다. 강소성 2015년 보통고등대학연구생과학연구창신계획항목 "덕불고, 필유린(德不孤, 必有鄰)－19세기 한중문인 왕래 척독 정리와 연구"를 수행하였으며, 한국의 학회지에 「소정 김영작과 청 문사 교류 자료 고술(邵亭金永爵與清文士交往資料考述)」 등 다수 논문을 발표하였다.

E-mail: 972826961@qq.com

김윤조: 18세기 후반 韓中 文人 交遊와 李調元

계명대학교 한문교육과를 졸업하고, 성균관대학교에서 석사, 박사 학위를 취득하였다. 현재 계명대학교 한문교육과에 재직하고 있다. 18세기 후반의 문학과 함께 논어 연구를 전공으로 삼고 있다. 저서로 『배움의 기쁨을 기록한 논어』(계명대학교 출판부, 2018)가 있다.

E-mail: yunchao@hanmail.net

박현규: 조선 朴齊家·柳得恭과 청 화가 羅聘의 畵緣

韓中文化交流 專攻, 順天鄉大學校 中語中文學科 敎授, 韓國中國文化學會 會長

E-mail: parkhk@sch.ac.kr

김영진: '연암학파'의 일원 遠照軒 尹仁泰의 일생과 燕行

고려대학교 한문학과를 졸업하고, 동 대학원 국어국문학과에서 석사, 박사학위를 취득하였다. 현재 성균관대학교 한문학과 교수로 재직하고 있다. 저서로 『19세기 조선 지식인의 문화지형도』(공저), 『18세기 嶺南 漢文學의 전개』(공저), 『한국 族譜의 특성과 동아시아에서의 위상』(공저) 등이, 역서로 『귀암 이원정의 연행록』, 『수사한필·초자속편』, 『조선 연행사와 조선통신사』 등이 있으며, 논문으로 「金照의 燕行錄 『觀海錄』 硏究」, 「沈應之의 연행록 『雲煙過眼錄』 연구」 등이 있다.

E-mail: kyj2164@hanmail.net

千金梅: 心田 朴思浩와 淸朝 文人들의 交流

연세대학교 국문과대학원에서 석사, 박사학위를 취득하였으며, 현재 중국 남통대학 문학원 부교수로 재직 중이다. 주로 조선후기 한중 문인교류, 한중 문화 교류 및 고전 문헌 연구를 하고 있으며, 최근 연구 논문으로 「임오군란시기 한중 문사들의 문화교류」, 「石菱 金昌熙와 南通 문인 張謇의 교류」, 「변원규와 청조 문사들의 교류 척독첩 『北雁尺一』 고찰」, 「조선 申錫愚와 淸人의 필담 고찰」 등이 다수가 있다.

E-mail: qianjm@empas.com

許放: 『隨槎錄』을 통해 본 19세기 서적 교류

서울대학교 국어국문학과에서 연행록에 관한 연구로 박사학위를 취득하였다. 현재 중국 溫州大學 人文學院 조교수로 재직 중이다. 논문으로 「중국 국가도서관 소장 『열하일기』에 대한 고찰」, 「『열하일기』의 전범화 과정에 대하여」, 역서로 『한국문집총간편람』(공역) 등이 있다.

E-mail: xufang1500@qq.com

임영길: 淸 문인 黃爵滋와 朝鮮 문인의 교유
- 『僊屏書屋初集年記』를 중심으로 -

성균관대학교 한문학과를 졸업하고, 동 대학원 동아시아학과에서 석사, 박사학위를 취득하였다. 현재 성균관대학교 대동문화연구원 선임 연구원으로 있다. 조선후기 연행록과 한중 교류사를 전공으로 삼고 있다. 논문으로 「18~19세기 조선 문인들의 북경 인식과 기록 양상」, 「옥호 이조원의 『연계풍연』과 한중 문인 교유」 등이 있으며, 번역서로 『(국역) 수사한필·초자속편』(세종대왕기념사업회, 2018) 등이 있다.

E-mail: oinkyoinky@hanmail.net

李春姬: 晩淸 桐城派시인 朱琦와 조선 李尙迪의 詩的 대화

중국 黑龍江 綏化人. 연변대학을 거쳐 서울대 대학원에서 박사 졸업. 중국 길림대학, 장춘이공대학 교수 역임, 현재 계명대 한문교육과에서 외국인 교수로 재직. 한국고전문학 전공으로 연구방향은 한중문학과 문화의 교류. 저술에 『19世紀 韓中文學交流-李尙迪을 中心으로』, 『朝鮮實學派文學與中國之關聯硏究』(공저)와 논문에 「明 王世貞의 문학사상과 李彦瑱의 한시」, 「道咸年間文風與朝鮮文壇詩歌取向」, 「19세기 조선문인과 淸 常州派 후계문인의 교유」 등 다수 있음.

E-mail: yakshoo@naver.com

金紅梅: 晩淸 문인 孔憲彝의 '韓齋'와 한중 문인들의 문화 교류
- 咸豊 7년의 모임을 중심으로 -

중국 동북사범대학교 중문학과를 졸업하고 연변대학교에서 아세아아프리카언어문학 전공으로 석사학위를 받았으며 서울대학교 국어국문학과에서 박사학위를 받았다. 현재 중국 광동외어외무대학 남국상대학교 교수로 재직하고 있다. 「만청 문인 황작자와 조선 연행사」, 「『해객시초』에 대한 만청 문인들의 평어 일고」 등 논문이 있으며 역서로 『명청산문강의(明淸散文講義)』가 있다.

E-mail: hongmeijin@hanmail.net

朴香蘭: 晩淸 문인 孔憲彝의 '韓齋'와 한중 문인들의 문화 교류
- 咸豐 7년의 모임을 중심으로 -

중국 연변대학교 조문학부에서 학사와 석사 학위를 받고 인하대학교 한국학과에서 박사 학위를 받았다. 현재 중국 광동외어외무대 교수로 재직하고 있으며 『연행록 소재 필담 연구』 등 저서와 「섭지선과 19세기 초 한중 문인들의 교유」 등 논문이 있다.

E-mail: xlpiao22@hanmail.net

김명호: 董文渙의 『韓客詩存』과 韓中文學交流

서울대학교 국어국문학과 및 동 대학원 졸업. 문학박사. 덕성여대·성균관대·서울대 교수 역임. 박지원과 박규수를 중심으로 조선후기 연행록과 실학파 문학을 연구하고 있다. 저서로 『환재 박규수 연구』(창비, 2007), 『연암 문학의 심층 탐구』(돌베개, 2013) 등이 있다.

E-mail: yedong1807@snu.ac.kr

楊雨蕾: 明淸 시기 永平府 夷齊廟의 변천과
조선 사신의 '백이·숙제 고사'에 대한 인식

절강대학 대학원에서 중외관계사전공 역사학 석사(2002), 復旦大에서 역사지리학 전공 역사학 박사(2005). 현재 절강대학 역사학과 박사지도교수로 재직하고 있다. 명청 시기 중국과 조선 관계사와 지도사에 관심을 가지고 있다. 최근 논문으로 「〈混一疆理歷代國都之圖〉的圖本性質和繪制目的」, 「寄情都城空間 : 朝鮮彩繪本北京城市地圖」 등이 있다.

E-mail: rainlei@zju.edu.cn

연행과 한중 문학 교류

초판1쇄 인쇄 2020년 1월 31일
초판1쇄 발행 2020년 2월 10일

지 은 이 계명대학교 한국학연구원 편
펴 낸 이 신일희
펴 낸 곳 계명대학교출판부
출판등록 제347-1998-1호(1970. 9. 1)
주　　소 대구광역시 달서구 달구벌대로 1095
대표전화 053-580-6233
팩　　스 053-580-6235
홈페이지 www.kmupress.com

ISBN 979-11-6516-034-0 93800　　정가 30,000원

이 도서의 국립중앙도서관 출판예정도서목록(CIP)은 서지정보유통지원시스템 홈페이지(http://seoji.nl.go.kr)와 국가자료종합목록 구축시스템(http://kolis-net.nl.go.kr)에서 이용하실 수 있습니다. (CIP제어번호 : CIP2020004256)